财政部规划教材
全国财政职业教育教学指导委员会推荐教材
全国高等院校财经类教材

微型金融

梁 峰 主 编
田娟娟 副主编

中国财经出版传媒集团
经济科学出版社
Economic Science Press

图书在版编目（CIP）数据

微型金融／梁峰主编．—北京：经济科学出版社，2019．5（2022．7 重印）

财政部规划教材　全国财政职业教育教学指导委员会推荐教材　全国高等院校财经类教材

ISBN 978－7－5218－0326－6

Ⅰ．①微…　Ⅱ．①梁…　Ⅲ．①金融学－高等学校－教材　Ⅳ．①F830

中国版本图书馆 CIP 数据核字（2019）第 039673 号

责任编辑：刘殿和
责任校对：杨　海
责任印制：李　鹏

微型金融
梁　峰　主　编
田娟娟　副主编
经济科学出版社出版、发行　新华书店经销
社址：北京市海淀区阜成路甲 28 号　邮编：100142
教材分社电话：010－88191355　发行部电话：010－88191522
网址：www．esp．com．cn
电子邮件：esp@esp．com．cn
天猫网店：经济科学出版社旗舰店
网址：http：//jjkxcbs．tmall．com
北京密兴印刷有限公司印装
787×1092　16 开　17 印张　420000 字
2019 年 5 月第 1 版　2022 年 7 月第 2 次印刷
ISBN 978－7－5218－0326－6　定价：49．00 元
（图书出现印装问题，本社负责调换。电话：010－88191510）

前言

如何摆脱贫困是一项全球性的挑战，对中国尤为如此，因为中国是世界上拥有贫困人口最多的国家之一。微型金融在小额信贷的基础上不断发展和创新，力求让更多的金融服务帮助贫困人群自给自足，从近年来的实施效果来看，确实也取得了突破性的成功，尤其是在一些发展中国家被不断推进。可以肯定的是，微型金融是帮助人们摆脱贫困的一种重要手段。教材《微型金融》在对微型金融及其相近概念进行辨析的基础上，从理论上对微型金融的内涵、社会价值与经济价值、服务对象、关键目标、定价机制、风险防范机制等内容进行深入探讨，并构建微型金融体系的框架。本教材着重结合国际上微型金融的成功经验和失败教训，对我国微型金融的服务机构和服务类型的发展进行了有针对性阐述。本教材可作为应用型本科院校金融学专业及经济与管理学类相关专业的学生使用，也可以对解决“三农”问题、小微企业融资难等问题提供理论借鉴和参考。

本教材由微型金融基础、微型金融体系与运行、微型金融管理及微型金融发展与创新四篇组成。在形式方面的设计力图做到以通俗的语言，深入浅出地阐述微型金融基本原理。通过众多生动的案例，帮助读者理解和增强理论知识的应用性。在案例的叙述中，解读微型金融的模式创新，使读者能够由浅入深地对微型金融理论以及我国小额信贷的发展有一个比较全面的认识。我们在编写过程中力图突出以下特点：

第一，应用性。本教材的编写定位是适用于应用型本科，尤其是适用于以培养应用型金融人才为目标的金融类专业学生使用。因此，在本书编写过程中，坚持从应用型人才培养的要求出发，按照基础理论教学要以应用为目的，以需要、够用为度的原则，科学合理地处理学科内容与教学时数、基础理论与应用理论、理论与实践等之间的关系，力图使本书成为一本符合教学实际需要、先进实用、特色鲜明的教材。同时，在内容上更加贴近国内外微型金融发展的实际，在书中增加了大量的案例，将微型金融的理论与实践教学同案例有机联系起来，以求达到更好的教学效果。

第二，即时性。微型金融是当今我国社会经济领域中的热点问题之一，本教材力图最大限度地在紧扣微型金融热点问题的基础上将最新的案例在不同章节中体现出来，力求体现国内外微型金融的新发展、新变化和新问题。

第三，可操作性。在内容的编写上，通过分析案例、综合训练等环节，针对每一章内容提出一些可操作性的训练思路，使教材的使用者能够对微型金融理论与实践的理解深入浅出、开拓思维。

本教材由辽东学院梁峰担任主编，负责大纲的设计与总纂；辽东学院田娟娟担任副主编，负责全书的校对与修改。具体的编写分工如下：辽东学院梁峰编写第一、第二章，沈阳工学院张泽凡编写第三、第四章；河南财政金融学院潘卫红编写第五、第六章；辽东学院田娟娟编写第七、第八章；铜陵学院芮训媛编写第九、第十章，沈阳工学院方芳编写第十一章。在编写过程中，我们参阅了大量近年来出版的微型金融论著、教材及其他文献，从中吸收了许多有价值的材料和观点。在此，向有关作者表示感谢！同时也感谢经济科学出版社对本教材的厚爱与支持，感谢所有为本教材出版提出过修改建议与给予过帮助的人！

由于水平所限，编者对微型金融的理论研究和理解在阐述上难免存在片面和不妥之处，敬请专家和读者不吝赐教，以便我们对教材进行进一步的修订和完善。

编 者

2018 年 12 月

目录

第一篇　微型金融基础

第二篇　微型金融体系与运行

第三篇 微型金融管理

第四篇 微型金融发展与创新

第一篇

微型金融基础

第一章　微型金融的国内外发展

▶▶导入案例

最有效的扶贫武器——微型金融

在当今世界，最传统的银行不会借钱给低收入人群。从传统银行的角度看，做小额贷款是不可行的，因为成本高，所以提供这样的服务要达到很高的交易量才有利润。正因为如此，世界上传统的金融服务公司已经在很大程度上忽略了需要金融服务的非常特殊的人群——低收入人群。妥善保管和审慎管理低收入人群的金融资源是至关重要的，其令人信服的原因在于他们的资源有限。

微型金融之所以被称为最有效的扶贫武器，不仅是因为低收入人群是其服务对象，而且其还可以帮助弱势群体创造就业、增加收入、积聚资产，从而实现脱贫致富并带动更广大的弱势群体实现共同富裕，是发展中国家缓解贫困、促进就业创业的一种金融模式，受到了全世界的广泛关注。

在非洲，微型金融在低收入群体中拥有巨大市场。从做生意创业，到看病、上学等日常生活问题，微型金融都发挥着作用。一些非洲国家政府也把微型金融作为创造就业和实现经济增长的重要手段。南非小农场主姆娜娜在首都约翰内斯堡公园附近经营着一块10多亩的小农场，6年之前一个人经营，现在她已经雇佣了5名工人一起干活。望着长满了番茄、茄子、胡萝卜和甘蓝等各种蔬菜的菜地，她感慨地说："经营这块菜地，买化肥、种子、农具、发工资，处处都用钱，但数额又不多，6年前大银行可不提供这种服务，多亏了小额贷款支持。"眼下，姆娜娜规划着下一步与社区扩大合作，提供更多优质蔬菜。

低收入人群对小额贷款的需求，不仅体现在创业方面，许多人生病、上学、生活困难都会有微贷的需求。有一位约翰内斯堡装卸工得了急性阑尾炎，需要手术治疗，手术费用虽然不是很贵，但仅凭他和妻子的工资加上平时的积蓄无论在公立还是私立医院都交不起2万兰特的押金，为此他紧急申请1年期的1万兰特小额贷款，解决了押金的燃眉之急，使手术得以顺利进行。康复后他向公司表示感谢，挽救了他的生命和家庭。

微型金融在非洲的发展，只是全球低收入家庭强烈金融需求的一个缩影，而正是这种需求，成为推动微型金融快速发展的重要动力。世界银行指出，微型金融已经成为推动全球贫困地区经济发展的重要工具。

资料来源：苑基荣．微型金融越发显活力[N]．人民日报，2014-04-14.

【案例导学】

微型金融是一个改写我们对银行业认知的崭新理念，与传统意义上的以城市和工业化为对象的金融服务所不同，微型金融是专门针对低收入群体和小微型企业而建立的金融服务体系，其最初的主要存在方式是小额信贷，因此研究微型金融的产生与发展要从小额信贷说起。本章作为开篇，将梳理微型金融和小额信贷的来龙去脉，以此对它们有一个初步的认识。

第一节 小额信贷在国际上的兴起

一、理解小额信贷的内涵

“小额信贷”与其他概念一样，并非凭空创造出来的，它经历了漫长的历史演变。早在15世纪，欧洲就产生了应对社会上小额资金需求的典当行，中国早期的票号，提供的贸易融资，本质上也是小额信贷。小额信贷产生于第三世界国家，在亚洲、拉丁美洲、非洲比较早地发展起来。最初的形式是发放和回收短期流动资金的单一小额贷款，随后通过小组联保、分期还款制度、连续贷款承诺和动态激励机制等制度创新管理信贷风险，成功地将资金渗透到需要帮助的低收入人群。

对于小额信贷，国际上有两个词相对应，一个为Microfinance，是微型金融服务的概念，主要是指针对中低收入群体提供的金融服务；另一个为Microcredit，是指为中低收入群体提供的信贷服务。世界银行对小额信贷的阐释为：“小额信贷是一种经济发展途径，意在使低收入妇女和男人受益。”这种定义强调了小额信贷在经济发展中的作用。一般看来，小额信贷可以理解为通过向贫困农民和低收入群体提供额度较小的持续信贷服务、帮助低收入人群摆脱生产生活困境的信贷活动，其基本特征是额度较小、服务于贫困人口、无担保、无抵押。它是将信贷活动与扶贫到户项目有机地结合成一体、不同于传统商业银行贷款的一种贷款技术创新。

尽管“小额信贷”一词在漫长的历史和不同的环境下，内涵有所差别，至今尚无统一的定论，但人们对小额信贷至少有以下共识：第一，顾名思义，小额信贷的交易额度较小，但是单笔额度多少可以称为“小额”并无定论。一般来说，在人均GNP 3倍左右的贷款可以被认为是“小额”。但是在实际操作中，人们通常将相对传统银行机构所发放的较小额的信贷统称为小额信贷。中国的小额信贷额度标准都在10万元以上。第二，随着小额信贷的发展，人们逐渐意识到完全福利型的小额信贷模式的收益难以覆盖其资金成本，长此以往将难以为继。20世纪90年代以后，小额信贷在可持续发展上有了较大突破，并且其服务对象也从贫困人群扩展到了更多的群体。比如在今天的中国，一些工薪族、小微企业主的小额经营或消费贷款需求也被纳入了小额信贷的范畴。

知识链接

小额贷款与小额信贷

小额贷款，通常指那些针对中低收入居民和小型、微型企业提供的额度较小的贷款服务，传统的小额贷款主要是小额无担保（抵押）贷款服务，从贷款用途来看，主要是向农户发放的用于满足其农业种植、养殖或者其他与农村经济发展有关的生产经营活动资金需求的农户小额贷款，以及向城乡地区从事生产、贸易活动的私营企业主（包括个人独资企业主、合伙企业、个人合伙人、有限责任公司个人股东等）、个体工商户和城镇个体经营者等小微企业主发放的用于满足其生产经营资金需求的商户小额贷款。

小额信贷为低收入家庭提供金融服务，包括贷款、储蓄和汇款服务，从这层面来看，小额贷款是小额信贷的主要组成部分。

二、小额信贷的社会需求

贫困问题是当今世界面临的最严峻的挑战之一。人类创造了大量的财富和文明，然而贫困就像一道道阴影，相伴相随、挥之不去。据世界银行统计，2016 年全世界仍有 10 亿多人生活在贫困之中。贫困问题一直影响着全球各国经济的发展和社会的稳定。从贫困产生的原因来看，贫困并不是与生俱来的，低收入人群也不是天生的。从创造财富的愿望和能力来看，低收入人群与富人并无差别。对于低收入人群来说，在大多数情况下，他们并不缺乏生存的能力，而是缺乏将生存技能转化为财富所必需的资金支持。尽管世界范围内存在着各类组织致力于消除贫困，但仍无法改变资金的本性，也无力从根本上改善低收入人群的境遇。过去的扶贫机制主要都是通过政府或各种基金的资助，对贫困人口进行无偿补贴或低息贷款。在这样的机制下，一方面贫困人口自身没有寻求自我发展的动力和压力，造成相当部分人口靠吃救济、等救济生活；另一方面由于资源的有限性，这些无偿补贴或低息贷款往往没有真正到达贫困人口手中，而是流入有势力或有关系的人手中。小额信贷的扶贫思想不是给贫困人口提供“鱼”，而是“授人以渔”。实际上，破解低收入人群融资难题的钥匙在低收入人群自己手上。经济社会中不缺乏盈利机会，低收入人群们也不缺乏盈利能力，缺乏的是彼此之间的联合。这种联合的纽带就是以信用为基础的小额信贷，就是以小额信贷为基础的现代社会普遍的商业联系。

小额信贷作为一种金融创新，其生命力来自对低收入人群生产和生活的金融支持。从这个意义上说，发展小额信贷体现了社会道义和公平现代金融体系的重要功能，是建立经济活动中资金短缺者与资金盈余者之间的联系，调剂整个社会中的资金余缺，达到对资金的有效利用，进而提高社会经济水平和福利水平。但在现实中，因低收入人群的贷款数额小、风险大、信誉差且成本和交易费用高，使正规金融机构不愿意为这个社会群体提供信贷服务。这就需要有一种创新金融，来为有偿还能力的低收入人群提供贷款，帮助他们脱贫。小额信贷恰好起到了这一作用。低收入人群没有信贷权，与资金的本性和低收入人群的经济境遇相关。在传统的金融体系中，低收入人群积蓄的存款绝大多数未能供给需要贷款的低收入人群使用，而是在一项项金融制度的安排下，离开了低收入人群社区。例如，农民的钱存入农村金融机构后，大多资金流向农村中的富裕农民和富裕地区。农村人口居住分散、收入低下、生产有明显的季节性、单笔存贷款规模小、生产项目自然风险和市场风险比较大、缺乏必要的担保与抵押品等特点，决定了农村信贷的风险较大。农业投资的长期性、高风险和低盈利性，与商业资金追求流动性、安全性和盈利性是相悖的。农业的自然依赖性也导致信贷的地区风险较大。因此，农村经济的这些特点，决定了农村信贷成本要大大高于城市工商信贷。

能否获取必要的融资，使低收入人群拥有贷款权、拥有资产，对于低收入人群经济至关重要。没有融资渠道，就意味着低收入人群的简单再生产链条可能断裂，甚至连基本生活都难以维持。尽管信贷本身不能创造经济潜力，但它能够释放这种潜力，能够使低收入人群更好地利用自己的人力资本和生产资本去实现盈利并增加财富。如何构建一个普惠性的金融体制，为低收入人群提供小额信贷，在保证商业利益的前提下，实现从扶贫到培育其发展能力的转变，已成为世界各国金融改革中不可忽视的一个重要问题。小额信贷的迅速发展反映了对过去金融扶贫方式存在问题的反思。以往，贫困人口被视为不具信用，同时考虑到较高的操作成本及贷款风险，商业银行一般不愿意对低收入阶层提供贷款服务。为弥补这种对贫困人口金融服务的空缺，发展中国家的政府及国际发展机构协助建立了专门的政策性金融机构，并通过其发放大量低息的农业、扶贫贷款。由于指导思想、政策和项目执行机构存在问题，加上对吸收存款没有予以应有的重视，这类金融机构的扶贫效果往往不如人意。小额信贷的产生改变了原来由政府发给贫困户补贴信贷的模式，引入市场机制，由金融机构按市场运作。和传统的政府贴息贷款项目相比，小额信贷已显示出高还款率、高入户率的巨大的优势。小额贷款的贷款对象是弱势群体，是对现有金融服务体系的补充和完善。小额信贷的积极意义在于，为贫困人口提供一种积累和运筹资金来彻底摆脱贫困的机制。从这个意义上说，小额信贷不仅是一种崭新的商业模式，更是对现有金融制度的一次创新革命。

三、小额信贷在国外的发展历程

小额信贷的雏形可追溯于中世纪各种形式的储蓄和贷款小组，如果对货币起源进行深入考究的话，这一结论会被推进的更早一些。大约公元前 1100 ~ 前 600 年之间在地中海东部地区，随着当时海上贸易的发展，一些城邦的社会结构发生了根本性变化，手工、商业在经济中的比重急剧上升，因而出现了最早的工具货币。由于地中海沿岸海盗的频繁出现以及在海上贸易中工具货币使用的不便，跨地区的货币存放及短期借债便开始零星出现。在东亚集权制的国家，自耕农、佃农等农民阶级适逢天灾人祸不能按规定上缴苛捐杂税及解决一家人的温饱问题时，通常向地主富豪进行利滚利式的高利率小额借贷。18 ~ 19 世纪，欧洲工业革命促使各行业快速发展，贸易日益活跃，欧洲出现了规模化和正规化的储蓄信贷机构，如在爱尔兰就已经有了无抵押小额贷款。

到了 20 世纪早期，摆脱殖民统治谋求独立发展的拉美部分地区出现了小额信贷模式的信贷系统。20 世纪五六十年代，福利主义者通过国际扶贫基金、金融机构及其他非政府组织或直接向处于社会边缘的贫苦农民提供小额资助或有偿借贷，但这些活动没能改善他们的贫困状况，一些特许贷款也大量违约，严重挫伤了救世主们的信心。自 20 世纪 60 年代，一些发展中国家政府和国际组织开始尝试为低收入人群提供信贷服务，但这一时期的项目始终没有探索到既能为低收入人群提供信贷，又能解决机构自我生存的途径。不少曾经辉煌一时的项目，随着援助资金的转向而奄奄一息，曾被称为“短命的实验、乡村银行家的梦想”。20 世纪 70 年代前后，一些个人或团体开始试验向贫困妇女或贫困组织提供小额贷款，帮助其生产自救，由于各环节处理得当，一些模式获得了极大成功。

小额信贷自创立以来，受到了低收入人群的热烈欢迎，迅速推广到亚洲、非洲和拉丁美洲的许多发展中国家，成为一种非常有效的扶贫方式。普遍认为，诞生于 20 世纪 70 年代的孟加拉格莱珉银行是世界小额信贷的正式开端，其后小额信贷这一金融扶贫模式在国际捐助机构的推动下以项目形式在世界发展中国家广泛开展。由于格莱珉银行项目非常成功，在世界各地都得到了广泛的认同与效仿，在亚洲、拉丁美洲等地区，各个国家结合自身国情，纷纷走出了一条具有自己国家特色的小额信贷模式。从20世纪70年代开始，一些为低收入人群提供信贷的项目，在吸取以往教训的基础上，仍在持之以恒地进行艰苦的努力和有益的探索，不断取得令人鼓舞的成绩，出现了像孟加拉国“乡村银行”（grameen bank）等一批较好的金融机构，它们覆盖了大量贫困客户，且机构逐步实现制度化和可持续性。

进入90年代中后期，随着机构自身发展需要以及商业资本的进入，越来越多的小额信贷机构开始更加注重机构经营的财务可持续性。小额信贷的原有内涵也因此拓宽，但保持扶贫性一直都是小额信贷的题中之义。1995年扶贫协商小组（CGAP）的成立标志着小额信贷被主流发展组织所接受，该小组是由世界银行发起并经过多方资助者的努力而建立的，目的是系统地增加用于小额信贷的各种资源。1997年在美国华盛顿举办了首届小额信贷高峰会，标志着小额信贷运动达到了一个新的高潮，多达1 000多个各个国家的组织机构参加，参加的国家达100多个。2005年，联合国在小额信贷年的宣传中系统提出了普惠制金融体系这一概念，其基本含义是：能够为社会所有阶层和群体提供有效、全方位服务的金融体系。这一定义进一步肯定了小额信贷的扶贫使命，并将其纳入了正规金融体系的分析框架之内。

20世纪六七十年代的小额信贷是一种“发展金融”的模式，到了20世纪八九十年代，便演变成为小额贷款的模式，而其目的仍然是消除农村的贫困，由此便掀起了小额信贷的高潮。在这一阶段，主要是向非农的微型企业或自我雇佣者提供小额贷款。贷款的发放机构可以是政府机构、非政府组织、信用合作社以及非正规的社区团体。一般通过联合担保和强制储蓄的方式防御贷款风险。由于分散小农的服务交易成本高，而且还要进行相关的理财知识和各种技术培训，一般利率略高于商业银行的借款利率。正是意识到低收入人群也有金融服务的需求，小额信贷出现了商业契机。

拓展阅读

国际小额信贷年

20世纪90年代，一些大型的国际会议和政府首脑集会开始讨论新世纪全球发展方向，并确立了一些比较明确的目标，称为“国际发展目标”。2000年9月，联合国将这些目标整合并重新命名为“千年发展目标”，以此作为21世纪全球发展规划的具体指引。在“千年发展目标”中，“根除极度贫困和饥饿”被列在首位，凸显联合国对于消除贫困、改善人们生活状况的决心。

在此背景下，小额信贷作为扶贫的有效手段和攻坚力量，开始进入联合国的规划视野。1998年12月，联合国会员大会指定2005年为“国际小额信贷年”，并正式宣布这一年将成为促进小额信贷计划贯彻全球的一个重要机会。2005年11月18日，“国际小额信贷年”在美国纽约的联合国总部正式启动。

“国际小额信贷年”的主要目标有五个：评估并促进微型金融和小额信贷对“千年发展目标”的贡献；增加公众对微型金融和小额信贷作为发展平衡的一个至关重要方面的认识和理解；推广面向各类顾客群体的金融机构；支持对金融服务的可持续发展性评估；鼓励创新，促进和支持新的战略合作伙伴关系，以建立和扩大小额信贷和微型金融的服务领域。

进入21世纪，各国纷纷对小额信贷机构进行改造，以此来解决信息不对称和降低交易成本。新模式的小额信贷服务对象仍然是低收入阶层，但覆盖所有城市和农村的低收入阶层。不仅提供小额贷款，还提供现金提取、储蓄、保险、养老和抚恤以及汇款等多种金融服务。借款人可以是联合担保，也可以是个人。金融服务的组织主要是商业化的小额信贷银行，资金的来源也呈现多元化。特别是很多国家开始尝试通过商业银行提供小额信贷。

梳理小额信贷发展的时间脉络可以看出，其演化经历了四个发展阶段：从70年代的农户小额贷款发展到80年代微型企业的小额贷款，进一步发展到90年代追求商业可持续发展和贷款覆盖率为目标的小额贷款，目前，多元化模式的小额信贷正逐步融入金融体系。在这一系列的演进中，又呈现出不断递进的三个特点：

第一，以为低收入人群提供贷款和偿还能力为中心目标。在第一个10年中，具有勇气的小额信贷实践者已开始先驱性的工作，在当时银行界和发展机构普遍认为低收入人群意味着高借贷风险的背景下，开发出专门的技术，实现还贷率持续稳定在95%以上。

第二，以小额信贷项目的收入必须覆盖借贷成本为目标。20世纪80年代中期，先行小额信贷项目、捐助机构及政府部门，均卷入是否收取覆盖成本利率的激烈争论中。而到20世纪90年代中期，所有成功的小额信贷项目实际上都在收取至少与当地商业银行一样高的利率，多边和双边机构已经接受市场利率是必要和可行的这一观点。

第三，以寻找商业渠道资金实现金融持续性为目标。自20世纪90年代中期以来，一方面，以发展为驱动力的小额信贷项目初步实现运作的自立、较高的还贷率和借款人能够承受管理贷款的成本，这些成就拓宽了覆盖大量低收入人群客户的前景，由此导致捐助机构的廉价资源对小额信贷的支持大量增加。但这样的资源远远低于最终的资金需求。另一方面，商业性的小额信贷实现了稳步盈利和可持续发展，显示出小额信贷的商业机会。

第二节　国内小额信贷的产生和发展

一、小额信贷在我国的发展背景

多年来，中国金融资源的配置在两大领域存在严重不公与匮乏。一是中小微企业的金融资源可获得性严重不足；二是农村贷款难、贷款贵、保险少，金融资源配置严重缺乏。这个金融“痼疾”已经存在许多年，始终得不到根治。客观地讲，各种资本的本性之一就是哪里利润多、回报高就往哪里流。而农业以及中小微企业由于经营风险大、回报率低，金融资本根本看不到眼里。目前，我国农村金融改革发展的矛盾和问题依然突出，金融服务的普及在中国仍然面临着巨大挑战，其原因主要来自三个方面。

其一，农村地区资金外流情况严重。目前，通过农村信用社、邮政储蓄等商业性金融组织，每年从农村地区流出的资金大于从城市流入的资金，导致农业和农村经济发展的资金需求不能得到有效满足，农村经济发展受阻，城乡差距过大。由于商业银行在商业化改革中出于成本、收益和防范风险等多方面的考虑，不断撤并农村网点和上收信贷管理权限，使基层机构沦为只存不贷或少贷的“吸储机器”。股东权益最大化的目标使股份制商业银行不愿意将资金投入到期限长、见效慢的农业项目，以及放贷成本较高、风险较高的普通农户和农村中小企业。商业银行的“不足”，引发了农村金融资源的“漏出”，直接导致了农业信贷资金投入的逐年减弱。

其二，农村金融机构体系不健全，专业性不足。商业银行改革以来，几家主要银行都大批撤出了在农村地区的营业网点，与此同时，为“三农”服务的金融机构建设没有跟上，造成机构网点覆盖率偏低，农民接受金融服务困难。例如，中国农业发展银行是在县域内有营业网点的唯一的政策性银行，虽然银监会（银保监会）在2004年就批准其可以开展农业产业化龙头企业、粮油加工企业、储备化肥等多项商业化信贷业务，但目前县域内的农发行各分支机构基本没有开展商业性支农信贷业务。邮政储蓄银行成立前“不能干”，20年来邮政储蓄只能吸收存款、不能发放贷款，虽然2006年3月银监会下发的《关于加强邮政储蓄机构小额质押贷款业务试点管理的意见》：允许邮储机构逐步开展仅限于“定期存单质押”的小额质押贷款试点业务。但全国大部分县域地区邮政储蓄机构仍然不能办理贷款业务。邮政储蓄银行成立后虽然能够发放贷款，但由于缺少有经验的信贷管理人才从而导致其实际上无法贷款。

其三，金融产品创新不足，盈利水平不高。现有的农村金融机构主要经营传统的信贷产品和商业保险产品，而对农民需求量较大的小额贷款和农业保险则缺乏创新，造成金融产品单一，盈利能力严重不足，造成可持续发展的基础薄弱，而一些非正式的农村金融组织由于金融服务比较符合农民需求，发展较快，但是潜在风险较大。例如，农村信用社由于其经营规模较小、经营风险较大、不良资产占比较高，存在体制困境约束和结算手段落后、电子化程度低等技术因素制约，虽然积极支持新农村建设，但以“一农”支“三农”，心有余而力不足，难以支撑“三农”经济发展的信贷资金需求。近年来，农村信用社积极增加城区网点，发展中心有向城市中心区转移的趋势，和以前比已显得不再专注于“三农”。从农业保险方面来看，由于农业生产受自然灾害影响损失较大，农业保险的风险高，仅其灾害平均损失率就是其他险种费率的十几倍、几十倍，这就导致农业保险要求的费率也相应较高。而农业生产的低收益和农民的低收入使得农民参保的费率必须是低费率，这就产生了农业保险在完全商业化运作中不可调和的矛盾。

小额信贷作为一种为低收入人群提供金融服务的模式，是发展中国家特定发展阶段上的金融制度，这种制度不仅仅是一种金融服务产品，也是一种社会发展的途径。各发展中国家在小额信贷的实践上形成了多种具体的模式，各种模式的基本出发点都是向中低收入者提供金融服务，特别是提供信贷服务，并且有效地控制风险。根据我国农村特点将小额贷款制度引进农村金融市场，将有利于弥补当前农村金融存在的缺口和需求，同时对农村经济的发展以及农民的生活水平都有巨大的潜在推动力。小额信贷的积极意义在于，为贫困人口提供一种积累和运筹资金来彻底摆脱贫困的机制。从这个意义上说，小额信贷不仅是一种崭新的商业模式，更是对现有金融制度的一次创新革命。

发展小额信贷对于提高我国扶贫资金的使用效率，动员更多的资金用于扶贫事业，以及构建社会主义和谐社会有着极其重要的意义。这是因为：第一，我国的扶贫贷款和其他扶贫资金同样存在着难以到达贫困户、还款率低或使用效率低的问题；第二，国有商业银行正在减少，甚至撤出在农村地区的网点和贷款服务，而我国农村信用社的改革面临诸多的挑战；第三，国际上20世纪80年代以前传统的思维在我国仍有相当的市场，不少人仍然认为扶贫的贷款就应该是低利率的，甚至不一定需要偿还。

二、小额信贷在我国的发展历程

从20世纪90年代初开始，为了帮助中国政府解决扶贫贴息贷款到户率低和还款率低的问题，一些国际机构和国内非政府组织开始探索引入小额信贷，以使贫困农户更容易获得金融服务。随后，越来越多的国际多边和双边援助机构对小额信贷产生兴趣并投入可观的资金开展试点项目。政府扶贫部门也逐渐认识到小额信贷在扶贫中的有效作用，把部分扶贫资金以小额信贷的方式投放给贫困农户。

我国最早的小额信贷是从1981年联合国国际农业发展基金（IFAD）在内蒙古8个旗（县）开展的北方草原与畜牧发展项目开始。不过直到1993年以前，我国的小额信贷项目，基本上都只是国际援华扶贫项目的一个组成部分或者是一种特殊的资金使用方式而已。我国具有完整意义的小额信贷最早出现在1993年底，中国社会科学院农村发展研究所在孟加拉乡村银行信托投资公司（GT）和福特基金会的资金和技术支持下，在河北易县组建了我国第一个由非政府组织操作的专业化小额信贷机构——易县信贷扶贫合作社（简称“扶贫社”，FPC），正式将孟加拉乡村银行模式引入我国扶贫领域，标志着我国小额信贷发展的开端。在此后的10余年中，我国小额信贷发展经历了四个阶段：

第一阶段：初期阶段。从1993年底到1996年10月，小额信贷作为一种扶贫理念和独特的信贷技术逐渐传入我国，并主要在国际资金（附有优惠条款的软贷款或者捐赠资金）和技术援助下，由国内的非（半）政府组织操作，以NGO形式开始运行。这些NGO小额信贷，在技术上绝大多数借鉴孟加拉乡村银行传统模式下的“团体联保贷款”形式（group lending）。后来也由少数项目采用银行模式（village banking）和个人贷款模式（individual lending）。代表性的有中国社科院农发所在试点中组建“扶贫社”和由联合国计划开发署（UNDP）援助，并由我国商务部国际经济技术交流中心（UNDP/CICETE）项目办公室从1995年开始运行的小额信贷项目，主要开展针对下岗职工的微型融资服务。

第二阶段：扩展阶段。1996年10月到2000年，为实现千年扶贫攻坚计划和新世纪扶贫任务，借鉴NGO小额信贷的技术和经验，主要采用孟加拉乡村银行的传统小组联保模式，以国家财政资金和扶贫贴息贷款为资金来源，建立了由政府扶贫办公室、农业银行（农业发展银行）和扶贫合作社（扶贫办公室的下设组织，政府的事业单位）三线运行的管理体制，开始发展“政策性小额信贷扶贫项目”。另外，从1998年起，占我国扶贫资金大部分的国家扶贫贴息贷款全部重新转归为农业银行管理，扶贫合作社从农业银行代理扶贫贴息贷款。从1999年开始，扶贫贴息贷款全部改由农业银行按照“小额短期、贷户联保、整贷零还”的要求，直贷到户，是我国政策性小额信贷的重要组成部分。政府小额贷款扶贫项目，自始至终存在体制上和宏观政策方面的困境。尽管政府主导型的项目，对快速和大规模利用信贷手段扶持贫困户做出过贡献，但它的基本目标是为实现政府扶贫任务，企图解决扶贫到户和还贷难问题，而没有长期持续发展的目标和措施。从这一点考虑，这类项目不能称为规范的小额信贷，而将其称为扶贫项目更合适。

随着国家扶贫政策的演进，“政策性小额信贷扶贫项目”在一些有NGO小额信贷经验的省（区）如山西、四川、云南、河北、广西、贵州等地区迅速发展起来。这些政策性小额信贷项目，大多数分布在农村地区。但随着国有企业改革提速和城镇中下岗再就业任务日益严重，依托政府再就业基金、工会“送温暖基金”和妇联网络，由政府部门自行设计和执行，面向下岗失业人员和城镇低收入人口的一些城市小额信贷项目，也在这一时期开始运行。

第三阶段：农村金融机构加速介入小额信贷领域。2000～2005 年 6 月，在促进“农业、农村、农民”发展的战略背景下，为了解决“农户贷款难”问题，我国农村合作金融机构（农村信用社、农业商业银行和农业合作银行）在人民银行支农再贷款的支持下，开始发放“小额信贷贷款”和“农户联保贷款”。这标志着我国正规农业金融机构开始大规模介入小额信贷领域，而小额信贷的目标也从“扶贫”领域扩展到“为一般农户以及微小企业服务”的广阔空间。自此，小额信贷的总量规模也大为扩张，这使得先前的 NGO 和政府的政策性小额信贷项目，从总量上来看，显得有些微不足道了。

第四阶段：商业性小额信贷扩展。2005 年 6 月以后，我国小额信贷进入探索“商业性小额信贷”的全新阶段。在农村金融总体改革框架之下，也适应农村金融市场开放的政策取向，由私人资本投资的商业性小额信贷机构开始在试点地区出现。中国人民银行先后在山西、四川、贵州、陕西、内蒙古五省（区）开展了由民营资本经营的“只贷不存”商业化小额信贷试点。同时，在促进小企业发展和增加就业的背景下，许多商业银行开始通过专门的信贷窗口推进小企业贷款。这一阶段小额信贷发展的突出特点是，由国家金融监管部门（人民银行或者中国银行业监督管理委员会）推动，由个人或者机构的商业性资金或者正规商业银行投入资金进行经营，我国小额信贷试图在“政策性目标和商业性资本”之间走出一条新路，最终能够在业务覆盖面和机构可持续性两个方面同时获得发展。

除了商业性小额信贷不断发展之外，政策性的扶贫小额信贷也不断受到政府部门的重视。近年来，国务院扶贫办将扶贫小额信贷纳入精准扶贫十项重点工程，作为扶贫品牌强力打造，促进金融扶贫从“普惠”转向“特惠”。2014 年底，国务院扶贫办、财政部、中国人民银行、银监会和保监会印发《关于创新发展扶贫小额信贷的指导意见》，为建档立卡贫困户提供“5 万元以下、3 年期以内、免抵押免担保、基准利率放贷、扶贫资金贴息、县级建立风险补偿金”的信贷产品。截至 2016 年底，全国累计发放扶贫小额信贷 2 833 亿元，贫困户获贷率由 2014 年的 2% 提高到 26.7%。扶贫小额信贷瞄准了贫困户发展生产的薄弱环节，将金融活水引入贫困地区，调动了贫困户创业增收的积极性，也增强了其市场意识、风险防范意识和信用意识，激活了贫困户内生发展动力，增加了农村金融有效供给。

拓展阅读

中国小额信贷发展的重要里程碑事件

1989 年，在一个为了提高妇女经济权利的综合项目中，陕西省妇联建立了第一个信贷项目。

1994 年，中国社会科学院的农村发展研究所开始了中国第一个独立的小额信贷项目，该项目具有一定的研究实验性质，得到了包括福特基金会在内的一些国际资金的支持，其小额信贷建立的理论基础来自于孟加拉国的格莱珉银行。

1995 年，联合国的机构开始将其主要资金用于中国的类政府性质小额信贷项目。其他的一些国际机构，包括一些双边和多边的捐助方和国际 NGOs，也开始开展他们自己的项目。

1998年，中国政府尤其是各地的扶贫办发现，许多先驱性的非政府组织小额信贷项目卓有成效。于是决定采用小额信贷作为其扶贫的主要工具，针对某些需要帮助的人群。政府长年资助的借贷项目从名义上开始转型为小额信贷机制。财政部则通过中国农业银行向需要扶贫的人群输送资金，并由各地扶贫办管理这些资金。事后发现，这样做的效果不佳，贫困的农户将这些资金当作国家的捐助而并非贷款。

2000年，在联合国计划开发署的资助下，全国妇联启动了第一个城市小额信贷项目，此项目着力于解决当时国企改革引发的职工下岗等一系列问题。

2001年，由于政府的小额信贷项目3年以来的实施效果不佳，财政部决定撤销这些项目，扶贫办也不再被允许直接发放小额贷款。中国农业银行继续处置不良贷款及一些拖延的政策性贷款。

2003年，中国政府新的领导班子将农村发展作为一个亟待解决的关键性首要问题，对农村信用合作社实施了一系列金融及体制上的改革。同时，在试点领域内，利率政策亦有所放松。政府委托农村信用合作社在全国各地实施小额信贷，然而这些贷款并不以营利性和商业性为目标。

2004年，中国政府将农村信用合作社的试点扩大至全国大多数省份，但许多试点仍有大量不良贷款。中国人民银行开始认真研究：如何为中国的小额信贷营造合适的政策环境。

2005年，中国人民银行宣布，将在全国选定的某些省份实施商业性的有限责任制借贷公司试点。

2006年，中国银行业监督管理委员会宣布了对于建立村镇银行的一系列新的指导准则。

2008年5月，中国银行业监督管理委员会与中国人民银行联合发布，重申了对于小额贷款公司的监管措施，与此同时还指出由小额贷款公司向金融机构转型的可能性。

2009年10月，中国农业银行发放了一笔2亿元人民币（2 200万欧元）的贷款给中国扶贫基金会的小额贷款分支机构。这是中国此类国家级别合作的第一例。

2011年，已公布的第十二个五年计划强调“建设资源节约型和环境友好型社会”，并且通过“加快发展现代农业，加强农村基础设施建设和公共服务，拓宽农民增收渠道”来寻求农村发展的现代化。

2014年11月，中国小额信贷联盟发布小额信贷信息中介机构（P2P）行业自律公约（修订版），显示出小额信贷行业监管原则日趋明朗。

2016年8月，邮储银行湖南省分行与湖南省财政厅、省农委、省扶贫办、中华财险签订合作协议，共同为参与精准扶贫的新型农业经营主体提供融资服务，该行在全国首创设计、开发了精准扶贫专属的保证保险贷款，这也是我国小额信贷多元化发展的有益尝试。

三、小额信贷在我国的发展方向

当前扶贫小额信贷还存在地区间推进不平衡、贫困户获贷率低等问题。2016年小额信贷推进最快的省放贷412亿元，贫困户获贷率61%；推进较慢的省放贷则不足8亿元，贫困户获贷率不足6%。新型扶贫小额信贷应突出“特惠”特征，应防止简单扩大范围、做不该做的“加法”，也要防止通过评级授信操作，做不该做的“减法”，提高扶贫小额信贷的可获得性。

另外，要从宏观上考察我国的小额信贷的现实和可能的发展潜力。可以预见，正规金融机构，包括农村信用社系统，肯定是主力军。但只要政策到位，再加上小额信贷业自身的努力，各种类型的小额信贷组织仍是一支重要的力量，而且有各自的优势。因此，应该认识到我国小额信贷和微型金融的发展也要遵循多层次、广覆盖、可持续的原则，以服务于不同层级金融市场的需求。从具体方向来看，主要体现在三个方面：

第一，商业性金融是发展小额信贷的主要方向。小额信贷在世界范围内更多是一种福利主义，是对扶贫的一种发放。在目前的中国，以扶贫为主题的发放，还是存在的。从目前来看，小额信贷是从福利主义到制度主义的发展趋势；长远来看，以商业性可持续发展应该是农户小额贷款发展的主方向。

第二，农村信用环境改善是增加农户小额信贷的主要条件。中国人民银行一直推动信用村、信用乡、信用户的建设，至2016年末，有1.3亿农户建立起了信用档案，对8 000多个农户进行了信用评级，在获得信用评级和得到信用档案的农户中有7 000多万的农户得到了信贷支持。不断推进农村信用环境建设将有效提高商业性金融机构对农户小额信贷的发放效率，降低小额信贷业务的信用风险。

第三，不断推进小额贷款公司健康、持续发展，注重稳健经营。小额贷款公司主要是服务于小微企业、低收入群体和三农，是对商业银行服务薄弱领域的有益补充。小额贷款公司的发展对增加社会就业，增强经济活力，稳定经济增长，促进小微企业和三农发展，都有很大的促进作用。大力发展小额贷款公司，对政府而言，是调结构、促增长、扩内需的重要部署；对社会而言，是惠民生、维稳定、促发展的重要保障；对“三农”而言，是助农民、保农业、富农村的重要支撑；对企业而言，是抓机遇、迎大势、成事业的重要途径。

分析案例

分贷统还：扶贫小额信贷新模式

为贯彻落实习近平总书记视察湖南时提出的精准扶贫战略决策，2016年4月，湖南省扶贫开发办和农信联社下发了《关于扶贫小额信贷分贷统还合作协议的通知》，在辖内重点推介“分贷统还”这一扶贫小额信贷新模式。

“分贷统还”模式是指在扶贫产业项目中，扶贫经营组织与贫困农户就指定项目建立紧密利益联结机制，贫困户作为借款主体申请贷款后，贷款资金由扶贫经营组织负责统一管理、统一使用，扶贫经营组织与贫困户共同受益，扶贫部门为贷款提供财政贴息，扶贫经营组织在贷款到期前代贫困户偿还贷款本息的扶贫小额信贷模式。该模式具有以下优越性：

就贫困户而言，缺少致富门路的贫困户无需为贷款使用、本息偿还费心，协议期内每年均可获得企业固定额度的分红，省心省事。且部分具有劳动能力的贫困户还可以在企业就业，获得一定的工资性收入，学到一门谋生技能，得以变输血扶贫为造血扶贫。

就企业而言，在“分贷统还”模式中，企业可以获得的贷款额度和期限均得到放宽（目前该模式贷款期限最长能达到3年），且政府承担扶贫小额信贷的贴息，企业所需支付给贫困户的分红与商业贷款利息相差不大，具有一定的吸引力。

就银行而言，“分贷统还”模式下，协议企业统一使用资金并为贫困户还息，减少了银行的业务操作量和风控难度。虽然银行提供的扶贫小额信贷利率较普通商业贷款利率有所减少，但银行后续可获央行优惠政策补偿，如更低的再贷款利率、准备金率等。

就政府部门而言，“分贷统还”模式能够将资金集中起来形成规模效应，方便扶持政策性产业“啃硬骨头”，支持具有经营优势和社会责任感的企业扩大生产，带动贫困户就业。

"分贷统还"模式遇到的问题：一方面，存在基层乡镇政府及村两委组织缺乏主动性、怕麻烦，不愿意做贫困户工作以及个别基层干部出于个人情感、利益原因，将不合规定、具有一定经济实力的农户加入到贫困户名单中，导致建档立卡贫困户存在较大的水份；另一方面，由于相关宣传并未到位，个别人有意歪曲扶贫政策，部分建档立卡贫困户对于银行评级授信存在疑虑，担心会出现不知情贷款，不愿意参与。也有部分建档立卡贫困户存在误解，认为只要是贫困户，就可以贷款，银行下发的贷款归贫困户无偿使用，无需偿还本息。

资料来源：蒋国政. 分贷统还：扶贫小额信贷新模式［N］. 金融时报，2016－08－15.

试分析：我国发展小额信贷之路有哪些制约因素？如何不断推进？

第三节 国外小额信贷的发展趋势与挑战

无论是世界范围内、还是中国，小额信贷基本上可以分为三类：福利主义小额信贷，即既服务于弱势群体又享受外部资助或补贴；公益性制度主义小额信贷，即既服务于弱势群体，又追求机构自身自负盈亏和可持续发展；商业性小额信贷，即服务对象高于前两者但传统银行不愿或难以服务的群体，同时又追求机构自身利润最大化的小贷机构。各种类型的小额信贷都有利弊，适用范围也不同。福利主义小额信贷的优势是对弱势群体的即期优惠扶持十分清楚，但是它可能的问题也是明显的。这种模式的缺陷主要是政府支付成本高、效率低下，易由强势群体侵占利益、弱势群体增加依赖，易发设租寻租，难以可持续发展等。因此，世界当今小额信贷的主流已逐渐过渡到制度主义小额信贷。然而，往往是一种倾向掩盖另一种倾向，现在人们普遍热衷商业性制度主义小额信贷，却在有意无意地忽视公益性制度主义小额信贷。如何关注和真正支持我国公益性制度主义小额信贷的生存环境和健康发展，是一个需要大力呼吁、倡导和解决的突出问题。

从国外小额信贷的发展来看，其根本的宗旨始终如一，即运用创新的金融手段和制度，为目标群体提供持续有效的金融服务。而要向目标群体提供持续的金融服务，首先就需要机构本身具有可持续性，即在运行小额信贷业务时，小额信贷机构能够弥补成本进而获取利润。归纳来看，国外小额信贷的发展趋势呈现出以下特征：

第一，信贷机构合法化。金融业是一种特殊产业，出于金融稳定和控制信贷资源的需要，许多发展中国家都对金融机构和金融活动实行严格控制。小额信贷机构产生时，大多数是非盈利性组织，不能合法地向客户提供全方位的金融服务，尤其是不能吸纳存款。20世纪90年代以后，拉美经济，特别是金融部门经历了深刻的结构性改革，开始把小额信贷纳入国家金融体系。通过制定有关资本充足率、资产风险加权、坏账准备金以及信息发布等方面的专门法规，保证小额信贷机构具有合法地位并进行盈利性运作。在世界银行的倡导下，许多发展中国家把小额信贷纳入法制轨道，如尼泊尔、菲律宾、孟加拉国和印度尼西亚等国家制定了一系列法规。孟加拉国和印度尼西亚把小额信贷扶贫作为国家扶贫的主要形式，并把扶贫机构注册为合法的银行。关于建立小额信贷机构的方式可概括为三种：（1）降低规模方式（降级方式），即在原有的商业银行进行小额信贷业务运作；（2）扩大规模方式（升级方式），即将半正式的小额信贷机构（主要是非政府组织）改造为获准经营和受到监管的正规金融机构；（3）绿色田野方式（新机构方式），即从一开始就成立一家专门的正规金融机构。不管采用哪一种方式，其目的都在于实现小额信贷机构及其活动的合法性，为小额信贷的可持续发展奠定最根本的基础。

第二，信贷行为商业化。长期以来，传统观念认为，小额信贷是一种具有福利性质的扶贫工具，不可能成为可持续发展的产业，更不用说盈利了。隐含于这种看法背后的观点是：小额信贷以国际机构援助或软贷款为资金来源，为了保持小额信贷业务进行，要有源源不断的捐助资金的注入，而依赖慈善资金的不断注入是不可能的，因而小额信贷进一步扩张的前景是极为有限的。但是，一些国家的小额信贷通过商业化运营以事实改变了人们的看法。小额信贷机构作为独立的信贷主体，能够创造足够收入，以弥补资金成本和其他相关成本，包括填补因呆账造成的损失。在这一方面，拉美的小额信贷起到了示范作用。如贷款额度最低仅为50美元，还款期限通常为3~12个月，具有有效的信贷激励制度，以及存款保证金、逾期还款处罚等制度和措施。同时部分乡村银行开发迎合市场需要的金融产品，如教育贷款、电话租赁贷款等，一定程度上减少金融风险，降低操作成本。

第三，信贷利率市场化。小额信贷扶贫是一种经济行为，不是权宜之计，只有考虑信贷资金的回收和财务上的可持续发展，按市场法则办事，才能使小额信贷扶贫达到私人利已的目的。小额信贷服务的主体是低收入人群，他们需要的贷款额度小，没有抵押，所以贷款的交易成本高，必须收取较高的利率才能弥补成本。对于低收入人群来说，他们根本没有条件从商业银行或其他金融机构取得贷款，他们需要贷款易于获得、适合小型经营活动特点、弹性的还款条件及贷款使用范围多样化的信贷服务，与能否获得贷款相比，贷款利率高低显得并不特别重要。正是从小额信贷市场供求关系出发，各国纷纷制定了灵活或高于商业银行贷款但低于民间高利贷的利率，使利息能够覆盖小额信贷机构的所有成本并略有节余。在孟加拉国，乡村银行营业所的贷款分为两类，一类是住房贷款，年利率8%；一类是创收贷款，年利率达20%。在拉丁美洲，金融业取消利率上限，小额信贷机构普遍实行市场化利率。在阿尔巴尼亚和乌克兰，小额信贷的利率是放开的，各机构的利率由自己确定，普遍高于一般商业银行的贷款利率，而且小额信贷业务的存款、贷款利率差也大。

第四，信贷产品多样化。20世纪70年代中期，小额信贷产生于亚洲和拉丁美洲的一些发展中国家。当时，小额信贷机构很少，产品也比较单一。在可持续发展过程中，一些国家的商业银行和私人投资者受较高的金融回报率吸引，开始进入小额信贷而形成了小额信贷的竞争性格局。小额信贷机构在市场竞争中不断进行产品创新，为低收入人群提供多样化的贷款品种、优惠的贷款期限与灵活的贷款利率。

第五，信贷服务配套化。小额信贷机构不仅为低收入人群提供便利的金融服务，还为他们提供相关的技术和信息服务。孟加拉乡村银行在短短十几年内从一个小小的试验所发展成为一个遍及全国的大金融机构，其中一个重要的因素是乡村银行真正关心贫困农民的生产、生活，与农民打成一片，在业务营运中，乡村银行所提供的技术培训与指导等配套服务通常是商业银行贷款所没有的。这些技术培训和指导大大减少了项目投资的风险，从而加强了借款者的还债能力。

尽管小额信贷已几乎覆盖了整个发展中国家和不少发达国家，但作为一种成功的扶贫制度和金融制度创新，它仍处在不断发展完善之中，有待于进一步观察与研究。具体表现为：

第一，如何实现小额信贷组织融资渠道的多元化、商业化。当前，以扶贫为主要目标的小额信贷组织的资金来源多数是政府专项资金和国内外非营利组织的援助，可持续性和推广价值还有待观察。以商业化为导向的新型农村金融机构和小额贷款公司普遍存在资金规模小的情况，由于小额贷款公司“只贷不存”，限制了提供全面微型金融服务的能力。因此，建立多层次的资金来源，通过财政、税收、金融政策，建立扶持小额信贷发展的长效机制势在必行。

第二，如何有效控制小额信贷组织的风险。低收入群体和小企业难以从正规金融机构获得贷款，核心困难在于他们提供不了被认可的抵押物。小额信贷组织要想在控制风险的前提下服务这些低收入客户，除了有他人帮助的担保贷款，还有两种方式：一是提供信用贷款，但必须依赖良好的征信系统及时避免违约的发生；二是提供抵押贷款，但对抵押物的认定应更为灵活和创新。对于前者，既需要国家大力建设统一的征信系统，也需要发挥社会资本的作用。对于后者，一些大型的商业银行都设计出了一些符合低收入人群和小企业特点的信贷产品，被接纳的抵押品的种类也名目繁多。在抵押品这点上，还有很多制度设计可以考虑。

第三，小额信贷体系如何与传统的信贷体系兼容互补。在当前的信贷供需格局和现行贷款管理体制下，银行理所当然地愿意向大企业而不是小企业贷款。如果没有切实的经济利益，大型金融机构是很难真正乐意从事小额信贷业务的。从国际经验来看，成熟的大型金融机构很难通过简单的模式转型或业务延伸就能建立向中小客户服务的商业模式。服务低端人群的金融需求，主体仍应是专业的小额信贷组织。不过，随着利率市场化的推进和资本市场的成熟，大型银行仅依赖大企业、大项目贷款就能稳赚不赔的时代将远去，不同层次的金融机构如何定位和共生将成为一个重要的课题。

分析案例

拉美小额信贷商业化发展

拉美地区被国际理论界普遍认为是全球小额信贷商业化运作最为成功的区域，其目标客户主要是农村的低收入或贫困群体，以及微型企业。在21世纪初，拉美商业性小额信贷的规模平均每年大约以30%～40%的速度增长，巴西、墨西哥和秘鲁的速度则更快。拉美地区小额信贷的发展在经历了最初主要依靠捐赠的项目经营阶段之后，已经逐渐实现了商业可持续发展和较高覆盖率的双重目标，越来越多的小额信贷机构被纳入正规金融体系，实行以市场竞争机制为基础的商业化运作。

世界银行2005年的研究表明：在拉美地区，剔除通货膨胀和所有补贴因素的影响之后，无论是进入小额信贷领域的正规金融机构，还是转型融入正规金融体系的非政府组织，其商业化发展对其机构的财务可持续性都具有较为明显的积极影响。但是，有些经济学家对小额信贷过度商业化表示担忧，理由是商业小额信贷和公益小额信贷有本质的区分：通过小额信贷的方式为个人牟利的就是商业小额信贷；公益小额信贷的目的，不是为了自己挣钱，而是要扶贫。在商业资本逐利的过程中，过度商业化就是给低收入人群增加负担。商业化的信贷，就像放高利贷的人，完全违背了小额信贷的精神。从目前拉美小额信贷商业化发展的规模来看，似乎并不是商业化程度越高，就越可以创造低收入人群发展的“神话”。

资料来源：摘编自于莉，刘晶晶．拉美小额信贷商业化发展的启示［N］．第一财经日报，2008－08－26.

试分析，在小额信贷的发展进入商业化阶段之后，正规金融机构在开展小额信贷时，其面临的是更加市场化的目标，也就是追求利润最大化，这种市场化的目标是否与小额信贷发展的初衷矛盾？结合中国实际来看，以扶贫和信贷补贴性质为主的小额信贷是否能够实现较高的覆盖率和商业化可持续发展？

第四节　从小额信贷到微型金融

一、微型金融产生的必然性

几乎所有的小额信贷最初都是在政府或出资人资助的外源资金下发展起来的，在外源资金减少而贷款需求不断增加的情况下，只发放贷款不吸收存款的小额信贷项目面临很大挑战，不得不通过储蓄动员以扩大资金来源。此外，随着收入水平的提高，贫困人群也产生了除贷款以外的多元化的金融服务需求（如保险、汇款、资金转账及投资理财等）。因此，传统的“小额贷款”逐步向“微型金融”转变。

20 世纪 70 年代中期，以亚洲以及拉丁美洲为首的一批发展中国家走在了时代的前沿，通过建立一个能够提供小额信贷的机构，再运用商业化模式对其加以管理的方法，希望能够以此提供适合当地贫困者的信贷方式，从而微型金融理念应运而生。孟加拉乡村银行（Grameen Bank）是改革发展微型金融服务的先驱，它率先采用了针对目标客户特点，提供符合客户条件的贷款金额并灵活掌握还款期限的方式，将以较低利率获得的资金借贷给低收入人群，奠定了微型金融服务的大方向。随后，印度尼西亚人民银行（BRI）、玻利维亚阳光银行（Bacosol）、乌干达国际社会资助基金会的村银行（Village Banks）等众多机构均开始实践微型金融业务。孟加拉乡村银行的成功事例，极大地鼓舞了各发展中国家研究探索微型金融服务的积极性，并吹响了微型金融业务迅速发展的号角。随后，伴随着越来越多的国家对微型金融投入重视，极大地促进了微型金融业不断改革、改进业务模式，不断更新自己的发展目标，将业务领域逐渐拓宽，从最初仅提供信贷转向储蓄、保险、担保等多种业务形式发展。微型金融完成了从最初仅注重如何有效扶贫到后来思索如何确保自身可持续发展、应对市场提供多元化服务的转型。

二、微型金融的发展脉络

微型金融的做法久远，但出现“microfinance”这个字，却在近 40 年。例如，中国传统社会里，有金融需求的民众会通过人际关系，形成社区借贷互助会，民间盛行的“合会”即为其一。会员以熟识亲友为主，各人定期把钱放进共有资金池，以固定频率领现，有效利率则根据每个会员入会时点而定。合会是自愿性组织，储蓄意愿形成了限制会员行为的动力，维护面子更降低了违约风险，但会员义务不具法律效应，故倒闭会也常发生。这种组织英文称作 ROSCAs（rotating savings and credit associations，轮流储贷互助会），在微型金融行业形成前就已存在，甚至让中国被世界尊封为行业祖先。

现代意义上的微型金融崛起于 20 世纪 70 年代，先驱组织有几家，除格莱珉银行外，另有美国的安信永（ACCION）与国际机遇（opportunity international），分别在巴西及智利试点，针对低收入人群发放微额贷款，作为扶贫工具。当时涉入这种做法的以非营利组织（NPO）为主，资金来源仰赖国际捐赠及补助，如麦克阿瑟基金会及开发银行，但这类资金有限，也阻碍了行业发展。微型金融在其后发展的 40 年间，针对所面对的法律形式及资金瓶颈等挑战，持续地寻求多方解决方案。法律形式方面，NPO 不能吸收民间储蓄，这限制了资金来源。另外，NPO 虽可获利，但盈余不能转为股利，这会降低股东的投资意愿。另外，小额贷款的风险大、成本高、获利难，使营利银行欠缺涉入动力。还有，若要银行贴近弱势群体，设在其居住小区，当地人口及收入恐难产生足够收益，以弥补银行网点的成本。

在全球微型金融发展的初期，各国开展微型金融业务主要围绕如何帮助低收入人群有效快捷地取得贷款的问题展开。如何及时有效地为低收入人群提供贷款用以自身发展从而带动整体经济，同时在这项普遍认为高风险的服务项目中保证还贷比率是这个时期的当务之急。在此时期最具代表性的微型金融机构主要是之前提到的孟加拉的乡村银行。孟加拉乡村银行根据贫困人群的特点，结合当地特色，推出了一系列适合该特定人群的贷款规则。由于当时微型金融业务仍处在萌芽时期，并且针对客户主要为贫困人群，因而贷款金融机构的还款保障主要依靠贷款者的主动性而非财产抵押或担保。因此，对于较为不确定的新近客户，只提供小额度、低风险贷款，其后根据贷款者还贷表现确立其信誉程度，再视情况适当增加贷款额度。在这样谨慎细致的制度下，孟加拉乡村银行成功确保了较高的还款率。

20 世纪 90 年代，小额信贷如何向微型金融发展和演化、微型金融组织自身如何实现商业可持续性等问题成为理论研究的热点，大部分观点认为，可持续的微型金融组织才能更好地为低收入人群提供金融服务。随着越来越多的微型金融机构能够确保向低收入人群提供贷款，并保持高还款率，各国也将关注点转移到可持续发展的问题上。首先是微型金融资金来源的问题；其次是由于微型金融项目需要投入人力、物力、财力去对客户的资信进行认定审核，但针对该客户实际发放的贷款额度本身就很小，还往往被约束和控制，使得由此所获得的收入非常有限，难以弥补投入的成本，导致微型金融机构无法像其他传统大型金融机构那样自如顺利地扩展业务和发展客户的问题。孟加拉乡村银行虽然在扶贫方面取得了极大地成功，但是在可持续发展问题上并未出现有效的突破。其最初以捐款者提供的捐款作为主要资金来源，后通过自身影响力从孟加拉国国家银行获得较低利率的贷款以保证其正常运作。目前虽然能够盈利，但其对捐款资助的依赖性较强，而非严格意义上的自主可持续发展。因此，如何确保微型金融服务项目的收益覆盖成本，实现微型机构的自我生存和可持续发展就成为各发展中国家微型金融机构思考的问题。而成功攻克这个难题的诸多案例中，以印度尼西亚人民银行（BRI）最为突出。

20 世纪 90 年代以后，微型金融的发展模糊了小额信贷和商业金融的界限。通过资金来源的多样化、自身的商业化运作，微型金融开始融入整个金融系统；一些国家，商业银行和一些投资机构在逐利的动机下开始进入微型金融领域。理论界也开始研究如何建立金融制度和利用整个金融系统为低收入人群提供服务，并提出了普惠金融体系概念。时至今日，随着微型金融的课题越发在国际上受到关注和认同，进行微型金融实践的国家和机构越来越多，经验积累也不断丰富。同时，随着客户的不断扩展，其服务项目转向多元化，使微型金融在世界各国扶贫助困进程中扮演了越来越重要的角色。而由于微型金融机构自身逐步壮大，客户群不断增加，政府及捐助机构提供的资金逐渐无法满足客户的贷款需要。因此，从1995年开始，拉丁美洲地区为应对这一客观事实，开始萌生出新型的微型金融理念并涌现出了一批微型金融机构的全新改革方式。这些微型金融机构从单一的信贷机构中发展出来，转化为集储贷于一身的健全的金融机构，例如玻利维亚的Bancosol、秘鲁的Mibanco等。同时，由于微型金融业务的不断成熟，其显现的可行性和潜在的利润也吸引不少传统金融机构开始初探尝试微型金融领域，进而将微型金融业务形式推向多元化。

总而言之，微型金融的发展，不仅在量上表现为越来越多的国家在进行微型金融的实践，越来越多的微型金融机构建立起来，而且在质上表现为微型金融服务水平得到了很大的提高和发展，由原来单纯地向低收入人群和微型企业提供小额信贷发展到提供储蓄、资金转移、保险等多种金融服务在内的微型金融。

拓展阅读

中国微型金融的发展历程

中国微型金融实践的发展大致可以划分为四个阶段：(1) 公益性小额信贷阶段；(2) 发展性微型金融阶段；(3) 综合性普惠金融阶段；(4) 创新性互联网金融阶段。这四个阶段并不是替换演进的关系，而是包涵演进的，也就是说发展的演变实质上是微型金融体系的服务边界不断扩大、服务对象不断增加的过程，也是制度主义理念逐步取代福利主义理念的过程。

- 公益性小额信贷阶段（20世纪90年代）

虽然此前的农村信用社有类似针对贫困者和农民的初级金融服务，但具有公益性质的小额信贷在中国开始于20世纪90年代初期，大致与中国市场经济体系建设同步。1993年，中国社科院农村发展研究所的杜晓山借鉴孟加拉农村银行模式，在河北易县率先建立了中国第一家小额信贷机构——扶贫经济合作社，中国针对农村贫困人口的小额信贷实践探索由此拉开了序幕。最初的小额信贷以扶贫为主，带有公益性质。在该阶段，除了国内NGO组织发起成立的小额信贷机构之外，国际机构也参与了中国某些地区的公益性小额信贷机构的建设。无论是NGO最初开展的公益性小额信贷实践，还是国际组织在中国开展的公益性小额信贷试点，它们的主要资金来源是个人或国际机构的捐助以及软贷款。公益性小额信贷是中国小额信贷的先行者，它们致力于减缓农村地区的贫困状况，体现了微型金融的基本理念，是扶贫方式和途径的重大创新。

- 发展性微型金融阶段（21世纪初~2005年）

随着中国国有企业在20世纪90年代末期进入改革攻坚阶段，中国城市下岗职工再就业问题变得越来越突出，再就业和创业过程产生了大量的资金需求。在农村小额信贷方面，1999~2002年，中国人民银行先后多次出台指导意见，提出采取“一次核定、随用随贷、余额控制、周转使用”的管理办法，开展“基于农户信誉……不需要抵押、担保的贷款”，并“建立完善的农户贷款档案”，农户小额信贷得以全面开展。同时，针对城市下岗职工的微型金融产品和服务也不断发展。2002年12月，为落实《中共中央国务院关于进一步做好下岗失业人员再就业工作的通知》，中国人民银行、财政部、劳动和社会保障部等共同印发了《下岗失业人员小额担保贷款管理办法》，对城市下岗职工获得微型金融担保贷款进行了详细的规定。发展性微型金融并不是对公益性小额信贷的替代，而是对公益性小额信贷的进一步补充、完善和发展。

• 综合性普惠金融阶段（2005～2010 年）

2005 年，联合国大会将这一年指定为“国际小额信贷年”，会议提出“构建普惠金融体系”的主张，标志着“普惠金融”这一新的概念开始广泛运用。同年，在中国，中央“一号文件”明确提出“有条件的地方，可以探索建立更加贴近农民和农村需要、由自然人或企业发起的小额信贷组织”，标志着中国的小额信贷进入综合性普惠金融阶段。

• 创新性互联网金融阶段（2010 年之后）

2010 年之后，随着互联网和 IT 技术的革命性突破与大规模普及，微型金融在中国获得了爆炸式发展。随着中国互联网和移动互联网络的快速发展，人们对金融服务产生了大量新需求，金融业面临着重大机遇与挑战。中国传统的金融领域正在发生一场由互联网技术催生的革命。

资料来源：编者根据相关资料整理。

【本章小结】

1. 小额信贷是通过向贫困农民和低收入群体提供额度较小的持续信贷服务、帮助低收入人群摆脱生产生活困境的信贷活动。小额信贷作为一种金融创新，为有偿还能力的低收入人群提供贷款，体现了社会道义和公平现代金融体系的重要功能。

2. 发展小额信贷对于提高我国扶贫资金的使用效率，动员更多的资金用于扶贫事业，以及构建社会主义和谐社会有着极其重要的意义。从我国实际来看，小额信贷的发展经历了萌芽期、扩展期、农村金融机构介入和商业性小额信贷不断发展四个阶段。未来将把扶贫小额信贷作为精准扶贫到户的重要抓手，加强指导和监测评估，提高贫困农户获贷率，促进扶贫小额信贷健康发展。

3. 微型金融的发展，不仅在量上表现为越来越多的国家在进行微型金融的实践，越来越多的微型金融机构建立起来，而且在质上表现为微型金融服务水平得到了很大的提高和发展，由原来单纯地向低收入人群和微型企业提供小额信贷发展到提供储蓄、资金转移、保险等多种金融服务在内的微型金融。

【思考题】

1. 纵观近 20 年的发展，哪些因素推动了中国小额信贷的发展？

2. 目前在中国，小额信贷机构的吸储业务并未获得许可。这是否会构成中国小额信贷的发展障碍？

3. 格莱珉银行 2011 年 10 月在四川省阿坝州正式开展小额信贷业务，外资小额信贷机构与地方合作是否会为中国小额信贷法规带来新的挑战？

【综合训练】

扶贫小额信贷令中国 740 万贫困户受益

扶贫小额信贷是中国众多扶贫举措之一。到 2016 年底，中国累计发放扶贫小额信贷 2 833 亿元（人民币，下同），共有 740 万贫困户受益。

扶贫小额信贷是中国为建档立卡贫困人口量身定制的扶贫贷款产品，主要是为贫困户提供5万元以下、3年期以内、免担保免抵押、基准利率放贷、扶贫资金贴息、县级建立风险补偿金的信用贷款。

令成千上万贫困户受益的扶贫小额信贷，手续简便，贫困户不需要向银行提供抵押或担保；成本低，基准利率放贷，享受财政贴息；期限长，贷款最长期限可达3年。扶贫小额信贷是支持有意愿贷款的建档立卡贫困户用于发展产业，增加收入，不能用来盖房子、娶媳妇、还债以及用于吃喝等与增收脱贫无关的支出。

扶贫小额信贷政策出台后，中国各地纷纷参与。在人口大省——河南，当地政府想方设法破解贫困群众“想贷不能贷”的难题。贫困户提出贷款申请，10个工作日内就能拿到贷款，最快的7天即可。当地政府总结经验说，金融之水要流向严重缺水的贫困地区需要的水渠，其“堵点”，不在于“水”，而在于“水渠”不畅，急需建立贫困地区金融资源配置体系，才能将金融“活水”引向扶贫对象。

中国的另外一个人口大省——四川努力破解贫困户不敢贷的难题。当地政府帮助贫困户选准发展项目、协助确定贷款额度，有针对性提供技术服务，提高项目成功率，再通过扶贫龙头企业和农民专业合作社提供技术帮助和产品销售帮助，确保产品卖得脱和有效益。

四川的近邻——甘肃保证扶贫小额信贷是真正的“低收入人群贷款”，只贷给全省建档立卡贫困农户，而且应贷尽贷，银行对农户免抵押、免担保，财政全额贴息，解决了低收入人群贷不上款、贷不起款的问题，破解了贫困户在脱贫致富、发展产业中的资金瓶颈。

资料来源：中国新闻网，www. chinanews. com/cj/2017/02－27/8161010. shtml

1. 查找国内外关于扶贫小额信贷的案例和资料，了解其发展脉络和现状。

2. 分组讨论：小额信贷在我国扶贫问题上发挥的作用是什么？未来其发展是什么？并形成分析报告。

第二章　微型金融的基础分析

▶▶导入案例

微型金融之父——尤努斯

1976年，在孟加拉国有一位每天只能挣25美分的妇女，她有一天在路上遇到了一位经济学家，这位经济学家知道了她的情况之后，掏出27美元，分别借给42个有同样境遇的女人。他希望这些人能借助这笔贷款摆脱廉价出卖劳动力的命运。后来他们利用这笔钱做小生意，并开始赚钱了。这位经济学家看到，原来几十美元就可以帮助这么多人摆脱贫困，于是他就把这个模式搬到了整个孟加拉国乃至全球，20年后这位经济学家获得了诺贝尔和平奖，他就是微型金融之父、格莱珉银行创始人、2006诺贝尔和平奖获得者穆罕默德·尤努斯。

尤努斯并不是慈善家，而是一位富有创新精神的企业家与金融家。他用自己的企业家精神及金融运作天赋证明：不需要慈善，也不需要政府养活，低收入人群完全可以借助市场的分工合作体系所形成的适当的金融服务，摆脱贫穷。尤努斯最初是自己掏了27美元借给了村落里面的人，之后越来越多的人来找他，于是他就发起了小微贷款的活动，最后成立了格莱珉银行。1983年，当局允许其正式注册。这被普遍认为是全球第一家小额贷款组织。目前孟加拉国的格莱珉银行已经是国家银行，250名员工，借款人达850万人，97%的借款人都是女性，平均借款额200美元，最少的为二三十美元。对他们来说，二三十美元是很了不起的一笔金额了，可以重新建造起新的生活。格莱珉银行的贷款者都是真正意义上的低收入人群，其中96%为在孟加拉国的妇女。而格莱珉银行的贷款还款率竟高达98.89%，这也是一个奇迹。

尤努斯在2004年接受采访时曾指出："金融危机让我们吸取到了一个非常重大的教训，就是我们必须要重新去设计这样的一个体制，这样的一个体制不应该再把低收入人群排除在外，必须是一个包容性的机构，这样就没有人被隔绝在外，即便是在街上的乞丐，他们和其他人一样，都享有共同的权力，实际上格莱珉银行是会向乞丐放款的。"《华盛顿邮报》曾报道说，依靠小额贷款这种"解放力量"，孟加拉国的贫穷女性成为最大的受益人，因为传统的银行通常拒绝向这些没有经济保障的低收入人群发放小额贷款。此外，格莱珉银行每年还为2.8万贫困学生提供奖学金，已经有1.2万学生在其发放的教育贷款的帮助下完成了高等教育。

资料来源：编者根据相关资料整理。

【案例导学】

传统意义上的金融机构往往是以城市和工业化为对象，对无力提供抵押担保的低收入人群和微型企业排斥于服务的大门之外，限制了他们的发展机会，于是就出现了以微型金融为方向的金融体系。本章将系统归纳微型金融的理论体系，通过比较其与相关金融领域的范畴差异，来进一步加深对微型金融运行原理的认识。

第一节 微型金融的内涵及辨析

一、微型金融的内涵

微型金融的范畴相对宽泛、覆盖领域十分广阔，不同国家和地区对微型金融的理解存在较大差异。从国际上来看，“微型金融”（microfinance）一词有着相对明确的指向。微型金融是20世纪70年代之后在传统金融体系之外兴起的一种金融服务方式，其先驱者是孟加拉国的穆罕默德·尤努斯（Muhammad Yunus）及其为解决乡村贫困人群金融服务问题而设立的格莱珉银行。以格莱珉银行为代表的微型金融机构早期专注于给贫穷人群提供小额信贷，后来又包括吸收储蓄、提供保险等，以特殊的团贷模式，通过小组成员间的相互筛选、监督与扶持，成功地降低了放款的违约风险。在以美国为代表的发达经济体和成熟金融市场里，微型金融只是提高金融服务覆盖面的工具之一，其政策目标和开展形式都独立于当今世界上主流的微型金融模式；在一些发展中国家和地区，比如南非，微型金融特指一些正规金融机构针对低收入雇员所提供的特别金融服务；而在中国、印度等另一些发展中国家，微型金融与微型信贷或者小额信贷的概念并未严格区分。尽管当前在世界范围内，小额信贷是微型金融服务中最主要的部分，但实际上微型金融不仅包括小额贷款，还包括存款、保险、汇兑等项目；不仅是正规金融机构开展的金融业务，也涵盖非正规机构和个人开展的微型金融服务；既可以是商业化、以盈利为目的金融服务，也可以是非商业化、公益性的金融服务。

回顾我国微型金融的发展历程，20世纪80和90年代，我国的微型金融基本是引进国外非政府机构的小额信贷试点项目，和国际上小额信贷的理念原则一致。进入21世纪之后，政府对小额信贷扶持力度加大，一些小额信贷试点项目转型为小额信贷机构。当前，国内对微型金融的理解混乱，其中的一个重要背景是，受2007年全球金融危机影响，中国经济出现下行，中小企业融资难、融资贵问题日益突出，2008年5月银监会和央行联合下发《关于小额贷款公司试点的指导意见》，希望通过发展小额贷款公司缓解该问题。此后盈利性小额贷款公司如雨后春笋般涌现，微型金融更多地和“中小企业贷款”联系在一起，而国际上“微型金融”显然是比通常所说的“中小企业”的融资规模更小的贷款。于是从政策设计到金融实践，原本清晰的小额信贷概念变得模糊而混乱。

微型金融最具权威的定义当属世界银行扶贫协商小组（CGAP）给出的解释，特指针对中低收入人口提供的小额金融服务，是处于正规金融之外的非正规金融形式，其范畴涵盖以低收入群体为目标的各种类型金融服务，包括贷款、储蓄和汇款等多方面的金融服务。微型金融以金字塔底部的弱势群体为对象，他们为小农户、小商铺主，收入低、现金流不规则，更因拿不出薪资证明及可抵押资产而遭银行摒除，以致未能获得充分的金融服务。微型金融所涉产品与服务，早期很单一，仅用于资金周转的微额贷款，针对弱势妇女发放，另施予职能训练，以扶持她们自立。

由此，我们可以将微型金融视为以低收入群体为目标客户，为其提供服务，即专向中低收入阶层提供小额度信贷服务的活动。微型金融从属于一种特殊的金融领域，其英文为 microfinance，是由“微型”（micro）及“金融”（finance）两个词组成，前者关乎它所针对的客群，后者关乎它所提供的产品与服务。本书所指的是国际上“微型金融”概念，它有两个基本的原则：

一是以扶贫为社会使命，但不等同于扶贫，它比扶贫具有更重要的意义。微型金融是在小额信贷基础上发展和完善起来的金融服务体系，主要为贫困、低收入人群和微型企业提供小额贷款、储蓄、汇款和小额保险等。它与政府扶贫或慈善捐款在服务对象、服务方式和实现的效果方面有着很大的不同，也有异于贫困借款方法。微型金融服务的主要是有经营能力、偿付能力的“经济活跃”的低收入人群，它以偿还本息为代价，是借贷关系、支持行为，帮助其提高发展能力，而扶贫服务的对象一般是缺乏谋生，甚至是缺乏劳动能力的赤贫人群，由政府部门直接给予钱或物的救济，无须偿还。微型金融通过有条件的借贷，不仅能帮助低收入人群发展生产、提高收入、增进社会和谐，还能培育他们诚实守信的借贷和经营观念。并且，发展起来的低收入人群通过储蓄、汇款和保险等金融活动，还可形成勤俭节约、合理使用的财富观。而过多地使用救济则会在一定程度上减少人的奋斗动力，甚至由低收入人群过渡到懒人，是一种负向的激励机制。因此，微型金融既是一种很好的金融扶贫方式，又更有利于经济的发展、社会的进步，这已超出一般金融意义上的作用。

二是自身是商业上可持续的。微型金融是一种金融行为，它也需要盈利。金融是以让渡资金使用权来获得报酬。微型金融也是一种金融行为，决定了它必须以收取利息为目的。因此，微型金融需要追求盈利，并且为了弥补因微型金融服务较高的成本和较大的风险而可适当提高贷款利率。这既为金融机构持续、长久推行微型金融服务提供强大的动力，也可对服务对象形成一种外在压力，使他们更加谨慎借贷、慎重经营，提高他们的还款能力。世界上很多国家在推行微型金融时都把利率定得较高，如孟加拉国乡村银行，其贷款利率虽然通常高达 16%，但还款率却超过 98% 即充分说明了这点。当然，金融机构也要根据服务对象所从事的行业，以及还款能力来合理地确定贷款的价格。

二、微型金融与小额信贷

小额信贷是为贫困、低收入或微型企业提供的信贷服务，国际上用 microcredit 表示，其主要特征是无需抵押担保。微型金融是为贫困、低收入人口和微型企业提供的金融服务，包含小额信贷和保险等服务，国际上用 microfinance 表示。从概念上看，“微型金融”要比“小额信贷”有更宽泛的内涵。贝琪兹·阿芒达利兹（Beatrice Armendáriz）和乔纳森·默多克（Jonathan Morduch）两位知名的美国微型金融专家认为，微型金融不仅包括针对贫困、低收入人口和微型企业的小额信贷，还包括小额储蓄、小额保险等金融服务，甚至还包括培训、教育等社会功能。根据小额信贷峰会运动（Microcredit Summit Campaign）报告，2011 年全球的微型金融组织共服务了将近两亿的客户（其中有 1.24 亿人处于极度贫困，即每天的生活支出低于 1.25 美元），以帮助他们改善儿童教育、医疗条件，获得体面的住所以及有营养的食物。

从发展过程与业务开展情况来看，微型金融最主要的业务还是小额信贷，其他业务往往是在小额信贷业务和客户群的基础上开发的，并与小额信贷业务配合开展。在微型金融服务中，小额信贷需求的目的不再只是以扶贫为主，而是兼顾提高居民生活质量，促进城市就业。从提供金融产品和服务的主体来看，微型金融组织的范围在不断扩大，正规金融机构开始介入小额信贷业务。

由此可以这样理解，小额信贷是微型金融的一部分。微型金融，从字面来看，与传统的、经典的或当前主流的金融之间只是规模上的区别，是指需求、规模较小的金融服务。如果按照 CGAP 的定义来解释，微型金融指的是基本的金融服务，其中包括了借款、储蓄、汇款和微型保险等多种金融服务。小额信贷只是“基本金融服务”中的一部分，着重强调的只是贷款业务。所以从范围上讲，微型金融包含了小额信贷；从历史的角度讲，小额信贷反映了微型金融的发展历程，因为微型金融业最初是从小额信贷逐步演变而来，并逐步扩大、延伸到了更大范围的金融服务。

从“小额信贷”到“微型金融”的转变，呈现微型金融业朝着提供更广泛普惠金融服务迈进的趋势。微型金融是小额信贷机构业务多样化和持续化发展的结果，作为经济体“毛细血管”的微型金融大大缓解了农民和弱势群体的资金困难，帮助他们化解了风险，抓住增加收入的机会，调剂了资金余缺，大大提高了他们的收入水平，并证明了贫困人口有能力消费金融产品。

三、微型金融与普惠金融

随着服务深度和广度的不断拓展，小额信贷的概念已经从最初的“小额信贷”，变成“微型金融”，再到“普惠金融”，这反映了对金融服务理解的不断进步，三者都是提供金融服务的有效工具。从国外经验来看，虽然近年来微型金融机构蓬勃增长，但其实不能满足全部需求，小微借款主体不只需要信贷，还需要其他服务，如所罗门群岛农民，很多人拿到信贷也很难维持可持续发展，因为他们面临种植的产品缺乏销售渠道等难题。很多人并没有享受全面信贷的好处，如有些移民想要汇款到太平洋地区，汇款金融服务就是他们的需要。贫困人口并不完全独立，而是跟其他信贷市场相关。为了实现社会公平，特别是为每个人提供公平的发展机会，要求解决穷人和低收入群体被金融排除的问题，要求微型金融与更加广泛的金融体制相融合，成为整个金融体系不可分割的有机组成部分，也就是建立普惠金融体系。

普惠金融作为和谐金融的一种表现，体现的是“小贷款，大战略”，有利于低收入人群获得改善生活的机会，最终提升其能力，减少和消除贫困。因此，普惠金融应科学发展观与和谐社会理念的要求而引入我国并很快得到广泛认可，是一种金融服务理念的提升，是小额信贷及微型金融的延伸和发展，超越了单个金融机构提供小额贷款服务的范畴，致力于将零散的小额信贷服务、微型金融机构有机地结合起来，并使之成为国家金融整体发展战略的一部分，更加重视金融服务的广度和深度，最终建立包容性的金融体系。

微型金融与普惠金融的提出是基于一个共同目的，即为大多数贫困人口和微小企业提供信贷支持和其他金融服务，从而使他们抓住获取收入的机会以积累资产和财富并减少其在困难和危机中的“脆弱性”，提高收入水平和社会地位。但微型金融强调客户的瞄准性，即瞄准低收入人群，强调扶贫功能，甚至带有慈善的性质，旨在解决贫困者和弱势群体的资金需求，而较少考虑机构自身的可持续发展，或过多地依赖外来资金，当外来资金停止供给时信贷业务便难以为继。随着微型金融的逐步发展，当小额信贷由金融机构提供并同时提供其他金融服务时便演变成为普惠金融。普惠金融强调贷款的回收，强调金融机构的可持续性，强调金融服务的覆盖面，强调金融功能的发挥和金融体系的完善。小额信贷、微型金融与普惠金融三者之间的关系如图 2－1 所示。

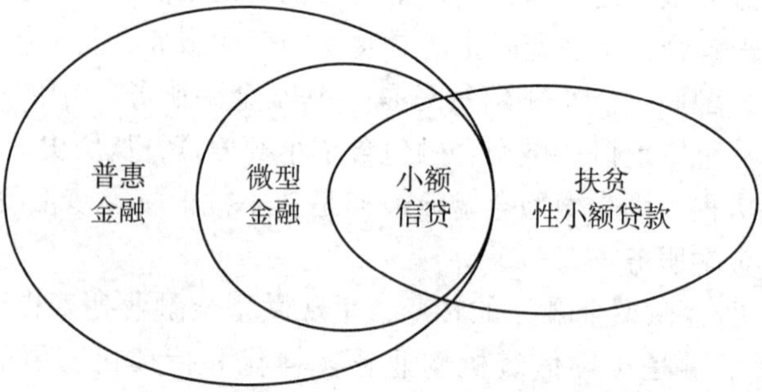

图 2－1　小额信贷、微型金融与普惠金融之间的关系

普惠金融的产生与微型金融的发展有密不可分的联系，普惠金融继承和发扬了微型金融的扶贫理念，并更加重视应该向更加贫困的人群和更加偏远的地区开放金融市场和推进金融服务，旨在强调针对低收入人群的、带有一定扶贫性质的金融不再被边缘化。从金融产品创新角度来看，普惠金融已不仅仅停留在提供慈善性小额信贷或发展性小额贷款的阶段，而是进入了提供综合金融服务阶段，这些金融服务包括支付、汇款、保险、典当等。与此同时，从金融体系依托的工具角度来看，综合性普惠金融服务不断有网络化、移动化的趋势。

"普惠金融体系"实际上是对"小额信贷"以及"微型金融"概念的延伸和发展。普惠金融在总结小额信贷和微型金融发展经验的基础上，将零散的微型金融机构和服务，发展为金融整体发展战略一部分的微型金融产业（行业）的创新性理念。普惠金融继承和发扬了小额信贷和微型金融作为"最有效扶贫武器"的认知，但它超越了零散的机构和金融服务的能力范畴，而是致力于建设一个系统性的微型金融服务网络或者体系。

四、微型金融与商业性金融

商业性金融是指在国家产业政策指导下，运用市场法则，引导资源合理配置和货币资金合理流动等经济行为而产生的一系列货币商业性金融活动的总称。商业性金融的主要特点包括：商业性金融的决策主体是各国有商业银行而非国家政府；商业性金融追逐利润最大化；商业性金融活动是在国家产业政策引导下，通过自主决策来实现的；充当信用中介，实行有偿借贷是其基本原则；商业性金融以资金的盈利性、安全性和流动性为主要经营原则。相比之下，微型金融与一般性商业金融在服务对象、经营管理理念方面存在很大差异。微型金融作为在传统正规金融体系之外发展起来的一种金融方式，强调的是以扶贫为主要宗旨，以贫困或低收入人群为目标客户，也就是说消灭贫困、促进农村经济增长是发展微型金融的主要目的。另外，微型金融业务单笔交易额小，服务方式灵活、快捷也是与商业性金融业务的主要区别之一。微型金融服务的对象是为无法从正规金融体系中获得金融服务的小企业、低收入人群和贫困家庭发放微型信贷和办理其他金融业务，帮助他们进行生产性活动或小本经营。所以，单笔交易额非常小，一般低于平均的人均 GDP 水平。有资料报道，非洲微型金融机构中，每个借款人加权平均的贷款余额是 307 美元，每个客户加权平均的储蓄余额仅为 137 美元。微型金融服务的方式也很方便、快捷，一般提供无抵押贷款。

近年来，微型金融的组织形式多种多样，有向商业性金融发展的趋势。在国外，提供微型金融服务的机构复杂多样，有正规金融机构，如商业银行、非政府组织、成员（小组）制集体组织机构（如合作金融机构）、非正式金融中介机构（如循环储蓄和联合信用贷款协会）等。从近几年的发展趋势来看，追求盈利和可持续经营，以商业性的方式来支持贫困人群生产经营，逐渐成为微型金融的发展主流。一些微型金融组织运用小组联保贷款、动态激励、分期还款等新型金融合约方式，较好地克服信息不对称障碍，保证较高贷款偿还率。

微型金融的商业化，也带来多种影响。从消极影响来看，商业化可能会增加逐利股东对机构管理层形成的压力，要求达到获利目标。个别银行使用积极手段推销微额贷款，隐瞒商品信息，让不知情客户背负超额贷款，引起伦理争议，甚至法律诉讼。2010 年印度安得拉邦的微型金融危机，就因银行过度放款而起，客户超额负债，最后受不了催收压力，大规模自杀，终以悲剧收场。当然，微型金融商业化也有着积极影响的一面，商业化把正规金融机构带进了微型金融，知名者如美国的花旗银行、瑞士的瑞再保险公司、法国的巴黎银行等，逐渐在该领域崭露头角，发挥多方功能，或导引资金，或开发产品，或接触客户。一般的微型金融机构都位于发展中国家（如印度、肯尼亚），专业能力不足，欠缺国际视野，也面临产品开发瓶颈。正规金融机构涉入微型金融行业，形成极好的补充，不仅丰富了产品与服务范围，也使微型金融价值链更趋完善。微型金融行业渐渐从原本的单一产品，衍生出微额储蓄、支付服务、无网点银行等，近几年更迈向微型保险、微型租赁等，类别不断创新，依外在情况与客户需求而不断地变革、多元化。

五、微型金融与扶贫金融

扶贫金融是一种向贫困农户直接提供较高利率的无资产担保的扶贫性金融并保持了高还贷率的扶贫到户方式，是向中低收入阶层提供小额度的持续的信贷服务活动。扶贫金融以贫困或低收入群体为特定目标客户，提供适合特定目标阶层客户的金融产品和服务，这是扶贫性金融项目区别于正规金融机构产品服务以及传统扶贫项目的本质特征，而这类为特定目标客户提供特殊金融产品服务的项目或机构，追求自身财务自立和持续性目标，构成它与一般政府或捐助机构长期补贴的发展项目和传统扶贫项目的本质差异。扶贫性金融被视为运用与传统金融手段不同的制度和方法，为穷人和低收入群体提供持续有效的信贷服务，被看作是一种特殊的金融扶贫活动，它与信贷金融活动和扶贫活动密切相关。这里要特别注意两点：一是把扶贫性金融看作是“扶贫到户形式”或“扶贫形式”；二是把扶贫性金融看作是一种“信贷服务活动”或“特殊的信贷方式”的一种制度化的信贷服务活动。通过以上对扶贫性金融的不同表述不难看出：这些不同的表述只表现在对扶贫性金融的“目标”和“手段”的认识上，扶贫解困则是最终目标，扶贫性金融是达到这一目标的一种方式或手段。

尽管微型金融的目标客户大多是弱势群体或者贫困客户，也就是说微型金融天生具有一定的扶贫作用，但是微型金融与扶贫金融有着本质的区别。扶贫金融的性质是政策性、补贴性的，而微型金融是商业性的。换言之，扶贫金融的目标是扶贫；而微型金融的目标是营利。不过，在微型金融发展的早期阶段，微型金融也或多或少带有扶贫的色彩，使得二者看上去很相似。例如，在20世纪70年代以前，大部分微型金融项目都强调政府的干预，以提高农民的生产力和增加他们的收入为目的，利率享受财政补贴优惠，远低于市场利率水平甚至是零利率。这种金融供给更多的是一种政策性行为，强调社会效应，应属于扶贫金融的范畴。

在微型金融发展的早期，扩大对低收入人群的覆盖面是其主要目标。随着微型金融机构的目标开始多元化，微型金融发展的最佳模式逐渐转向寻求可持续发展。可持续发展强调提高微型金融服务机构的自我发展能力，提供微型金融服务的机构不需要政府、国际机构和慈善组织提供优惠条件而独立生存与发展。为贫困群体提供金融服务和实现自身可持续发展是微型金融机构的两个既相互联系又相互矛盾的目标。相互联系之处在于微型金融机构财务的可持续是其扩大服务贫困群体的必要前提，因为历史实践已经证明，靠财政贴息贷款的微型金融项目虽然在短期内有利于实现扶贫目标，但长期来看并不能使微型金融机构自身实现盈利并发展壮大，扶贫能力的持续性取决于外部补贴的持续性。因此，只有建立可持续的微型金融机构才能实现长期的扶贫目标。相互矛盾之处在于微型金融机构追求财务的可持续会迫使其抛弃农村地区的低收入人群，因为市场化的运作将使其放弃那些信贷成本和风险都很高的贫困群体，从而偏离其提高贫困群体权益等社会和政治目标。此外，利率较高的商业化运作还增加了低收入人群的负债和脆弱性，也不利于贫困群体获取微型金融服务的可持续性。微型金融不是扶贫金融，更不是政府行为，与扶贫金融有着本质的区别。

六、微型金融与民间金融

民间金融也称为非正式金融，在概念上与正规金融相对应。非正规金融机构一般是指未经管理当局批准的、未纳入监管体系的组织或机构所开展的金融活动，如私人借贷、合会、轮会、私人典当等。非正规金融一般是因经济交易的需要，自发形成的，具有内生性和自发性特征。非正规金融尚未获得监管当局认可，其活动也存在不规范、不合法的可能，因此常常以隐蔽的方式进行。

微型金融促进民间金融正规化。资金供求结构性失衡在发展中国家普遍存在，使得民间金融有了生长的土壤。但民间金融一般较分散、隐蔽，利率高低不一，借款形式不规范，风险较大。微型金融机构能以合法、合规、合理的方式去经营资金供求两端。由微型金融机构通过规范的程序、手续为个人和小微企业提供信贷，能在很大程度上规避非法集资和高利贷的风险。相对较为宽松的准入条件也为民间资金进军金融业创造了条件。微型金融可以促使民间金融从“地下”走到“地上”，实现“阳光化”。

理清微型金融的概念对构建微型金融机构评级体系具有基础性的作用。与相近概念的比较中可以看出，微型金融更多地采用商业化的运作模式，旨在通过为被传统金融机构排斥在外的企业或个人提供正规的金融服务，获得商业利润。微型金融在贷款规模、贷款模式、业务操作流程等方面都具有显著的特点。

分析案例

普惠金融重在满足多元化需求

2017年的《政府工作报告》明确提出，鼓励大中型商业银行设立普惠金融事业部，国有大型银行要率先做到，实行差别化考核评价办法和支持政策，有效缓解中小微企业融资难、融资贵问题。

近年来，我国大力发展普惠金融。2016年1月，国务院发布《推进普惠金融发展规划（2016－2020年）》，提高金融服务的覆盖率、可得性和满意度。截至2016年底，我国银行业离柜交易率达84%，同比提高6.6个百分点。比如，运用科技和网络技术手段，中国农业银行不断提高贫困地区基础金融服务的覆盖率、可得性和便捷度。截至2016年末，其在832个国家扶贫重点县布放电子机具20.6万台，对具备固话通信网络条件的行政村实现全覆盖，为贫困农户提供小额存取、转账、结算等基础金融服务。

尽管我国目前普惠金融的发展取得了显著成效，中小企业融资难、融资贵等问题得到一定程度缓解，但在满足多元化金融需求方面仍有提升空间。由于村镇银行、民营银行等规模小、网点少，在强调其支持普惠金融发展的同时，也应提高大中型银行支持普惠金融发展的力度。普惠金融具有见效慢、效益相对较低、实施难度相对较大等特点。现阶段银行业发展相对放慢，盈利难度不断加大，如何做好普惠金融业务是一个值得思考的课题。

资料来源：许炀．普惠金融重在满足多元化需求［N］．经济日报，2017－03－28.

试分析：我国从微型金融过渡到普惠金融发展的现实可行性，未来应从哪些方面提升普惠金融体系的服务效率？

第二节　微型金融的特征与目标

一、微型金融的特征

尽管微型金融有着不同模式，但是各种模式的微型金融均包括以下特征：

1. 在服务对象方面，客户群多以农民、中低收入者、小微企业为主。这部分人群有劳动能力，渴望就业、创业，也具有一定的还款能力。但由于自身现阶段收入较少，在自身资产价值方面没有合适的抵押担保品等，没有信贷额度或者信贷额度较小，处于信贷市场的边缘地带。传统金融机构视其信贷成本高、信用风险较大，较少对他们提供相应的服务。相反，微型金融可满足这部分人群的金融需求，通过创新的业务手段和方式把风险控制在可控范围内，帮助其提高发展能力，改善生存条件，使其脱贫致富。同时弥补了传统大中型金融在这一方面的空白。

2. 在服务提供者方面，种类繁多，既有政府机构，又有在政府公益性机构基础上发展而来的商业盈利机构。在我国还有农村信用社、各大银行投资入股成立的村镇银行、社区银行等。微型金融业务的开展离不开政府支持，但是微型金融机构要想保持自身可持续性，必须作为独立的组织系统存在并按金融市场规则运行。结合国内外发展状况可以得出，微型金融有逐渐向商业化方向发展的趋势。

3. 在服务方式方面，所批信贷额度较小、期限短、服务方式灵活快捷。由于微型金融的服务对象多为农民、贫困人口、小微企业等，这些群体虽有资金需求但需求量较小，一般低于社会平均收入水平，故为他们量身打造的金融产品的交易额度都不大。期限短，有利于服务提供者周转资金，有效降低信用风险、市场风险等系统和非系统风险。服务机构采用多样化的服务方式，如采取无抵押信用贷款、小额保险、农户家庭（组）联保等方式。

二、微型金融的目标

微型金融制度设立的初衷即是以扶持贫困人口、发展经济为目的。这个制度在引入到贫困人口为摆脱经济困境的实践活动中后已经创造了诸多令人信服的业绩，可以证明农户微型金融贷款就是解决贫困问题的有效工具，这就为世界发展中国家的贫困人口脱贫提供了一个切实有效的方法。具体来说，微型金融的运行致力于实现以下目标：

第一，增加人民收入。根据多年来微型金融在反贫困问题上所取得成就，可以得出，虽然微型金融业务的研究和实践方法并不十分完善，但微型金融对于增加信贷者收入的问题上却有着显著效果。有调查显示，在印度尼西亚、孟加拉国、斯里兰卡和印度等国家，贷款户年平均收入的增加幅度均明显高于非贷款户，也就是说得到信贷的人群收入明显比非信贷户提高。

第二，改善一国的收入分配。传统以资产为基础的借贷关系中贷款额度与担保的价值相关。这样就强化了已经存在的财富和收入分配的关系，使得有资产者可以得到贷款，而没有资产者得不到贷款，进一步加大了贫富差距。而微型金融创新地以现金流为基础，使贷款额度以贷款周期中预期经营可得到的现金为基础，这样就让那些没有什么实物资产的，而有良好的经营观念的贫困人口得到贷款，提供了改善收入分配的可能性。

第三，改善社会福利。微型金融通过对贫困者提供小额贷款，增加并多元化其收入来源，对贫困人口的脱贫起着重要作用。此外微型金融的贷款用途较为多样化，贫困人口可以借助贷款捕捉商机、支付子女教育费用以及填补现金流缺口等，特别是教育费用和医疗保障费用的支出，是摆脱贫困的基本途径。

分析案例

菲律宾微型金融环境的建设经验

菲律宾政府很早就意识到微型金融在消除贫困中的关键作用。1997 年，菲律宾政府制定了《微型金融国家发展战略》，该战略确立了微型金融发展的市场导向，并为私人部门参与微型金融发展营造政策环境。目前菲律宾被认为是为微型金融繁荣提供了必要的条件和土壤。按照微型金融政策和监管框架标准，菲律宾位列全球前两位，并且菲律宾还位列全球微型金融商业环境前三名。

菲律宾政府及捐赠机构对于微型金融机构的资助改为帮助其提高管理能力以利于长期可持续发展。目前，外部的援助机构主要包括美国国际发展署、联合国开发计划署、亚洲开发银行以及国际农业发展基金会等。菲律宾政府的角色则转向为微型金融机构营造良好的发展环境上。菲律宾对于微型金融的政策和监管环境被认为是全球最好的。1997年菲律宾政府制定的《微型金融国家发展战略》，促使该国微型金融发展政策从直接信贷和补贴转向以市场为导向。得益于亚洲开发银行的帮助，通过实施"微型金融开发计划"（MDP），菲律宾政府能够对微型金融部门进行系统性评估和改进。"微型金融开发计划"推动了菲律宾微型金融领域多方面的革新。

资料来源：王守贞．菲律宾微型金融发展经验对中国的启示［J］．区域金融研究，2014（3）．

试分析：菲律宾微型金融环境建设对我国的启示是什么？

第三节　微型金融的机构与客户

一、微型金融的机构

微型金融的服务对象是低收入者或微型企业（个体户），他们是金融市场中最低端的客户群体，具有收入低而不稳定、无法提供合规的抵押和担保条件、生产和生活单位合一而导致的贷款用途很难区分、没有规范的财务管理以及居住和经营场所分散等特征。因为这些特征，他们往往被排斥在传统银行的信贷服务大门之外。从国际经验来看，传统银行因为管理和监管模式而很难直接经营小额信贷业务，多数小额信贷机构都是专业经营小额信贷业务的。

微型金融机构就是提供微型金融服务的机构，它包括两个基本层次的含义：第一，为大量低收入的人口提供金融服务；第二、保证机构自身的生存与发展。在市场上，能够提供微型金融的主体包括：贷款者、自助组、循环储蓄信贷协会、多目标的非政府组织、合作社、信贷联盟、信贷与储蓄协会和乡村银行、专业微型金融机构、银行、金融公司等。贷款者是指从事贷款业务的个人，包括商人、店主以及商品和服务供应。自助组是指人们自发组织开展多种活动，包括共同储蓄和贷款而形成的小组。循环储蓄信贷协会是指以非正规方式聚集在一起进行储蓄和贷款的群体。所有成员在预定时间上缴约定数额，每个成员再依次收回。循环储蓄信贷协会在许多国家普遍存在。多目标的非政府组织是指那些业务范围广泛，从事发展、倡导和慈善等工作的非政府组织。合作社是指为社员开展广泛的生产活动的合作性社团组织，如营销、生产和住房服务等，合作社依据合作法注册。信贷联盟是指为社员提供金融服务的合作性社团组织，根据所在国家的规定，信贷联盟可依据合作法或银行法注册。信贷与储蓄协会和乡村银行是为会员提供金融服务的非正规组织，服务一般只限于信贷和储蓄，有些是依法注册的。专业微型金融机构涵盖的范围较广，从只开展信贷业务的非政府组织，到依据专业法律注册、允许吸储的专业性微型金融机构。银行包括商业银行、储蓄银行、农村银行、邮政储蓄银行和合作社银行。它们为大众提供广泛的金融产品和服务，并由中央银行监管。金融公司根据规定可以为大众提供有限的金融服务，但不允许介入那些只能由银行提供的广泛金融服务。它们通常由中央银行监管。

结合我国实际来看，小额贷款公司是最主要的微型金融服务机构，同时大量的金融机构都在做小额信贷，包括村镇银行、农村商业银行、农村合作银行、农村信用社以及各种股份制银行，甚至包括国有商业银行，都在为微型金融客户提供金融服务。

1. 非政府组织的小额信贷。非政府组织是为了某一特定的目的建立的小额信贷项目或者组织。非政府组织的扶贫小额信贷模式以扶贫为宗旨，不以营利为目的，不得为个人牟利。其资金来源主要是政府、基金会和国际组织捐赠与软贷款以及机构留存利润的积累。初始资金多基于项目制运作，资金投放随着项目的结束而终止，大多数的非政府组织小额信贷机构规模很小且发展受限。如联合国开发计划署在我国开展过的小额贷款项目。

2. 小额贷款公司。这类型的机构，具有部分金融功能，不能吸收存款。最近几年，经济水平的高速发展、民间资本日益增多与民间融资需求增加都为小额贷款公司的迅猛发展创造了良好的条件，小额贷款公司在业务规模与扩张速度上都取得了迅猛发展。根据中国人民银行发布的数据显示，截至 2016 年末，全国共有小额贷款公司 8 673 家，贷款余额 9 273 亿元，其中江苏省小额贷款公司机构数量为 629 家，小额贷款公司机构数量超过 400 家的地区还包括河北、内蒙古、辽宁、吉林、安徽和广东。

3. 小额金融银行。小额金融银行主要以小额信贷为主要业务，同时提供存款、汇兑等商业银行业务的小型银行类金融机构。将我国的村镇银行和农村信用社归于此类。中国银行业监管机构公布的资料显示，截至 2016 年 6 月末，全国共组建村镇银行 1 412 家，其中开业 1 371 家，筹建 41 家。全国村镇银行资产总额 10 810 亿元，较 2015 年末增加 795 亿元。村镇银行已经覆盖全国 65. 9% 的县市，其中有 10 省市实现县域全覆盖。大多数村镇银行分布在中西部地区。

4，商业银行的小额信贷业务部门。近年来随着小微企业快速发展，使得其成为迅速成长的重要市场，国家也出台各项扶持政策，微型金融的发展进入商业化时代，微型金融的主体由农村合作社逐步扩展到正规的银行类金融机构，如农业银行、邮政储蓄银行都加入到了微型金融的行列。在小微企业信贷支持、产品创新及服务模式等各方面进行了积极的探索，很多商业银行成立专门的微贷中心，建立独立、专业化的运营体系，打造有代表性的信贷产品，将小微企业贷款作为未来银行盈利来源中最具生机的一部分。

二、微型金融的客户

国际上，微型金融典型的目标客户是农村和城镇的贫民（以女性为主），对他们发放的贷款一般数额很小，具有较强的扶贫属性。中国微型金融按服务对象的不同大致分成三个层次：

第一层服务于有一定规模的小企业和城市中等收入阶层的个人。这一层次的微型金融客户并不贫穷，但由于资金周转或扩大再生产的需要，缺乏短期流动性，需要从金融机构融资。这些客户或者无法提供满足商业银行传统信用审批要求的抵押品，或者即使能提供抵押品但流程复杂导致交易成本偏高。经过信贷流程改造的商业银行和小额贷款公司有意愿和能力来服务这些客户。实际上，国内多数中小型商业银行和小额贷款公司的目标客户都属于该层次。把对此类客户的金融服务视作微型金融，实际上是相对于传统银行服务大企业和富人而言的，这也是我们对微型金融的理解与国际主流定义差别最大的地方。

第二层服务于城镇及城乡结合地区收入较低的个体小生产者、小商贩，以及农村地区从事农副业和小生意的劳动者。这些同样缺少资本的客户有创造财富的潜力，但缺少抵押的手段，被正规金融机构所排斥，该层次客户人群基本与国际主流概念相符。微型金融机构通过一系列的创新，如联保贷款合同、同伴监督等，将该层次的人群纳入金融服务的范畴中。由于该群体的价值创造能力并不低，即便是商业性的微型金融机构在服务该群体时，也可能既为自身带来利润，又实现了削减贫困的正外部性。

第三层服务于社会底层收入阶层，包括农村最贫穷的个人。这类客户群体最接近国际上微型金融的概念，他们非常贫困以至于不可能通过任何商业银行的信贷审批，也不为商业性小额贷款公司所理会。微型金融诞生之初关注的对象就是发展中国家农村地区的贫困农民，削减贫困一直是微型金融首要的社会目标，而开展此类业务的机构，要么得到政府补贴，要么资金来源于公益性投资或捐助。

近年来，越来越多的观点认为，微型金融的服务对象要扩大，让更多的低收入人群受益。缘由在于微型金融服务的对象是低收入人群，但世界各国从事微型金融的机构对低收入人群的标准有些分歧。有的把低收入人群的标准降得很低，几乎一无所有者都可以借贷，典型的如孟加拉国格莱珉乡村银行；有的将它定位为“经济活跃”的低收入人群以及一些经济上脆弱的非低收入人群（如微型企业、个体工商户和“三农”等），我国也根据后者的标准进行操作。例如，包商银行对微型企业客户选择的标准是：社会上的中低阶层，他们拥有个人的小型或微型企业，具有产生收入和创造就业的潜力，能够支付合理反映贷款成本的贷款利息并按约定偿还本金。当然，这在微型金融推行的初期，本着风险防范和商业可持续发展的原则是无可厚非的。因为，极端贫穷的人没有能力承担债务，他们急需的也不是贷款，而更需要食物、药品、住所等，这些可以通过政府和慈善机构的救济获得。但是，介于已成立小企业，或正在从事个体经营等已实现创业的人和赤贫人群之间的更多低收入者被排除在微型金融的服务之外。其实，这些人更有创业的冲动，也更希望和需要得到金融的帮扶。如果此时给予金融支持，帮助他们创业，他们将获得发展和改变命运的机会。因此，微型金融需要不断地扩大它的服务对象，使更多的低收入人群能享受到良好的金融服务。

分析案例

微型金融——激发大众创业的新动力

在经济下行压力下，我国提出“大众创业、草根创业”，让人们更加关注中国变革的市场环境和创业空间。通常而言，新注册企业数是反映一国创新动力与创业热情的重要指标，其增长往往预示着经济体活力的增强。目前，新注册企业呈现小微企业多、服务性企业多、民营企业多的格局，表明大众创业的态势正在形成，这不仅有利于激发市场活力，营造创新、创业氛围，带动经济持续健康发展，而且还能使我国经济所有制结构得到进一步优化。

不过，正如当前的中国经济一样，小微企业也正处在爬坡过坎阶段。从现实角度来看，小微企业最大的难题是市场上融资门槛高、融不到资，即使融到资，银行利率普遍上浮，还要支付大量的评估费、审计费、担保费等。尽管近年来政策层频繁出台扶助政策缓解小微企业融资难、融资贵的问题，但实际效果可能并不太显著。中国小额信贷机构联席会会长刘克崮曾给出过一组不完全统计数据：大型企业的银行覆盖率以及正规金融覆盖率能够达到100%；中型企业的银行覆盖率与正规金融覆盖率达到90%；而小型企业的正规金融覆盖率为40%，银行覆盖率为20%；微型企业的银行覆盖率为2%，正规金融覆盖率为12%。由此可见，金融资源对小微企业而言严重供不应求。

最近出现一个怪现象：部分资质好的小微企业成为银行竞相拉拢的对象。这是由于国家要求银行必须增加对小微企业贷款，而银行又不愿给资质一般或缺少抵押物的小微企业贷款产生的“奇观”。由此而言，要想从根本上解决小微企业融资难的问题，必须打破现有体制，发展普惠金融。而发展普惠金融的重要路径之一是推动微型金融的发展。从国外经验来看，发展微型金融以增加适于小微企业利用的金融资源是解决其融资难题的一条可行路径。各国政府普遍使用微型金融作为刺激经济发展的重要手段，也是促进贫困人群教育、医疗和居住服务的关键因素。随着微型金融的蓬勃发展，它将吸引更多各种类型的机构，深入挖掘市场的巨大潜力，为满足各层次人群的差异化金融需求开发多种金融产品。随着国内对小微企业融资问题愈发重视，可以预期微型金融将会发挥更大的作用。

资料来源：周子勋．激发大众创业的根本是推动微型金融［N］．中国经济时报，2014-09-23.

试分析：小微企业是否是微型金融的客户群体？在我国推进微型金融的发展对解决小微企业融资难问题有何重要意义？

第四节 微型金融的业务框架

一、小额信贷业务

小额信贷业务是最传统也是最主要的微型金融业务形式。同一般信贷业务比较，小额信贷业务呈现出以下特点：

1. 信贷的额度小。小额信贷的放贷金额较小，习惯上人们将1 000元~10万元的贷款称之为微小信贷，10万~500万元的贷款称为小额信贷，但是在小额信贷市场中，由于地域经济发展水平的差异使得小额信贷的界限划分十分模糊。1972年，尤努斯教授在创立格莱珉银行之初，甚至有过将27美元贷给42个人的先例。这与银行传统信贷动辄几百万上千万甚至上亿元的信贷额度相比，可以说是微不足道的。

2. 小额信贷管理和交易费用高。小额信贷的每笔贷款额度较小，一笔500万元的贷款对于传统信贷业务只需要一个业务员就可以轻松处理，但是换成小贷业务可能需要数名信贷员努力工作才能完成贷款发放。首先，小额信贷的申请者大都是小规模经营，自身的技术信息等方面十分落后，很容易受到市场波动的不确定性影响，发生风险导致难以偿债的情况时有发生；其次，逆向选择容易在放债人难以内在地辨别借款人风险类型的情况下发生，导致放债人对每位借款人收取高额利率，以补贴顾客群中存在高风险借款人可能产生的损失。此外，小额信贷工作对“软信息”的刚性需求，需要信贷员去频繁拜访客户，所以说小额信贷是劳动密集型产业。小额信贷的这些特点决定了小贷业务有较高的管理成本和交易费用。

3. 小额信贷客户信誉风险大、无法提供抵押。小额信贷的服务对象大都是小微企业以及低收入人群，自身的文化水平比较低，通常以家庭为经营单位和还款单位且规模较小，无正规或可信的财务报表，信誉度不高，经营风险大，抗风险能力较差，很多小额信贷的借款人没有能力提供“典型”的抵押品。某些小额信贷的申请者大都没有和银行打交道的经验，普遍面临权益较低，流动资金有限的困境。

4. 小额信贷业务监测难。小微企业没有正规或值得信赖的财务报表，财务数据往往残缺不全。信贷员很难依靠零星且不可靠的财务数据追溯企业的经营历史，也很难对现在的经营现状进行系统评价，更加不可能通过零星的财务信息对小微企业的未来经营战略作出预测，更多的小额信贷客户甚至缺乏完整的财务信息以监测贷款的使用情况。这种情况就像是一个信贷“黑箱”，有可能会出现借款人申请的是经营性的贷款，但是结果却将其花费在提升家庭福利上，这显然会降低贷款的使用效率，给银行的贷款回收造成一定的风险。

二、小额储蓄业务

在小额信贷和微型金融发展初期，大家总是把“小额信贷”仅仅理解为“小额贷款”。20世纪70年代末，一些农村金融学者开始呼吁人们帮助低收入人群储蓄。有效的储蓄在微型金融服务中非常重要。在微型金融机构中拥有一个储蓄账户，将会给低收入人群带来很多便利，其中之一就是能够将零散资金存放在一个安全的地方以备不时之需。

目前国外很多国家都开展了微型金融的储蓄业务。在非洲贝宁，微型金融机构就是以储蓄和贷款合作社为主导，采用小组联合设立储蓄账户或者个人设立储蓄账户的模式，根据储蓄账户的资金情况，对不同的小组放贷数量和期限进行相应的规定，同时储蓄账户还可以起到一定的抵押担保作用。然而在我国，目前法律明文规定“禁止小额信贷机构进行任何形式的内外部集资和吸收公众存款”，因此开展小额储蓄业务暂时无法实施。随着我国微型金融市场的发展，适时启动小额储蓄业务试点，对我国微型金融的发展具有深远意义。

三、小额保险业务

小额保险是微型金融的重要组成部分。根据国际贫困扶助协商组织（CGAP）的定义，小额保险主要是面向中低收入人群，依照风险事件的发生概率及其所涉及的成本按比例定期收取一定的小额保费，旨在帮助中低收入群体规避某些风险的保险。小额保险是继小额信贷之后推出的又一项支持低收入群体的金融业务，由于其具有商业性与公益性的双重特性，在国际上尤其是发展中国家引起了高度的重视。

小额保险最早起源于印度，并随着20世纪90年代初小额信贷的盛行而快速发展。小额保险为世界许多国家特别是发展中国家的中低收入人群——也即是最易受风险影响的群体——提供了迫切需要的风险保障。

从世界范围来看，低收入人群一般得不到商业保险公司或国家社会保险体系的关注和覆盖。一方面，商业保险公司难以了解低收入人群，特别是那些地处边远农村的人口的风险保障需求。同时，由于保险营销和理赔成本较高等方面的原因，传统商业保险的保费水平往往令低收入群体无法接受。基于此，低收入群体的保险需求在现实中往往被忽视。另一方面，大多数新兴市场国家由于经济发展水平偏低，政府通常缺乏足够的资金实力为全体人口提供基本风险保障。在此情况下，往往被牺牲的是低收入群体的利益。为适当改变这一局面，2002 年，包括世界银行和国际劳工组织在内的 33 个发展援助组织和机构，共同设立了为贫困人口服务的咨询工作组（简称“CGAP”）。2006 年 2 月，国际保险监督官协会（简称“IAIS”）与 CGAP 设立联合工作小组（全称为“小额保险联合工作组”），共同将发展小额保险作为推动低收入人群风险保障的一项重要工作。2007 年 4 月，中国保险监管机构积极申请并正式加入 IAIS-CGAP 小额保险联合工作组。

小额保险是一种在成本、期限、承保范围和供应机制方面适用于中低收入市场的风险分担性产品，具有以下特征：发展小额保险的宗旨是帮助社会弱势群体规避某些特定风险，特别是危及基本生活的风险，如重大疾病开支、意外伤残、家庭财产的损失等，因而具有一定公益性特征；承保和赔付具有低成本、低保障特征，小额保险给付或赔偿的条件是缴纳小额保费，并发生保险条款约定的事件，保险赔偿和支付的水平较低，仅以保障被保险人的基本生活为标准；产品供给主体具有多样性，小额保险的供给主体包括各种社会经济组织，其中不仅包括商业保险组织、互助保险组织、自保组织，还包括非政府组织、民间互助组织等；保障对象具有特殊性，小额保险的保障对象主要是中低收入群体，但不包括无法负担保费的赤贫阶层。

小额保险的客户群体与一般保险业务的客户群体在其自身特点上有着很大的区别。一方面，小额保险客户收入和风险承受能力较低，且收入现金流通常情况下不够稳定；另一方面，小额保险客户文化水平相对较低。因此从各个国家的发展经验来看，政府对小额保险业务的统筹规划可以有效地推动其进程，如为小额保险的业务经营提供政策扶持、对小额保险的交易主体提供补贴等。

知识链接

我国小额保险的发展现状

中国的小额保险早在 2005 年前后就已经出现，中国人寿与太平洋保险公司在国内首先开办了进城务工人员意外伤害险业务，平均费率约为 3‰。目前，我国的保险市场已经形成了小额寿险、小额意外保险、小额健康保险、小额农业与财产保险、小额信贷保险等几大系列。这些产品的主要特点是保障适度、保费低廉、条款简单，兼顾农村居民的承受能力、对保险产品的认知水平以及对风险保障的实际需求。

农村小额人身保险方面。2007 年 4 月，中国加入国际 IAIS-CGAP 小额保险联合工作组，并着手推动国内农村小额人身保险发展。2008 年 6 月，《农村小额人身保险试点方案》正式出台。中西部地区的 9 个省区被列为试点省份，开展相关业务，市场上有超过 10 种产品供农民选择。目前该业务基本实现保本微利，具有商业意义上的可持续性。

农业保险。中国在2007年启动了新一轮财政支持下的农业保险试点项目。这类产品由于其“广覆盖、低保险”的基本特点，属于非常典型的小额保险。该类产品以农作物的物化成本作为保险金额，通常以多种灾因触发的减产作为定损标准，费率为6%~8%不等。在有政府提供保费补贴的情况下，农民一般只需要缴纳每亩5元人民币，即可以得到200~300元不等的保险保障。

农村家庭财产保险。其中较为典型的小额保险试点是在湖南、浙江等地区于2008年率先开展的农房自然灾害保险。在浙江，全省被分为两个风险区，分别收取10元或15元的保费，而农民只需要相应负担3~5元即可投保。出险后，农民最多可获得3 600元/间或1.8万元/户的保险赔偿。在湖南郴州地区的试点中，农房保险的基本保费是11元，其中10元针对倒房重建的赔付，其余1元针对灾后临时生活补助。农民可在灾后分别获得最大5 000元的倒房赔付与1 000元的临时生活补助。郴州市政府对试点农房保险实施了全额补贴，参与率达到96%。

除上述险种外，中国于2003年开始实施的新型农村合作医疗保险也属于典型的小额保险，按计划已在2010年末实现基本覆盖全国农村居民。连接农村小额贷款与小额保险的“小农户+小贷款+小保险”的金融支农银保互动模式也在进行试点与推广。2009年，国际劳工组织与人保财险签署了《国际劳工组织与受资助机构中国人民财产保险公司资助协议》，用于从资金与技术上帮助人保财险进行“农民工小额保险”产品创新。

中国开展小额保险的模式主要分为三类。第一类是以农村人身保险业务为代表的纯商业化运作模式。当前农村人身保险业务的90%以上采用此类模式，政府既不参与业务运作，也不向农户提供财政补贴或其他支持。第二类是以新型农村合作医疗保险、计划生育保险、进城务工人员保险、政策性农业保险以及农房与农村家庭财险等为代表的半商业化运作模式。此类保险中政府有直接或间接的参与。一种方式是政府将基金交给公司代办或委托管理，公司不承担风险，仅收取代办或管理费用。另一种方式是由公司按照商业模式经营业务，政府向投保农户提供保费补贴。第三类是以阳光农业相互保险公司开办的业务为代表的相互合作制的保险组织，是在特定行业、领域及人群之间进行风险分担的形式。

资料来源：编者根据相关资料整理。

四、小额租赁业务

小额租赁业务是指通过融资租赁方式获得小额资金支持的微型金融业务。客户可向财物提供者（出租人）租赁财物，租金可分期偿付。出租人保留对出租财物的所有权，出租财物不得出售、抵押、典当。微型租赁无须资产抵押，只需预计现金收支。微型租赁可为目标客户在从事农业和小型加工业生产中所需的中小型生产设备提供融资便利，成为无力提供抵押的贫困客户和面临较大违约风险的金融机构之间的双赢之举。

一般来看，小额租赁业务的融资金额在500万元（含）以下，针对可提供强担保措施的企业法人、非法人组织及自然人所办理的融资租赁业务，可与P2P、P2B、基金子公司、信托公司、产权交易所等多渠道来合作，合作方式包括有限合伙、抵押借款、租金收益权转让等模式。小额租赁业务的最大特点是操作便捷、风险可控、资金周转速度快。

分析案例

中国邮政储蓄银行小额贷款业务分析

2007年6月22日，中国邮政储蓄银行小额贷款业务在河南正式启动。第一个小额贷款营业部设在河南省长垣县魏庄镇，魏庄镇的经济基础好，发展潜力大，社会风气好，适合小额贷款业务的健康发展。同月开始在河南、陕西、湖北、福建、山东、浙江、北京等七省（市）展开试点，并逐渐在全国范围内进行推广，进一步为农户、个体经营者和小企业主等提供优质的金融服务。由此，中国邮政储蓄银行小额贷款业务试点工作拉开帷幕。

邮储银行推出的小额贷款产品有农户联保贷款、商户联保贷款和商户小额贷款三类。农户联保贷款指3~5名拥有本地户口的农户组成一个联保小组，不再需要其他担保，就可以向邮政储蓄银行申请贷款。每个农户的最高贷款额暂为5万元。商户联保贷款指3名持有本地户口和营业执照的个体工商户或个人独资企业主组成一个联保小组，不再需要其他担保，就可以向邮政储蓄银行申请贷款，每个商户的最高贷款额暂定为10万元。商户小额贷款指持有本地户口和营业执照的个体工商户或个人独资企业主，由一位或两位有固定职业和稳定收入的人做其贷款担保人，就可以向邮政储蓄银行申请贷款，每个商户的最高贷款额暂定为10万元。办理流程是只需要借款人组成联保小组或找到担保人，携带户口本和身份证，如是商户还需要携带营业执照，一同到开办小额贷款的网点提出申请并接受调查，审批通过，签订合同后，即可拿到贷款，最快3天就可以拿到贷款。

此次小额贷款业务，最主要的特征是推出了联保贷款制度。联保贷款能有效筛选出优质客户，使真正有资金需求和能高效使用资金的客户积极寻求联保人，主动提供有效信息，有效解决银行贷款过程中的信息不对称问题；邮储银行也通过此举降低贷款风险，是资产管理上的一个大胆尝试和创新，为存款向贷款的转换开拓了新的领域和思路，对解决邮储银行的资产负债结构具有积极重要的意义。

资料来源：编者根据相关资料整理。

试分析：中国邮政储蓄银行小额信贷业务的联保贷款制度主要特点是什么？该制度顺利实施的保证条件是什么？

【本章小结】

1. 微型金融的内涵体现在两个方面：第一，微型金融是在小额信贷基础上发展和完善起来的金融服务体系，主要为贫困、低收入人群和微型企业提供小额贷款、储蓄、汇款和小额保险等；第二，微型金融需要追求盈利，并且为了弥补因微型金融服务较高的成本和较大的风险而可适当提高贷款利率。通过将微型金融与其他金融的比较可以看出，微型金融更多地采用商业化的运作模式，旨在通过为被传统金融机构排斥在外的企业或个人提供正规的金融服务，获得商业利润。

2. 微型金融以农民、中低收入者、小微企业为主要服务对象，以政府机构和商业盈利机构为服务提供者，其服务方式呈现出信贷额度较小、期限短、服务方式灵活快捷的特点。微型金融环境建设应从经济环境、政策环境和信用环境三个方面着手进行。

3. 我国的微型金融机构群体包括小额贷款公司、村镇银行、农村商业银行、农村合作银行、农村信用社以及各种股份制银行。其业务种类主要包括小额信贷、小额储蓄、小额保险和小额租赁等。

【思考题】

辨析以下观点，并给出解释。

1. 微型金融只为低收入人群服务；
2. 微型金融的目标是机构的可持续性；
3. 很多微型金融机构不能实现可持续发展；
4. 微型金融无法为最穷的人服务；
5. 低收入人群不会还贷款；
6. 低收入人群付不起能覆盖服务成本的利率；
7. 微型金融机构不能获得商业资金来源；
8. 仅靠微型金融不能减少贫困。

【综合训练】

新加坡微型金融的发展与借鉴

在曾经追求亚洲金融中心地位的新加坡，也开启了金融服务于中小企业的国家战略行动。新加坡的人均 GDP 已达 4 万美元，它在对中小企业的金融支持方面更能超越“低收入人群银行家”的层次。同时，这种选择也能够促进其国际经济中心城市的转型发展。作为一个自然资源极其有限的城市经济体，新加坡属于外贸驱动型经济，以电子、石油化工、金融、航运、服务业为主，制造业和现代服务业是经济增长的双引擎，对欧美以及周边市场的依赖性很大，外贸总额是 GDP 的 3 倍。在 1997 年的亚洲金融危机中，新加坡所受冲击不大。但在最近一轮的全球经济放缓和国际市场电子产品需求下降的冲击下，新加坡一度陷入独立以来最严重的经济衰退挑战。

为刺激经济发展，新加坡政府提出了从传统经济向知识经济爬坡的战略规划，全面检讨新加坡经济发展策略，大力弘扬创业文化，积极与日、美等国签订有助于中小企业发展的双边自由贸易协定。新加坡的中小企业信贷局还设立了中央数据库，存入与中小企业有关的信贷数据，帮助银行和其他借贷机构对中小企业的贷款申请作更好的评估，其宗旨就是为了让中小企业更容易获得银行贷款。另外，新加坡还有一个叫标准、生产力与创新局的部门(简称标新局)，帮助中小企业提升融资能力和管理能力，并且在技术创新以及开拓新市场等方面给予各种培训服务，从而增强中小企业的国际竞争力。

根据市场小额信贷需求和中小企业经营的实际，新加坡还总结出一套微型金融服务的基本规则。首先，用“终端对终端”的 IT 技术体系解决银行界最头痛的信用甄别，解决个体工商户没有而一般金融机构又比较依赖的财务报表和担保品。其次，有一套“客户经理社区化”的预警机制，每个客户经理的业务范围控制在 10 公里之内，除对客户经营范围和能力充分掌握外，还能够每天了解借贷人的行为、活动和品行等软资质。最后，针对还不起钱的客户有信用恢复的创新迹象尤其重视，小企业主如果不能按时还款，客户经理会先来分析能否还得起贷款，如果是资金不够则再借贷一笔或者延长还贷期，以帮助客户获得发展的实质性起步。

资料来源：编者根据相关资料整理。

1. 查找资料，了解新加坡微型金融的发展脉络，并分析其发展微型金融的必要性是什么？

2. 分组讨论，从新加坡拓展微型金融服务的经验来看，对我国微型金融的发展启示是什么？并形成分析报告。

第二篇

微型金融体系与运行

第三章　微型金融的运行机理

▶▶导入案例

陈雨露：引导更多金融机构投身微型金融和普惠金融事业

2016年8月25日，时任中国人民银行副行长的陈雨露在出席“中国—拉美微型金融高峰论坛”时表示，未来中国央行将把促进微型金融和普惠金融发展作为金融服务供给侧结构性改革的重要内容，更好发挥政策引导和正向激励作用，引导更多金融机构投身微型金融和普惠金融事业，让金融改革发展成果更多惠及普罗大众。

近年来在中国，金融服务的可获得性受到政府的高度重视，微型金融和普惠金融发展得以大力推广。

“十三五”规划纲要明确提出，要构建多层次、广覆盖、有差异的银行机构体系，发展普惠金融和多业态的中小微金融组织。2015年国务院发布的《推进普惠金融发展规划(2016-2020年)》，明确了中国建设普惠金融体系的指导思想、基本原则和发展目标，勾勒了未来5年中国普惠金融发展的蓝图。

陈雨露指出，近年来，中国央行按照“广覆盖、低成本、可持续”的原则，积极引导金融资源向微型金融和普惠金融领域倾斜，加强金融基础设施建设，着力提升小微企业、偏远地区居民、农民、城镇低收入人群、贫困人群和残疾人、老年人等特殊群体的金融服务覆盖率和金融服务可获得性，取得了积极的成效。

数据显示，截至2016年6月底，人民币小微企业贷款余额达19万亿元，是2010年同期的3倍；本外币农村（县及县以下）贷款余额达22万亿元，是2010年同期的2.5倍；共为261万户中小企业和1.7亿农户建立了信用档案，其中46万户中小企业和9 165万农户获得了信贷支持。

此外，农村地区个人银行结算账户已达35亿户，人均结算账户3.7户。目前，农村地区已基本实现“家家有账户、人人有卡、补贴能到户”。

资料来源：记者李国辉. 金融时报，2016-08-26.

【案例导学】

“三农”问题事关农业、农村、农民发展，也事关全局发展。在“三农”问题中，农村金融已成为最为迫切的一个方面。“金融瓶颈”对农村经济发展的制约已使农村经济举步维艰，农村金融有效供给不足，从而难以满足农村金融的需求，已成为农村经济增长的严重羁绊。本章从传统农村信贷入手来深入讲解微型金融的运行机理。

第一节　传统农村信贷的失灵

农村信贷的供给者可以分为两大类：一类是正式的金融机构，或者说是机构性（institutional）金融组织，主要包括商业银行、国家农业银行或农业发展银行以及政府其他的农村信贷安排等；另一类是非正式或者说是非机构性农村金融组织或安排，如合作基金、轮换储蓄和信贷协会（Rotating Saving and Credit Associations，ROSCA）、私人放贷者或者亲戚朋友等。信贷是削减贫困的有力工具，但是传统的农村正规金融体系，并没有自然延伸到农村贫困群体。先前正规金融部门试图向农村贫困群体提供信贷服务的努力，如商业银行的贷款和政府执行的扶贫贴息贷款项目，都存在贫困群体覆盖率和还贷率低下，以及瞄准目标的偏移等各种问题（Berglind and Karimi，2007）。其根本的原因在于信息不对称和担保抵押缺失导致的特殊的约束。

首先，分散的小农经济具有投资周期长、市场风险和自然风险高以及盈利性低的特征，农村信贷又存在交易额度小、交易分散、贷款经营规模不经济的问题。

其次，农村信贷市场是一个典型的信息密集型（information intensive）市场。贷款人（银行）和借款人（贫困户农）之间信息高度不对称，金融机构面对分散、独立、无信用记录的小农户，收集和甄别借款人信用状况的信息成本、监督贷款人借款之后行为的成本以及监督贷款人还贷的契约执行成本极高。

最后，农村信贷市场是一个典型的担保抵押密集型（collateral intensive）市场。担保抵押是克服农村金融市场上信息约束问题的有效手段，然而农村贫困群体一般不能提供传统的担保抵押。在担保抵押缺失的情况下，借款人只承担偿还贷款的“有限责任”（limited liability）：当项目成功的时候，借款人向贷款人偿还本息；但是如果项目失败的话，借款人不支付任何东西，因为贷款人没有抵押物可以没收，也没有担保人可以索偿。因此，担保抵押缺失加剧了信息不对称问题的严重程度。

农村信贷市场由于具有这些特殊的约束，金融交易成本极高，要求必须有不同于传统正规金融体系的特殊安排，这些安排必须能够解决由信息不对称和担保抵押缺失带来的高交易成本和贷款规模不经济这两大问题。由于传统的正规金融没有解决这些约束问题，因此向农村贫困群体提供信贷服务，对规模相对较大、以盈利为目的的商业性金融机构来说没有什么吸引力也不足为奇了。

农村信贷市场上的信息问题被称为农村信贷市场的委托代理问题。信贷市场上的所谓委托代理问题发生在委托方（贷款人）和代理方（借款人）之间，是由信贷市场上的信息不对称造成的。“贷款人不能观察到借款人的特征（如项目风险性），不能观察到借款人的工作努力程度，或者不能观察到借款人的收益”（Armendáriz de Aghion and Morduch，2005），加上担保抵押缺失，逆向选择和道德风险（包括事前道德风险和契约执行困难或事后道德风险）就成为农村金融市场的常态。这种所谓的信息隐藏和行动隐藏（hidden information and hidden action）导致了市场的低效，也是传统的面向农村贫困群体的信贷市场失败的主要原因（Simtowe and Zeller，2006）。

不完全信息在信贷市场上至少造成了三个低效：逆向选择、事前道德风险和事后道德风险。图 3 – 1 描述了不同借贷交易时段的信息问题。

一、逆向选择（adverse selection）

逆向选择发生在贷款发放前的阶段。在借贷契约安排发生之前，由于信息不对称，贷款人缺乏可靠的信息来甄别借款人的类型，即借款人是有着安全（高）质量的项目和还贷可能性高的“安全”类型，还是有着危险（低）质量的项目和还贷可能性低的“风险”类型。如果贷款人具备关于借款人风险类型的完全信息，那么贷款人可以提供两类要求利率不同的贷款契约。当贷款人不具备关于借款人风险类型的完全信息的时候，贷款人只能对所有的借款人要求同样的名义利率，借此来补偿客户群中含有危险客户的风险，结果就是安全客户被排斥出信贷市场。这一类由信息不对称引致的市场低效就是逆向选择（Stiglitz and Weiss，1981）。如图 3 – 1 逆向选择是信贷市场的“不完全”，因为“值得贷款的借款人没有参与市场，而市场效率本来要求他们参与”（Armendáriz de Aghion and Morduch，2005）。贷款人甄别安全型借款人和风险型借款人的传统方法是直接观察借款人的特征或者提供利率和抵押物要求不同的特定类型借贷契约（type-specific lending contracts）（Ghatak and Guinnace，1999；Ghatak，2002）。由于较之安全型借款人，风险型借款人项目失败的可能性更大，从而更容易失去抵押物，所以他们倾向选择高利率、低抵押的借贷契约，而安全借款人恰恰相反。但是如果观察借款人的风险特征的成本极高，而且担保抵押缺失，那么贷款人将不得不向所有的借款人提供利率单一的混合贷款契约（pooling lending contract）。问题在于贷款人不能发现一个既“对所有的有价值的借款人都具有吸引力”，而且“允许贷款人覆盖成本”的利率（Armendáriz de Aghion and Morduch，2005）。无疑，当逆向选择发生的时候，还贷率会降低，因为较之安全型借款人，风险型借款人项目失败的可能性较大，从而还贷的可能性要低。

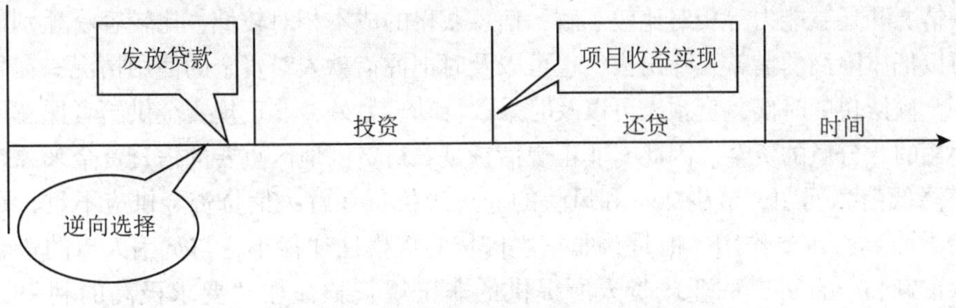

图 3 – 1　不同借贷交易时段的信息问题

二、道德风险

1. 事前道德风险（ex-ante moral hazard）。事前道德风险是信贷市场上道德问题的第一个层面。事前道德风险发生在信贷发放之后、项目收益实现之前的阶段。它的产生是由于信息高度不对称，贷款人无法观察到借款人在借款之后的私人行为（privately-taken actions），包括投资项目的风险、资金的用途，或者借款人在执行项目过程中的努力程度。借款人可能选择对自己有利的行为，如可能将资金投向高风险的项目，或者将资金挪作他用，或者在执行项目的时候少付出或者不付出努力。在借款人只承担有限责任的情况下，借款人的事前道德风险不可避免，从而影响到产出的概率分布（Simtowe and Zeller，2006）和还贷的概率分布。在这种情况下，贷款人的私人行为并不是帕累托最优（Pareto-opti-mal）的。担保抵押的存在可以降低借款人的事前道德风险，但是在很多发展中国家，“有限财富、有限产权和不完善的、运行低效的法律系统结合在一起，减少了可抵押资产的占有性”（Bond and Rai，2002）。因此，事前道德风险成为农村信贷市场发展的主要约束因素（Stiglitz，1990）。

2. 事后道德风险（ex-post moral hazard）。事后道德风险是信贷市场道德风险的第二个层面。事后道德风险通常又被称为“强制执行问题”（enforcement problem）（Armendáriz de Aghion and Morduch，2005），或者“策略拖欠”（strategic default）问题，即项目成功、借款人有能力还款的情况下，借款人不愿意还款，而决定“携款潜逃”（Armendáriz de Aghion and Morduch，2005）。当贷款人不能观察到借款人投资的真实收益时，借款人很容易隐瞒信息和转移投资收益，却向银行谎称投资失败；或者即使当贷款人观察到借款人真实收益的时候，却因为有限强制执行（limited enforcement）问题（没有担保抵押）而不能强制借款人还款。在发生事后道德风险的时候，银行将承担放贷的损失。

通常情况下，发展中国家的农村贫困群体收入水平往往无法满足某些急需的大宗商品消费需求和某些突发性事件（如婚丧嫁娶、疾病、修建房屋、上学等）的刚性大额消费支出需求（Bounman，1995；刘民权、俞建拖和徐忠，2006）。由于无法从正规金融部门得到贷款，大多数发展中国家的农村贫困群体在资金紧缺的情况下，被迫向私人放贷者（通常是高利贷）、亲戚朋友、邻居、当地的买卖人以及其他非正规信贷资金提供者借款来满足临时性的资金需求，造成对非正规信贷（informal credit）的依赖。

非正规借贷关系主要在相互比较熟悉的人之间进行，非正规资金供给者“通常具有银行所不具备的信息优势和强制借款人履约的优势”（Armendáriz de Aghion and Morduch，2005）。由于地域和血缘等原因，非正规借贷市场上的借贷双方接触比较频繁，借贷人对于借款人的信用、收入情况和还款能力等相对比较了解，信息获得的成本相对较低，比较容易甄别借款人的风险，可以把风险高的借款人筛出去，也可以及时把握借款人对资金的使用情况。在贷款资金不能得到全额偿付的时候，贷款人可以及时采取行动。另外，非正规资金供给者愿意向贫困群体提供小额的、分散的资金。因此，非正规借贷是农村贫困地区重要的信贷资金来源。

能够降低信息问题、减少成本和风险的非正规信贷在解决信贷资金供应不足、平滑农村居民消费方面具有重要作用，但是，非正规借贷的规模往往很小，与贫困人口的资金需求之间有很大的缺口。此外，职业放贷人所提供的非正规贷款往往“要求极高的利率，这对借款人一些可行的生产性项目形成了约束”（Impavido，1998）。而且在发展中国家中，非正式金融组织或安排往往被正式的金融体系所排斥甚至遭到打压。

拓展阅读

“柠檬”理论

乔治·阿克劳夫和迈克尔·斯宾塞、约瑟夫·斯蒂格利茨由于在“对充满不对称信息市场进行分析”领域所做出的重要贡献，而分享2001年诺贝尔经济学奖。这三名获奖者在20世纪70年代奠定了对充满不对称信息市场进行分析的理论基础。

乔治·阿克劳夫（GeorgeAkerlof）在1970年发表了名为《柠檬市场：质量不确定性和市场机制》的论文，被公认为是信息经济学中最重要的开创性文献。在美国俚语中，“柠檬”俗称“次品”，这篇研究次品市场的论文因为浅显先后被三四家杂志社退稿。然而，乔治·阿克劳夫（GeorgeAkerlof）在这篇论文中提出的逆向选择理论揭示了看似简单实际上又非常深刻的经济学道理。逆向选择问题来自买者和卖者有关车的质量信息不对称。在旧车市场，卖者知道车的真实质量，而买者不知道。这样卖者就会以次充好，买者也不傻，尽管他们不能了解旧车的真实质量，只知道车的平均质量，愿以平均质量出中等价格，这样一来，那些高于中等价的上等旧车就可能会退出市场。接下来的演绎是，由于上等车退出市场，买者会继续降低估价，次上等车会退出市场；演绎的最后结果是，市场上成了破烂车的展览馆，极端的情况是一辆车都不成交。现实的情况是，社会成交量小于实际均衡量。这个过程称为逆向选择。

资料来源：编者根据相关资料整理。

第二节　农村金融理论的发展脉络

农村金融理论是金融发展理论的重要组成部分，经济学家曾经提出各种各样的农村金融理论及政策主张来指导农村金融的实践，主要包括农业信贷补贴理论（农业融资理论）、农村金融市场理论和不完全竞争市场理论三个流派。20世纪90年代末随着小额信贷的发展又产生了作为分支的微型金融（microfinance/microcredit）理论（Zhang Wei，2008b）。

一、农村信贷补贴理论

20世纪80年代以前，供给主导型的农业信贷补贴理论（农业融资理论）在农村金融理论中居于主流地位。该理论的主要观点是：①农村居民特别是贫困阶层没有储蓄能力，因此农村地区广泛存在自身资金短缺问题；②由于农业的产业特性（收入的不确定性、投资的长期性、低收益和分散性、分散风险的机会有限等），以利润为目标的商业金融机构不愿意为农业和农村地区提供融资服务；③农村地区信贷供给不足，普遍存在高利贷和一般以高利率为特征的非正规金融。据此，该理论提出信贷供给先行的指导思想：①政府必须介入农村金融市场，建立非营利性的农村金融机构从外部向农村注入政策性资金，促进农村生产和缓解农村贫困；②实行低于其他产业的贷款利率，缩小农业与其他产业之间的结构性收入差距；③引入政府贴息贷款将高利贷者逐出市场。

长期以来，“资本匮乏”被认为是发展中国家经济发展迟缓的原因。在著名的哈罗德——多马模型中，资本积累被看作是经济增长的决定因素。从20世纪50～80年代，农业部门成为很多发展中国家发展战略的重点。在资本积累是经济增长的发动机的古典假设下，发展经济学家W. A. 刘易斯、B. H. 莱本斯坦得出结论，发展中国家的“农民需要的资本远超过他们能够进行的储蓄”“信贷对于一些领域特别是小农业和小工业的发展，是必不可少的”（孙颖，2010）。为了克服正规商业性金融机构不愿意向农村贫困群体发放贷款这一问题，在农业信贷补贴理论的指导下，发展中国家纷纷建立国家所有的专门的“国家农业银行”或“农业发展银行”，向农村的特定群体——通常是农业生产项目、小企业和小农户——发放贴息贷款，其目的是想缓解农村地区资金紧缺的局面，改善农户，特别是农村贫困群体的信贷可得性。大量政府补贴的廉价信贷资金的注入，在一定程度上促进了农业生产的增长。

但是，大部分的贴息贷款项目都没有实现覆盖贫困群体和可持续发展的双重目标（Adams，Graham and von Pischke，1984；Devereux and Fishe，1993；Impavido，1998；Khandker、Khalily and Khan，1995；Diagne，Zeller and Sharma，2000；Morduch，2000），没能建立有效率的农村金融体系和能够可持续自我发展的金融中介机构。这是因为农村信贷补贴理论存在固有的缺陷，这些固有缺陷使得许多国家根据该理论的实践陷入困境。

由于贴息贷款项目负有扶助农业发展和帮助贫困农户脱贫的社会使命，贴息贷款的实际利率往往被刻意压低甚至为负。罗纳德·L. 麦金农（McKinnon，1973）和爱德华·S. 肖（Shaw，1973）指出，这种“金融抑制”（financial repression）现象会带来很多不良的后果：

1. 低利率政策缺乏储蓄激励，信贷机构无法动员农村储蓄建立自己的资金来源，从而过度依赖外部（财政）资金。

2. 廉价的信贷资金造成资金需求和资金供给之间的巨大不均衡，势必导致信贷配给（credit rationing），得到资金的往往是政府重点发展的农业部门和农村工业企业、商业项目、政治上的特权阶层以及富裕农户，而不是小企业、小商户和贫困农户（Adams and von Pischke，1992）。

过低的效率没有反应资金的真实成本，压缩了“国家农业银行”或“农业发展银行”的盈利空间。和商业性金融机构一样，“国家农业银行”或“商业发展银行”同样有追求利润、降低交易成本和风险以及提高还贷率的压力，它们在向贫困地区发放贷款的时候，同样面临着筛选借款人、监督贷款使用情况以及督促借款人还贷的契约执行困难等问题。这样，角色冲突促使“国家农业银行”或“农业发展银行”有“惜贷”并偏向那些能够提供抵押的非贫困群体的强烈动机（Mehrteab，2005），贫困农户由于没有抵押品和难以找到担保人而无法使用贷款。Gonzalez-Vega（1984）针对发展中国家的信贷配给进行分析，提出了理论限制条件的铁的定律（the iron law of interest restrictions）——在市场经济条件下，利率补贴必然导致寻租现象，利率补贴的利益主要由能够支付更高租金的利益群体攫取，而低收入人群很难在支付租金争取利率补贴的竞争中占优势。银行将财政贴息的低成本资金贷放给商业项目、政治上的特权阶层以及富裕农户，实际上造成了农村金融市场的不平等竞争（Shen Ming-gao and Chen En-jia，2004；徐忠和程恩江，2004）。政府为减轻寻租导致的贴息贷款分配不公平而采取的行政分配手段又会由于贷款对象及其项目的信息不完全导致资源配置效率低的现象（吴国宝，1997）。贴息贷款所造成的利率限制和金融抑制，在 McKinnon（1973）、Shaw（1973）和 Gonzalez-Vega（1984）看来，实际上阻碍了发展中国家的“金融深化”（financial deepening）。过低的利率会刺激不恰当的投资需求，带来资源的浪费和无效率，甚至造成各种各样的腐败行为，而这些行为带来的损失是由政府的财政补贴来弥补的，不可避免地导致可贴息贷款项目的失败（Armendáriz de Aghion and Morduch，2005）。

3. 贴息贷款的福利性和政府隐性担保容易造成资金接受者对贴息贷款的过分依赖和导致借款者不还贷的道德风险，加之信贷机构缺少监督借款者投资和偿债行为的动力，从而造成资金回收率普遍偏低。由于“国家农业银行”或“农业发展银行”通常会出于政治或社会目标的考虑而不能严格执行扶贫贴息贷款的回收纪律，这实际上相当于允许大多数信贷资金可以逾期不还，由此造成贷款对象的错误心理，认为扶贫贴息贷款类似政府救济，即使在有还款的条件下，他们也存在不还贷的动机。这种策略拖欠（strategic default）的道德风险增加了信贷扶贫资金的放贷和回收管理难度。而且在通货膨胀率高与贴息贷款利率的条件下，无论投资项目成功与否，贷款对象都可以从贷款中获益，因此部分农户在申请贷款时并不考虑偿还能力，其信贷行为发生扭曲（吴国宝，1997）。

4. 过低的利率无法补偿信贷机构发放贷款的高交易成本，信贷项目普遍亏损，损害了农村信贷，危及自身的可持续发展能力。

二、农村金融市场理论

20 世纪 80 年代后，放松管制和金融自由化成为金融制度演进的主流（龚明华，2002）。在 McKinnon（1973）和 Shaw（1973）提出的“金融抑制”和“金融深化”理论基础上产生了基于新古典主义发展经济学，强调市场力量的农村金融市场理论，并逐步取代了农村信贷补贴理论。

20 世纪 50 年代，约翰·G. 格利（John G. Gurley）和 Shaw 发表了两篇关于发展中国家金融问题的代表作，即在 1955 年 9 月《美国经济评论》上的“经济发展的金融方面”和 1956 年 5 月《金融杂志》上的“金融中介和储蓄——投资过程”，1960 年由布鲁金斯学会出版的《金融理论中的货币》汇总和发展了 Gurley 和 Shaw 以前的观点。Gurley 和 Shaw 在这些开创性研究中，提出了金融发展的概念，阐述了金融和经济的关系。他们认为，金融发展就是指各类金融资产的增多以及各类金融机构的设立；经济发展，金融也会随之发展。同时指出各种金融中介，特别是非货币金融中介（non-monetary intermediaries）——除了货币体系以外的各种金融中介的作用在于把储蓄转化为投资，从而提高全社会的生产性投资水平。Gurley 和 Shaw 提出了发展中国家金融发展过程中的资金流动模型，该模型关注发展中国家在本身金融发展落后的条件下，怎样将一个部门的剩余储蓄（投资机会较少）向其他具有丰富企业家才能的部门转化（孙颖，2010）。

美国耶鲁大学经济学家雷蒙德·W. 戈德史密斯（Raymond W. Goldsmith）1969 年出版的《金融结构和金融发展》对金融发展的过程及规律进行了描述和分析，奠定了金融结构和金融发展理论的研究基础。Goldsmith 把各种金融现象归纳为三个基本方面：金融工具、金融机构和金融结构。他认为，不同类型的金融工具与金融机构的存在、性质以及相对规模体现了该国的金融结构，因此，研究各国金融发展的差异，必须从比较它们的金融结构入手。他根据 35 个国家从 1860 ~ 1963 年 104 年的经济金融统计资料，对金融结构与金融发展做了横向的国际比较和纵向的历史比较，明确提出了金融结构的概念，构建了衡量一国金融结构与发展水平的 8 个存量和流量指标（最著名的是金融相关性比率，FIR），总结了金融发展过程的 12 条基本规律，描绘了金融结构变动的总趋势。他考察了在较长时期内金融结构与金融发展和经济增长的关系，结论是经济发展与金融发展之间存在着大致平行的关系。他特别强调金融发展对经济发展的积极主动作用，认为金融发展对经济增长的促进作用是通过提高储蓄、提高投资总水平与有效配置资金这两条渠道来实现的。他指出，虽然国家的金融结构各不相同，但只有一条主要的金融发展路径，即金融发展的总趋势是一致的。金融发展水平较低的国家将沿着金融发展水平较高的国家所走过的道路发展。因此，先进国家的示范作用十分重要。

McKinnon（1973）和 Shaw（1973）针对当时发展中国家普遍存在的金融市场不完全，资本市场严重扭曲和政府对金融的不适当的过分干预或管制而影响经济发展的状况，分别出版了“Money and Capital in Economic Development”（《经济发展中的货币与资本》）和“Financial Deepening in Economic Development”（《经济发展中的金融深化》），提出了“金融抑制”和“金融深化”理论，论证了金融发展与经济增长之间的相互制约、相互促进的辩证关系。他们指出，金融抑制是发展中国家欠发达的主要原因。长期以来，发展中国家的政府对金融活动，特别是利率或汇率实行过分干预或严格管制的政策。一方面，利率管制使得利率不能正确地反映资本匮乏现象和资金供求状况，加之政府不能有效地控制通货膨胀，导致实际利率为负数。从而对居民储蓄缺乏吸引力，使得社会储蓄下降，资金需求远远大于资金供给，政府被迫实行信贷配给。在信贷配给制下，资金几乎是无偿使用，结果使得投资缺乏约束，大量的稀缺资金被用于无效率的投资项目上，资金的配置和利用效率大大降低。另一方面，大量的中小企业无法进入金融市场融资，而只能依靠内源融资。由于投资效益低下，造成国民收入中储蓄下降，储蓄和投资的缺口进一步扩大，经济停滞不前，被压抑的经济发展水平反过来又阻碍了金融的发展，迫使政府对利率实行更加严厉的管制，从而使经济与金融之间陷入互相促退的恶性循环之中。McKinnon 和 Shaw 将这种人为压低利率造成金融体系和经济效率底下的现象称为“金融抑制”。他们提出，发展中国家以金融自由化的方式实现金融深化，确立市场机制，减少政府干预，以促进经济增长。

Gurley 和 Shaw，Goldsmith，McKinnon 和 Shaw 等人的理论奠定了金融发展理论的基础。该理论认为，发展中国家资本市场极不完善，几乎不存在债权、抵押契据或者普通股票等初级证券的“有组织”市场，而以商业银行为中介的间接金融又很落后。企业的投资只能依靠内源融资，即由内部积累的储蓄来提供资金。金融发展论强调金融因素是经济增长的内生力量，金融发展是经济增长的“助推器”，提出发展中国家应通过金融深化改革金融制度，减少政府的过度干预，放松对金融机构和金融市场的管制，实现资本有效积累，促进金融市场发展，摆脱经济发展的资本约束，推动经济发展。20 世纪 90 年代，围绕内生增长模型，金融发展论进入新的研究阶段，一些经济学家在总结发展中国家金融改革实践的基础上，提出了金融自由化次序理论，指出发展中国家金融深化的方法及金融自由化是有先后次序的，如果按照一定的次序进行，就能够保证发展中国家经济发展的稳健性。金融发展理论的产生对发展中国家深化金融改革提供了一定的理论借鉴和实践指导意义。

建立在金融发展理论基础上的农村金融市场理论的主要观点是：①农村居民及贫困阶层具有储蓄的潜在能力，因此没有必要从外部注入资金；②低息政策不能有效激励人们存款，影响了存款总量的扩张和结构构成，抑制了金融发展（龚明华，2002）；③农村金融机构资金的外部依存度过高是造成贷款回收率低下的重要原因；④由于农村资金拥有较高的机会成本和风险费用，非正式金融的高利率具有一定的合理性。农村金融市场理论反对政策性金融，认为垄断的市场难以有效分散风险，更不能有效配置资源（张晓山等，2006），因此极力推崇市场机制。但是，1997 年东南亚金融危机以后，许多经济学家对过分强调金融深化与金融自由化进行了反思。

三、不完全竞争市场理论

20世纪90年代，赫尔曼（Hellmann，1996）、默多克（Murdock，1997）和斯蒂格利茨（Stiglitz，1998）等人根据发展中国家金融自由化的经验和教训，重新审视了金融体系中的政策干预和管制问题，提出了金融约束（financial restraint）理论。该理论认为，在现实经济生活中，由于信息不对称等市场缺陷，金融市场难以有效运行和有效配置资源，因此政府有必要进行适当的干预。通过制定一系列的金融政策，在金融部门和生产部门创造生产租金的机会，特别是为银行部门创造租金机会，使其有长期经营的动力并发挥其掌握企业信息的优势，通过"租金效应"和"激励作用"，可以规避潜在的逆向选择行为和道德风险，鼓励创新，维护金融稳定（马雪彬和邓汉华，2000）。金融约束理论并不是与金融深化理论背道而驰的，而是针对发展中国家市场中存在的信息不对称和金融监管不力的现象，强调在市场"失灵"情况下发挥政府的作用，因此是金融深化理论的丰富和发展。

不完全竞争市场理论是通过金融约束理论在农村金融领域的运用而形成的，其主要观点是：①农村金融市场不是一个完全竞争的市场，特别是在借贷双方之间存在着严重的信息不对称，信贷机构无法充分掌握借款人的信息，逆向选择和道德风险问题严重；②仅仅依靠市场机制无法培育完善的农村金融市场；③有必要采取措施诸如政府适当介入金融市场以及借款人的组织化等非市场要素等方式来改善金融市场存在的信息不对称、市场不完全、合约不完备等缺陷，弥补市场的失灵（Stiglitz and Weiss，1981；Stiglitz，1990）。

不完全竞争市场理论认为，农村金融体系改革的关键在于变革原来的管制框架，建立起具有完善的体制结构、促进竞争、能够有效运行的农村金融市场（龚明华，2002）。该理论认为，尽管农村金融市场缺少资金来源、融资中介或存在制度缺陷，但这不构成政府信贷配给和利率管制的理由，政府要选择正确的方式和手段，有效干预农村金融市场，其目的是完善市场体系，促进市场机制的发挥。政府首先应建立一个有利于农村金融中介服务的最佳环境，排除阻碍农村金融市场有效运行的障碍。政府资金应首先用于金融机构建设（培训管理人员、监督贷款人员，建立完善的会计、审计和管理信息系统等），在此基础上，可以在不损害金融机构动员储蓄能力的前提下从外部供给资金，并逐步取消补贴而使贷款集中面向小农户，以及放开利率使农村金融机构实现自身可持续发展。

四、微型金融理论

20世纪70年代以来，旨在为农村低收入阶层提供金融服务的微型金融/小额信贷在亚非拉发展中国家、东欧转型国家、加拿大乃至美国兴起，被称为微型金融/小额信贷革命（Zhang Wei，2008b）。以Stiglitz（1990）为代表的一批经济学家运用信息经济学、博弈论和契约理论对微型金融/小额信贷的运行机制展开研究，形成了微型金融理论（Zhang Wei，2008b）。在此理论产生之前的微型金融/小额信贷实践是建立在信贷补贴论基础上的，强调向低收入人群提供便宜的资金，但因为忽略了机构的可持续自我发展而难以为继；微型金融理论基于不完全竞争市场理论，强调利用借贷款人互相担保、互助合作、相互监督等激励机制，克服农村金融市场上的信息不对称和抵押物缺失问题；同时，微型金融理论认为微型金融/小额信贷机构应争取实现可持续性和削减贫困的双赢，在此前提下，政府可给予其一定的特殊政策，如税收优惠和放松利率限制等（Zhang Wei，2008b）。

知识链接

农业信贷补贴理论存在的固有的缺陷

1. 如果农民存在可以持续得到廉价资金的预期，那么农民就缺乏储蓄的激励，这使得信贷机构无法动员农村储蓄以建立自己的资金来源，从而农业信贷成为纯粹的财政压力；

2. 当低的利率上限使得农村贷款机构无法补偿由于贷款给小农户而造成的高交易成本时，那么官方信贷的分配就会偏向于照顾大农户，这使得低息贷款的主要受益人不是农村的低收入人群，低息贷款的补贴被集中并转移到使用大笔贷款的较富有的农民身上；

3. 政府支持的、不具有多少经营责任的农村信贷机构缺少有效地监督其借款者投资和偿债行为的动力，这样会造成借款者故意拖欠贷款。

对消除贫困贡献最大的，可能既不是贷款也不是储蓄，而是建立一种可持续发展的金融机制。而农业信贷补贴政策会逐渐损害金融市场的可持续发展能力，导致信贷机构活力的衰退，这最终使得农业信贷补贴政策是代价高昂，但收效甚微。实践表明，农业信贷补贴论下的专门农业贷款机构，从未发展成为净储户与净借款者之间真正的、有活力的金融中介。

资料来源：摘自顾芳睿，丁振阔．农村金融理论演化研究［D］．芜湖职业技术学报，2013，15（1）．

第三节　微型金融的核心机制

微型金融旨在向低收入客户提供微型金融服务，这些客户既没有足够的自有资本作为银行服务的担保（抵押）品，也不能提供可信的资信报告（财物报表）和信贷记录。在这种情况下，微型金融机构赖以成功的关键要素，是在不同于传统的（标准的）金融服务合约的方向上，重新整合各种价格和技术要素，不断创新金融产品和相关的风险控制手段，以兼顾扩大目标客户到达率和保障资产质量的双重目标。事实上，这些处于关键地位的金融创新，正是推动微型金融产生、发展和不断完善的核心力量。在客户缺乏经济资源的背景下，各种创新的微型金融机制事实上都将目标客户群的“社会资产”（social assets）作为激励约束机制得以建立的关键。

微型金融的主流模式中，用以缓解交易成本问题和解决信息问题的微型金融运行机制，主要包括各种形式的团体贷款（group lending）机制、以借款额度为主要标的的动态激励（dynamic incentive）制度、整借零还的分期还款制度（frequent repayment）、不同形式的担保替代安排（collateral substitute）以及对妇女客户的特殊关注（targeting women）等。这些创新活动是相对重要的，此外还存在许多处于辅助地位的非核心制度安排，如团体贷款机制中的“定期召开乡村中心会议”和对保持操作过程透明度的要求。所有这些富有个性的合约特征，都使微型金融看起来是那么与众不同。从微型金融20世纪70年代初出现，这些核心机制就如同基因在生物遗传中的作用一样，在微型金融的传播和发展中扮演着关键作用。实际上，国际社会对微型金融财务可持续的期望，即制度主义微型金融的目标，在相当大的程度上最终需要通过更多有效的金融创新来实现。

一、团体贷款的作用机制

在各种微型金融运行机制中，哪一种是更基本的制度或者说具有更好的实践效果，以往的研究并没有给出令人信服的一致性结论。但是，孟加拉乡村银行传统的团体贷款模式，可能是最具有传奇色彩，也是经济理论文献关注最多的一种。如我们所知，传统的孟加拉乡村银行模式中，贷款小组由村民自发组成，成员之间并负有连带担保责任。已有文献对这类团体贷款的研究大体上分为两类，分别关注这一机制对于逆向选择和道德风险的作用机制。我们将在一个只考虑当期收益的一期模型框架内，来阐述联保小组贷款模式的作用机制。

（一）传统贷款模式缓解逆向选择问题的作用机制

在借贷合约签署以前，概括地说，在团体贷款制度下，那些互相之间比较了解且风险水平相近的借款人将会自动组合成联保小组（peer selection），并把风险较高的潜在借款人排除在小组之外。通过这样的机制，放贷机构实际上把个体贷款模式下本应由自己承担的风险识别责任的绝大部分转嫁给了互相之间更加了解的潜在客户群体。这种联保小组机制的信用发现功能，有利于克服信息不对称造成的逆向选择难题，也有助于减轻贷款机构承担的高昂的交易成本。有研究（Ghatak，1999）表明，这种自动的信用发现功能，有助于降低微型金融的市场利率、提高贷款的偿还率并提高社会福利水平。

我们通过一个简单的模型来表明上述筛选机制和自动匹配功能。

我们考虑一个完全竞争市场上的微型金融机构（microfinance institution，MFI）面临的情况，完全竞争市场的假设只是为了简化问题。假设 MFI 面向许多潜在客户，如自然村的全体村民开展业务，每一个村民都面临一个融资问题，如果没有贷款就不能开展独立的投资项目，但是所有的村民都无力为银行提供任何担保（抵押）品。我们把全体村民按照其潜在投资项目的风险程度，简单地划分为安全（S）和风险（R）两类。另外，作为外来机构，MFI 并不确切地知道每一个潜在客户属于 S 还是 R，但它知道在全体村民当中，S 和 R 的比例分别是 q 和 $1-q[q \in (0, 1)]$。同时我们假定有关每一个村民投资项目风险类别的信息，是村民之间的共同知识（common knowledge）。另外假定每一个村民的偏好特征或效用函数都是风险中性的，这一假定使得我们可以简单地以预期收益率代替效用（utility）来优化借款人的行为。

对于安全类借款人（S）来说，每投入一个单位资金，他将以 100% 的概率得到一个单位收益 Y_s，（我们在这里定义 Y_s，同时包含本金和收益率，所以对于每一个单位的贷款来说，$Y_s>1$）；而风险类借款人（R）项目成功和失败的概率分别是 p 和 $1-p[p \in (0, 1)]$，如果成功则有收益率 Y_r（定义与 Y_s 相似），如果失败则收益率为零。为了分析的简便，我们假定两类借款人具有相同的预期收益率，即 $Y = Y \times P$，另外，假定村民进行借贷从而进行独立投资的机会成本是 w，可以理解成为当村民选择受雇于其他雇主时可以获得的市场平均水平的工资。

我们考虑最简单的一种两人小组的情况。村民必须首先自发组成一个两人小组，组内的两人彼此承担连带偿还责任，申请贷款必须以小组名义进行。由于 MFI 对借款人的风险类别一无所知，所以它将对所有借款人要求同样的利率水平。作为分析的起点，我们先来看一个竞争性的 MFI 将如何确定贷款的利率水平 i。注意，这里 i 是对产出而非借款本金而言的利率。

我们知道，竞争性的 MFI 的最优利率 i，将在其利润为零的地方取得。我们假定 MFI 的平均资金成本为 c，那么在上述一系列假定之下，MFI 的均衡利率 i^* 将由下式给出：

$$i \times \{Y_s q + [Y_r p + 0(1-p)](1-q)\} = c$$

所以，完全竞争的 MFI 的均衡利率为：

$$i^* = c/Y_s$$

彼此了解风险类别的借款人可以组成三种两人小组，即 S&S，S&R 和 R&R，我们逐一考虑这三种情况。

（1）S&S，即两个安全类借款人一起组成的小组，他们将获得相等的预期收益。

$$Y_{ss} = Y_s(1-i^*) = Y_s - c$$

（2）S&R，即由一个安全类和一个风险类借款人组成的小组。

S：如果 R 成功，则 S 的收益是 Y_s $(1-i^*)$；如果 R 失败，则 S 需要承担连带责任，那么他的收益将减小到 $Y_s - Y_s i^* - Y_r i^*$。所以 S 的预期收益是：

$$Y_{sr} = p(Y_s - Y_s i^*) + (1-p)(Y_s - Y_s i^* - Y_r i^* i) = Y_s - c/p$$

R：因为 S 成功的概率是 100%，所以 R 的预期收入是：

$$Y_{rs} = p(Y_r - Y_r i^*) = Y_s - c$$

（3）R&R，即两个风险类借款人一起组成小组，他们也将获得相等的预期收益。

$$Y_{rr} = p^2(Y_r - Y_r i^*) + p(1-p)(Y_r - 2Y_r i^*) = Y_s - c(2-p)$$

因为 $Y_{ss} > Y_{sr}$，$Y_{rs} > Y_{rr}$，所以无论对于安全类借款人 S，还是对于风险类借款人 R 来说，选择一个安全类伙伴比选择一个风险类伙伴更好。还需要考虑的一种情况是，S 和 R 组成小组的时候，R 可以考虑用其收益的增加值（$Y_{rs} - Y_{rr}$），来补贴 S 收益的减少（$Y_{ss} - Y_{sr}$），但是由于

$$Y_{rs} - Y_{rr} = c(1-p) < c(1-p)/p = Y_{ss} - Y_{sr}$$

所以，这种补贴是不可行的，就是说 S&R 是不可行的。那么，我们已经证明了，在模型假定的条件之下，由于安全类借款人只源于安全类组合，那么风险类借款人就只能与风险类进行组合了（R&R 可行），所以说具有连带责任的团体贷款必然导致潜在借款人按照其风险特征自动分类匹配。这对于微型金融组织减少与客户信用发现过程相关的交易成本，以及解决逆向选择题，具有重要的理论意义。

我们还需要关注的一点是，在 $Y_{ss} > w$，$Y_{rr} > w$ 的时候，安全类和风险类借款人将同时留在市场中；而如果 $Y_{ss} > w$，$Y_{rr} < w$，则风险类借款人将发现取得借款进行投资的预期收入低于受雇于他人取得的平均工资收入，这样风险类借款人将退出市场，而只剩下安全类借款人。

（二）团体贷款模式解决道德风险问题的作用机制

在借贷合约签署以后，贷款机构实际上面临两类道德风险问题。一是借款人也许并不十分努力地进行投资和工作，或者将资金投资到那些具有更高风险的项目上去，这都使投资项目失败的概率变得更大；二是即使借款人投资成功却隐瞒获得利润的事实而抵赖还款。我们将会发现，团体贷款模式要求联保小组成员彼此承担连带责任，这会导致成员对于伙伴是否还款环节上可能采取的隐瞒和抵赖行为。就是说，只考虑当期的静态联保小组贷款机制，可以缓解第一类道德风险问题，但对第二类道德风险问题却无能为力。

我们以一个简单的模型框架来说明，团体贷款中的连带责任条款能够促使同一小组中的借款人互相监督，保证伙伴不进行具有更高风险的冒险性投资。我们只需对前文关于联保小组可以减缓逆向选择的模型框架进行简单的修改，就可以很容易做到这一点。

考虑借贷合同签署以后的一个两人小组的情况。按照前文的结论，这两个成员就其风险类别而言是同质的。但是合同既然已经签署，借款人就有偏离合同从事更高风险投资的动机，如果这一投资可以带来更高的预期收益的话，我们假定银行对借款人事实上从事何种投资并不知情，但借款人之间则很容易进行互相监督，并可以在其认为需要的时候对伙伴的冒险行为进行惩罚，我们把投资项目简单地分为安全项目（S）和风险项目（R）两类。安全项目以100%的概率获得收益Y_s，风险类项目（R）成功和失败的概率分别是p和1－p［$p\in(0,1)$］，如果成功则有收益率Y_r，如果失败则收益为零。其他一切假定维持不变。这样，当MFI的利率确定为$i^*=c/Y_s$的时候，小组中两个成员面临一个简单的完全信息静态博弈，博弈结构见表3－1。

表3－1　　一个两人联保贷款小组对投资过程的监督博弈

		成员1	
		冒险投资	安全投资
成员2	冒险投资	(Y_{rr}, Y_{rr})	(Y_{sr}, Y_{rs})
	安全投资	(Y_{rs}, Y_{sr})	(Y_{ss}, Y_{ss})

注：如前文已经证明的，我们有$Y_{ss}=Y_{rs}>Y_{rr}>Y_{sr}$，在完全信息和共同知识的假定之下，容易发现这个一次性完全信息静态博弈存在两个均衡解，即(Y_{rr}, Y_{rr})和(Y_{ss}, Y_{ss})，但我们有$(Y_{ss}, Y_{ss})>(Y_{rr}, Y_{rr})$。

这个博弈存在两个纳什均衡，即(Y_{rr}, Y_{rr})和(Y_{ss}, Y_{ss})，就是说小组内的两个人将选择一致的行动，即“你冒险我也冒险，你安全投资我也安全投资”。但是这两个均衡解本身存在差别，即$(Y_{ss}, Y_{ss})>(Y_{rr}, Y_{rr})$，就是说双方都进行安全投资将是更好的选择。一旦一方采取了冒险行为并很快被对方发现，那么对方也将随之采取冒险行为，均衡就由(Y_{ss}, Y_{ss})转为(Y_{rr}, Y_{rr})，而这会使双方预期收益都遭受损失。

这样我们就证明了联保小组成员间的互相监督和仅仅采取不合作态度的惩罚手段，就可以保证小组内的借款人具有足够激励从事安全投资而避免采取冒险行为（或者怠工行为）。

下面我们来证明为什么一期静态博弈下的联保责任无法解决第二种道德风险行为。如前文所述，第二种道德风险是指当小组借款人都已经完成了投资和生产，无论其成功与否，都可能对 MFI 隐瞒实际收入，对还款计划进行抵赖。进一步分析会发现，这个过程包含着两种可能性。

第一，早在借贷合约签署以前，小组借款人之间进行合谋，约定项目结束时将一起向 MFI 隐瞒收益情况，这将使得他们当期的预期收益最大化。当项目结束时，无论项目成败与否，他们都没有违背该秘密协议的动机。这样的合谋严重威胁 MFI 的信贷安全。但令人遗憾的是，在前文联贷款模型的严格假定下，团体贷款模式对于这个问题是无能为力的，这一点构成了团体贷款模式的重大缺陷。在这里，我们像前面一样，仍然假定不存在这种合谋。实际上，我们将会发现，后边讨论的“动态激励机制”将可以有效地解决这个问题。

第二，排除小组借款人在最开始的时候达成上述合谋协议的可能。当某个投资成功的借款人自行隐瞒实际收入进行抵赖的时候，其他的成员是否有动力对其进行监督和揭露呢？我们在表 3－2 中全面考虑了一个两人小组可能遇到的各种情况（借鉴了一般的静态博弈表达习惯，但却不是一个静态博弈的精确表达方式）。

表 3－2　一个两人联保贷款小组在偿还贷款中可能遇到的各种情况和相应策略

		成员 1	
		投资失败	投资成功
成员 2	投资失败	不隐瞒且不揭露， 不隐瞒且不揭露	隐瞒且不揭露， 不隐瞒且不揭露
	投资成功	不隐瞒且不揭露， 隐瞒且不揭露	隐瞒且不揭露， 隐瞒且不揭露

注：表 3－2 包含了两人借款小组中的两个组员再投资成功和投资失败时可能遇到的各种情况。我们假定投资失败的借款人不会隐瞒实际收入，投资成功的借款人必然会隐瞒实际收入。当伙伴是投资失败者从而不会隐瞒的时候，借款人没有必要揭露；当伙伴是投资成功者从而会隐瞒的时候，借款人无论是成功者还是失败者也都不会揭露。这一点并不难理解，在一期模型下，如果“你”是成功者，“我”是失败者，揭露“你”对“我”而言是损人不利己的；如果“我”也是成功者，那么“我”也隐瞒了自己的收入从而可以被当作失败者来处理，这样的话，揭露“你”对“我”而言同样是损人不利己的，何况这样做还可能招致“你”的行为报复，使“我”自己也被揭露。

从表 3－2 中发现，只考虑当期情况的联保小组，几乎必然招致 MFI 贷款额的全部损失，因为小组的组员还在还款阶段，几乎不会相互揭露任何欺瞒行为，即使我们已经排出了小组成员在事前达成合谋协议的可能性。需要注意的是表 3－2 中右下角的方框，当两个组员都获得投资成功的时候，他们即使事先没有任何合谋协议，但他们都还是会非常默契地一致抵赖并不会揭露对方。这乍看起来有些不可思议，但却是一种双方基于当期利益最大化的理性选择。

总结一下上面的两种情况，在严格的模型框架内，如果我们只考虑当前期限的潜在收入，那么无论小组成员是否事先达成一个旨在还款义务的共同抵赖的合谋协议，无论实际上借款人是否盈利，借款人都将集体违约，互相监督机制不会自动实现。MFI 的全部贷款注定有去无回。

模型中联保合同存在这一缺陷的关键因素是什么呢？其实我们只需要关注一个问题，投资失败者有没有动力去揭露成功者的欺瞒行为？如果失败者没有动力揭露，则结论是令人沮丧的。现在反过来考虑一下，如果失败者基于某种原因愿意揭露成功者的欺瞒行为的话，我们就会得出十分不同的结论。首先，我们先前考虑过的那种事前合谋将变得的不稳定，因为即使事先有约定，到了最后，除非所有组员都获得成功，不然小组中的失败者必会进行揭露，结果导致合谋破产。其次，不存在合谋的情况下，当成功者试图隐瞒实际收入的时候，作为失败者的对方也会选择揭露。所以如果失败者基于某种原因愿意揭露成功者的欺瞒行为，那么便能改进对还款行为的监督。这在一定程度上解释了孟加拉乡村银行传统的联保贷款模式中，为什么存在一个小组共同基金的原因。如果考虑这个小组基金的影响，即使在一期的静态模型下，那些投资失败了的借款人也会揭露投资成功的借款人的欺瞒行为，因为这可以使他在小组基金的份额免受更大的损失。

现在仍然遗留一个问题，当两个借款人都获得了投资成功也都隐瞒了收入的时候，他们会揭露对方吗？实际上，无论是否存在事前合谋，双方的行为都将变得难以预测。现在，我们再加一个假定，要求每个小组组员对于伙伴的揭露都采取针锋相对的报复措施，并且这种威胁切实可信，那么无论是否存在事前合谋，双方就都不会揭露对方。

那么，什么样的原因会导致失败者会主动揭露成功者的欺瞒和双方采取针锋相对的策略呢？对于第一个问题，当我们考虑多期限模型的时候，就可以找到答案了；对于第二个问题，实际上，我们有理由相信，村民之间相互约束力可能是很强的，他们可能非常相信对方在自己背叛的时候也会报复性背叛。

综上所述，只考虑当期收益的静态联保小组贷款模型，并不能有效地防止借款人在获得成功之后可能采取的隐瞒实际收入的策略。小组组员之间的互相监督机制，在还款的环节上是完全失效的。

二、动态激励的作用机制

动态激励机制就其本身而言，是指在多期重复博弈的环境中，将借贷双方对未来的预期和对历史记录的考察纳入合约框架而设计的能够促进借款人改善还款行为的机制。在微型金融领域，动态激励机制已经被证明是行之有效的风险管理手段，无论是在团体贷款还是个人贷款的场合均得到广泛使用。与团体贷款合约相比，具有动态激励机制特性的信贷合约可能被更多的微型金融机构所采用。动态激励的一个特征是，可以以较小的贷款额度来进行尝试，借以发现贷款者的真实信用水平，在长期的重复博弈中发展借贷双方的业务关系和借款人的信贷记录（Ghosh and Ray，1997）。

一般而言，微型金融领域的动态激励机制可以分为两类。第一类是简单的重复博弈（repeated loan），即如果借款人在借款后续的还款过程中表现良好，那么他就可能反复得到相同的信贷服务，而如果借款人发生拖欠或者未能偿还贷款，他再次获得贷款的可能性随之降低，甚至再也不能得到任何贷款。第二类是在第一类的基础上，还款表现良好的借款人可能在后续合作中获得更高额度的信贷，即贷款额度的累进制度。

（一）个人借款合约下一个简单的无限期重复博弈框架

假设市场上存在一个借款人和一个 MFI 放款机构，借款人相信该 MFI 将会无期限存在（$t\to\infty$）。该 FMI 采用的动态激励合约规定，如果借款人能每期按时足额偿还贷款，那么将会在下一期得到一笔更高额度的贷款。我们假定借款人具有资本规模报酬不变的生产函数，即每期的产出会随着每期贷款从而投资额的增加比例提高。在这里我们可以假定贷款人第一期的收入（我们假定收入就是产出）为 Y，如果他能按照合约的要求偿还贷款的话，后续各期他的收入将分别为 $Y_t=a^{t-1}Y$，（$a\geqslant 1$），我们称 a 为激励系数，并且特别地，当 $t=1$ 时，$Y_t=Y$。每期的利率设为 i，和前面的模型一样，i 是对产出而非借款而言的利率。我们设 δ（$\delta<1$）为借款人对未来收入的贴现率。

如果借款人在第一期（$t=1$）时就违约，则其全部收入为：

$$Y_{npv}^{1}=Y$$

如果借款人在第 $t-1$ 期（$t\geqslant 2$）以前都有良好的还贷记录，而到了第 t 期因故违约，那么他在前 t 期所有收益的贴现值为：

$$Y_{npv}^{t}=\sum_{n=1}^{t-1}Yn(1-i)\delta^{n-1}+Y_t\delta^{t-1}=\sum_{n=1}^{t-1}a^{n-1}Y(1-i)\delta^{n-1}+a^{t-1}Y\delta^{t-1}$$

即

$$Y_{npv}^{t}=Y\times\left[\frac{(1-i)(1-a^{t-1}\delta^{t-1})}{1-a\delta}+a^{t-1}\delta^{t-1}\right]$$

特别地，当 $t=2$ 的时候，借款人的全部收入的贴现值为：

$$Y_{npv}^{2}=Y(1-i)+aY\delta$$

下面我们可以求出借款人在第 t 期不违约的充要条件，即借款人在前面的 $t-1$ 期都没有违约，并且在第 t 期也没有违约，这要求下列的 t 个不等式都成立，计算结果如下：

$$Y_{npv}^{2}>Y_{npv}^{1}\Leftrightarrow i<a\delta$$
$$Y_{npv}^{3}>Y_{npv}^{2}\Leftrightarrow i<a\delta$$
$$\cdots\cdots$$
$$Y_{npv}^{t+1}>Y_{npv}^{t}\Leftrightarrow i<a\delta$$

我们发现，在模型假定的条件下，只要 $i<a\delta$ 成立，则借款人是否违约与期限无关，即当这个条件满足的时候，借款人永远不会违约；而当 $i>a\delta$ 时，借款人在第一期就会违约。

下面仔细观察一下这个重要的关系式 $i<a\delta$，可以得到如下结论：

第一，MFI 确定的利率不能太高，当利率水平低于 aδ 的时候，借款人不会违约；

第二，a 的取值将影响借款人的行为，a 越大，即贷款额度累进的速度越快，借款人违约的可能性越小，银行可收取的利率水平也变大。特别地，当 $a=1$ 的时候，条件简化为 $i<\delta$，这使 MFI 在保证借款人不违约的条件下，可得的利率水平 i 的取值范围达到最小。

实际上，a 的取值是等于 1 还是大于 1，分别对应于我们前面提到的两类动态激励机制，即贷款制度不变和贷款额度累进的动态激励。由上面的讨论知道，后一种的激励效果要优于前一种。

第三，δ 是贴现率，可以理解为借款人对于未来收入的重视程度或者是否具有耐心，δ 越大，说明借款人越重视未来的收入，这时借款人不违约的可能性增加了。这个结论其实是非常直观的，你越重视未来合作可能带来的收益，现在就越不愿意违约而破坏这种合作关系。

上面讨论的是一个无限期博弈模型，这实际上要求借款人在第 t 期（t 取任何自然数）必须明确预期到，只要他履约还款，那么他在第 t+1 期必然能够得到 MFI 承诺的贷款，同时在条件 $i < a\delta$ 成立的时候，借款人才会有动力履约还款。所以需要强调 MFI 机构必须帮助借款人形成无限期的长远预期，只有这样，上述动态激励机制才会生效。在一个极端严格的框架内，任何有限期的重复博弈（t 取一个有限的自然数）都会失败，其形态和 t=1 是完全一样的。因为，如果借款人知道 t 是最后一次了，那么它在第 t 次就不会还款了，而 MFI 如果知道了这一点，那么他在 t 期就不会放贷了；如果 MFI 的这个想法也被借款人准确预期，那么该借款人在 t-1 期就不会履约还款了……最后，借款人发现他的最优行为可能是第一次就不还款，而 MFI 则干脆第一次就拒绝放贷。这样，市场从一开始就失败了，任何交易都不会发生。

当然，这是一个严格的子博弈精炼纳什均衡，其结论的成立需要相当强的假设。实证文献也已经发现了这方面的证据，Pulley（1989）发现，在印度的农村综合开发计划（Integrated Rural Development Program，IRDP）中，只有 11% 的借款人从该机制获得过一次以上的贷款。这样，到 1986 年的时候，IRDP 所发放贷款的还贷率下跌到了 41%（Pulley and Robert，1989）。这是很直观的，“既然只能得到一次贷款，那为什么还要还款呢?”

（二）动态激励机制的其他方面

需要补充的是，许多文献已经证实，上述动态激励机制是否有效发挥作用，受到许多其他条件的影响。(1) 动态激励机制在人口流动性较低的地区（如农村）更加有效，印度尼西亚人民银行发现它在城镇的项目的还贷率低于它在农村地区的项目。这在一定程度上也解释了为什么许多机构致力于为妇女客户提供服务，因为妇女具有较低的社会流动性，也缺少获得资金的其他途径（Morduch，1999b）。(2) 不同微型金融机构之间的竞争，会削弱动态激励机制的作用。因为当借款人在一个机构有了违约记录后，他可以转而寻求其他机构申请新的贷款。这也说明，在机构竞争加剧的背景下，微型金融领域需要跨越机构的公共信用登记系统，这个系统可以记录每个借款人的信用记录，其信息可为所有机构共同使用。

（三）动态激励机制和团体贷款机制的关系

如前文所述，在只考虑当期收入的静态模型框架内，团体贷款合约于解决第二类道德风险问题是失效的，就是说，如果借款人小组的成员都已经完成了投资和生产过程，投资失败者没有隐瞒实际收入的动机，但投资成功者都将试图隐瞒其实际收入，声称项目失败以免于偿还贷款，并且小组成员之间不会互相揭露发生在还款环节上的这种欺瞒行为。这构成了团体贷款的重大缺陷。现在，让我们把团体贷款机制和动态激励机制结合起来进行考虑，也就是把原有的静态团体贷款模型拓展到动态的情形中去，我们将会发现，在一定条件下，含有动态激励因素的团体贷款模型，可以有效解决上述第二类道德风险问题。

如我们在前文中所指出的，模型中的两人小组在还款环节中可能遇到的情况，双方投资成功和投资失败可能的互相匹配关系共有三种，我们分别讨论。

第一，当两人都投资失败，这时两人都没必要隐瞒收入，不存在监督还款的问题。

第二，小组中一人投资失败一人投资成功。我们已经论述过，只要加入一个假定，即“失败者基于某种理由必然揭露成功者的隐瞒行为”，那么无论借款人之间是否存在事先的合谋，原有的静态联保合同都会对还款产生很好的监督作用。实际上，这个假定在动态激励中是很容易实现的。对于小组中的失败者而言，对成功伙伴的欺瞒行为不予揭露，虽然在当期是损人不利己的，但考虑到“小组中至少有一人还款比两人都不还款”会对自己未来预期收入更好一些，那么揭露就至少变得损人利己了。

当然，这里还存在一个投机空间。如果失败者所预期到的从未来借款中能够获得的收入是非常少的，成功者从隐瞒行为中所获得了收入的增加值，可以拿出一部分收入来贴补失败者，以使失败者不揭露成功者。

第三，当两人都投资成功的时候，在静态模型中双方都会隐瞒实际收入从而抵赖还款。但如果考虑多期的动态情况，只要 $i < a\delta$ 成立，小组中的两个成功者就都不会再欺瞒自己的实际收入水平了，因为如实履约还款可以使未来所有期限收益的贴现值达到最大。

条件 $i < a\delta$ 可以保证成功者遇到成功者的时候不隐瞒收入，但不能保证成功者遇到失败者的时候也会真诚，毕竟，这时成功者要承担伙伴失败造成的连带责任。在一定条件下，成功者发现给失败者足够补贴，让后者不揭露自己，就可以不仅逃避了自己的还款责任，而且可以避免为失败承担连带还款责任。所以，可以想象，为了保证这种情况不会发生，MFI 在利率定价时需要遵守比 $i < a\delta$ 更强的条件，这个更强的条件要让成功者感觉到，即使同时承担自己的还款责任和对伙伴的联保责任，他未来收入的现值也要高于他现在串谋的收益。

总结一下，我们已经证实，具有动态激励机制的小组联保合约可以解决静态联保合约在还款监督问题上的重大缺陷，因为设计合理的“动态联保合约”可以有效地避免借款人之间可能出现的逃债合谋，无论这种合谋是事先达成的或者只是一种事后默契。

事实上动态激励机制化团体贷款模型具有更强的适用性，更容易推广，其有效发挥作用所依赖的条件也更容易满足。国际微型金融领域中，动态激励机制适用的范围确实要比团体贷款模型更为广泛。

三、分期还款制度的作用机制

除了团体贷款合同和动态激励机制以外，许多微型金融机构都采用了不同于一般商业银行传统信贷合同的分期还款制度，这类似于住房按揭贷款的分期还款制度。它要求借款人在借款和进行投资后不久，就开始每周（或每两周、每月）进行一次还款，每次的还款额根据贷款本金和全部利息之和除以总的还款次数来确定。比如孟加拉乡村银行的传统模式下，一年期的贷款往往在借款人拿到贷款后几个星期就要开始偿还了，并且每周偿还一次，每次偿还的额度等于贷款总额和利息总额之和除以 50。分期还款制度之所以广泛存在，是因为它具有许多优点。

第一，分期还款制度是一种基于现金流理念的贷款管理技术，贷款机构在注重自身现金流管理的同时，对借款人的现金流入也提出了较高要求。孟加拉乡村银行模式的简单平均计算周期还款额的方法，事实上要求借款人具有平滑稳定的现金流入。这事实上将借款人可能从事的那些长期项目排除在外，缓解了乡村银行对信贷风险的忧虑。乡村银行还从分期还款制度中获得了充足的现金和更加健康的财务状况。

第二，分期还款制度实际上要求借款人具有某种形式的自有资产，并以该资产产生的收入或现金流入作为贷款的担保。这类似于住房按揭中，银行会要求客户具有稳定的收入一样，贷款事实上是以该收入为担保的。虽然理论上客户可以用贷款资金投资的项目产生的收入来满足周期性还款的要求，但这一般情况下是不可行的，因为只有很少的项目可以在投资几周以后就开始周期性地产生收益。所以，在更大的程度上，微型金融机构是在要求某种形式的担保性资产。虽然这势必将某些赤贫的客户排除在外，但比起传统银行对正式担保（抵押）品的要求已经灵活许多了。

第三，分期还款制度具有一种早期预警功能，能提早发现那些具有较大潜在风险的贷款。从而避免所有的信贷风险在期末的时候全部暴露，这可以为微型金融机构赢得更多的时间来尽量减少损失。

第四，分期还款制度还有一个显著的特征，当客户的实际贷款额随着还款过程的进行逐次减少的时候，微型金融的有效利率将大大高于合同上载明的水平。在许多利率受到管制的地区，分期还款制度将构成一种迂回收取高利率的权益之策。

四、担保替代的作用机制

微型金融机构主要面向中低收入群体、贫困群体和微型企业发放贷款，这些客户因为不能提供商业银行所需要的合规的担保（抵押）品而被排除在正规金融体系之外，所以，大多数的微型金融机构都不明确要求客户提供担保（抵押）品。但是，在国际微型的金融实践中，各种替代性担保（抵押）却广泛存在着。这类替代性担保（抵押）品可以是某种形式的小组共同基金或者强制储蓄，也可以是一般商业银行不愿接受或者在正规金融市场不受法律保护的某种产品，甚至是可以预期的未来收入和现金流，等等。所以，即使微型金融机构确实要求了某种形式的替代的担保（抵押），与其主要为贫困居民服务的初衷也并不完全矛盾。

孟加拉乡村银行传统模式下的小组基金，事实上强化了团体贷款在解决还款环节上的道德风险问题的能力。小组基金在某些成员确实投资失败的时候，还能够起到一种互相保险的作用。

印度尼西亚人民银行村行系统（BRI-UNIT）的普通农业贷款要求不低于借款等额的担保；而面向贫困无产者的微型金融产品，也专门设计了特殊的担保机制，如冻结借款小组部分存款作为保证金等。

【本章小结】

1. 分散的小农经济具有投资周期长、市场风险和自然风险高以及盈利性低的特征，农村信贷存在交易额度小、交易分散、贷款经营规模不经济的问题。在农村信贷市场上由于信息的不对称造成了逆向选择、事前道德风险和事后道德风险的出现。其中，事前道德风险是信贷市场上道德问题的第一个层面，事后道德风险是信贷市场是道德风险的第二个层面。

2. 农村金融理论是金融发展理论的重要组成部分，主要包括农业信贷补贴理论（农业融资理论）、农村金融市场理论和不完全竞争市场理论三个流派。

3. 完整的农村金融结构应包括：政策性金融机构、商业性金融机构、合作性金融机构，在提供存款、贷款金融工具外，还应有担保、抵押、租赁、农业保险等金融服务形式。政府对规范、稳定农村金融的作用是不容忽视的，但其介入应该是适度的。

4. 团体贷款的作用机制、动态激励的作用机制、分期付款制度的作用机制和担保替代的作用机制共同构成了微型金融的核心机制。这些机制通过借贷者相互监督、连带责任、正向激励等手段有效地解决了信息不对称导致的道德风险问题，保证了微型金融机构客户群的偿还率和机构自身的可持续发展。

【思考题】

1. 结合本章内容，谈一谈逆向选择和道德风险的联系与区别。

2. 我国微型金融较国外来说起步较晚，请谈一谈目前我国微型金融的发展还有哪些不足之处。

【综合训练】

微型金融

大哉论金融，今天与读者分享一种特殊的金融领域——微型金融（microfinance）。从英文看，它由“微型”（micro）及“金融”（finance）两字组成，前者关乎它所针对的客群，后者关乎它所提供的产品与服务。

微型金融以金字塔底部的弱势群体为对象，他们为小农户、小商铺主，收入低、现金流不规则，更因拿不出薪资证明及可抵押资产而遭银行摒除，以致未能获得充分的金融服务。微型金融所涉产品与服务，早期很单一，仅有充作周转金的微额贷款，针对弱势妇女发放，另施予职能训练，以扶持她们自立。孟加拉国的诺贝尔和平奖得主尤努斯教授，就利用这种做法创办了格莱珉银行，以特殊的团贷模式，通过小组成员间的相互筛选、监督与扶持，成功地降低了放款的违约风险。

文献指出，微型金融的做法久远，但出现“microfinance”这个字，却在近40年。例如，中国传统社会里，有金融需求的民众会通过人际关系，形成社区借贷互助会，民间盛行的“合会”即为其一。会员以熟识亲友为主，各人定期把钱放进共有资金池，以固定频率领现，有效利率则视各人标会时点而定。合会是自愿性组织，储蓄意愿形成了限制会员行为的动力，维护面子更降低了违约风险，但会员义务不具法律效力，故倒会也常发生。这种组织英文称作ROSCAs（rotating savings and credit associations，轮流储贷互助会），在微型金融行业形成前就已存在，甚至让中国被世界尊封为行业祖先。

近10余年，随着社会责任型投资的兴起，微型金融开始引入商业资金，形成行业的商业化，也带来多种影响。

负面影响方面，商业化引进了逐利股东，对机构的管理层形成压力，要求达到获利目标。这里也有极端案例发生，微型金融成了变相的高利贷，有“压榨低收入人群、图利股东”之虞。更有银行使用积极手段推销微额贷款，隐瞒商品信息，让不知情客户背负超额贷款，引起伦理争议，甚至法律诉讼。2010 年印度安得拉邦的微型金融危机，就因银行过度放款而起，客户超额负债，最后受不了催收压力，出现自杀情形，终以悲剧收场。

正面影响方面，商业化把正规金融机构带进了微型金融，知名者如美国的花旗银行、瑞士的瑞再保险公司、法国的巴黎银行等，逐渐在本领域崭露头角，发挥多方功能，或导引资金，或开发产品，或接触客户。一般的微型金融机构都位于发展中国家（如印度、肯尼亚），专业能力不足，欠缺国际视野，也面临产品开发瓶颈。正规金融机构涉入本行业，形成极好的补充，不仅丰富了产品与服务范围，也使微型金融价值链更趋完善。更具体地，微型金融行业渐渐从原本的单一产品，衍生出微额储蓄、支付服务、无网点银行等，近几年更迈向微型保险、微型租赁等，类别更迭创新，依外在情况与客户需求而不断地变革、多元化。

资料来源：摘自邱慈观. 微型金融 [EB/OL]. 陆家嘴新闻，2015 - 10 - 19.

1. 查找相关文献资料，整理出微型金融的理论发展脉络，并梳理不同国家微型金融的发展历程。

2. 分组讨论，微型金融对我国发展的正面影响和负面影响是什么？我国为什么还要大力发展微型金融？形成分析报告。

第四章　微型金融的客户与需求

▶▶导入案例

拉美小贷镜鉴：不只是放贷收贷

拉美地区微型金融非常重视对客户生产经营技能和金融知识的培训。近几年来，中国的微型金融机构和小额贷款获得了快速发展，但若放眼全球，与其他国家相比，存在怎样的异同和差距呢？

2012年11月1日，在中国人民银行、泛美开发银行/多边投资基金联合主办的“中国—拉美微型金融与小额信贷国际研讨会”上，多位来自拉美地区的金融机构人士介绍了拉美地区微型金融的经验。从中可以看到，拉美地区的小额信贷非常活跃，并具有鲜明特色，在全球的发展程度较高，特别是秘鲁、玻利维亚、墨西哥和巴拿马等国家。

最值得关注的是，从经营理念上看，拉美地区微型金融非常重视对客户生产经营技能和金融知识的培训，而并非简单地发放贷款和回收贷款。

泛美开发银行/多边投资基金总经理 Nancy Lee 在研讨会上介绍，从2001～2011年，拉丁美洲国家小额贷款借款规模从12亿美元增长到189亿美元，而借款人数则从180万人增加到1 490万人。15年前，拉美小额信贷机构有200家，客户约150万户，总贷款投资组合约为10亿美元；而现在小额信贷机构已超过700家，客户达1 500万户，总贷款投资组合约为230亿美元。

“整体排名前12的国家中，有8个来自拉美。”国家开发银行评审三局梅世文说。这些小额贷款包含面向微型和小型企业的投资集合部分，不包括住房、消费的贷款。Nancy 称，在拉丁美洲和其他地区，小额信贷服务已经覆盖穷人和低收入借款人。数据显示，小额信贷借款人当中的43%低于贫困线。

Boulder 微型金融与小额信贷协会会长 Robert Peck Christen 则评价，拉美地区在融资服务方面以其多元化的特点引领世界，以丰富多样的贷款方式覆盖了更多低收入家庭。不过，目前拉美地区的小额信贷市场面临着白热化竞争。

根据与会专家介绍，从经营理念和服务水平等方面相比，拉美国家的微型金融比中国的小额贷款要先进。梅世文说，从经营理念上看，拉美地区微型金融非常重视对客户生产经营技能和金融知识的培训，而并非简单地发放贷款和回收贷款。举例来说，哥伦比亚的世界妇女基金会有127个金融培训专家对信贷员和农户开展相关金融业务知识的培训；微型金融协会（Asomicrofinanzas）共有5 000名农业生产和金融业务方面的专家从事培训指导工作。

而目前在中国，很多小贷公司采用的是类似银行贷款的模式，对小额贷款技术的重视不够。另外，拉美微型金融的服务水平，也是目前国内小额贷款不能企及的。比如，拉美可为不同客户提供量化定制服务，根据不同客户设计各异的贷款品种。厄瓜多尔 CrediFe 根据客户现金流提供贷款，并提供生产技术、经营管理和融资方面的服务指导。而中国的小额贷款行业贷款品种少，难于满足客户个性化需求。

Nancy 预计，未来在拉美国家的微小金融将会有更多创新，如发展更多小额储蓄产品，即面向低收入人群的银行代理以及以移动电话网为基础的储蓄产品；也会大力发展小额保险产品，这方面包括了预防性医疗保健服务、事故保险、灾难保险等；此外，拉美小额贷款机构也会考虑发放更多绿色小额贷款，可以评估其客户对气候变化的承受能力，并提供绿色信贷技术工具，也可以发展包括部分汇款和政府收费服务。

资料来源：作者秦丽萍、李隽，第一财经日报，2012-11-02.

【案例导学】

从微型金融经营理念上看，拉美地区非常重视对客户生产经营技能和金融知识的培训，而非简单地发放贷款和回收贷款，这一点与我国有较大不同。本章则通过微型金融的客户与需求进一步了解微型金融的运行。

第一节 微型金融客户

微型金融的需求者，也就是微型金融的目标客户。微型金融的客户是指金融市场中的低端客户。一般来讲，社会人群可分为贫困者和非贫困者，又可细分为六类：赤贫者、极度贫困者、贫困者、中度贫困者、边缘贫困者、非贫困者和富裕者。研究表明，大多数微型金融客户在做客户自我评估时都把自己正好定位于贫困线之上或者之下。微型金融的目标客户主要是小型企业、微型企业、个体工商户、城市低收入群体和农户（自然人）。理论上讲，微型金融的目标客户就是被正规金融机构服务排斥在外的那部分资源。他们可能是穷人和低收入者，也可能是非贫困人群，但缺乏金融服务渠道或者途径。他们一般是在贫困线附近的人群。除此之外，目前的微型金融机构和微型金融产品服务对象已扩展到小型企业甚至中型企业。

微型金融客户的贷款需求、债务与经济机会是人们经常议论的一个话题。可持续性的微型金融服务很少为特别贫困的人群服务，因为这部分人群缺乏经济机会，被排除在具有偿债能力的群体之外；贷款只有对那些具备还款能力的人来说才是有价值的金融工具。贷款需求，实际上是一种负债经济，只有当某项投资的盈利能够覆盖成本时，该投资才可能考虑举债融资。家庭经济学分析也表明，只有当家庭能够承担偿债能力，才会成为微型金融的客户。

一、小微企业

小企业是指劳动力、劳动手段或劳动对象在企业中集中程度较低，或者生产和交易数量规模较小的企业。为了更好地促进中小企业发展，尤其是小型企业的发展，世界各国都根据本国的经济发展实际情况，对（中）小企业的范围和特征作出了明确的规定，并相应地确定中小企业的概念。对小企业的界定因地域、行业和时间的不同而有所区别。我国界定小企业的标准是依据企业职工人数、销售额、资产总额等指标，并结合行业特点制定的。《中华人民共和国中小企业促进法》于2003年1月1日正式实施；同年2月19日，国家发展和改革委员会正式出台了中小企业划分标准，针对不同行业的不同特点，以职工人数、销售额、资产总额作为划分标准。

小型企业又可以细分为小企业和微企业。2011年7月，工业和信息化部、国家统计局、国家发展改革委和财政部四部门研究制定了《中小企业划分标准规定》，明确相关问题。规定指出，小型企业划分为中型、小型、微型三种类型，具体标准根据企业从业人员、营业收入、资产总额等指标，结合行业特点制定（见表4－1）。如部分行业的微型企业标准为：工业从业人员20人以下或营业收入300万元以下；建筑业营业收入300万元以下或资产总额300万元以下；交通运输业从业人员20人以下或营业收入200万元以下；房地产开发经营营业收入100万元以下或资产总额2 000万元以下。

表4－1　　2011年中小企业界定标准

行业	中型企业	小型企业	微型企业
农、林、牧、渔业	营业收入500万～20 000万元	营业收入50万～500万元	营业收入50万元以下
工业	从业人员300～1 000人，且营业收入2 000万～40 000万元	从业人员20～300人，且营业收入300万～2 000万元	从业人员20人以下或营业收入300万元以下
建筑业	营业收入6 000万～80 000万元，且资产总额5 000万～80 000万元	营业收入300万～6 000万元，且资产总额300万～5 000万元	营业收入300万元以下或资产总额300万元以下
批发业	从业人员20～200人，且营业收入5 000万～40 000万元	从业人员5～20人，且营业收入1 000万～5 000万元	从业人员5人以下或营业收入1 000万元以下
零售业	从业人员50～300人，且营业收入500万～20 000万元	从业人员10～50人，且营业收入100万～500万元	从业人员10人以下或营业收入100万元以下
交通运输业	从业人员300～1 000人，且营业收入3 000万～30 000万元	从业人员20～300人，且营业收入200万～3 000万元	从业人员20人以下或营业收入200万元以下
仓储业	从业人员100～200人，且营业收入1 000万～30 000万元	从业人员20～100人，且营业收入100万～1 000万元	从业人员20人以下或营业收入100万元以下

续表

行业	中型企业	小型企业	微型企业
邮政业	从业人员 300 ~ 1 000 人，且营业收入 2 000 万 ~ 30 000 万元	从业人员 20 ~ 300 人，且营业收入 100 万 ~ 2 000 万元	从业人员 20 人以下或营业收入 100 万元以下
住宿业	从业人员 100 ~ 300 人，且营业收入 2 000 万 ~ 10 000 万元	从业人员 10 ~ 100 人，且营业收入 100 万 ~ 2 000 万元	从业人员 10 人以下或营业收入 100 万元以下
餐饮业	从业人员 100 ~ 300 人，且营业收入 2 000 万 ~ 10 000 万元	从业人员 10 ~ 100 人，且营业收入 100 万 ~ 2 000 万元	从业人员 10 人以下或营业收入 100 万元以下
信息传输业	从业人员 100 ~ 2 000 人，且营业收入 1 000 万 ~ 100 000 万元	从业人员 10 ~ 100 人，且营业收入 100 万 ~ 1 000 万元	从业人员 10 人以下或营业收入 100 万元以下
软件和信息技术服务业	从业人员 100 ~ 300 人，且营业收入 1 000 万 ~ 10 000 万元	从业人员 10 ~ 100 人，且营业收入 50 万 ~ 1 000 万元	从业人员 10 人以下或营业收入 50 万元以下
房地产开发经营	营业收入 1 000 万 ~ 200 000 万元，且资产总额 5 000 万 ~ 10 000 万元	营业收入 100 万 ~ 1 000 万元，且资产总额 2 000 万 ~ 5 000 万元	营业收入 100 万元以下或资产总额 2 000 万元以下
物业管理	从业人员 300 ~ 1 000 人，且营业收入 1 000 万 ~ 5 000 万元	从业人员 100 ~ 300 人，且营业收入 500 万 ~ 1 000 万元	从业人员 100 人以下或营业收入 500 万元以下
租赁和服务行业	从业人员 100 ~ 300 人，且资产总额 8 000 万 ~ 120 000 万元	从业人员 10 ~ 100 人，且资产总额 100 万 ~ 8 000 万元	从业人员 10 人以下或资产总额 100 万元以下
其他未列明行业	从业人员 100 ~ 300 人	从业人员 10 ~ 100 人	从业人员 10 人以下

根据亚洲开发银行的定义，微型企业指那些雇用工人（包括雇主及家庭成员工人在内，其中员工不包括专业人员及专业服务提供者）不超过 10 人的企业。微型企业不包括高科技企业。据此，微型企业的定义暗含着收入资产的限制。通常它们可以被认为是低收入人群的企业。

与中小企业相比，微型企业具有许多不同的特点。

（1）组织管理方面：微型企业没有正式的组织方式，缺乏管理工作内容。中小企业有明确的组织结构，有正式的管理工作内容。

（2）金融支持方面：微型企业融资渠道主要是亲戚朋友和熟人，很少有正式的融资渠道。中小企业由合作伙伴共同出资，与正式的融资渠道有融资联系。

（3）固定资本方面：微型企业固定资本少，经营所需的工具和设备粗糙而简单，且大多是家庭生活用品。中小企业拥有机器、设备与专门的场地。

（4）销售模式方面：微型企业采用直销方式，且以服务本地市场为主。中小企业与产品相关的产业链、供应链有联系。

（5）薪酬制度方面：微型企业没有正式的薪酬制度。中小企业有正式的薪酬制度，实行岗位工资制。

（6）生产运作方面：微型企业有十分相似的经营模式，大部分是以“前店后厂”的模式组织生产运作，缺乏质量管理，采用劳动密集型的技术和手工艺，运作方式灵活而富有流动性。中小企业有一定的采购、生产、存货和质量管理制度，有一定的竞争战略选择。

（7）人力资源方面：微型企业员工以家庭成员为主，且大都是通过正式的就业渠道不能就业的人。中小企业有一定的招聘制度，进入企业的员工大都要受过专门的专业训练。

（8）财务会计方面：微型企业没有也不需要建立正式的会计科目，少量而不规范的会计活动也只是为了应付上缴的税费。中小企业存在面向中小企业的会计制度。

小型和微型企业在国民经济中的地位和作用不可低估。数量众多的小微型企业在促进经济增长、扩大劳动就业、推动技术进步、创造社会财富等方面越来越凸显其重要性。同时，它们也是减少贫困并促进社会和谐发展的稳定器。

二、个体工商户

个体工商户，是指有经营能力并依照《个体工商户条例》的规定经工商行政管理部门登记，从事工商业经营的公民。《个体工商户条例》第 2 条第 1 款规定，有经营能力的公民，依照本条例规定经工商行政管理部门登记，从事工商营业的，为个体商户。

个体商户是个体工商业经济在法律上的表现，其具有以下特征：（1）个体商户是从事工商业经营的自然人或家庭。自然人或以个人为单位，或以家庭为单位从事工商业经营，均为个体工商户。（2）自然人从事个体工商业经营必须依法核准登记。（3）个体工商户只能经营法律、政策允许个体经营的行业。

个体工商户其实是最大群体的自由职业者，可以申请个体工商户经营的主要是城镇待业青年、社会闲散人员和农村村民，而国家机关干部、企事业单位职工，不能申请称为个体工商户。从这个意义上看，个体工商户就是经过工商注册的自由职业者。

个体工商户主要以商铺门店为经营方式，通过零售商品和提供民生服务为手段获得收入。一个注册个体工商户至少有一个个体工商户主。有的个体户在生意做大后雇用了许多员工，甚至超过 100 人，年业务规模超过了 1 000 万元，基本已经形成小型企业的稳定规模，但只要没有注册公司，在统计意义上他或她就依旧是个体工商户。从一些专业市场上的“大户”，如服饰市场、建材市场、家具市场、水产市场、邮币卡市场、茶叶市场等都可以看到经营规模大、实力雄厚的“个体工商户”，有的甚至早已“前店后厂”，因为有一个在专业市场上的窗口，他们可以继续享受国家给予个体商户的优惠政策。在个体工商户这一部分，平均每一个工商户除户主本人外，提供了1.02个就业机会；平均每户的注册资金只有3.53万元。

据沈纯道《走第三条道路——与你一起做自由职业者》的分析，中国的个体户，超过半数为生存型创业，而不是机会型创业。也就是说他们只能自我雇用、自己生存、自谋出路，不具有创造就业机会的功能，他们是自食其力的自由职业者。目前，中国实有私营企业750多万户，从业人员8 700万人；实有个体工商户3 200多万户，从业人员6 500万人。全国个体私营经济从业人员达到1.52亿人。这从另一个侧面来说，个体私营企业大大缓解了社会的就业压力，而创业成功的非公有制企业则不断扩大着就业机会。

三、农户

农户一般指户口在农村的常住户，他们大多数靠小规模的种植和养殖来维持生活；也有一些发达地区的农户已经或正在向市场转型，进行专业化规模化的生产加工。农村的金融服务需求群体巨大，中国农村约有3.7万个乡镇，62.4万个村、453.3万个村民小组，2.49亿农户，本身就是一个巨大的市场。

但是，农村信用社和商业银行远远不能满足农村的巨大资金需求。20世纪中后期以来，中国国有商业银行大量收缩和撤并县及县以下机构，与1995年比较，2004年四大国有商业银行的分支机构网点数减少了49.8%，网点总量减少39 000多个；中国农业银行是中国传统的农村信贷银行，1995年，其机构网点数达到历史最高水平，至2008年末，其分支机构网点数仅有2.42万个，减少了60%以上。四大国有银行撤并的网点，均是直接为农户、中小型企业服务的机构，是离农户、中小型企业最近的机构。在撤并机构的同时，国有商业银行大量收缩县及县以下机构的贷款权，较多的传统地区和欠发达地区的国有商业银行分支机构，仅发挥吸储功能，农户要想从这些正规金融机构得到贷款，绝大多数是不可能的。所以，农村非正规（民间）借贷非常活跃，间接表明了农村小额信贷市场空间的存在。

知识链接

我国微型金融的发展

微型金融的行业规模从1997年开始，以40%的速度迅猛发展。从1997年的618家机构、1 300多万客户，到2004年底全球已有3 000家机构在为8 000万客户提供金融服务。

2000年以前处于初期的小额信贷尝试和经验借鉴扩展阶段。2000年以后，政府主导下全面试行并推广微型金融活动，管理部门开始鼓励民营和海外资本进入，试行商业性微型金融业务，拉开了我国微型金融创新发展的大幕。

2005年由国家开发银行支持，首先在包商银行开展以微贷为核心的微型金融项目，是我国第一次由正规金融机构实施的基于商业可持续原则的微型金融业务。

2007年底微贷业务扩大到12家城市商业银行，覆盖全国100个以上的城市。

到2010年为止，基本形成了以农村信用社为主体，辅以近期发展起来的邮政储蓄银行、村镇银行、贷款公司、农村资金互助社、小额贷款公司等新型农村金融机构的发展格局。

资料来源：编者根据相关资料整理。

第二节　微型金融的需求分析

一、微型金融需求的差异与特点

（一）微型金融的需求特征

1. 我国微型金融的潜在需求巨大。微型金融的服务对象除了贫困人口以外，还有大量的非贫困人口和微小企业。在过去的 10 多年时间里，中国的微小企业已经成为国民经济增长和发展的主要动力。城市微型金融需求者一般的资金很难收回。对于许多微小企业来说，个体经营风险相对较大，竞争力相对较弱。全国共计 6 000 万左右的微小企业和个体工商户对 GDP 的贡献率达到 60% 以上，提供了 75% 左右的就业机会，并且创造了 50% 左右的出口收入和财政税收。中国要在未来保持健康高速的经济增长，需要微小企业有更快的发展。目前，在我国城镇地区，登记的个体户大约为 2 700 万户，而在农村地区，从事各种经营活动的，无须注册的人群应该更多。由此可见，中国对于商业性的微型金融需求强劲。

2. 微型金融需求特征。

（1）资金需求量小，比较零散，信息难以书面化。农户是微型金融的重要客户群体，实施家庭联产承包责任制以来，我国农村形成了大量的生产规模经营较小的农户，由于自然条件，管理水平的限制，其规模较小，他们对资金的需求也较小。农户居住相对分散，数量多。这种一家一户的经营方式导致他们的金融需求单笔业务小、零散。

农户除了资金需求较小且零散之外，还很少有金融机构认可的书面信息：如收入证明，财务报表，可供抵押财产等。农村的林木、农机、牲畜等资产，流动性太强，银行不允许抵押。虽然，党的十一届三中全会讨论通过的《中共中央关于推进农村改革发展若干重大问题的决定》指出，按照依法自愿有偿原则，允许农民以转包、出租、互换、转让、股份合作等形式流转土地承包经营权，发展多种形式的适度规模经营，以及允许农民宅基地置换等，但是土地集体所有的性质不能改变，能否被金融机构承认为保证资产，还有待商榷。除了农户，在我国广大的城市人口中，有大量的自谋职业者，他们大多从事一些体力劳动或者个体经营，所需的资金除了生产、经营，还有子女上学、买房等消费用途。他们没有稳定的工作和固定的收入，无法向正规金融机构提供收入证明，缺乏抵押品和担保人。因此，除了少数人能够通过"社区推荐、劳动社会保障部门审查、贷款担保机构审核并承诺担保、从商业银行获取再就业贷款"之外，大部分难以获得所需资金。另一类重要客户群——微小企业，则多集中在服务行业或是规模很小的制造企业，它们规模小，通常雇用人数在 10 人以下，他们的产品往往没有特色，缺乏及时完整的市场信息（地方市场之外），不发达的基础设施，缺乏增值服务（如深加工、良好的包装），同类竞争者众多等。例如，对于广泛分布在城市里经营服装、日用品以及食品的个体工商户来说，他最开始的启动费包括摊位的租金，到工商部门办理执照和第一次进货的货款，而开业以后，每次批量进货时又产生了对资金的需求。资金需求从几千元到几万元不等。而微小企业创业者，有很多是下岗职工、农村闲散劳动力、高校毕业生等，自有资金少、自身积累严重不足，尤其是起步阶段，缺少足够的不动产作为信贷抵押，也难以找到有实力的大企业作担保人，多数不符合银行贷款条件，被银行信贷配给排除在外。

（2）风险大。这里的风险主要是指，各种内在和外在的原因导致微型金融客户容易产生信用风险。我国农户以一家一户分散生产经营为主，小生产与大市场的矛盾是必然的经济现象。小生产的盲目性很容易使农产品出现结构性趋同，加上农村社会服务体系不健全，生产技术和水平落后，农产品的生产成本与交易成本较高，农业生产经营时常出现相对大的市场风险。农业是弱势产业，增收潜力不大，其生产受自然灾害影响明显，农业收益具有很强的不稳定性，风险系数大，一旦遇到较大的自然灾害，农业生产受到影响，对于农户的贷款也将很难收回。孟加拉国的格莱珉银行（GB），在严重自然灾害发生的1983年、1991年和1992年也出现了亏损。

城市微型金融需求者一般没有固定的工作，其收入波动大，若其本人出现健康问题或者意外事故，直接导致贷出去的资金很难收回。对于许多微小企业来说，个体经营风险相对较大，竞争力相对较弱。大部分微小企业属于“家族式管理”，或者承包型，资金实力弱、管理人员素质差、市场开发能力不足，加之规模普遍较小，达不到规模经济性，因而对销售商和供应商的讨价还价能力相对较差，上述因素都会大大降低其抵御风险的能力；同时，微小企业大部分以劳动密集型为主，且一般处在竞争较为激烈的行业或领域，进入和退出的频率均相对较高。因此，资金贷给微小企业，面临的风险较大。

（3）融资期限短，时效性强。农业生产有其特定的生产周期，也就某种程度决定了其对于资金需求的时效性，稍有迟疑，便会贻误农时，所以农户希望办理贷款的手续简便、灵活。而我国诸如农村信用社等金融机构的贷款审批时间长达1个月，很多农户因为手续烦琐、耗时太多而不愿到正规金融中介组织贷款。城市个体户及微小企业的资金需求主要是存货的流动资金及一些应急的消费性资金，也具有频率高、贷款周期短、贷款随机性大的特点。

总结以上特点发现，微型金融在我国具有广阔的发展空间。微型金融机构开展业务时，应充分认识其需求主体的特点，识别其需求是否有效，衡量风险与收益，采用适当的服务模式，才能实现持续性的盈利。

（二）微型金融需求差异

近年我国微型金融机构组织形式日趋多样化，主要有农村资金互助社、小额信贷公司、农村信用合作联社、村镇银行、农村商业银行等组织形式，微型金融体系的基本框架已初步建立。但区域经济发展不平衡，各地选择微型金融发展的方向及类型也不同，不同区域微型金融需求存在差异化，如发达地区和欠发达地区金融需求的不同。而金融供给又存在不对称性，因地制宜，选择适合微型金融的发展模式，助力微型金融可持续发展成为值得探讨的重要议题。

拓展阅读

微型金融的“多位一体”模式

“多位一体”模式即微型金融机构通过产品及制度的创新，使借款者得以拓展，集多种身份于一体的微型金融服务模式。微型金融最初提供的主要是小额信贷业务，目前已经扩展到小额信贷、存款、汇款、保险、商业培训及咨询、健康教育等各项服务。“多位一体”模式量体裁衣地为弱势群体提供了多样化的选择，创造了致富机会，使客户与微型金融机构的结合更加紧密，为微型金融的发展带来商业效益和社会效益的双赢局面。

“多位一体”模式的特点：

1. “量体裁衣”地创新产品及业务是“多位一体”模式的首要特点。根据市场需求拓宽产品领域，由传统的小额信贷延伸到储蓄、保险、投资等金融服务领域；针对目标群体的不同特点和多层次需求进行产品设计和业务创新，如丰富多样的、有针对性的存贷产品满足了低收入者的不同需求，共同基金为客户投资获利提供机会，保险产品为客户降低风险提供保障，通过投资项目贷款计划为客户提供就业机会等。

2. “多维身份”捆绑客户与银行是“多位一体”模式的突出特色。在“多位一体”模式下，微型金融机构与客户之间已经超越了单纯的交易关系。通过将客户的身份由借款者拓宽到储蓄者、持股者、投保者、投资者等，使客户对其形成强烈的归属感，感受到自身与银行的命运息息相关，银行与客户的关系变得紧密而牢固。

3. 动员储蓄以吸收社会资金是“多位一体”模式的重要内容。在“多位一体”模式下，微型金融机构基于扩充现金流、控制风险和成本等目的，在储蓄业务领域的开发和创新程度相对于保险、投资等业务更高。微型金融机构不仅采用强制借款者储蓄的方式吸收存款，而且动员社会大众吸收流动资金，扩充自身资金来源。

资料来源：编者根据相关资料整理。

二、小微企业金融服务需求的效率化

加强小微企业金融服务，是金融支持实体经济发展的重要内容，也是当前我国发展普惠金融的重要内容之一。近几年，在国际金融危机的大背景下，各级政府对小微企业金融服务的重视程度不断提高，但受多种因素影响，小微企业一直反映强烈的“融资难”问题依然突出，大量小微企业因为得不到融资支持而发展受阻。

（一）小微企业金融服务需求特征

评价金融服务效率必然需要区分金融服务需求与金融服务供给。按照凯恩斯理论，只有金融服务需求曲线与供给曲线交汇时，才能实现金融服务效率的最大化。从现阶段来看，评价我国金融服务效率的关键，更多在于评价金融服务需求的满足度。已有研究将企业的金融服务需求归纳为产品、质量、地点、数量、期限和价格六个方面（见表4－2），金融需求类型可以划分为生存性需求（如交易需求、便利需求等）、成长性需求（如企业扩张、流动性动机等）和特殊性需求（如投资需求等）三类。

表4－2 企业金融服务需求要素构成

要素名称	主要含义
产品	金融服务产品的品种、性能、结构等
质量	服务态度、人员素质、服务便利程度（如操作程序是否简便、等候时间长短等）

续表

要素名称	主要含义
地点	获得金融服务的网点渠道以及方式手段等
数量	对金融服务需求的数量要求，包括贷款次数、频度、额度等
期限	享受金融产品服务的时间长短
价格	相应于其他需求内容而产生的交易费用，包括显性价格如贷款利息和隐性价格如评估费用两方面

资料来源：根据中国人民银行成都分行课题组《民营经济金融服务需求差异性问题研究》(2005）有关内容整理。

借助需求要素偏好矩阵（见表4－3），可以更为直观地对小微企业的金融服务需求进行分析。由于大多数小微企业的金融服务需求动机是企业扩张或者补充流动性，因此，可以将它们归入成长性需求类型。从成长性类型的需求要素偏好来看，其对期限要素和数量要素的偏好度最高，对产品、质量、地点和价格等要素的偏好度一般。简言之，小微企业对金融服务的融资需求偏好最强。

表4－3　　需求要素偏好矩阵

	产品	质量	地点	期限	数量	价格
生存性需求	低	低	中	中	高	高
成长性需求	中	中	中	高	高	中
特殊性需求	高	高	低	低	中	中

资料来源：摘自中国人民银行成都分行课题组《民营经济金融服务需求差异性问题研究》(2005)。

（二）小微企业金融服务效率核心指标的选取与模型构建

基于小微企业融资需求偏好构建金融服务效率核心指标，本书选取最终获得贷款的企业数量占所有申请贷款的企业数量的比率（贷款获得率 p，该比率越高，说明金融机构的服务效率越高）、企业获得第一笔贷款的金额（首笔贷款金额 m，该金额越大，说明金融机构的服务效率越高）和企业自申请贷款之日起至获得首笔贷款之日止的时间跨度（贷款审批周期 t，该周期越长，说明金融机构的服务效率越低）用以衡量金融服务效率（r）。由于贷款卡行政许可事项取消前（2014 年 11 月末），人民银行明确要求企业在申请贷款前必须申领贷款卡，因此企业申领贷款卡的行为往往预示着企业申请贷款行为的正式启动。鉴于企业实际的申请贷款日期难以追溯，本书统一将贷款卡申领日期定义为企业申请贷款日期。为更加全面地度量金融服务效率，本书依据上述三个指标与金融服务效率（r）的关系，构建了综合金融服务效率评价模型：

$$R = \frac{p X \bar{m}}{\bar{t}}$$

其中，p 表示贷款获得率，$\bar{m}$ 表示获得贷款的平均金额，$\bar{t}$ 表示贷款审批的平均周期，R 表示金融机构的综合服务效率。

（三）小微企业金融服务效率评价

1. 样本抽取与分布。考虑到数据的可获得性，本书选取2010～2014年某银行办理贷款卡的13 000余户企业进行分析。为更全面地刻画融资需求企业分布特征，本书选择每年的2月、5月、8月和11月作为当年的季度观察月，以考虑季节因素影响；按日期先后选择季度观察月的前100户企业为样本，以体现样本随机性；数据来源统一使用人民银行征信系统数据，以更为全面地掌握信贷信息，并以此降低人为误差等影响因素。从样本企业规模分布来看，大型企业有23家，占1.15%；中型企业有125家，占6.25%；小微企业有1 852家，占92.6%。从样本企业行业分布来看，排名前三位的分别是批发零售业、建筑及房地产业和制造业，占比分别为73%、7.3%和4%，其他行业合计占比为15.7%；从样本企业成立期限看，成立3年及以上的占42.2%，3年以内的占57.8%。从多方印证的结果来看，样本特征与该地市的企业分布特征相同，显示样本具有较高的地区代表性。本书实证分析部分，仅选取样本企业中的小微企业。

2. 金融服务效率评价。

(1) 贷款获得率（p）评价。分析发现，在分别追溯办理贷款卡后第6个月末、第12个月末和第18个月末的情况下，小微企业贷款获得率出现明显变化（见图4-1）。主要特点有：2013年是新办贷款卡企业贷款获得率最高的年份，其中，追溯18个月的情况下，有近41%的小微企业获得贷款；2012年是新办贷款卡企业贷款获得率最低的年份，其中，追溯12个月的情况下仅有21.8%的小微企业获得贷款；2010～2012年新办贷款卡企业贷款获得率持续下降，2013年贷款获得率大幅提升，2014年大幅回落；2014年是新办贷款卡企业贷款获得率下降最大的年份，在追溯12个月的情况下仅有27.1%的小微企业获得贷款，较2013年回落8个百分点，且对比追溯6个月的情况，贷款获得率仅增长2.6个百分点，是5年增长最小的年份。这一定程度上反映了小微企业"贷款难"问题还在加剧。

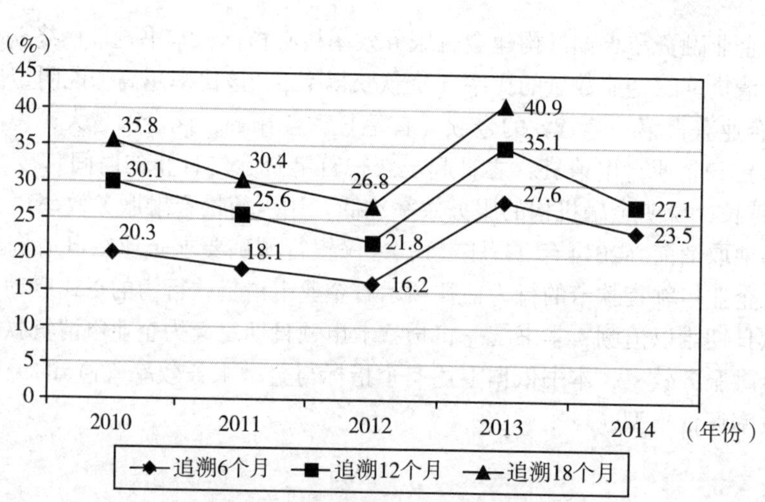

图4-1 贷款获得率走势

从分金融机构类型来看，分析发现，在追溯办理贷款卡后12个月的情况下，2010～2014年不同类型金融机构的小微企业贷款获得率差异明显（见图4－2）。其中，城市商业银行最高，为15.9%；四大国有商业银行与股份制商业银行相当，分别为5.5%和4.5%；其他类型金融机构最低，仅为1.9%，显示城市商业银行在贷款获得率（p）指标中的服务效率最高。

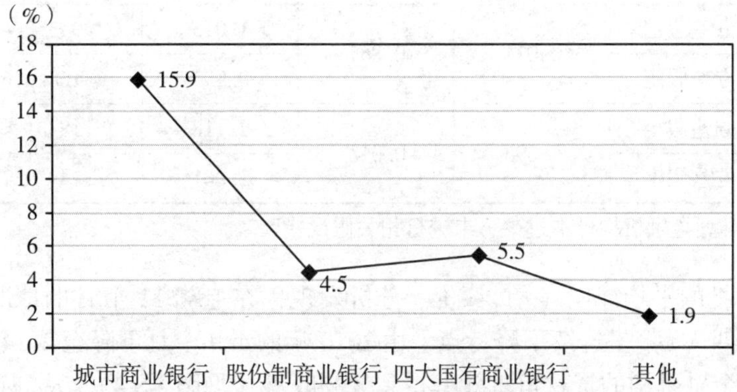

图4－2 分类型金融机构贷款获得率

（2）获得贷款平均金额（$\bar{m}$）评价。分析发现，在追溯12个月的情况下，小微企业获得贷款平均金额（$\bar{m}$）呈现倒“U”型（见图4－3）。其中，2010年均值为119.3万元，2011年大幅增加至174.1万元，2012年继续增加至最高的192.8万元，2013年回落至2011年水平，2014年再次大幅回落甚至低于2010年水平。从实证结果看，小微企业获得贷款的平均金额随时间波动明显。从分金融机构类型来看，在追溯12个月的情况下，2010～2014年不同类型金融机构的小微企业获得贷款平均金额存在显著差异。其中，城市商业银行贷款均值（$\bar{m}_1$）为156.3万元，股份制商业银行均值（$\bar{m}_2$）为202.7万元，四大国有商业银行均值（$\bar{m}_3$）为135.4万元，其他类型金融机构均值（$\bar{m}_4$）为42.1万元。经独立样本T检验（见表4－4）的进一步分析发现，在5%的显著性水平下，股份制商业银行的平均贷款金额显著高于四大国有商业银行，但与城市商业银行相比差异不显著，显示针对获得贷款平均金额指标而言，四大国有商业银行的金融服务效率相对较低，而股份制商业银行和城市商业银行金融服务效率相对较高。

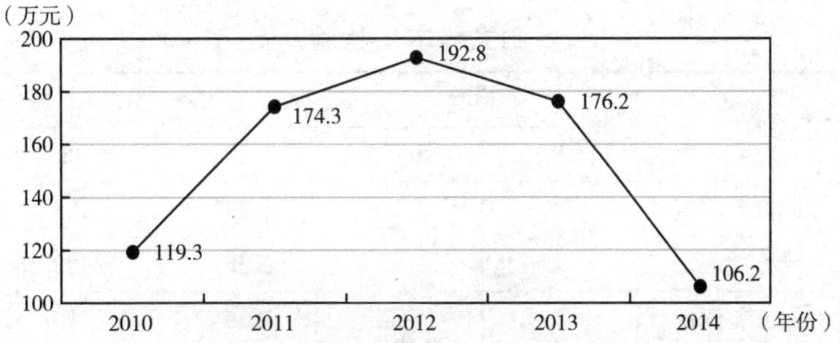

图4－3 获得贷款的平均金额走势

表 4-4 分类型金融机构获得贷款平均金额相等的 T 检验结果

独立样本 T 检验		F 检验		T 检验		
		F	Sig.	t	df	Sig. (4-tailed)
$m_1 = m_2$	同方差假定	9.320	0.002	-1.926	376	0.055
	异方差假定			-1.602	108.147	0.112
$m_1 = m_3$	同方差假定	0.031	0.861	1.015	393	0.311
	异方差假定			0.997	168.016	0.320
$m_2 = m_3$	同方差假定	5.693	0.018	2.118	183	0.036
	异方差假定			2.061	149.937	0.041

注：鉴于其他类型金融机构样本过少，未进行相关假设检验。

(3) 贷款审批的平均周期 ($\bar{t}$) 评价。分析发现，在追溯 12 个月的情况下，小微企业贷款审批平均周期 ($\bar{t}$) 呈连续下降特点，由 2010 年的 4.9 个月下降至 2014 年的 2.8 个月，降幅明显，显示金融机构的贷款审批效率得到大幅改善（见图 4-4）。从环比变化看，2011 年是贷款审批的平均周期 ($\bar{t}$) 下降最大的年份，较 2010 年下降 1.9 个月；其次是 2014 年，贷款审批平均周期 ($\bar{t}$) 较上年下降 0.6 个月；2012 年贷款审批平均周期 ($\bar{t}$) 下降幅度最小，接近为 0。经独立样本 T 检验的进一步分析发现，在 5% 的显著性水平下，2010 年与 2012 年的贷款审批周期存在显著差异，2014 年与 2012 年的贷款审批周期同样存在显著差异，说明近年来金融机构贷款审批效率持续改善的结论获得统计学意义上的证实（见表 4-5）。

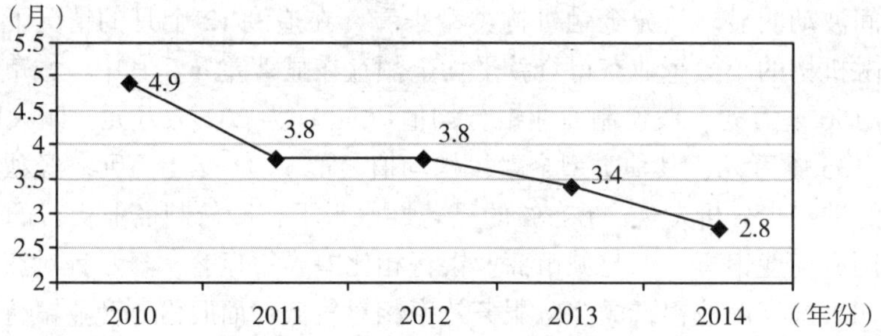

图 4-4 贷款审批周期走势

表 4-5 独立样本 T 检验

独立样本 T 检验		F 检验		T 检验		
		F	Sig.	t	df	Sig. (4-tailed)
2010~2012 年	同方差假定	0.848	0.358	2.337	191	0.020
	异方差假定			2.369	182.589	0.019
2012~2014 年	同方差假定	3.047	0.083	2.354	180	0.020
	异方差假定			2.328	164.182	0.021

从分金融机构类型来看，在追溯 12 个月的情况下，2010～2014 年不同类型金融机构的小微企业贷款审批平均周期（$\bar{t}$）存在一定差异。其中，城市商业银行（$\bar{t}_1$）最大，为 4.1 个月；其次是股份制商业银行（$\bar{t}_2$）、四大国有商业银行（$\bar{t}_3$）和其他类型金融机构（$\bar{t}_4$），均值时长分别为 3.4 个月、3.2 个月和 3.1 个月。经独立样本 T 检验（见表 4－6）的进一步分析发现，在 5% 的显著性水平下，城市商业银行的平均贷款审批周期显著高于股份制商业银行和四大国有商业银行，但股份制商业银行和四大国有商业银行间的平均贷款审批周期差异不显著，显示针对贷款审批平均周期（$\bar{t}$）指标而言，城市商业银行的金融服务效率相对较低。

表 4－6　　分类型金融机构获得贷款平均审批周期相等的 T 检验结果

独立样本 T 检验		F 检验		T 检验		
		F	Sig.	t	df	Sig.（4-tailed）
$t_1 = t_2$	同方差假定	0.193	0.661	2.076	376	0.047
	异方差假定			2.047	133.187	0.051
$t_1 = t_3$	同方差假定	1.966	0.162	2.469	373	0.014
	异方差假定			2.526	180.902	0.012
$t_2 = t_3$	同方差假定	0.462	0.498	0.424	183	0.672
	异方差假定			0.422	182.993	0.674

（4）综合金融服务效率（R）评价。鉴于贷款获得率（p）、获得贷款的平均金额（$\bar{m}$）和贷款审批的平均周期（$\bar{t}$）三项指标的量纲差异明显，若直接引入公式计算综合金融服务效率（R），则容易受各指标极值的影响，无法客观反映真实水平。因此，本书在计算小微企业综合金融服务效率（R）前，首先对三分项指标进行了无量纲化处理，然后以无量纲化的分项指标值计算综合金融服务效率（R）。追溯 12 个月情况下的小微企业综合金融服务效率（R）的变动情况如图 4－5 所示，分类型金融机构综合金融服务效率如图 4－6 所示。

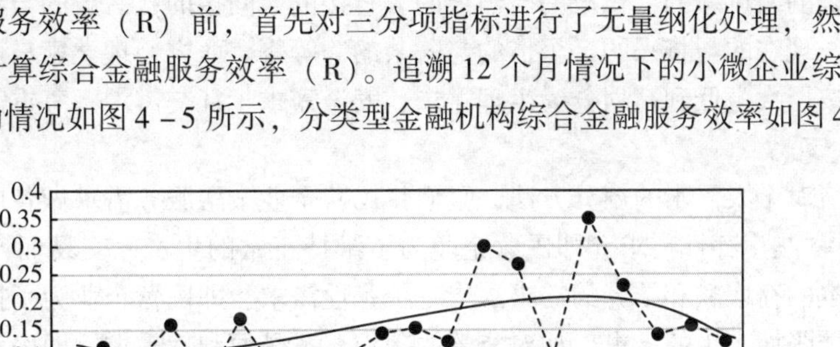

图 4－5　分季度综合金融服务效率走势

图 4－5 结果显示，2010～2014 年，该地区的小微企业综合金融服务效率（R）呈现总体上先上升后下降的趋势。具体来看可以分为三个阶段：第一阶段，2010～2012 年，综合金融服务效率相对稳定，基本围绕在 0.1 的水平上下波动；第二阶段，自 2012 年下半年起，综合金融服务效率大幅提升并剧烈波动，在 2013 年第 4 季度创观测最高值；第三阶段，自

2014年起综合金融服务效率再次走低并连续下滑，降至2012年下半年水平，降幅创历年之最。

图4-6结果显示，不同类型金融机构小微企业综合金融服务效率差异明显。其中，城市商业银行综合金融服务效率（R_1）最高，为0.26；其次是股份制商业银行（R_2）和四大国有商业银行（R_3），综合金融服务效率分别为0.12和0.1，差异不大；最后是其他类型金融机构（R_4），综合金融服务效率仅为0.02，显示城市商业银行是提供小微企业金融服务最为高效的金融机构。

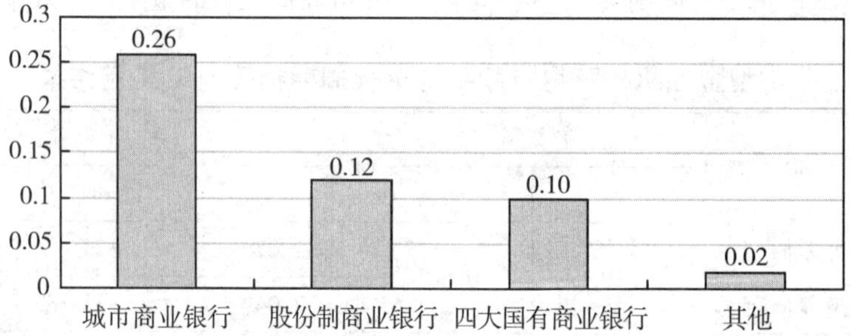

图4-6 分类型金融机构综合金融服务水平

三、个体工商户金融服务需求的多样化

（一）民营企业金融需求的层次划分

企业金融服务需求按不同的划分标准可以分为不同的种类，如长期的与短期的、高级的与低级的、迫切的与可缓的、积极的与消极的、直接的与间接的、一般的与特殊的、阶段性的与连续性的、现在的与将来的、个体的与公共的，等等。西方心理学家马斯洛按照优先次序将个人需求按层次由低到高划分为生理需求、安全需求、社交需求、尊重需求和自我实现需求各层次。

仿照马斯洛对个人需求的划分方法，我们将民营企业金融服务需求做各层次的划分，如图4-7所示。一是生存性需求，即民营企业为了维持正常的生产、交易而产生的金融服务需求，如对基本的存取款和结算的需求。二是扩张性需求，即民营企业为了扩大再生产实现规模和范围的扩张而产生的需求，如对贷款的需求。三是便利性需求，即民营企业为提高交易的速度和效率而产生的需求，如对网上银行和电话银行的需求，对信贷速度的需求。四是风险规避和增值需求，即民营企业为了防范和降低风险及实现金融资产的增值而产生的需求，如理财业务和风险规避业务的需求。五是个性化的需求，即民营企业根据自身的特点而产生的金融服务需求，要求金融部门量体裁衣提供金融服务产品。民营企业需求层次由低到高具有递进性，不同民营企业的需求就体现在需求的层次差异上，在低端的需求差异不明显，到高端则呈现多样化与个性化。民营企业在低端需求满足后会向高端需求迈进，当前民营企业金融服务需求出现多样化和个性化的趋势也正是民营企业的低端需求满足度提高以后向金融机构提出更高层次的需求的结果。不同民营企业以及同一民营企业的不同发展阶段对同一层次的需求也是有差异的，主要表现在对该层次金融产品需求要素的敏感性不同，或者说需求要素对企业的重要程度不同。一般来讲，需求要素的敏感度越高，越可能成为民营企业的核心考虑因素，需求要素敏感度越低，越可能成为民营企业放弃的次要考虑因素。一旦某个需求要素形成民营企业的需求核心，它就决定了该企业需求的基本特性。

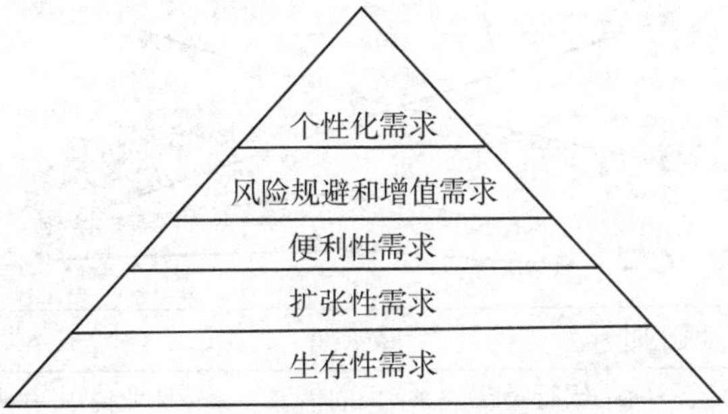

图4－7　民营企业需求层次的划分

（二）对金融服务需求差异的影响因素分析

民营企业金融服务需求的差异性取决于不同企业内外部因素的差异，是多种内外部因素共同作用的结果，不同的约束条件构成了不同的金融服务需求。在外部条件给定的情况下，企业在规模、行业、发展阶段、企业家个人的素质、财务状况、企业文化及信用水平等方面的特征就决定了不同的收入水平、需求偏好、预期及信誉方面的差异，从而导致了不同的金融服务需求。企业差异化的金融服务需求表现形式多种多样，目前民营企业普遍存在“融资难”问题已成为制约民营企业发展的瓶颈，我们就以企业的融资需求差异为主，研究民营企业在不同规模、行业、发展阶段等特征下金融服务需求差异表现。

1. 民营企业的规模不同，金融服务需求不同。小规模企业的产品单一、市场范围狭窄、组织结构简单、风险承受能力小，其金融服务需求的内容较少，层次也较低。随着企业规模和范围的扩大，企业的产品增多，市场范围增大，组织结构趋于复杂，风险承受能力增强，企业的金融服务需求内容增多，层次也逐渐提高。根据户样本企业的数据，把资金需求数量作为因变量，企业规模用销售收入表示作为自变量，对二者进行一元线性回归分析。结果表明，销售收入和应收账款都与资金需求数量呈正相关关系，应收账款对资金需求数量影响更大一些。企业规模将影响到企业的融资策略，随着企业规模的扩大，融资方式将逐渐从内源融资为主扩大到外源融资为主。

2. 民营企业发展阶段不同，金融服务需求不同。依据企业生命周期理论，可以把民营企业划分为创立期、成长期、成熟期和衰退期。我们对样本选择的83户民营企业，按成立的时间划分为0～1年、1～5年、5年以上，分别对应民营企业的创立期、成长期和成熟期，并分别从企业不同发展阶段的融资来源渠道（见图4－8）及对融资要素的关注度研究了民营企业不同发展阶段的融资需求差异。

（三）企业不同发展阶段

1. 创业期阶段的民营企业。这一阶段的民营企业需要进行设备投资、技术创新、产品开发及市场开拓，而企业刚成立，资源通常很有限，使得经营和投资活动现金流量的合计值

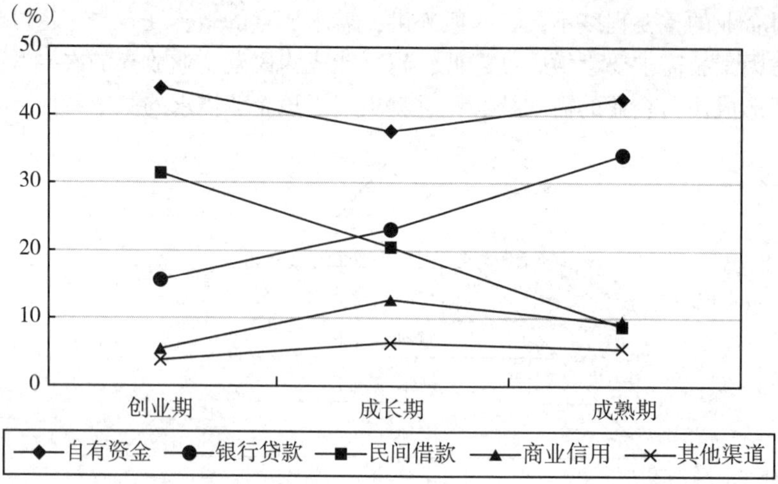

图4-8 样本民营企业不同发展阶段资金来源主要形式

容易形成很大的负值，80%以上的样本企业反映成立的第一年"入不敷出"。企业常常急需外来资金弥补资金缺口。但由于企业的产品市场前景不明朗，企业盈利能力不足，银行从经营风险和成本效益考虑，很少愿意借贷，企业取得外部融资很困难，主要以民间借款的形式弥补资金的不足。企业的金融服务需求以融资需求为主，突出表现为对融资数量的追求。

从样本企业的数据中我们发现，企业成立之初，自有资金和民间借款是他们这一阶段的两大主要资金来源渠道。具体来看，民营企业资金来源的是自有资金，包括业主出资和企业利润的再投入；31.2%是民间借款，主要是向亲戚朋友的借款，也有向民间借贷者的借款；5.5%来自商业信用；3.6%是依靠其他融资渠道，主要是政府的各类基金。银行贷款只占企业资金来源的15.7%，这是因为民营企业在设立之初难以向担保机构或银行提供足够的担保品与抵押品。通过和企业家的座谈了解到，银行贷款主要是业主个人以住房抵押银行贷款的形式取得的，银行在这一阶段更相信企业家个人信用。

创业期的民营企业最为关注融资的数量，首选比例为53.7%，其次分别为融资的速度（24.62%）、利率及费用（15.8%）、期限（6.3%）。能不能在需要的时候足额、及时地获得融资是企业的首要考虑，反映了创业期企业对融资的渴求。创业期的民营企业为了及时得到一定数量的融资往往以较高的利率从民间借贷，他们迫切想要和金融部门建立合作关系。

2. 成长期阶段的民营企业。当企业进入成长期，产品有了一定的市场和销路，随着销售数量逐渐增加，终于使销售额突破了盈亏临界点，开始出现营业利润。34%的样本企业在第一年开始盈利，62%的样本企业在第二年开始盈利。随着市场规模与发展前景逐步明朗化，产品或服务逐渐为市场所接受，投资风险逐步降低，销售额与利润不断增长，经营活动的现金流量开始向正值转化，并且数值也在不断增加，资金紧张的状况得到缓解。但是，成长阶段的民营企业往往有较好的发展预期，有迫切的规模扩张冲动，不仅需要继续进行设备投资，还要进行与此相适应的其他追加投资，所以投资活动的现金流量走势还是没有改变，继续出现负值。在企业成长期，正值扩大的经营活动现金流量同因继续扩大投资而导致的投资活动现金流量支出的合计结果，两者向负值缩小的方向变动。此时，由于企业良好的成长性逐渐被外界所认可，融资来源渠道增多，融资选择也呈多样化。

从样本企业数据可以看出，随着民营企业逐步发展壮大，拥有了更多可抵押品，并形成一定的信用基础，银行贷款成为企业的重要资金来源，占企业资金来源的23.1%。民间借款大幅下降，占企业资金来源的20.5%。自有资金比例略有下降，占37.6%，主要是企业规模扩张的速度快于企业积累的增长速度所致。企业商业信用的比例为12.6%，较前期有所提高。

成长期的民营企业对融资的数量的关注度下降了12.09个百分点，同时对融资成本和期限的关注度分别上升了10.95、4.95个百分点。反映了企业由于资金的紧张程度得以部分缓解，在企业融资决策中，融资的价格、期限、方式、品种等要素在企业的融资决策中的地位逐渐增强，企业融资的层次提高，融资逐渐呈现个性化的趋势。

3. 成熟期阶段的民营企业。随着经营逐步成熟，民营企业进入成熟期，每年有相当数量的累计折旧，收益也能确保实现。因此，经营活动的现金流量大量出现，追加投资的需求也并不大，结果出现自由现金流量。成熟期的企业，有了充分的信贷记录，并能提供足够的有效抵押或质押品。在这一阶段，民营企业生产经营活动已经相当稳定，便于贷款者和投资者更加深入地掌握企业内部信息。企业的融资渠道得到前所未有的拓宽，企业可以选择的融资方式增多。此时，企业对金融服务的需求会向便利性需求等更高层次迈进，对金融服务的质量、价格、地点等提出新的更高的要求。

从样本企业数据来看，银行贷款的比例继续上升，约占资金来源的34.1%，民间借款的比例则下降至9.6%，主要是多数企业已经和银行建立了较为稳固的联系，可以较为便利地从银行融得资金，而民间借款数量有限，已不能满足企业的需求。企业自有资金占42.3%，比成长期提高，说明企业的积累增长速度已经快于规模的扩张速度。企业商业信用的比重为8.6%，比前期下降，主要是因为企业已经开始采取赊销等方式促销。

成熟期的民营企业对成本的关注度继续上升，对数量的关注度继续下降，与成长阶段相比分别上升了8.67个百分点和下降了9.21个百分点。融资成本逐渐成为企业融资的首要考虑因素，企业开始尝试采用多种方式、多种渠道低成本的融资。随着金融资产的增多，企业也不满足于将闲置的资金存入银行获取利息，而是多渠道地寻求高收益的投资途径，如购买股票、债券、投资基金，等等。

总之，民营企业在不同的发展阶段，融资的主要方式和对不同融资要素的关注度有着明显的差别（见表4－7）。在企业发展初期，企业很少能从金融部门得到融资，非正式的直接债务融资是企业外源融资的主要来源，企业获得这部分资金的能力主要取决于企业的信用状况、企业发展前景及创业者个人的能力，企业极为关注融资的数量要素。随着企业经营的相对稳定，正规金融将取代非正规金融，间接债务融资逐渐成为企业主要的外源融资来源，企业对融资的数量的关注度下降，对融资成本和期限的关注度上升。成熟期，民营企业积极与银行合作，并有希望获得银行的中长期贷款以支持企业的长远发展，企业对成本的关注度继续上升，对数量的关注度继续下降。当然，如果此时银行体系不能有效地对企业进行甄别并提供资金，非正式金融仍将扮演重要角色。纵观样本民营企业不同发展阶段，在三种重要融资方式上存在缺失问题：一是没有一家企业通过发行企业债券和商业票据融资；二是没有一家企业通过银行信用贷款的方式获得资金；三是没有一家企业获得过风险投资。

表 4-7 样本民间企业融资方式演进

成长阶段	创业期	成长期	成熟期
企业特点	刚建立，无抵押和信用记录	有了更多资金，有较多信用记录，有少量存货和应收账款，固定资产少	有了更多固定资产和流动资产，资本金增加
	信息不对称问题较大，企业经营风险大，盈利水平较低，主要靠业主和主要股东投资	信息不对称问题依然存在，企业经营风险相对减少，盈利水平有一定提高，外源性资本投入可能增多	信息不对称问题较少，利润稳定
	企业经营现金流和投资现金流由负到正		
融资方式演进	自有资金 民间借款	自有资金 银行借款 民间借款	自有资金 银行借款
	外源性间接债务融资逐步成为企业外源融资主渠道		
融资要素关注度	对成本的关注度增强 对数量的关注度减弱		

4. 民营企业行业性质不同，金融服务需求不同。企业的行业性差异主要体现在以下四个方面：一是行业的盈利水平，即行业的平均利润率；二是行业的发展前景；三是行业风险；四是行业的平均资产负债率。民营企业所处行业不同，金融服务需求显著不同。如农业企业一般对资金的季节敏感性较强，制造业一般需要大规模的采用机器进行规模生产，因而对资金的数量敏感性较强，服务业则对资金获得的速度比较敏感。

我们从金融服务客户类型角度，将样本企业分为传统制造业型、服务型、高科技型等几类。各类型民营企业对金融服务需求有不同的特点。

一是制造业型民营企业。这类民营企业的金融服务需求呈现多元化、多样化和复杂化特点。这是由其经营的复杂性所决定的。无论是用于购买能源、原材料、半成品和支付工资的流动资金，还是用于固定资产的中长期资金，都需要金融的多元化、广角度、全方位服务。样本企业中的61户制造业性民营企业普遍提出需要商业银行对其扩大评级、授信，降低贷款门槛，开办票据贴现、开具保函等金融服务支持。与农产品相关的行业，如食品加工业、棉纺织业等，在资金需求时间上表现出明显的季节性特征，以棉纺织业为例，每年9月份到10月份是棉花收购旺季，企业能否及时收购到足够的原材料将直接影响了棉纺企业一年的经营状况。

二是服务型民营企业。该类企业的资金需求主要是用于存货的流动资金需求。样本企业中16户服务型企业融资需求的一般特征是数额小、频率高、贷款周期短、贷款的随机性大。相对其他类型民营企业而言，服务业型民营企业缺乏充足的抵押或担保，获得融资的难度相对于制造业型民营企业要大一些。

三是高科技型民营企业。这种类型的企业具有高风险性、高附加值和高回报率等特点。通常只有技术或项目而缺乏资金，又没有资产可抵押，在获得银行信贷支持上有难度。一般来说，高科技型民营企业比较重要的一个资金来源就是各种类型的“投资基金”，这类基金既有政府设立的，又有私人建立的，也有两者共同建立的，其性质一般属于产权资金。样本企业中的6户高科技民营企业没有风险投资的介入，但都对风险投资表现出浓厚的兴趣，是风险投资重要的潜在市场。

知识链接

微型金融与农村金融及中小企业融资的关系

在中国，研究农村金融和中小企业融资难的文献有很多，学者们从各个角度作出解释，并提供建议。农村在地理位置上与城市相对，农村金融强调的是一个地域概念。而中小企业是从企业规模上来划分的。根据我国2003年的标准，不同的行业，按职工人数、年销售额及资产总额等指标划分中小企业，如工业企业，职工人数2 000人以下，销售额30 000万元以下，资产总额40 000万元以下，则属于中小企业。还有一类规模更小的企业，或者是个体工商户，它们多集中在服务行业或是规模很小的制造企业，企业总资产100万元以下，年销售收入100万元以下，从业人员10人以下，它们的产品往往没有特色，缺乏及时完整的市场信息等，我们称之为微小企业。本书的研究的微型金融、农村金融与中小企业都有交叉，微型金融不光要为广大农村人口服务，而且还包括中小企业中的微小企业。微型金融研究强调的是大型金融机构因无法识别需求者的信息，而不愿为其提供服务。这样的信息不对称的现象在农村金融与中小企业融资问题中都表现得比较严重。因此，三个领域是相互交叉与渗透的，可以用下图来表示三者之间的关系。

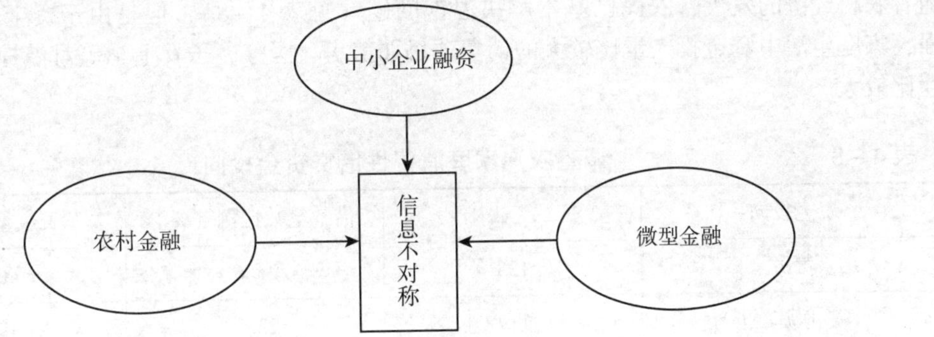

三个领域的关系

资料来源：编者根据相关资料整理。

四、农户金融服务需求的个性化与差异化

（一）农户的金融需求特征

为了更清楚更准确地了解农村金融市场的供需状况，我们给出2010年7个省市（重庆、四川、贵州、浙江、河南、湖北、山东）共1 700份问卷，其中有效问卷农户1 356份的金

融现实调查情况。

从调查结果来看，绝大多数农户存在借贷需求。其中，希望借款额在2万元以上的农户占18.94%；希望贷款额在1万~3万元的农户占比27.3%，希望贷款额在5 000元以下的农户占到了38.5%。这说明，在农村小额借贷的需求最大。调查结果还表明，我国农户资金借贷是以中短期贷款为主，主要是满足季节性、流动性周转和中短期生产投资的需要。另外，由于农业生产活动本身具有一定的局限性，农户还有一定程度的保险需求。例如，有种植业保险需求，有畜牧保险需求，有财产保险需求，有人寿保险需求。从农户融资行为来看，在65%的有资金借贷需求的农户中选择民间借贷的农户达到68.94%，而选择向农村正规金融机构贷款的人数仅占42.88%。这表明，民间借贷已经成为当前我国农村最主要的资金融通方式。高利贷这种借贷方式虽然存在，但是占比非常低。在农村，由于农户缺乏抵押品，借贷主要是以担保和写借据的形式展开。在一部分选择向农村正规金融机构贷款的农户中，向农村信用社贷款的比例占到了63.2%，向其他商业银行借款的农户只占12.8%。这些数据充分说明，我国当前农村借贷主要偏向于向农村信用社融资，这是农户选择的主要渠道。从农户的融资用途来看，贷款全部用于生产的农户占比37.12%，全部用于生活消费的占53.6%，借贷部分用于生产、部分用于生活的农户仅占9.28%。这充分表明，我国当前农户融资的主要目的是满足生活消费性用途。

在农业生产活动中，借贷用于购买农业生产资料、农业机械、畜牧养殖和其他等的农户分别占38.9%、20.3%、35.2%、5.6%，这说明农业生产和畜牧养殖是主要的生产性贷款目的。在农村，一部分农民仍然需要依靠借贷资金来维持生产，因此，开展以农业生产为主要投向的农业信贷仍然是十分必要的。在家庭生活中，用于盖房、医疗、子女上学、参军或者婚丧嫁娶的贷款频率最高，而因家庭生活困难的贷款所占比重非常低。这些情况都说明，随着农村经济的发展，农民已基本解决温饱问题（见表4-8），但是由于资金积累能力不强，家庭生活中资金投入量比较大的消费项目如盖房、医疗、子女上学等对借贷资金的依赖性比较大。

表4-8　　调查农户家庭消费性借贷资金投向

资金投向	笔数	借款笔数比例（%）	贷款资金量比例（%）
盖房	135	25.6	40.5
医疗	117	22.3	19.2
子女上学或培训参军	83	19.8	18.7
买大件消费品	24	4.5	1.8
生活困难	33	2.2	0.9
人情往来	40	7.6	1.5
婚丧嫁娶	73	13.9	15.4
其他用途	22	4.1	2.0

综上分析表明，当前我国农户金融需求的总体特征是：对资金借贷和农村保险的需求非

常普遍，在资金借贷中，民间借贷是主要方式，高利贷在农村并不常见；农户资金借贷更多的是用于满足家庭生活消费和农业生产的需要，而家庭消费借贷更多的是用于盖房、医疗、子女上学等资金需要；农户的生产性借贷主要是用于农业生产和畜牧业养殖等高效农业的发展。

（二）农村企业金融需求特征

本次调查的150家企业中，主要有一些生产和销售农业机械和农业生产资料及其他器具的企业，还包括一些农业产业化企业。其中，有11家资产规模在5 000万元以上的大企业，占7.3%；资产规模在1 000万~5 000万元的中型企业占比为28.7%，有43家；资产规模比较小的企业有52家，资产规模为100万~1 000万元之间，比重为34.7%；100万元以下的微型企业有44家，占比达到29.3%。

从调查的结果来看，目前我国农村的金融需求主要有以下几个特征：

一是村镇企业具有普遍的金融借贷需求，并且主要是以5年以下的中短期贷款融资需求为主。二是农村企业融资方式比较广泛，但是主要以正规金融机构贷款为主。不过目前向非正规金融渠道贷款越来越成为农村企业主要的融资方式之一。这说明农村正规金融机构难以满足一些企业的借贷需求，仍然还需要借助于非正规金融机构来解决资金不足以及融资难的资金需要。三是在正规融资渠道下，村镇企业贷款偏向于向农村信用社借款，而相对来说中国农业银行和中国农业发展银行则居于次要的地位。四是在非正规金融融资渠道下，农村企业以内部集资为主、民间融资为辅。当村镇企业无法从正规金融机构贷款时，首选则是通过内部集资解决资金困难的问题，其次才是考虑民间融资。五是农村企业融资用途多样化，主要是以解决资金流动性不足和扩大再生产规模经营为主。六是相对于城市企业而言，农村企业承担的融资成本更高。在正规农村金融市场，农村企业从农村金融机构获得的贷款利率总体上要高于城市工商企业5~10个百分点。

基于对我国农村金融需求的现状分析，我们可以得出以下的结论：农村金融市场存在的最主要的问题就是农村的金融供给与需求不匹配。

（三）农村需求主体呈现多元化的趋势

经研究发现，农村金融需求主体的特征很明显，即呈现多层次性，主要分为农户和乡镇企业两大类。农户可以分为贫困型农户、一般型农户和富裕型农户（也可称为发展型农户）三种类型；乡镇企业主要分为农村资源型和龙头企业型，因为层次不同、特征不同，其需求特征也表现出层次性。目前，对于贫困型的农户来说，其需求的主要目的是弥补生产和生活的资金短缺。同时，他们作为是主要的贷款主体，金融机构无法控制其贷款风险，所以对于金融机构来说风险系数较大；对于一般型的农户，在他们解决了基本的生活问题前提下，同时一般较讲究信用，对其发放贷款，金融机构是较为安全的，这样农村信用社放款的主要主体是一般型的农户，这部分的贷款需求一般情况下均能得到满足。但是从现实角度看，目前我国的农村资金互助社的资金实力不足，一般型农户的资金需求并不能得到很好的满足。从供求关系理论和利率的角度分析，当前资金价格上涨趋势明显，商业银行贷款利率则会普遍上浮30%~50%，农信社则普遍上浮50%以上，很少有下浮的情况出现，因此民间借贷比较活跃，且其涉及的行业和企业广、融资规模大、方式多，利率一般在年息15%~30%之间。由于信用社贷款利率与民间借贷利率相近，那么农户小额贷款需求将会变慢；对于富裕型农户来说，这部分群体是农户增收和实现经济结构调整的重要途径，同时他们已经从自给自足的小农经济中发展出来。经数据分析，在申请小额贷款的农户中，3 万元以上的贷款需求占 60%，并且需求金额较大，但是由于缺乏有效的承贷机制和适合的抵押品，因而想从正规金融机构申请到贷款有一定的难度，发展速度也相对较慢。

而乡镇企业中一部分属于资源型企业，是利用当地的本土资源经投资规划发展起来的，其生产是面向市场的资源利用型的生产，在其发展的过程中市场的供给和需求变化的不确定性因素较大，所以其经营风险较大，农村金融机构所要承受的风险也较高。在农村产业结构的不断调整前提下，信贷需求的主体也转向了农村地区的龙头企业。他们已经具有一定规模，资金实力雄厚，拥有相对健全的承贷主体，容易得到金融机构的授信和贷款支持。

（四）市场经济时期农户金融服务需求的差异特征

市场经济时期典型类型农户金融服务需求的特征分析。对于农户的类型有多种划分标准，常见的有按家庭兼业型划分、按家庭经营型划分、按收入差异型划分等，归结起来农户最主要、最核心的特征当属收入特征。由于统计资料的局限，关于典型类型农户金融借贷服务需求的特征分析只进行简要的定性分析，为了叙述方便，我们将农户分成 3 个等级类型：低收入农户、中等收入农户和高收入农户。

（1）不同收入类型农户金融借贷服务需求水平的差异分析。农户借贷服务需求源于农户的消费需求和投资需求。根据微观经济学理论，农户作为消费群体也在追求其家庭消费效用最大化以满足家庭成员的消费需求。然而，农户的消费需求又受其收入限制，即受农户可支配收入的影响，当农户现时可支配收入无法满足基本消费需求时，便通过借贷的手段来实现现有消费。进一步地，当农户基本消费需求得到较好满足时，便会利用自有闲置收入及借贷资金进行各种投资活动和更多样化的消费活动。因此，一般情况下，从整体上看农户借贷服务需求水平与农户收入水平呈正相关关系，即收入水平越高，借贷需求也越高。除此之外，不同收入类型农户借贷服务需求倾向随收入水平增加而呈“U”形：低收入农户和高收入农户借贷需求倾向较高，而中等收入农户借贷需求倾向较低。这可以解释为：贫困农户出于生存需要具有较强的资金需求；富裕农户出于高层次消费需要和投资需要而发生较多的借贷行为；收入中等水平农户出于“小富即安”的心理不愿进行太多借贷。

（2）不同收入类型农户金融借贷服务需求来源结构的差异分析。农户金融借贷服务需求来源不仅与农户自身的选择有关，更重要的是取决于借贷供给方的借贷倾向或偏好。一般而言，正规金融偏好于有稳定收入来源、资信状况良好的中、高收入类型农户，这与正规金融严格的信贷风险管理有关；非正规金融相对更看重亲缘、人缘关系等。因此，随着收入水平提高，正规金融资金供给的意愿也越强烈。由此，中、高收入类型农户越能获得正规金融的信贷支持，但是其金融借贷服务需求来源的倾向还要取决于农户对正规金融与非正规金融借贷条件的权衡。相对而言，低收入类型农户借贷需求来源比较特殊，即主要依靠非正规金融民间小额借贷为主，并辅以政策性金融优惠贷款和财政性扶贫资金（韩星，2006）。进一步地，对于非正规金融借贷中的有息借贷与无息借贷而言，高收入农户和低收入农户获得的非正规借贷更多来自有息借贷，这是由于富裕农户有能力支付利息，作为借贷双方愿意采用有息借贷，而贫困农户则因偿付能力低无法获得无息借贷；中等收入农户由于偿付能力较强，又有基础与其他农户建立起互助网络，因而获得的无息借贷较多（李延敏，2005）。但是随着农户市场经济意识、自身素质的不断提高，无息借贷有弱化的倾向。

（3）不同收入类型农户金融借贷服务需求用途结构的差异分析。如上所述，农户金融借贷服务需求源于农户消费及投资需求，即是说农户金融借贷服务需求的用途为生产性投资和生活性消费，且不同收入类型农户金融借贷服务需求的用途偏好受地域影响较小。史清华（2002）认为，在较早的年份（1996），生活性借贷超过生产型借贷比重，并且越是低收入农户，生产性借贷比重越低。类似的结论也体现在李命志（2004）、刘朝晖、徐丽（2005）等的研究中。所以，低收入农户为了满足基本的生活保障需求而倾向于将借贷资金用于生活消费；高收入农户为了实现更多的资金积累而倾向于将借贷资金投资于生产领域，特别是投资回报率较高的非农生产；至于中等收入农户的借贷资金用途则取决于其生活与生产要求的权衡，但一般而言，用于生活的借贷资金要多于用于生产的借贷资金，因为在农村社会保障体系尚未完善的情况下，农户会更多地考虑满足生活保障需求。

【本章小结】

1. 微型金融的客户是指金融市场中的低端客户，主要包括小微企业、个体工商户以及农户。家庭经济学分析表明，只有当家庭能够承担偿债能力，才会成为微型金融的客户。

2. 我国微型金融具有资金需求量小、比较零散、信息难以书面化、风险大、融资期限短、时效性强的特点，其潜在的需求巨大。

3. 近年我国微型金融机构组织形式日趋多样化，主要有农村资金互助社、小额信贷公司、农村信用合作联社、村镇银行、农村商业银行等组织形式，微型金融体系的基本框架已初步建立。

4. 我国村镇企业具有普遍的金融借贷需求，主要是以正规金融机构贷款为主，其中村镇企业贷款偏向于农村信用社。农村企业融资主要是解决资金流动性不足和扩大再生产规模经营。但相对于城市企业而言，农村企业承担的融资成本更高。农村金融市场存在的最主要的问题就是农村的金融供给与需求不匹配。

【思考题】

1. 什么样的人才具备成为微型金融客户的条件？
2. 结合本章试说明为什么说微型金融是服务于低端客户的？

【综合训练】

微型金融的价值

我们经常用一个正立的金字塔来形容中国的经济结构，而用一个倒立的金字塔来形容中国的金融结构。“正立的金字塔”是指少量大中型的企业以及富裕人群在金字塔的尖端部分，组成金字塔主要塔身部分的则是数量庞大的小微企业和普罗百姓。而中国的金融结构恰好像一个倒立的金字塔，在很长一段时期内，其最厚重的部分主要是为经济结构中的尖端部分提供各种服务。这就是现存中国金融结构与中国经济结构之间的严重不对称性。这个局面实际上已经成为中国经济结构转型升级的严重制约。

为经济结构下端的人们提供必要的金融服务，是赋予人基本的发展权利。这是一个难点，因为改善金融结构既是一个学术问题、政策问题，又是一个重要的商业问题。金融服务不可能是纯粹的公益事业，如果提供小额贷款不能盈利，微型金融机构就不会有可持续性，市场力量就不会介入，金融结构就不会根本性改善。

进入21世纪以来，中国的金融结构正在逐步由服务高端向服务大众的趋势性变革。在银行体系内，一批服务本地市场的城市和农村商业银行纷纷建立，资产规模日益壮大；以服务“三农”为目标的村镇银行从无到有；专营小额信贷的担保公司、贷款公司如雨后春笋般处处涌现，国有大银行垄断全国信贷市场的局面正在得到改变。除了银行改革以外，证券市场的演进以及其他非银行金融机构的应运而生，使得金融结构朝着多元化方向推进，越来越多的金融机构把目光投向县域经济甚至更低端层面的市场。

对于中国这样一个拥有巨大市场且蓬勃发展的经济体而言，服务大众的小额信贷、消费金融等具有广阔发展空间。预测中国微型金融的市场需求，从当前草根金融的规模即可大体上作出判断。截至2012年末，获得微型金融营业牌照的机构中，小额信贷公司有6 080家，贷款余额超过5 921亿元；典当行6 000多家，全年典当总额约2 500亿元。而活跃在浙江等地无牌照的民间借贷，规模可能高达数万亿元。如此巨大的潜力市场必定能吸引企业家的热情，所缺的是政策和机制的保障，还有理论的准备。

资料来源：作者贝多广，中国金融杂志，2013（6）.

1. 分角色扮演不同微型金融客户在不同情境下的金融需求。
2. 分组讨论，微型金融客户对微型金融发展的价值是什么？

第五章　微型金融的服务机构

▶▶导入案例

安善国际：掘金“金字塔底部”

安善国际（ASA）于1978年在达卡成立，是全球首屈一指的创新金融服务企业。安善国际与那些增长又快又稳的企业没什么两样，唯一不同的是，它的客户几乎身无分文。

小额信贷往往被视作解决贫困的有效手段，借款人有农民、杂货店老板、街头摊贩和小规模工厂主。这些群体的人均生活费每天不到2美元，他们是最典型的金字塔底的客户。

基于客户的特性，全球大多数小额信贷机构都是规模较小的非营利性组织，其中80%的顾客数量不足1万人。尽管小额信贷目前在全球的客户已经达到1.4亿人，但仍有30亿人尚未享受到这一带有公益性质的服务。换言之，并不诱人的回报使得小额信贷市场的渗透率依然很低。但在密歇根大学教授普拉哈拉德（C. K. Prahalad）看来，这一细分市场的客户群具有极大的利润潜力，只是大多数公司难以接近。

事实上，小额贷款公司在追求快速增长的道路中会受到许多威胁：数百万件小额信贷交易的处理成本很高，安善国际在孟加拉国的平均贷款额最低只有18美元。与此同时，小额贷款公司缺乏获得商业资金的渠道，也无法建立可以快速扩大规模的运营体系。

为此，安善国际意识到，要想真正通过小额信贷帮助人们脱贫，就必须建立一种新模式，让组织能够迅速扩张，这样才不会因为客观原因把任何一个低收入人群拒之门外。

于是，公司开始思索将“福特模式”及其他快消业的培训方式引入组织，通过流程的标准化，最大限度地简化小额借贷的操作程序，以实现运营能力的扩张。比如，安善采用工厂化的培训方式，允许信贷员为信贷接收户提供培训，并以安善制定的模式来判断是否要发放贷款。

在安善国际看来，小额信贷业务不应止步于“非营利性组织”，满足盈亏平衡即可。据估计，贫困人口所需的信贷额合计为3 000亿美元，要满足这一需求，小额信贷行业就必须开拓更大的商业资本市场。换言之，公司必须得构建对投资者更有吸引力的业务，让他们看到可观的回报。

于是，安善国际必须得像硅谷的创业者那样，不断吸引投资大亨的资金支持。也正是依靠自身优异的回报和实力雄厚的支持者，安善国际才能从众多金融机构中获得巨大的信贷额度。

CMI（由安善管理的小额信贷投资公司）执行董事Dirk Brouwer指出，尽管安善国际的平均贷款是最低的，但与其他孟加拉国的同行比，公司的运行更为有效，“从贷款或业绩角度而言，我们都要超过同行”。与此同时，公司也试图通过股权融资，来进一步拓展资产组合。

安善国际的高效运作，很大部分源于其规模效应。毕竟，只有拥有庞大的借款人基数，并使其维持牢固的忠诚度，公司才能在行业内持续领先。而到了下一步，公司要做的就是充分发挥其品牌优势，继续扩大分销网络。“我们希望将安善做成全球性的模式，把安善的方式和工作方法在不同的国家之间进行推广”，Dirk 称。事实上，眼下已有不少小额贷款机构在亚洲和非洲地区模仿安善的模式，并小有成就。

随着时间的推移，安善尝试着将触角伸至不断开放的东南亚以及非洲市场，包括越南、柬埔寨等。这些分支机构成立伊始，安善十分注重成本控制，因此会向当地派驻经验丰富的运营人员。站稳脚跟后，公司便朝着比较正规的小额贷款银行的方向努力，同时会大量招收本地员工。事实证明，安善国际在这些地区的成长势头十分迅速。2009 年 2 月成立的尼日利亚分公司，1 年后便拥有了 12 个分支机构；2008 年 2 月成立的菲律宾分公司，2 年后便发展了 56 个分支机构。此外，安善在加纳、斯里兰卡和巴基斯坦分别成立了好几十家分支机构。

如今，这家小额贷款公司在孟加拉国拥有 3 300 多个业务部，1 000 多名员工，为广大的贫困人口提供贷款。除了活跃的孟加拉国市场，安善国际在全球还设有上千个分支机构，雇用了 3 万多名员工。在公司的理想状态中，安善应该在全球达到 4 000 多个分支机构的规模，公司的运营总部目前依旧在孟加拉国，但金融总部已经搬到了荷兰。安善国际的财务部门、合规部门、业务拓展部门和投资者关系部门均设在荷兰。

资料来源：黄锴．安善国际：掘金“金字塔底部”［N］．21 世纪经济报道，2012 - 02 - 01．

【案例导学】

从案例中可以看出，安善国际通过引进“福特模式”及其他快消业的经验，实现了小额贷款的经营模式创新，并取得了巨大成功。另外，安善国际通过制定标准化的流程，简化小额贷款的操作程序，并以规模化实现盈利，克服了小额贷款盈利难的问题。我国小额贷款服务机构可充分借鉴安善国际的成功经验，在结合我国实际情况的基础上发展壮大。本章将分别介绍国内、外微型金融服务机构的发展状况。

第一节　国外微型金融的服务机构

一、国外微型金融服务机构的发展历程

早在中世纪，一些国家就出现了各种形式的储蓄和贷款小组。1462 年，意大利产生了第一家官办的典当行以应对社会上的高利贷；1515 年，罗马教皇授权典当行的利率要覆盖运营成本；18 世纪 70 年代，“爱尔兰贷款基金系统”向没有抵押的贫困农户提供小额贷款，运营高峰时，每年给 20% 的爱尔兰家庭提供贷款；19 世纪 80 年代起，起源于德国的信用合作社运动在欧洲、北美快速发展，并在 20 世纪初在拉丁美洲得到本土化的发展。20 世纪 50 ~ 70年代，发展中国家纷纷建立政策性金融机构对农民进行贴息贷款。这些都是微型金融

服务机构的雏形。

实践证明，以政府贴息方式向农村人口提供金融服务的方式并不成功。自20世纪70年代以来，为破解政府主导性信贷政策失灵的困境，拉美和南亚的一些国家尝试开展了一系列以非政府组织（NGO）为主导的，专门针对农村低收入群体的贷款和储蓄服务项目。这些非政府组织包括1971年在哥伦比亚成立的带有宗教色彩的非营利组织“机遇国际”（Opportunity International），位于美国马萨诸塞州萨默维尔的提供小额金融服务的非营利组织“行动国际”（Action International），以及印度的妇女自雇联合银行（Self-employed Women's Association Bank）等。这些项目致力于为无法获得正规金融服务的金融弱势群体提供小额贷款，为他们提供一个自我创业并带动就业的机会，因其社会经济效益良好渐渐受到各国政府高度关注。从发展的角度看，小额贷款向低收入阶层提供资金，赋予贫困群体一个依靠自己的劳动创造财富的机会，这是其区别于其他扶贫方式的最大特点。但是，受传统补贴理论的影响，这些项目普遍要求低利率，无法覆盖成本，难以实现持续性发展，常需要依靠外部资金的不断注入维持其发展。

1976年，穆罕默德·尤努斯教授在孟加拉国创办格莱珉乡村银行（Grameen Bank，GB），致力于解决乡村贫困群体金融服务问题，成为微型金融发展的开端。

乡村银行项目的成功使得微型金融开始走进人们的视野并逐渐为正规金融机构，尤其是发展中国家的金融机构所接受。拉美和南亚的很多国家相继开始借鉴民间借贷的一些特点和现代管理经验，结合当地社会、经济条件不断地进行探索和实践，创新出多种微型金融模式。如20世纪80年代印度尼西亚人民银行（Bank Rakyat Indonesia，BRI）突破传统模式，将其村行部改造成为能够合理定价，按照商业化规则运作的微型金融机构，成功实现自身财务的可持续发展。它的成功运行，为解决农村贫困和金融供给的难题，提供了一种可能的借款人、微型金融机构和政府的“三赢”方案，即借款人、微型金融机构和政府都可以从中获益。

进入20世纪90年代，微型金融发展更为迅速，逐渐成为一种产业，商业化趋势明显，逐利资本进入微型金融行业，微型金融开始融入整个金融体系，微型金融服务机构也渐渐成为很多发展中国家金融机构体系中不可或缺的一部分。

二、国外微型金融服务机构的主要类型

许多不同类型的机构为微型金融客户提供金融服务，包括商业银行、专业的微型金融机构、非政府组织、信用社和协会等。微型金融服务提供者具有多种多样的类型，其中部分并非法人机构。通常意义上讲，微型金融服务机构主要分为以下几种类型：

（一）扶贫性小额信贷项目或非政府组织

扶贫性小额信贷项目是指为了某一特定目标如扶贫等，一些国际双边和多边组织针对目标群体发放小额信贷而成立的项目。一般来讲，项目结束，小额信贷活动就停止了。例如，1995年开始，联合国开发计划署（UNDP）和中国国际经济技术交流中心在我国17个省的48个县（市）推行以扶贫等为目标的小额信贷项目；开发计划署后来在天津和河南的部分城市开展了针对下岗职工的城市小额信贷项目。在我国国内较早开展和资助小额信贷项目的

机构包括多边捐赠机构，如联合国的机构，世界银行、国际农发基金等；双边援助机构，如加拿大发展援助署、澳大利亚发展援助署、欧盟等。

非政府组织（Non-government Organization，NGO），目前没有一个官方的定义，其实就是独立于政府体系之外的、不以营利为目的的志愿性组织。根据相关文献与学者对于非政府组织机构的研究，非政府组织主要具有以下几个特征：非政府性、非营利性、公益性、合法性和志愿性。非政府组织的小额信贷活动是其职能的一部分，有的以小额信贷项目为主，有的以其他活动为主而以小额信贷配合。据世界银行扶贫协商小组（CGAP）数据估计，目前依然约有9000个非政府组织小额信贷机构在全世界范围内提供金融服务（张蔷，2016）。

（二）不受监管的小额信贷机构

这类机构是指专门发放小额信贷的机构，既包括福利性质的小额信贷机构也包括商业性质的小额信贷机构。这类机构一般是以自有资金或者捐赠资金来发放小额信贷，并收取一定的手续费来维持运行和可持续发展。这类机构一般不属于金融机构，不受金融监管约束，有些非政府组织的小额信贷机构也归入此类。

（三）受部分监管的小额信贷公司

这类机构具有部分金融功能，可以称为有限牌照金融公司。其特征是不吸收公众存款，也称为非存款类放贷公司，如商业银行全资持有的贷款公司、金融消费类公司等。

（四）专业的微型金融银行

这类机构是以小额信贷为中心业务，同时也提供存款、汇兑等业务的银行类金融机构，是提供全面金融服务的小型银行，如孟加拉国的格莱珉乡村银行。

（五）商业银行或非银行金融机构的小额信贷业务线

这类机构主要是指全金融牌照的商业银行介入小额信贷业务的模式，但小额信贷仅仅是其业务的一个组成部分。具体表现为在银行内部建立起完善的相对独立的小额信贷业务体系，设立独立经营的小额信贷机构，或者与上述四类机构合作经营小额信贷业务，如印度尼西亚人民银行的乡村信贷部，国际社区援助基金会（FINCA）的村庄银行（Village Banks，VB）。

拓展阅读

微型金融投资的本土化探索

花旗微型金融2005年成立运作，但花旗集团对微型金融提供的支持迄今已有40年之久。即使从花旗为微型金融机构提供第一笔贷款开始算起，也已达28年。在众多分羹微型金融的大型金融机构中（其中不乏业界响亮的名字，如渣打、西联、VISA、汇丰），花旗有着独特的研究价值。

作为支持微型金融的最大型金融机构之一，截至2008年花旗通过花旗基金（The Citi Foundation）

已为250多个微型金融机构提供了超过6 000万美元的贷款支持，覆盖55个国家。但花旗并不希望把微型金融变为一种依靠西方慈善支持才能运作下去的不可持续的业务模式。

当各家微型金融机构为了避免同质化而追求日益利基化的业务模式时，作为这些机构背后的财政来源，大型金融机构亦在谋求可持续地资助这些机构，并将小额贷款的风险分散。这当然是可理解的——截至2006年，微型金融40亿美元规模的信贷供给中，仅30%是以所在国的本国货币提供。

花旗集团小额信贷部全球主管Bob Annibale透露，早在2002年，花旗便与其子公司、墨西哥的第二大银行墨西哥国民银行（Banamex）发行了价值2亿墨西哥比索（约合2 000万美元）的3年期债券。这是全球范围内第一次以比索发行可投资级债券为墨西哥小额信贷商业活动融资，债券亦被标准普尔和惠誉评为AA级（投资级别）。2004年，花旗通过旗下的出口担保融资集团（EAF），与墨西哥国民银行再次联手发行了价值5亿墨西哥比索（约合4 700万美元）的5年期债券。事实证明，花旗对微型金融结构性产品的创新能力是有市场基础的。这5亿墨西哥比索的债券在2005年进行第二次分券之时，获得了超过3倍的超额认购。

与此同时，面向墨西哥60万名农村自雇妇女的微型金融机构“合作金融（Financiera Compartamos）”，从这批成功发行的债券中获得了快速发展所需的融资。这也为从未直接切入微型金融的花旗集团，摸索出一条如何深化与发展中国家的微型金融机构之间合作的新道路。

在墨西哥大获成功之后，花旗集团在其他新兴市场复制了这种以本币结构性产品为微型金融机构融资的模式。一个例子是花旗在2005年与微型金融机构网络“ProCredit控股”合作，为后者发行了10年期的融资券。ProCredit其实是一个由19家活跃于非洲、拉美以及东欧的微型金融机构所组成的集合体，为个人以及小型企业提供小额贷款。此外，花旗亦在2005年与美国孟加拉乡村基金（Grameen Foundation USA，致力于将尤努斯开创的孟加拉乡村银行模式复制到全球各地）合作，发行了价值5 000万美元、得到个别捐赠信托支持的结构式产品，为全球各地的微型金融机构提供当地货币的信贷支持。

2006年，在花旗集团的牵头下，包括荷兰创业发展银行（FMO）、德国KFW银行集团在内的财团联手为全球最大的单国非政府组织孟加拉国农村促进委员会（BRAC）发行了一批价值1.8亿美元的6年期结构性债券，这笔债券的独特之处不仅在于其为以孟加拉国发行的本土货币债券，亦是全球首批被评级机构给予AAA-级别的微型金融应收票据。BRAC由此获得了继续为其超过500万客户（大部分为女性）提供金融服务的资本，该机构有65%的贷款投向了极端贫困者，他们每个人所申请的贷款额折合为50美元到100美元不等。Annibale对此评价称，花旗牵头的这笔结构性产品将成为今后微型金融证券化的标杆。

在秘鲁，为了支持微型金融机构网点的扩张，秘鲁花旗银行开创性地完成了针对微型金融机构的租赁协议，采用租赁结构将能容许后者更快地达成规模效应并更具效率地扩张网点。至此，花旗集团在2004~2006年对微型金融行业的介入，已经涵盖了面向机构、零售客户以及网点本身的银行业务。

同时，花旗在上述数年间收获的成果得以推动其至今保持在微型金融领域的领先地位。花旗于2010年与墨西哥国民银行合作建立了MIGROF，为因金融风险而令可借出资本大幅减少的拉美与加勒比国家的微型金融机构提供信贷支持，花旗在MIGROF中作出了200万美元的初始投资并作为后者的企业管治主要监察者。MIGROF的目标是至少在其出借的信贷中有35%以当地货币提供。

资料来源：花旗银行，21世纪经济报道，2011-09-23.

（六）P2P在线贷款平台

随着互联网技术的发展和普及，P2P（Person-to-Person）在线贷款涉入微型金融服务领域。其中，英国的Zopa、美国的Prospe，还有以“慈善型”投资为主的Kiva均是在线贷款领域较为成功的网站。P2P 在线贷款是一种以互联网为平台的融资模式，也是目前微型金融在网络时代的新趋势之一。在线贷款主要有以下特点：一是隐蔽性强，其组织方式非常灵活，会员无须面对面交流，仅需借助虚拟的网站即可实施开展借款活动；二是传播速度快，基于互联网实时通信软件及添加广告链接等形式，很短的时间内可将信息迅速传播；三是范围广，将需要借贷人群资金短缺的信息在网络公布后，容易引起广泛的关注度。与一般微型金融相比，在线贷款模式的交易更加快捷和便利。无疑，活跃的微型金融运作机制创新，对于实现微型产融的可持续发展，为低收入人群提供更为充分的金融服务，具有重要的作用。

根据是否扶贫和是否长期依赖补贴两个标准来判断，微型金融服务机构基本上分为两大类：福利主义和制度主义。前者基于较为传统的理念，即低收入人群应给予低利率贷款资金的补贴和扶持，也称输血式或政策性微型金融服务机构。后者则是主流观点，主张以商业化运作方式（保障自身的收入大于支出）提供信贷服务，也称为造血式微型金融服务机构。福利主义微型金融服务机构是传统的农村金融服务模式或此模式的变异，其规范的要求是贷款资金有效地直接借贷给低收入人群和弱势群体，但它不追求服务机构自身的可持续发展。制度主义微型金融服务机构是当今世界的主流流派，它要求实现两个目标：较大规模地、有效地服务于目标客户群体，以及服务机构自身在组织和财务上的可持续发展。制度性微型金融服务机构可再分为两个分支：公益性（或称非营利性）和商业性机构。公益性制度主义微型金融服务机构以低收入人群为目标客户。商业性制度主义微型金融服务机构则服务于更宽泛的目标群体，包括小微企业在内，而且以追求利润为主要或重要目标。概言之，微型金融服务机构基本分为三类：一是福利主义或称政策性微型金融服务机构；二是公益性制度主义微型金融服务机构；三是商业性微型金融服务机构。所有依赖外部贴息、补助和担保的微型金融服务机构可归类于福利主义机构。孟加拉乡村银行（Grameen Bank）是世界上历史最长、最杰出和规模最大的公益性制度主义微型金融服务机构。印度尼西亚人民银行的乡村信贷部（BRI-UD）、玻利维亚的团结互助银行（Banco Sol）等则是国际公认的商业性微型金融服务机构的代表。

三、国外微型金融服务机构的典型样板

（一）孟加拉乡村银行

孟加拉乡村银行是现代微型金融的先驱，公益性制度主义的微型金融服务机构的代表之一，对世界微型金融的发展有着特殊的贡献。

乡村银行创始人穆罕默德·尤努斯出生在孟加拉国吉大港，达卡大学毕业之后，于1965 年获得富布莱特奖学金的资助赴美国范德比特大学留学并获得经济学博士学位。1971 年孟加拉国独立后，尤努斯返回孟加拉国，先在政府计划委员会工作，后到吉大港大学担任经济学系主任。1974 年，孟加拉国爆发了大饥荒，成千上万的人因饥饿而死，尤努斯将研究重点转向现实中的贫困与饥荒，他倡导了一个名为“吉大港大学乡村开发规划”的项目，试图将大学研究和农村发展联系起来。在 1975 年和 1976 年的大部分时间里，尤努斯带领学生在吉大港大学附近的乔布拉村调研。在走访一些贫困家庭的过程中，尤努斯获悉一个 21 岁、有 3 个孩子的母亲苏菲亚，每天从高利贷者手中借 5 塔卡（约合 22 美分）用来购买竹

子编织竹凳，竹凳编好后只能卖给高利贷者算做还款，收购价则由高利贷者说了算，还掉贷款之后苏菲亚每天只剩 2 美分的收入。乔布拉村共有 42 个这样的人，他们共欠高利贷者 856 塔卡（约合 27 美元）。微薄的收入使这些村民陷入一种难以摆脱的贫困循环。

尤努斯在深入了解这些贫困者的境况后指出，这些村民的贫穷，并不是因为他们缺乏改变生活贫困的能力，更不是因为他们懒惰与愚昧，而是因为正式的金融体系忽视了低收入人群这一最需要信贷服务的群体，把他们排除在信贷体系之外，并用各种方式制造着他们接近正规信贷的障碍。而高利贷者，不但没有帮助这些村民摆脱贫困，反而使他们陷入一种更深的贫困泥潭而难以自拔。震惊之余，尤努斯决定从银行贷款，再借给那些因贫穷和无力提供贷款抵押而无法获得传统银行贷款的农妇，村民们组成 5 人一组的联保小组借款。尤努斯希望村民通过用贷款开办自己的小企业，从而免受高利贷的盘剥，并且通过自我创业的方式改变生活状况。

1977 年，在孟加拉农业银行的支持下，尤努斯建立了孟加拉农业银行“乡村”（Grameen）试验分行。1979 年，孟加拉中央银行同意开展乡村项目，开始由 7 家国有银行支行在坦盖尔地区进行试点，这一试点得到了福特基金会的支持。1982 年，在孟加拉中央银行和国际农业开发基金（IFAD）支持下，试点扩展到孟加拉国 5 个地区。1983 年，孟加拉国议会通过了《1983 年特别 Grameen 银行法令》，特许乡村银行独立在农村全面开展小额信贷业务。乡村银行改制成为具有独立法人机构地位的股份公司，但不必遵守公司法和相关金融制度的约束，其股份的 95% 由借款人持有，5% 属于孟加拉国政府所有。

此后，乡村银行逐渐发展成为遍布孟加拉国全国的金融机构和世界上规模最大、效益最好的微型金融机构之一。乡村银行的贷款总额在 1997 年仅为 19 万美元，而 2001 年，已经达到 27 832 万美元，2009 年末，乡村银行总资产达 148 亿美元。截至 2011 年 1 月，乡村银行共有 835 万名借款人，其中的 97% 是妇女。该银行拥有 2 565 家分支机构，在 81 377 个村庄开展业务，占孟加拉国村庄总数的 97% 还多。

受乡村银行所取得的成功的鼓舞，在 20 世纪 80 年代和 90 年代，乡村银行的理念扩展到马来西亚、菲律宾、印度、尼泊尔、越南、中国、拉丁美洲和非洲的发展中国家、东欧转型国家甚至美国、加拿大等发达国家。与此同时，一些国家或机构也在积极探寻、逐步创新微型金融模式，如玻利维亚的团结互助银行（BancoSol）、印度尼西亚的人民银行（BRI）、自治体信用机关（Badan Kredit Kecamatan，BKK）和村信用组织（BKD）、孟加拉国农村促进委员会（Bangladesh Rural Advanced Committee，BRAC），在肯尼亚、坦桑尼亚、马拉维和乌干达开展微型金融的骄傲非洲（Pride Africa），在拉丁美洲、加勒比地区和非洲地区开展微型金融的行动国际（Accion International），在东欧和俄罗斯开展微型金融的机遇国际（Opportunity International），活跃在拉丁美洲的国际社区援助基金会（FINCA）的村庄银行等。

（二）玻利维亚团结互助银行（Banco Sol）

Banco Sol 是非政府组织微型金融商业化运作的代表，也是商业性或制度主义（institutionalism）微型金融的代表。Banco Sol 是世界上第一家专门为微型企业服务的商业银行。

Banco Sol 的前身是由美国非政府组织行动国际和玻利维亚的一些商界领袖于 1986 年创办的非营利性组织——促进和发展微型企业（Promotion and Development of Microenterprises，PRODEM）。PRODEM 成立之前，行动国际在玻利维亚开展过一项对微型企业的金融服务需求状况的调查，调查结果显示，缺少资金渠道是玻利维亚微型企业发展的主要制约因素。因此，行动国际和美国国际开发署发起设立了 PRODEM，进行为微型企业提供贷款的微型金融试点。最初 PRODEM 的主要服务对象是城市地区的微型企业和自我雇佣者，采取团体贷款模式提供信贷服务和培训。PRODEM 的运作非常成功，到 1990 年已收回所有成本，1991 年底，PRODEM 的客户数达到 22 000 名，贷款余额为 450 万美元，拖欠率几乎为零。但是由于 PRODEM 是一个非政府组织，其资金主要来源于美国援助、玻利维亚社会应急基金以及社会捐赠，不能吸纳存款和获得商业性资金，因此不能向客户提供全方位的金融服务。资金成为其业务发展的主要制约因素。

1992 年，经玻利维亚银行和金融实体监管处的批准，PRODEM 另外成立了一家私人商业银行——Banco Sol，接管了 PRODEM 在城市地区的商业银行业务。PRODEM 拥有团结互助银行 60% 的股份，行动国际、Calmeadow 基金会和私人投资者拥有 40% 的股份。Banco Sol 具有全部银行业务的许可证，可以根据市场需求提供金融产品和金融服务，并成为第一家可以通过国际资本市场获得资金的小额信贷银行。

1998 年末，PRODEM 把持有的 35.4% 的 Banco Sol 的股份卖给英国的联邦发展公司（Commonwealth Development Corporation，CDC），从 Banco Sol 撤出。2000 年，PRODEM 申请到私人金融基金（private financial funds）的许可证，转化为合法的私人金融基金，业务重点转向农村。到 2006 年，PRODE 私人金融基金建立了 82 个分支机构，提供个人贷款和团体贷款、储蓄、国内和国际汇兑服务、人寿保险产品、外汇、服务支付、工资服务和现金垫款等服务。

在 Banco Sol 成功经验的基础上，玻利维亚颁布了《私人金融基金法》，符合条件的微型金融机构可以获得银行经营许可，这大大促进了玻利维亚微型金融机构的发展，大部分微型金融机构都实现了业务上的可持续性。

（三）印度尼西亚人民银行（BRI）

成立于 1895 年的印度尼西亚人民银行是印度尼西亚五大国有银行之一。1969 年，BRI 在全国建立了 3 624 个村级机构，执行政府“绿色革命”水稻集约耕种项目中的贴息贷款发放的政策性任务。虽然农业技术革命取得了成功，但是政府的贴息贷款政策却失败了，主要的问题是贷款对象偏离和回收率极低。BRI 的村级机构亏损严重，从 1973 ~ 1984 年，几乎年年亏损。到 1984 年，年亏损总额已达到 2 500 亿印尼盾，累计亏损达到 7 500 亿印尼盾。为了改变这种局面，BRI 将村级机构改革为提供完全金融服务的农村银行，接受中央银行和金融发展监督委员会的监管。1984 年 BRI 在内部建立乡村信贷部（Unit Desas of BRI，BRI-UD），乡村信贷部的核心业务是根据客户的需求发放小额贷款并吸收自愿储蓄。在此过程中，乡村信贷部非常强调财务的可持续性。在 1983 年以前，政府继续提供 BRI 乡村信贷部贷款资金，但是利率相对较高，目的是鼓励 BRI 乡村信贷部吸收储蓄。1984 年，BRI 引入普通农业贷款（KU-PEDES）；1986 年，BRI 为乡村信贷部设计了储蓄产品农村储蓄（SIM PEDES），为当地居民提供存款服务。

改革之后的 BRI 乡村信贷部业务量迅速扩大，利润不断增加，仅用 3 年时间就实现了营业收支平衡，5 年后开始盈利，迅速摆脱了政府补贴，并保持了较高的贷款回收率。1984 年，BRI 存款客户数量为 400 多万户，2006 年增加到 3 000 多万户，1987 年贷款客户数为

130 万户，2006 年增加到近 350 万户。乡村信贷部成为 BRI 内部盈利最为稳定的部门，即使在 1997 年亚洲金融危机中，乡村信贷部也保持了较高的利润水平。2004 年，BRI 拥有 4 046 个乡村信贷部，向 125 000 个农户小组的 120 万农户发放了贷款，其中 96% 的乡村信贷部盈利。2006 年 BRI 乡村信贷部发放的贷款只占 BRI 总贷款的 15%，却创造了大部分的利润。2003 年 11 月，BRI 在印度尼西亚上市并同时在美国证券柜台交易市场（OTC）挂牌交易。

BRI 将商业银行业务和扶助中低收入农户结合起来，成为世界最大和最具盈利能力的、可持续发展的微型金融机构之一，BRI-UD 模式成为制度主义微型金融的典范。

（四）国际社区援助基金会（FINCA）的村银行（Village Banks，VB）

“村银行”模式是 20 世纪 80 年代国际社区援助基金会在南美开创的一种提供小额信贷的组织形式，它是一个以村和社区为基础的贷款和储蓄协会，其目的是为农村地区提供金融服务，现在已经扩展到非洲和亚洲国家。在村银行模式中，资金由信用机构贷给 25 ~ 30 人组成的村银行，然后村银行再贷给它的成员，村银行模式实质上是小组规模较大的团体贷款模式的翻版。

1984 年，经济学家和国际发展专家 John Hatch 在美国开发署援助的一个玻利维亚项目工作过程中，开始酝酿一个向贫困人口贷款的项目。在这一项目中，农户以村庄为基础组成互助小组，以自己的方式集体分配资金、投资和回收资金。John 把这些村民互助小组叫做“Village Banks”。很快这一项目就为 14 000 个家庭提供了 63 万美元的贷款。1985 年，John 创立了 FINCA，在萨尔瓦多的村银行项目中，FINCA 第一次把从事小买卖的低收入妇女作为对象，发放贷款帮助她们通过自己经营创收来摆脱贫困。结果表明，这些妇女的孩子的医疗卫生、健康和教育等状况得到了明显改善，并且由于这些妇女互相扶持，其整体状况也得到了改善。

受此鼓舞，1989 年，FINCA 先后在墨西哥、洪都拉斯、危地马拉和海地开展了村银行项目。1991 ~ 1994 年，FINCA 扩展到非洲的乌干达、马拉维、坦桑尼亚、赞比亚、刚果民主共和国，在 1994 年末，FINCA 村银行覆盖了 5 万多个家庭。1995 年，FINCA 开始在吉尔吉斯斯坦开展项目，并于 1998 年扩展到格鲁吉亚和阿尔巴尼亚，1999 年扩展到阿塞拜疆、亚美尼亚、俄罗斯和科索沃地区，2003 年扩展到塔吉克斯坦，根据这些工业化地区人口的贷款需求，FINCA 在这些地区主要实行个人货款。之后，FINCA 向中东发展，2003 年在阿富汗、2008 年在约旦开展项目，2008 年 12 月，英国 FINCA 成立，2009 年 11 月，加拿大 FINCA 成立，2010 年 FINCA 成立 25 周年的时候，网络已经遍及五大洲。

从 2000 年左右开始，FINCA 提供多样化的金融产品，乌干达的 FINCA 开始将低成本的人寿保险与小额贷款结合在一起。在借款人死亡的时候，人寿保险被用来偿还贷款，余额支付给受益人，这一产品逐渐扩展到非洲和拉丁美洲其他国家。FINCA 与乌干达最大的电信公司 MTN、Grammen 通信技术中心合作，向乌干达村民提供移动电话支付服务，以及开展太阳能家庭系统贷款。在马拉维，FINCA 和比尔与梅琳达盖茨基金会、约翰 · 霍普金森大学彭博公共卫生学院交流中心一起在村银行展开艾滋病预防教育；在美洲地区，FINCA 与 VISA 合作，墨西哥的村银行成员可以用借记卡还款。1997 年吉尔吉斯斯坦 FINCA 获得了正式的营业执照，转化为可以吸收存款的 FINCA 小额贷款公司，成为该地区第一个为低收入者提供服务的正规金融机构。2004 年以后，厄瓜多尔 FINCA、乌干达 FINCA、刚果民主共和国 FINCA 和赞比亚 FINCA 也获得了吸收存款的许可。

到 2005 年，FINCA 的村银行模式在覆盖贫困群体和可持续性方面均取得了不俗的成绩，其贷款余额达到 1 亿美元，21 个项目中的 13 个实现了操作可持续性——收入覆盖了成本。一些独立的评估机构，如 Worth Magazine、美国慈善失业研究所（American Institute of Philanthropy）、慈善导航（Charity Navigator）均给予 FINCA 微型金融事业很高的评价。FINCA 和乡村银行、印度尼西亚人民银行一样，成为国际微型金融业的一面旗帜。

分析案例

Kiva：让贷款真实可见

乌干达的格蕾丝是四个孩子的母亲，她的丈夫在战乱中丧生。为了养家糊口，她开始制售花生酱。然而，由于使用的是旧的工具和生产方式，她制作花生酱的速度很慢，也无法赚足够的钱养活全家。格蕾丝认为她可以做得更好。她想制作更多花生酱，但苦于没有冰箱无法长期保存。于是她从 Kiva 那儿借到了资金，不仅购买了冰箱，还买了包装材料和更多制作花生酱的原料。如此一来，她的生意逐渐扩大，顾客也越来越多。如今，格雷丝已经攒钱买下了一小块地，正计划从 Kiva 申请贷款为孩子们建一所房子。

Kiva 是一家 P2P（个人对个人）的小额信贷网站，专门为全球各地的低收入人群募集资金。创始人马特·弗兰纳里建立的这个网络平台，把需要资金的人和有空闲资金的人联系在一起。放款人可以在网站上看到贷款申请者的信息，自主选择借贷金额，甚至可以少至 25 美元。之后，放贷人可以通过 eBay 将款项转给借款人。这种模式为贫困地区的那些只需要小额资金就能启动的创业者，提供了广阔的贷款来源。某种程度上，这种在线贷款不过是电子支付浪潮中的一个极小的分支，但在慈善领域，P2P 网络贷款的成本足够低，双方信息的对接也足够高效与透明。这种类似自由市场的筛选，使 Kiva 成为一个经济有效的长尾慈善平台。

Kiva 的 P2P 跨境小额贷款，其实是通过与世界各地的小额贷款机构合作来完成的。首先，各个小额贷款机构通过走访等形式获得借款人的基本信息，并将其公布在 Kiva 的网站上。放款人可以了解申请者的个人信息、生意类型、贷款目的等详细信息，自主选择贷款人。这些申请者需要的金额从 75 美元至 1 000 美元不等。网站则模仿网上商店的做法，根据偿还前期贷款的情况、经营时间和贷款总金额等数据，将申请者分级。

当放款人选择完放贷对象，将资金通过电子支付转移给 Kiva 后，Kiva 会把这笔钱以免息或极低的利息借给相应的小额信贷机构，这些机构再在此基础上加一定的利息，将资金借给需要借贷的低收入人群。

据悉，Kiva 网站上公布的贷款申请有固定的还款期限，一般是 12 ~ 18 个月。当放贷者收到返还的资金后，他们可以选择收回资金或继续放贷。整个借贷过程的运营成本不超过贷款金额的 8%。在借出与收回资金间的周期内，Kiva 会随时跟踪贷款使用情况，并在网上和定期刊物上公布。放款人可以通过网站的更新信息了解借款人的进展，包括买卖的发展如何，生活是否得到改善等。这些故事不仅能激励受助人，也激发了更多普通人参与贷款。这种让放款人与借款人直接打交道的方式，不仅拓宽了资金的来源，也让放款人从选择的自由中感受到了个性化的意义，让受助者感受到了社群和社会的支持，而不仅仅是账面上的一串数字。

毕竟，这些贫困的借款人没有抵押物，难以获得担保，唯有信用和承诺。通过小额信贷，他们同样感受到了信任和尊重。此外，许多小额信贷机构和NGO开始以下次享有更低利息的贷款作为激励，让借款人以名誉作为担保，来保证还贷率。以乌干达境内的一个教堂为例，牧师对周围的民众十分熟悉，了解有3/4的人都在做小买卖，于是他将资金贷给这些需要的人，当这些人将款项还清后，这些资金又可以继续借给其他低收入人群。据悉，这些借款人的信用度非常高，平均还贷比例达到了95%。受此影响，许多普通人发现凭借自身的绵薄之力也能成为小型的“世界银行”，向全世界范围内的低收入人群提供帮助，而不必非得是亿万富翁。

Kiva的资金来自有“闲钱”的个人，这些人愿意以从事慈善事业的心态去提供资金，因此更看重精神上的回报，而非经济回报。另外，Kiva得到了部分捐助，本身的运营成本也不高。这些因素支撑着Kiva稳健运营，不断从各个渠道获得资金，再将其贷给世界各地的人们。

资料来源：作者黄锴，21世纪经济报道，2011-10-22.

请分析：Kiva的运行模式可持续吗？为什么？

第二节 我国微型金融的服务机构

微型金融在中国的发展历程已有30多年。早在改革开放初期，就有一些国外非政府机构在我国云南、贵州、青海进行小额信贷项目的试验，这个过程一直延续到1997年亚洲金融危机爆发为止。我国的微型金融实践最早出现在1993年底，中国社会科学院农村发展研究所在孟加拉乡村银行信托投资公司和福特基金会的资金和技术支持下，在河北易县组建了我国第一个由非政府组织操作的专业化小额贷款机构——易县信贷扶贫合作社（简称扶贫社），标志着我国微型金融正式运作的开端。

1999年中国人民银行专门出台文件，明确由国家正规金融机构承担对小微企业、农民个体户等微型主体的相关贷款，主要是两个贷款项目：一是个人信用贷款，二是联保贷款。其中主要以农村信用社为主，中国农业发展银行也有一部分，但是比重很少。国家正规金融机构开始介入微型金融，这具有特殊意义。

2004年，我国正式提出要积极培育和发展小额信贷，2005年进一步提出要发展小额信贷机构。2005年12月国内五省7家小额贷款公司成立，标志着比较符合微型金融概念的小微金融机构正式出现。2006年12月，银监会批准成立农村金融的“新三类”，即村镇银行、贷款公司、农村资金互助社，这些都属于较为正规的小微金融机构。

随后，各类商业银行纷纷涉足微型金融，像农业银行、民生银行、招商银行等专门成立了农村金融事业部或者微型金融业务线，还有一些商业银行单独出资或者合股成立村镇银行，这些都是带有银行牌照的微型金融机构。

近年来，一些互联网金融机构开始成为微型金融的生力军。

一、微型金融的一般服务机构

（一）农村信用合作社与农村商业银行

信用合作社简称信用社，是指由个人集资联合组成，以互助为主要宗旨的合作金融组织。其基本的经营目标是以简便的手续和较低的利率，向社员提供信贷服务，帮助经济力量薄弱的个人解决资金困难，以免遭高利贷盘剥。社员入社和退社实行自愿原则，每个社员都应提供一定限额的股金并承担相应的责任。信用社实行民主管理，社员具有平等的权利，每位社员只有一票投票权。信用合作社的盈利主要用来增进社员福利。这类金融机构一般规模不大，按照地域的不同，一般可分为农村信用合作社和城市信用合作社。

农村信用合作社是我国金融体系的重要组成部分，是目前主要的合作金融组织形式。一直以来，农村信用社是农村金融的主力军。新中国成立初期到1958年前，是新中国农村信用社普遍建立和发展的时期。这段时期，中央政府为了尽快把农民和农村经济引向社会主义道路，在农村推行合作化运动，生产合作社、供销合作社和信用合作社都得到了迅速发展。到1953年底，全国各地的合作金融组织达到20 067个。从1958年开始到1978年党的十一届三中全会前，是农村信用社历经波折的时期，从十一届三中全会到1984年，是农村信用社恢复和发展的时期，国家决定把农村信用社交给中国农业银行管理。在中国农业银行的领导和管理下，农村信用社重新得到恢复和发展，但离合作金融组织的特性越来越远。

1996年8月国务院下发了《国务院关于农村金融体制改革的决定》，改革农村信用社管理体制，农村信用社与农业银行脱钩，尝试走向合作办社的道路。2000年7月开始，江苏省农村信用社作为改革试点，在以县（市）为单位统一法人、试办农村商业银行以及省级联社等方面进行了有益探索。1999~2000年，全国还试点组建了65家市（地）联社、6家省级联社和5家省级信用合作协会。2003年上半年，又试点组建了浙江鄞州农村合作银行。

2003年8月，根据《国务院关于印发深化农村信用社改革试点方案的通知》精神，浙江、山东、江西、贵州、吉林、重庆、陕西、江苏8个试点省（市）的深化农村信用社改革工作迅速展开。2005年开始，有的地方已把农村信用合作社改制为农村商业银行。

农村合作银行是在遵循合作制原则基础上，吸收股份制的原则和做法而构建的一种新的银行组织形式，是实行股份合作制的社区性地方金融机构。农村商业银行简称农商银行，是由辖内农民、农村工商户、企业法人和其他经济组织共同入股组成的股份制的地方性金融机构。农村信用社是最初服务于农业生产和农村发展的农村金融机构，农村合作银行和农村商业银行是农村金融体制改革的产物，2005年以后农村商业银行成为农村信用社改革的方向，农村合作银行不再组建。

农村信用社、农村合作银行和农村商业银行是我国农村金融机构的三种形态，也可以说是农村信用社向银行转化的三个阶段的形态。三者均以服务“三农”、支持中小微企业和县域经济发展为宗旨，提供各具地方特色的微型金融服务。截至2015年底，全国共有农村商业银行859家，农村合作银行71家，农村信用社1 373家。

拓展阅读

德庆联社积极推广扶贫小额贷款，实施金融精准扶贫

为有效落实金融精准扶贫要求，积极履行社会责任，广东德庆信用联社积极推广扶贫小额贷款，进一步满足扶贫对象的有效信贷需求，充分发挥金融助推脱贫攻坚的作用。

为提高金融扶贫精准度，德庆联社积极展开市场调研，主动联络县政府扶贫部门，进一步及时掌握建档立卡贫困户名单、扶贫开发项目等信息，明确贷款主要特点：一是贷款对象“专一”，必须是在县扶贫办建档立卡的扶贫对象；二是贷款用途“专项”，主要用于发展家庭种养殖业、家庭简单加工业等生产经营项目；三是贷款方式“灵活”，一般采用信用发放，一次授信，随用随贷，随时归还，循环使用；四是贷款利率“优惠”，经县扶贫办、财政部门审核通过的贷款对象，可享受财政全额贴息，而经上述部门审核未通过的贷款对象则按贷款基准利率执行。

截至2017年5月末，德庆联社共发放扶贫小额贷款46笔，总金额为80万元，其中财政全额贴息的扶贫小额贷款有2笔，共2万元。今后，德庆联社将继续加大扶贫小额贷款的推广力度，不断加快金融产品和服务创新，以金融支持更多扶贫对象走上创业致富的道路。

资料来源：http：//www. gdrcu. com/portal/zh_CN/xncjs/4543. html

（二）邮政储蓄银行

邮政储蓄是指与人民生活有紧密联系的邮政机构，在办理各类邮件投递和汇兑等业务的同时，办理以个人为主要对象的储蓄存款业务。世界上，邮政机构办理储蓄已有几百年的历史，大多数较发达国家几乎都有邮政储蓄。

我国的邮政储蓄历史可以追溯到1919年开办的邮政储金业务和专设的邮政储金局。新中国成立后曾一度停办。1986年2月我国重新开办邮政储蓄业务，在邮政总局下设邮政储汇局。随着金融体制改革的不断深化，2007年3月，中国邮政储蓄机构改组为中国邮政储蓄银行，确定了服务社区、服务中小企业、服务“三农”的大型零售银行战略定位。10年来，邮储银行结合中国经济和社会发展需要，坚持差异化的发展策略，已经发展成为中国领先的大型零售银行，并于2016年9月28日在香港成功上市。

目前，中国邮储银行拥有营业网点近4万个，打造了包括网上银行、手机银行、电话银行、电视银行、微博银行、微信银行和易信银行在内的电子金融服务网络，服务触角遍及广袤城乡，服务个人客户超过5亿人。

二、新型微型金融的服务机构

（一）村镇银行

村镇银行是指经中国银行业监督管理委员会依据有关法律、法规批准，由境内外金融机构、境内非金融机构企业法人、境内自然人出资，在农村地区设立的主要为当地农民、农业和农村经济发展提供金融服务的银行业金融机构。

村镇银行不同于一般商业银行的分支机构，属一级法人机构，其具备贷款服务功能的营业网点只能设在县（市）或县（市）以下的乡（镇）和行政村。根据《村镇银行管理暂行规定》，在地（市）设立的村镇银行，其注册资本不低于人民币 5 000 万元；在县（市）设立的村镇银行，其注册资本不得低于 300 万元人民币；在乡（镇）设立的村镇银行，其注册资本不得低于 100 万元人民币。

村镇银行采用“发起人制度”，即银监会规定，必须有一家符合监管条件，管理规范、经营效益好的商业银行作为主要发起银行，并且单一金融机构的股东持股比例不得低于 20%。此外，单一非金融机构企业法人及其关联方持股比例不得超过 10%。为了鼓励民间资本投资村镇银行，原银监会于 2012 年 5 月出台《关于鼓励和引导民间资本进入银行业的实施意见》，将主发起行的最低持股比例降至 15%，进一步促进了村镇银行多元化的产权结构。

村镇银行的市场定位：一是满足农户的小额贷款需求；二是服务当地中小型企业。村镇银行不得发放异地贷款，在缴纳存款准备金后其可用资金应全部投入当地农村发展建设，然后才可将富余资金投入其他方面。

2006 年 12 月，原银监会在湖北、四川、吉林等 6 个省（区）的农村地区设立村镇银行试点。2007 年当年，新设立村镇银行 19 家。截至 2015 年底，全国共有村镇银行 1 311 家。

拓展阅读

汇丰村镇银行

汇丰村镇银行是汇丰集团在中国整体发展战略中的重要组成部分，汇丰致力于将国际经验带入中国农村地区，发展专业的、可持续的农村金融模式。

2007 年 12 月，湖北随州曾都汇丰村镇银行正式开业，汇丰成为首家进入中国内地农村市场的外资银行。截至目前，汇丰已在中国内地湖北、重庆、福建、北京、广东、大连、湖南和山东等 8 个省市和地区设立了 12 家村镇银行，及其下属的 14 家支行，共 26 个服务网点，拥有目前国内最大的外资村镇银行网络。每一家汇丰村镇银行都是香港上海汇丰银行的全资子公司。

汇丰村镇银行致力于服务“三农”，为所在地区的客户群体提供全方位的产品和服务，以实现在广阔的中国农村市场可持续发展和长期盈利的目标。为真正将服务“三农”落到实处，帮助客户解决融资难的问题，汇丰从农村市场的实际出发，对区域内的客户群体进行研究细分，针对每类客户的金融需求量身定制差异化的产品和服务。

汇丰村镇银行的服务和产品针对本地“三农”和县域经济的特点而设计，探索因地制宜的汇丰模式服务客户群体。例如，针对中小微客户的价值链融资模式、灵活多样的抵押担保方式，针对农户和个体工商户的无抵押小额贷款等，并设立中小微业务部门和零售业务部门服务相应客户。汇丰村镇银行的贷款产品与服务包括中小微企业贷款、公司 + 农户/中间商贷款、合作社社员联保贷款、个人无抵押小额贷款、个人经营性抵押贷款、个人住房按揭贷款等。

资料来源：http：//www. hsbc. com. cn/1/2/ruralbank/about_us

（二）小额贷款公司

小额贷款公司是由自然人、企业法人与其他社会组织投资设立，不吸收公众存款，经营小额贷款业务的有限责任公司或股份有限公司。与银行相比，小额贷款公司更为便捷、迅速，适合中小企业、个体工商户的资金需求；与民间借贷相比，小额贷款更加规范、贷款利息可双方协商。截至2017年3月末，全国共有小额贷款公司8 665家，直接从业人员数109 078人，实收资本8 234亿元，贷款余额9 377亿元。小贷公司为上千万小微企业、个体工商户、农户和个人提供贷款服务，已成为我国传统金融供给的有效补充和普惠金融体系的一支重要生力军。

自2017年3月18日至6月2日，中国小额贷款公司协会组织国内外专家团队奔赴全国18个省市自治区、46个区县及乡镇、行程约36 000公里，对2016年推选出的213家“全国优秀小额贷款公司”中的26家“全国优秀商业模式”小贷公司进行了考察调研，发现26家优秀小贷公司商业模式都不一样，特点都非常鲜明，但大体可分为两大类：一类是县域服务“三农”类，占大多数。其中，包括东方惠民小贷的“类孟加拉乡村银行”模式、惠信小贷的“泡+养”模式、福星小贷的“客户定制”模式、日升隆小贷的“商业性普惠”模式等16种商业模式。另一类是城镇服务小微企业类，包括东方邦信的“集团化连锁经营”模式、瀚华信贷的“集团化信贷工厂”模式和海尔云贷的“科技+产业链金融”模式等10种商业模式，基本符合国家试点初期倡导的小贷公司坚持小额、分散和服务小微、“三农”的方向和目标走向。

拓展阅读

平遥日升隆：“微贷”模式开启普惠金融新探索

郭金根原来是山西省平遥县推光漆器厂的一名下岗职工，1995年从企业离开后，学得一门手艺的他就开始自己创业，与妻子一道生产起了手工推光漆器。这也是平遥的传统工艺品，其中的首饰盒古朴幽雅。“外观成像好不好，全靠画师。”因为手艺精湛，制作精良，郭金根生产的首饰盒很受客户青睐。

不过创业并非一帆风顺，从买原料到打磨、上漆，做成产品需要两三个月，为了备货缺乏流动资金是常有的事。每当此时，郭金根总是熟门熟路地找到平遥日升隆小额贷款公司，寻求资金支持。

作为全国第一家成立的商业小额贷款公司，平遥日升隆小额贷款公司自2005年12月成立以来，在大浪淘沙的小贷行业里经营依然稳健，历经十多年探索出的“微贷”模式，不仅滋润了本土小微企业，也吸引着各地的同行前来“取经”。

当前的经济下行对平遥日升隆有影响，但不大，贷款不良率控制在1%左右。公司之所以未受太大冲击，是因为坚持了做“微贷”的初衷。一组数据印证了平遥日升隆在“微贷”领域的深耕。截至2015年底，累计发放贷款29.6亿元，支持小微客户1.5万户，户均贷款控制在15万元左右。

平遥日升隆的客户主要是“三农”领域的小微企业，包括个体工商户、种养殖户、运输户等，这类零散客户普遍有着资金需求，但因缺乏正规的财务和信用报告，或者还未与银行发生信贷关系，因而无法从正规银行获得贷款，但却成为小额贷款公司开拓市场的“蓝海”。

为了破解信息不对称，平遥日升隆“微贷”在内控和风险管理上建立了规范严格的制度流程。公司看重的是借款人的第一还款来源，因此对借款人的考查比较细致，重点在资金、人品和盈利能力，对企业生产和进销货项进行细细核算，把企业主的底子弄清楚，掌握真实情况和真实数据。除此之外，平遥日升隆还于2008年与德国技术公司（GTZ）合作，翻译运用了世界粮油组织开发的先进IT系统——微型银行金融家，并共同研发了人力资源、激励考核体系、规范内部操作制度及贷款流程、控制风险管理系统、财务报告系统以及信息管理系统。

平遥日升隆的每笔信贷规模始终控制在小微，不仅灵活分散，而且便捷高效，信用良好的客户从提起申请到拿到贷款最长不超过3个工作日，在县域微贷市场显示出生命力。

段村镇七洞村养殖户冀宝羊就是在小贷的支持下走上了致富路。早在2006年他就从平遥日升隆贷款3万元，今年继续贷款5万元。从最初的几只散养猪，到如今能圈养200头猪的猪舍，他的养殖规模越来越大，还有20头能繁母猪自繁自养。富裕后的他还花20多万元盖起了新房，电脑、冰箱、洗衣机等家电一应俱全。在对平遥日升隆的感激之余，他感觉到，小贷给他的最大帮助是，期限灵活，可以随贷随还。“有时猪价低时不舍得卖，就靠贷款撑一下，等价格高时再卖。”

在平遥古城开家庭旅馆的王伟则说，相对于许多银行的贷款门槛高、手续繁多，灵活快捷的小贷，屡屡解了他的燃眉之急。

不仅如此，平遥日升隆还在公益性项目上进行探索，推出了“医保贷”产品。“这一产品主要是针对那些长期大病的农村客户，客户贷款后用于交医药费，相当于押金，当报销完毕后再直接从医保卡将还款划到公司。”目前办理“医保贷”的农户已有70多户。

平遥日升隆自诞生之日起，就扎根于小微企业沃土，在服务草根经济体的同时，自身也得到了长足发展，并在拓宽资金来源渠道上进行了多项尝试。目前公司的注册资本金为1.2亿元，2011年从国家开发银行获得贷款支持4 000万元，2014年在天津股权交易中心备案，发行了私募债。

相对于P2P等互联网金融平台，小贷公司经营规范且纳入监管，在缓解小微企业融资难上发挥了一定作用，但仍存在一些制约公司乃至整个行业发展的因素。比如，小额贷款公司融资渠道狭窄；在涉农贷款补贴以及税收等方面，不能享受同农信社、融资性担保公司相同的优惠政策等。

资料来源：作者李文龙和张惠智，金融时报，2016-05-13.

（三）农村资金互助社

农村资金互助社是指经银行业监督管理机构批准，由乡（镇）、行政村农民和农村小企业自愿入股组成，为社员提供存款、贷款、结算等业务的社区互助性银行业金融机构。作为合作性新型农村金融机构，农村资金互助社有如下特征：

第一，民主管理的原则。资金互助组织的管理民主首先体现在股权结构上，即资金互助组织的发起人不得低于10人，单个户口人数出资总额所占股权比例不得超过该组织资本总额的10%。其次体现在治理结构上，资金互助组织应该按照章程要求设立社员（代表）大会、理事会、监事会等机构，聘请符合要求的经营管理团队，既确保民主管理和民主监督，又能保持经营的专业性和灵活性。最后是要严格遵守《会计法》，建立规范的财务制度。

第二，社员制原则。农民资金互助组织遵循社员内部信用交易原则，不对外非社员吸储放贷。

第三，盈余返还的原则。农民资金互助组织吸收社员存款、给付利息，应该参照市场存款利率标准，作为融入资金的成本；同时，按照合作制的要求，经营盈余在提取法定准备金后，股金分配红利最高不得超过所分配盈余的50%，剩余应按存（贷）款交易量进行二次返还。不承诺固定回报。

第四，社区制原则。农民资金互助组业务活动、服务范围严格限定在所在的社区（街道、镇、乡或行政村）内。

农村资金互助社的发展大致可划分为三个阶段：

一是探索阶段（2004~2006年）。2003年农村信用社开始放弃合作制金融向商业性金融转制。2004 年 7 月，梨树县闫家村 8 户农民成立了农民资金互助合作社。随之各地自发性的农民资金互助合作社开始萌动。2005 年国务院《关于 2005 年经济体制改革意见》明确提出了"探索发展新的农村合作金融组织"。2006 年中央 1 号文件要求："引导农户发展资金互助组织"。2006 年底原银监会调整放宽农村地区银行机构准入政策，将农村资金互助社列为新型农村银行金融机构。

二是正规化发展阶段（2007～2011 年）。2007 年 3 月，吉林梨树百信资金互助社得到第一张资金互助社的金融许可证。之后各地资金互助社在《农村资金互助社管理暂行规定》及其示范章程的引导下，开始"千军万马挤独木桥"的正规化努力。经过 5 年的努力，最终只有 49 家农村资金互助社得到金融许可证。

三是合作社培育资金互助阶段（2012 年至今）。伴随 2012 年银监会暂缓审批农村资金互助社牌照，正规化的大门关闭了，但各项政策仍在引导各地的合作社培育发展资金互助。如 2008 年党的十七届三中全会决定，"允许有条件的农民专业合作社开展信用合作"。2013 年党的十八届三中全会决议进一步简化为"允许合作社开展信用合作"，大大开放了合作社基础上开展资金互助的政策空间。2014 年中央 1 号文件更加指明"在管理民主、运行规范、带动力强的农民合作社和供销合作社基础上，培育发展农村合作金融……推动社区性农民资金互助组织发展"。农民合作社和供销合作社，成为开展资金互助的组织基础。在此基础上，全国各地的资金互助社遍地开花，但也存在鱼龙混杂和浑水摸鱼的现象。各类市场主体假借合作社名义或以合作社组织形式进入农村市场吸收公众存款或诈骗集资，不仅扰乱了金融市场秩序，造成人民财产的重大损失，同时合作社依法开展信用合作也被抹黑，严重破坏了市场生态环境。如何规范发展资金互助，成为当前政策和实践的难题。

拓展阅读

农村资金互助社存贷灵活真给力

初冬时节，走在讷河田间村头，满眼是丰收景象，堆成小山似的金灿灿的玉米、黄豆和农民的笑脸交相辉映。

农民们都说，今年能有个好收入，除了人努力、天帮忙之外，还有银行贷款的帮助。据悉，截至目前，今年讷河市涉农贷款资金 115 亿元。讷河市金融工作办公室主任苑中喜介绍，讷河市除了扩大信用社、银行等对农民贷款的额度外，今年还创新发展了农民自己的银行——讷河市新农合农村资金互助社。这个互助社，主要为农民提供存款、贷款、结算等业务。本地农民拿 100 元就可入社，上不封顶。入社的农户可享受利息收益外的股金分红，还可享受到低息种植业贷款。到目前为止，互助社注册资金增至 1 000 万元，已经吸收农户 762 户，吸收农户存款 2 018 万元。

虽然互助社业务刚刚起步，但到目前为止，已给 201 户入社农民贷款 2 096 万元，帮助农民增收增效。

10 月 25 日，记者在九井乡三合村红升牧业合作社内看到，新建的烘干塔正在轰轰作响，院内场地上到处是金灿灿的玉米。与烘干塔相距 1 公里之外的十几个蓝棚白墙猪舍内，3 000 多仔母猪个个体壮膘肥。准备出栏的 30 多头猪至少都有二三百斤。理事长张桂新正在指挥运粮车辆，张桂新忙里偷闲指着合作社门前一大片玉米地说，今年 3 000 亩玉米，亩产平均一千四五百斤，而且质量上乘。

今年年初，张桂新多承包了 1 000 多亩地，资金周转不开了，于是用烘干塔和土地经营权抵押从合作社贷了20万元，解决了这1 000多亩地的农资问题。“今年，我这1 000多亩玉米地至少增收25万元以上。咱农民有了自己的银行，真带劲儿!”张桂新笑着说，今年种植业和畜牧加起来一年纯收入在百万元左右。

张桂新新建的烘干塔和原来的烘干塔从10月中旬就开始24小时作业了。前几天，又花了80多万元购买了大型农机具，准备明年继续扩大种植面积。“希望合作社能多给一些贷款支持。”

学田镇明星村种植大户刘纪元家的院里堆满了新粮。满身灰尘忙着烘干玉米的刘纪元高兴地说，今年纯收入10多万元没有问题。他说，今年能有这个收入，多亏了新农合农村资金互助社的10万元贷款。

今春，刘纪元多包了100亩地，原本想贷一部分款、加上自己和亲属的资金，也就够了，没想到资金出了问题，信用社只能贷款5万元。正当老刘愁眉不展的时候，想起了互助社。互助社实地考察后，用土地经营权作为抵押，给刘纪元贷了10万元，利息月利1.08%，解决了资金难题。

互助社经理刘洋说，互助社今年只吸收学田镇、孔国乡和九井镇三个乡镇部分村屯的农民入社。入社后的农民，只要两户连保，抵押土地经营权就可以贷款。延贷时间可根据实际情况灵活处理。“比如，借贷是7个月，如果超过还贷期，互助社不收取滞纳金，只是按月收取借贷时同样的利息。”

刘纪元告诉记者，过去从信用社或者银行一般只能贷款5万元左右，不仅需要五户联保，而且临近还贷日期，就不断接到电话催还贷款。有时怕影响下一年的借贷信誉，即使粮价低，也只好卖掉还贷。刘纪元还贷日期是11月份，他想等待粮价高一些的时候再出售，晚几天还贷，互助社已经同意了。

讷河神禾玉米合作社法人代表刘明明带50万元入股，今春合作社从互助社贷款100万元。刘明明说，有了这个互助社的资金支持，今年合作社的效益更是看好。刘明明说，明年准备再多拿些钱入社，让更多的农户受益。

刘洋说，明年除了支持有规模的合作社外，还进一步向其他乡镇村屯推广业务，让更多的农户低资金入社，获得高效益支持。待进一步发展之后，准备向畜牧业、绿色果蔬种植等方面贷款业务拓展，不断简化放贷手续，降低放贷门槛，让农民入社的钱都用在农民身上，让农民获得更多的收益。

资料来源：作者吴利红，黑龙江日报，2015-11-02.

三、政策性银行与商业银行

（一）政策性银行

政策性银行是由政府出资成立、为贯彻政府的社会经济政策而在特定领域从事金融活动的金融机构。政策性银行的性质是政府金融机构，它既具有政府机关性质，不以营利为目的；又具有金融企业性质，坚持银行管理的基本原则，力争保本微利。政策性银行的资金来源（即负债业务）主要是财政拨款、发行金融债券，此外还包括财政借款、财政政策性亏损补贴和财政贴息及从中央银行甚至商业性金融机构借入资金等。其资金运用（即资产业务）主要是贷款与投资，此外还开展担保等业务。

1994年，我国相继组建了国家开发银行、中国进出口银行和中国农业发展银行三家政策性银行。其中，国家开发银行2008年12月改制为国家开发银行股份有限公司；2015年3月，国务院明确将国家开发银行定位为开发性金融机构。三家政策性银行支持领域不同，提供的微型金融服务也不同。

中国进出口银行主要支持对外经济贸易投资发展与国际经济合作，其主要提供与中小企业“走出去”相关的金融服务。

作为我国唯一的一家农业政策性银行，中国农业发展银行承担农业政策性金融业务，代理财政支农资金的拨付，为农业和农村经济发展服务。2015 年中国农业发展银行成立扶贫金融事业部，以易地扶贫搬迁业务为突破口，开展扶贫信贷业务。自 2015 年 8 月启动易地扶贫搬迁贷款业务至当年 11 月末，全行审批贷款项目 412 个，审批金额 2 700 亿元，用于支持贫困搬迁人口 518 万人，其中建档立卡贫困人口 321 万人，易地扶贫搬迁贷款余额达 803 亿元。不过，目前农发行的扶贫信贷业务主要是与当地政府合作。

作为开发性金融机构，国家开发银行主要通过开展中长期信贷与投资等金融业务，为国民经济重大中长期发展战略服务，但发展普惠金融，支持扶贫开发等民生领域也是其应有之责。国家开发银行 2015 年度报告显示：国开行支持扶贫开发、创新创业等领域中小企业发展。截至 2015 年末，国开行中小企业贷款余额 2. 82 万亿元，其中小微企业贷款余额 1. 12 万亿元。国开行进一步扩大助学贷款覆盖面，实现全国县区覆盖率 70%，高校覆盖率 100% 。全年发放助学贷款 187 亿元，支持学生 285 万人次，满足全国 90% 家庭经济困难学生贷款需求。截至 2015 年末，全行助学贷款余额 562 亿元。此外，2015 年末，国开行控股村镇银行 13 家，参股 2 家。村镇银行是国家开发银行服务“三农”、支持小微企业和扶贫开发等领域的重要平台。

（二）商业银行

商业银行是以经营工商业存款和放款为主要业务，并以获取利润为目的的金融机构。商业银行是我国金融机构体系的主体。根据中国银行业监督管理委员会的管理口径划分，我国商业银行大致可分为以下三种类型：

一是大型商业银行。包括中国工商银行、中国农业银行、中国银行、中国建设银行和交通银行，均为国有控股商业银行。

二是股份制商业银行。是按股份制原则组建的银行。包括中信银行、光大银行、华夏银行、广东发展银行、平安银行、招商银行、上海浦东发展银行、兴业银行、中国民生银行、恒丰银行、浙商银行、渤海银行 12 家。

三是城市商业银行。最初称为城市合作银行。它是为了规范城市信用社的发展，增强其抵御风险的能力，从 1995 年开始，在原城市信用社的基础上，由城市企业、居民和地方财政投资入股组成的地方性股份制商业银行。

在微型金融服务领域，大型商业银行和股份制商业银行一般都在内部建立了完善的相对独立的小额信贷业务体系，有的设立了独立经营的小额信贷机构，如中国农业银行设立专门的“农村金融事业部”从事农村小额信贷业务等。

城市商业银行的定位就是为城市中小企业和地区经济发展提供金融服务。其中，包商银行、哈尔滨银行等在小额信贷业务领域都是佼佼者。

拓展阅读

建行推出“小微快贷”几分钟即可完成贷款流程

北京百康芯生物科技有限公司总经理张国豪 6 月份从四大行之一的建行融到了一笔资金，这让他十分激动。“基于公司固定资产少、缺少抵押物的特性，我们一直融资特别困难，不过最近使用建设银行的互联网融资平台，几分钟时间便完成了线上申请，贷到了200万元。”在6月20日建设银行“小微快贷”系列产品的发布会上，张国豪分享了他的故事。

福建恒达教育装备工程有限公司面临的难题则是签约订单至回款周期不固定，资金临时性周转需求旺盛。今年2月份，公司通过网银提交申请小微快贷，仅用5分钟，一笔100万元的贷款额度到达账户，解了燃眉之急。“不仅不需要抵押，还省去了烦琐的资料准备，贷款可以随时支取。”该公司负责人告诉搜狐财经。

据建行相关负责人介绍，“小微快贷”利用系统中客户数据信息，真正实现了在线申请、审批、签约、支用、还款的全流程网络化、自助化操作，在客户信息完整的情况下只需要几分钟即可完成贷款全流程，提高了小微企业在银行的申贷速度，可快速满足小微企业及企业主日常经营周转所需资金，大幅提升了业务办理效率，节约了客户的时间，带来全新体验。

“小微快贷”与其他产品的不同在于“互联网+信贷”模式。“小微快贷”业务通过系统整合，自动批量获取客户相关数据，运用大数据分析，在建行零售贷款业务系统中建立了针对小微企业的专属业务流程，贷款期限在1年以内，随借随还。

该平台实现全流程网络系统化操作，据上述负责人介绍，“客户只需通过网银、网站、善融商务、手机银行、智能自动柜员等渠道，即可享受全流程网上融资服务。”

据了解，“小微快贷”形成了多层次的产品体系。业务针对不同客户类型及需求场景，形成多个子产品体系，授信总额500万元以下，具体包括：基于企业主的金融资产及存量房贷信息发放的线上信用贷款“快e贷”；基于可抵押资产发放的线上线下相结合的“融e贷”；基于可质押金融资产发放的线上贷款“质押贷”。

截至2017年一季度末，建行小微企业贷款余额达1.47万亿元，贷款客户数近34万户，申贷获得率92%。工信部中小企业局副局长秦志辉在发布会现场表示，“小微快贷”产品的推出，是建行践行服务“大众创业、万众创新”的又一举措，是推进普惠金融发展的重要抓手。

资料来源：http://group.ccb.com/cn/ccbtoday/mediav3/20170623_1498204168.html

此外，民营银行的新时代已悄然到来。2014年3月，原银监会批准了5家民营银行试点方案。截至2017年上半年，原银监会批准筹建的17家民营银行中，已有15家正式开业，包括深圳前海微众银行、上海华瑞银行、温州民商银行、天津金城银行、重庆富民银行、四川新网银行、湖南三湘银行、福建华通银行、武汉众邦银行、山东威海蓝海银行、北京中关村银行、江苏苏宁银行、吉林亿联银行、梅州客商银行。另外，辽宁振兴银行、安徽新安银行正在筹备开业中。第一批5家民营银行2016年基本实现盈利。

民营银行从诞生之日起，就立足于“支农支小”。比如，浙江网商银行的前身就是阿里小贷；梅州客商银行作为首家设立在革命老区的新兴银行，定位于立足梅州，服务“三农”（农村、农业、农民）和“两小”（小微企业、小区居民）。另外，在已开业的15家民营银行中，深圳前海微众银行、浙江网商银行无营业网点，以互联网银行的形式存在。

四、非政府组织微型金融服务机构

非政府组织（NGO）微型金融服务机构是微型金融的先锋和开拓者，它们的出现有效地填补了银行不能为低收入人群服务的空白。我国最早的非政府组织微型金融服务机构产生于20世纪90年代，这些机构为我国扶贫事业的发展和金融改革作出了不可磨灭的贡献。

非政府组织微型金融服务机构经过了长期的发展，至少具有两方面的优势：第一，它致力于为低收入人群和弱势群体寻找新的金融服务方式；第二，以创新的思维筹集资金，为更多的低收入者提供信贷服务。而其他类型的小额信贷机构却并不具有这样的发展功能。同时这类实体的存在丰富了我国金融体系。

在我国，非政府组织微型金融服务机构主要是指从事公益性扶贫的小额信贷机构。2005年之前，我国拥有300多家NGO。2005年之后，相关的国际双边和多边组织宣布不再为我国的非政府组织微型金融服务机构实施资助，这些机构或者倒闭或者改制，目前依然存在的还有50家（截至2013年底）。它们大多以会员的形式加入了“中国小额信贷发展促进网络”，现更名为中国小额信贷联盟。

众所周知，非政府、非营利性组织由于政策及法律方面的限制、机构自身体制和能力的局限性及资金来源不足等方面原因，很难可持续发展。因此只有将这类机构纳入我国金融改革和发展的整体框架，才能可持续发展，也才能有长效的作用。按照小额信贷联盟的划分标准，按管理方式不同，我国的非政府组织微型金融服务机构可分为三大类，即官办社团、民办社团、国际社团。代表性机构主要有：

1. 扶贫经济合作社。成立于1993年9月的中国社会科学院扶贫经济合作社，最先在我国采用国际规范的小额信贷方式扶贫到组、到户。之后，这种模式在我国蓬勃发展起来。1994年，我国先后在河北易县、河南南召和虞城、河北涞水等地建立6个扶贫试点。扶贫经济合作社是我国第一个经中国人民银行、国务院扶贫办和国务院办公厅批准许可运作的公益小额信贷组织。

2. 全国妇联的小额信贷。全国妇联是为争取妇女解放而联合起来的中国各族各界妇女的群众组织。它本身具有广泛的群众性和社会性。全国妇联独立成立有少量的小额信贷机构，其从事的小额信贷业务大多与其他小额信贷机构合作。内蒙古赤峰市昭乌达妇女可持续发展协会、天津市妇女创业发展促进会等都是目前妇联发展比较好的小额信贷机构。这也是我国小额信贷发展中一股不可忽视的力量，它的存在可帮助贫困妇女再就业，促进农村妇女增收致富，对于维护社会稳定具有较大的贡献。

3. 中国扶贫基金会的小额信贷。中国扶贫基金会成立于1989年，是由国务院扶贫办主管的全国性扶贫公益组织，是中国扶贫公益领域规模最大、最具影响力的公益组织之一。早在1996年，西部开发中心（国务院扶贫办下属的部门），利用世界银行提供的贷款在陕西省安康市和四川省通江县开展小额信贷扶贫试点。后来，扶贫基金会专门设立小额信贷部，上述试点小额信贷扶贫项目转入中国扶贫基金会。为了实现规范管理，中国扶贫基金会小额信贷部于2008年改制为中和农信项目管理有限公司（简称中和农信）实行公司化运作，专门负责小额信贷扶贫试点项目的实施与管理。中和农信的服务对象是贫困地区中低收入群体，主要市场是农村市场。中和农信的目标是通过无需抵押，上门服务的小额信贷方式支持贫困地区中低收入家庭开展创收性活动，同时还提供多种形式的非金融服务，全面提升客户的综合能力，从而实现可持续脱贫致富。中和农信与大银行合作，从大银行获得批发贷款，从而保证中和农信的资金来源，也为大银行参与农村金融服务提供解决方案。

分析案例

广州万穗小贷：在微贷领域深耕细作

油菜花随风摇曳，玫瑰花香溢满园，紧密相连的鱼塘波光粼粼……这里是广州花都世外桃源生态农场。谁能想到，1 年前这里还是百废待兴的模样？短短 1 年的时间，250 亩村边荒地完成华丽蜕变，不仅成为市区居民休闲娱乐的好去处，更增加了当地村民的收入。

众所周知，打造生态农场，前期基础设施建设的资金需求很大。万穗小贷公司的 40 万元“生意贷”，在关键时刻填补了花都世外桃源生态农场的负责人李成刚资金缺口。生态农场中的花花草草，背后都有万穗小贷的身影。自 2011 年从万穗小贷获得 8 万元无抵押“生意贷”之后，李成刚就与万穗小贷结下了不解之缘。定期还款、从不逾期，良好的信用让李成刚获得的“生意贷”额度不断提高，生意也越做越大。目前，李成刚已经拥有了好几家农场，形成了良性循环。

俗话说“一分钱难倒英雄汉”。从 8 万元到 40 万元，虽然数额并不算大，但对于小微企业、小生意人、农户而言，在资金周转存在缺口、创业原始资金匮乏的关键时刻，几万元的贷款无疑是雪中送炭。作为广州市第一家小额贷款公司，自 2009 年成立之初，广州市花都万穗小额贷款股份有限公司就瞄准了小微贷款的广阔市场，在微贷领域摸爬滚打，闯出了自己的一片天地，打造了一套可复制、可推广的小额贷款业务模式，为行业树立了标杆。

众所周知，无论数额大小，贷款流程都是相同的，基于成本和收益的考量，金融机构大都热衷于在大额贷款领域开拓。万穗小贷以前瞻性、战略性的眼光看到了金融服务尚未覆盖的微贷这一片“蓝海”，根据自身实力，在细分金融市场的基础上，确立了与银行错位经营、专注“小微金融”和“普惠金融”的市场定位。万穗小贷优先发展 50 万元以下的微小贷款，微小贷款笔数占比超九成，涉农贷款占比则超过 85%，真正做到了门槛低、金额小、覆盖广。

准确的定位，与市场旺盛的微贷需求相吻合。就拿万穗“生意贷”这一无抵押信用贷款产品来说，小额、便捷、快速的优势，使其在万穗小贷初期“扫街”营销中备受欢迎。随着客户的拓展，广州市花都区团结镇颇有生意头脑的李成刚进入了万穗小贷的视野，他顺利获得了第一笔近 10 万元的小额贷款，这为双方的长期合作打下了基础。无独有偶，在花都区狮岭镇从事销售针车生意的徐新东，也是在万穗小贷面对面营销中获得了第一笔急需的贷款资金。记者在花都皮具等市场进行调查采访时发现，不少商户不仅自己获得了万穗小贷的金融服务，而且还带动身边朋友从万穗小贷获得了贷款。

微贷，已经成为万穗小贷的一张企业“名片”。万穗小贷法务部经理付舒仁对记者说：“3 000 元的贷款我们也做过，路边小商贩也是我们的服务对象，几千元对于农民创业者来讲也是稀缺的。我们真正做到了小额、分散。”

如今，越来越多的金融机构开始关注微贷的广阔前景，这一领域已经演变成竞争激烈的“红海”。在微贷领域先行一步、深耕细作近 7 载的万穗小贷无疑已经抢得了发展先机。从前期市场开拓到信贷审核、发放，再到贷后管理，一套成熟的业务模式成为业内争相学习调研的模本。精准定位、较早涉足，使万穗小贷获得了大量的客户，多年的合作更提升了客户粘性。数据显示，6 年多来，万穗小贷累计投放贷款 26 亿元，累积客户 4 000 多户，发放贷款近 7 000 笔，笔均 8 万元，最低贷款额 3 000 元。目前，万穗小贷已成为广州市中小微企业、个体工商户小额贷款的首选公司，在全国具有行业示范作用。

小额、分散意味着成本加大和风险控制等一系列问题。万穗小贷注册资金 2 亿元，2015 年贷款规模新增 1.7 亿元，其中八成左右是主动拓展的资源，而不良贷款率仅为 1.37%，低于广州市小贷行业的平均水平。万穗小贷实现低风险下的规模增长的制胜“法宝”就是：从事前调查获客，到贷中、贷后管理等诸多环节，制度先行、技术紧跟。

详尽细致的贷前调查筑起了第一道风险“防火墙”。以无抵押的“生意贷”为例，万穗小贷狮岭网点主任冯志超在接受记者采访时介绍称，小客户往往没有资产负债表，我们通过一些客户的真实信息，包括客户每日销售规模、银行流水账、央行的征信数据等第三方数据，甚至客户以及相关人员口述核实等，最终汇总成客户资产负债表，为后续的贷款审批提供了有力保证。

万穗小贷建立了一系列内部控制制度，贷款审批实行分级授权和贷款审批委员会审批制度，将职责授权、风险控制贯穿于贷前、贷中、贷后全流程。

万穗小贷采用信用评分模型、交叉检验技术等方式获取客户真实信息，判断客户的贷款风险，以运营标准化、流程化、制衡化、集中化方式形成了高效、风险可控的信贷工厂作业模式，在风险可控的前提下，大大降低了成本。去年新增了 6 家网点，经营规模不断扩大。

随着业务体量的增长，贷款流程包括风控的现代化管理技术极为关键。万穗小贷研发了“万穗小额贷款系统”，最多可覆盖至 100 万个网点，这一海量规模完全能够满足小额贷款公司的需求。这一系统从根本上改造了传统的贷款处理方式，使小额贷款业务实现了全流程监控，接、审、贷有效分离，IT 系统控制嵌入贷款全流程，最大程度上避免了人为操作风险。例如，从申请贷款之初，李成刚的名字就被输入这一系统，贷款是否审批通过、是否已经还款、是否有违约情况等，每个环节都能在这一系统中看到，如果发现问题，相对应的部门就会及时进行处理，整个流程一目了然。这一系统大大提高了放贷的效率，如果手续齐备，客户在短短几天内就能拿到急需的资金。

在标准化的同时，灵活的配置使得这一系统可以根据各个小贷公司的需求进行调整，把规范化和个性化有机结合在一起。如今，这一成熟的小贷系统正在全国推广。

在微贷领域抢得先机的万穗小贷，正在稳扎稳打地前行。目前，万穗小贷的业务已经走出花都，相信不久的将来，在广州更多地区将看到万穗小贷奔波的身影，更多的“李成刚”们将获得创业发展急需的金融服务。

在做大做强的同时，万穗小贷不仅仅只关注眼前盈利，而是把推进我国小贷行业的发展作为己任，从不吝啬于分享自己的成功经验。正如方尤存所言：“我们不是把竞争对手打倒，而是帮助竞争对手，在竞争中加强合作。”在摸索中形成的“万穗模式”，包括微贷技术、IT 技术等，正在源源不断地向业内传输。

此外，在助推小贷行业规范健康发展的同时，6 年多来，万穗小贷缴纳税金近 1 亿元，带动了8万人就业。记者从花都区政府网站了解到，2015年全区税收200多亿元。以万穗小贷的规模，上缴的税收规模可观，有力支持了广州花都的经济社会发展。

花都，是广州市经济起步较晚的地区，当地集中了包括服装、皮具、汽车配套设备等诸多小商品的批发和零售产业，民营经济比重较大。万穗小贷在这里真正发挥了“蝴蝶效应”，撬动了各行各业的发展。当前我国面临经济转型升级重任，着力推动供给侧结构性改革的大潮中，万穗小贷将一如既往地支持当地实体经济的发展，履行企业社会责任。

资料来源：记者庞东梅，通讯员黄泽锋，金融时报，2016-06-07.

根据上述案例，你认为万穗小贷成功的经验主要是什么？

【本章小结】

1. 1976年，穆罕默德·尤努斯教授在孟加拉国创办格莱珉乡村银行是微型金融发展的开端。进入20世纪90年代，微型金融逐渐成为一种产业，商业化趋势明显，微型金融服务机构也渐渐成为很多发展中国家金融机构体系中不可或缺的一部分。

2. 国外微型金融服务机构主要包括以下几种类型：扶贫性小额信贷项目或非政府组织、不受监管的小额信贷机构、受部分监管的小额信贷公司、专业的微型金融银行、商业银行或非银行金融机构的小额信贷业务线及P2P在线贷款平台。孟加拉乡村银行（Grameen Bank）、印度尼西亚人民银行的乡村信贷部（BRI-UD）、玻利维亚的团结互助银行（Banco Sol）、国际社区援助基金会（FINCA）的村庄银行（Village Banks，VB）是国外微型金融服务机构的典型样板。

3. 我国的微型金融服务机构包括微型金融的一般服务机构（农村信用社、农村商业银行和中国邮政储蓄银行），新型微型金融服务机构（村镇银行、小额贷款公司和农村资金互助社），政策性银行和商业银行，非政府组织微型金融服务机构。

【思考题】

1. 你认为我国各类微型金融服务机构应如何错位经营？

2. 作为非政府组织微型金融服务机构，中和农信与其他微型金融服务机构应该建立一种什么样的关系？

【综合训练】

江苏苏北四家农民资金互助合作社倒闭事件

江苏省连云港市灌南县位于江苏北部，处于4省交界地带，县域总面积1 030平方公里，辖11个乡镇，78万人口，是江苏省贫困县。灌南县农户正处在由自给自足的小农生产者向成熟的商品生产经营者发展的初期阶段，农村资金互助社的成立使得农民生产经营活动能够获得金融支持。

2012年10月13日，位于江苏省连云港市灌南县汤沟镇的“兴农农民资金互助合作社”、新安镇的“现代农民资金互助合作社”、张店镇的“便民农民资金互助合作社”和五队乡的“咱们农民资金互助合作社”因违规操作而倒闭。据灌南县公安局事后调查显示，上述灌南县4家资金合作社都是江苏龙城集团董事长王明龙在背后策划成立，其利用灌南县当地的4个农民的身份证及户口本注册，并出资设立了这4家合作社，挪用了合作社的1.1亿元存款、涉及2 500多名储户。合作社还私自设定了“二次收益”的方案，虚拟假借人，做假账，然后将钱暗地里转入龙城集团，通过龙城集团的再次投放来获取更高的收益，实际是一种非法吸储行为。这4家合作社“高进”更“高出”，合作社存款年利息达15%，贷款年利息高达50%。这样一来，这4家资金互助社沦为某些企业获取便利融资的工具，使得本应服务于“三农”的资金互助社成了农村资金的“抽水机”，偏离了资金互助社成立的初衷。

负责资金互助社审批工作的灌南县农村工作部仅有的20多人中，无一人有金融背景。在2012年，农村工作部下面有25家资金互助合作社，1万多农户，实际就是无力监管，放任监管。灌南县委农村工作部副部长梁公祝称，在实际工作中很难对农民资金合作社进行有效监管。县委农村工作部是农民资金合作社业务主管和牵头调度单位，此外配合监管的部门有人民银行、金融办、审计局、民政局等单位，都是平级，很难协调在一起，所以大多数时间都是各自为政。这些农民资金互助社由市、县级负责审批的农村工作部的非专业金融机构负责监管，监管质量很难提高。合作社的资金投放数额、方向和风险评估都需要专业的金融知识，而农村的金融人才明显匮乏。灌南县委农村工作部每年也仅仅是对农民资金合作社进行简单的业务培训，每年有一次集中抽查活动，但也仅限于抽查规章制度是否健全等表面问题。

事发不足一周，灌南县政府贴出补偿公告，并组织所在乡镇政府补偿存款。公告称，补偿分三期兑付，2014年10月之前全部退还所剩差额部分。首期拿出4 300万元，分级补偿，如5 000元以下存款全额补偿；80万元以上存款，先补偿本金的10%，余额在后两期补完。

综上所述，苏北4家农村资金互助社都从增加农村金融类产品供给的互助组织，异化为非法吸储的工具。由于相应的监管缺失和市场配套不完善，而资金互助合作社又是地方批示的一块合法牌照，自然而然，聪明人出钱拿到这块牌照，然后再去赚更多的钱，也就出现了案例中所介绍的高存高贷现象。

资料来源：编者根据相关资料整理。

1. 登录国内微型金融机构的网站，了解其业务品种及服务模式，分析其经营的不足之处，并给出改进方案。

2. 分组讨论，案例中苏北4家农村资金互助社在经营中违犯了农村资金互助社的哪些原则？应该如何加强对农村资金互助社的监管？

第六章　微型金融的主要业务

▶▶导入案例

变"输血"为"造血"的IDAs

自20世纪90年代开始，一种名为个人发展账户（Individual Development Accounts，IDAs）的新扶贫政策开始在美国实行，这一政策旨在帮助低收入人群建立储蓄习惯，学习资产积累，进而实现脱贫。

20世纪80年代，美国的社会福利政策基本以对贫困者的救济为主，主要措施是建立所谓社会安全网，即最低保障措施，关注的是低收入人群的收入和消费状况。主流的假设是：收入增加将会支持一定水平的消费，并帮助低收入人群脱贫。然而，这种做法的结果是：低收入人群永远是低收入人群，永远需要救济。而且，原本曾接受救济的贫困儿童，长大后又进入接受救济者的行列，形成所谓"低收入人群病"。

华盛顿大学社会发展中心教授Michael Sherraden指出，增加收入的目标必要，但不充分。Sherraden专注于福利政策研究，是该领域的殿堂级人物，提出了资产积累福利理论。

Sherraden指出，对大多数家庭而言，走出贫困并非通过收入和消费，而是通过储蓄和积累。Sherraden认为，同样的收入者由于拥有不同的资产，可能会带来完全不同的命运。他提出"资产低收入人群"的概念，认为贫困者之所以难以走出恶性循环，根源并非收入不足而在于难以积累资产。资产不平等可能比收入不平等更具有破坏性。由于缺乏向教育、住房和小生意等方向投资的资产，"资产低收入人群"的发展受到了制约。

同时，积累资产不仅为低收入人群带来更多机会，也会改变他们的想法。他在1991年所作的一份报告中称，当人们开始积累资产时，其想法和行为也随之改变。资产积累将带来心理和社会影响的重大改变，而只凭得到资助和花钱无法带来这种改变。资产积累对贫困者至关重要，他们更有可能增强计划性，更注意资产，学习更多财政事务，增加社会和政治参与度。Sherraden的名言是，"收入只能填饱人的肚子，资产则可以改变人的头脑。"

为此，Sherraden在1991年提出个人发展账户（IDAs）策略，作为美国传统社会安全网的补充和完善，通过一定措施，鼓励贫困者增加储蓄，并进行一些生产性投资，帮助低收入人群积累财富。IDAs将为用户提供储蓄账户，对用户特定用途的提款，将提供相对应的配套资金支持。IDAs被视为促进低收入人群储蓄的有效策略。在2000年发表的一篇论文中，Sherraden引用数据称，IDAs项目参与者每月可以实现25美元的净储蓄，而且储蓄数目与收入并无明显相关。在获得机会和受到激励的情况下，大多数贫困者都能储蓄。

在Sherraden等人的推动下，IDAs项目在美国迅速扩展，至2008年，美国各州已经有超过5万个IDAs项目在运行。IDAs项目的具体目的多种多样，大体而言，主要包括帮助贫困者购房、创业或接受高等教育、进行退休储蓄等。美国政府1996年通过的一项法案，允许各州使用联邦政府拨款资助IDAs项目。

大多数IDAs项目由当地非营利机构和金融机构合作。通常的运作模式是：参与者在指定金融机构开设IDAs项目账户，项目资助人与参与者约定一段时间，从6个月至数年不等，在此期间，参与者为特定目的设定一个储蓄目标，并定期向账户中存款，项目资助人（政府拨款、非营利机构或私营企业捐款）将按一定比例为参与者提供配套资金奖励。另外，金融机构还将为参与者提供财务教育课程，帮助参与者学习管理资产。

当参与者的储蓄以及资助人提供的配套奖励积累到一定数额，可以购买特定资产，并且参与者已经完成指定的财务学习课程后，IDAs项目将直接付款给卖主，完成资产购置。通常参与者可以用这笔钱支付购房首付，或用于创业，或参加高等教育，或作为退休储蓄等。不同的IDAs项目选取参与者的具体要求不同，但通常会对参与者收入水平和信用历史等有一定要求。

一些针对IDAs项目的实验和研究表明，IDAs项目对帮助低收入人群拥有自有资产、接受高等教育和实质性脱贫等有积极效果。

资料来源：摘自沈颢. 小额贷款操作实例——微型金融方法与案例［M］. 南昌：二十一世纪出版社，2013.

【案例导学】

微型金融的业务包括小额贷款、小额储蓄、小额保险、小额租赁与小额结算。小额贷款是微型金融的核心，小额保险是一种新型的金融产品。案例中，IDAs项目实际上是创新的小额储蓄业务。本章将主要介绍小额贷款、小额保险两类业务。

第一节 微型金融信贷业务的产品与方法

一、微型金融信贷业务的产品及特点

小额信贷是微型金融服务机构向中低收入阶层和微小企业提供的主要金融服务之一，通常微型金融服务机构会设计出多种信贷产品，如小组联保贷款、个人信用贷款、担保贷款等，不同机构提供的信贷产品也有一定的差异。比如中国邮政储蓄银行发放农户保证贷款、农户联保贷款，采用自然人保证或联保的形式，保证贷款需要1~2名具备代偿能力的自然人提供保证，农户联保贷款需要3~5名农户共同组成联保小组，贷款最高5万元，贷款期限1个月至12个月，以月为单位，可以根据生产经营周期、还款能力等情况自主选择贷款期限。而广东德庆信用联社发放的扶贫小额贷款，一般采用信用发放，一次授信，随用随贷，随时归还，循环使用，等等。总体来看，微型金融服务机构提供的信贷产品具有以下几个方面的特征：

1. 贷款额度较小。微型金融服务机构发放的贷款额度通常远远低于一般商业银行的贷款额度。在我国，小额贷款的贷款额度从几千元到几万元不等。这主要是因为：一方面，微

型金融服务机构客户需要的资金相对较少。中低收入阶层和微小企业的收入水平相对较低，经营活动的规模也相对较小，其资金需求规模也相应较小。另一方面，微型金融通过发放小额度的贷款，能够降低高收入人口贷款的积极性，有利于提高微型金融服务机构信贷服务的目标针对性。

2. 贷款利率较高。通常微型金融服务机构提供的信贷产品比一般商业银行贷款的利率水平要高，这主要是由小额度贷款的高成本决定的。首先，业务操作方式的不同导致了小额贷款的交易成本更高。小额贷款多采用"送贷上门"形式，需要信贷员上门营销及实地调查，而不是像商业银行那样在银行等客户；一般商业银行贷款是按年还款或者到期一次性还本付息，而小额贷款机构一般是按月还款；小额贷款的单笔贷款操作成本与一般商业银行贷款相差无几，但由于小额贷款额度小，在同样贷款余额的情况下小额贷款的笔数比商业银行贷款多很多，操作成本由此大幅增加。其次，小额贷款的风险高于一般商业银行贷款，需要提取更高的风险准备金，这也增加了小额贷款机构的成本。为了覆盖较高的成本，小额贷款机构不得不提高利率以实现财务可持续。根据世界银行的估算，只有当利率达到 20% 的时候，小额贷款才能保本。

另外，对小额信贷客户来说，资金的可得性比利率更为重要。低收入人群之所以贫困，小微企业之所以无法扩大规模，根本在于没有资金的支持，原本充裕的劳动力资源无法资本化而成为沉没成本。若是他们能以适当的方式得到少许资金支持，其本人及家人的人力资本与货币资金结合起来就可能创造出可期的经济效益。并且，小额信贷客户需要的大部分是短期资金，周转很快。因此，小额信贷客户愿意也有能力承担较高的利率水平。

3. 信用保证方式灵活。微型金融服务机构的贷款产品通常不要求提供抵押担保，而是通过勤勉的实地调查、交叉检验等技术有效突破抵押，提供弱担保的准信用贷款。比如，微型金融服务机构通过为客户提供配套服务（如培训、技术、信息等），以提高客户项目的成功率；采取分期还款的方式，随时掌握客户的信用状况；采取连带担保制度，利用社会压力促使客户还款；等等。

4. 还款方式灵活。小额信贷的还款方式包括：到期一次还本付息和分期还款，分期还款又可分为等额本息还款、等额本金还款、按季结息到期还本等方式。微型金融服务机构可以为所有客户设定标准的还款周期，也可以根据客户的现金流灵活地确定还款周期。贷款的偿还方式对于微型金融服务机构非常重要，一方面，不同的还款方式对其贷款风险控制有重要影响，采用分期还款方式有利于微型金融服务机构及时掌握客户信用状况的变化；另一方面，不同的还款方式对微型金融服务机构的贷款收益有重要影响，相同名义利率的贷款产品，采用等额本息还款的利率明显高于等额本金还款和到期一次还本付息。

5. 贷款期限较短。微型金融服务机构贷款产品的期限一般在 1 年以内，多数贷款为短期贷款。这主要是因为：首先，微型金融服务机构的客户主要为包括中低收入阶层和小微企业在内的微小客户，这类客户的贷款需求具有短、快、频、急的特点；其次，微型金融服务机构的贷款利率相对较高，较高的融资成本也使得客户难以长期使用这部分资金；最后，较短的贷款期限有利于微型金融服务机构进行贷款风险控制。

6. 贷款用途不受限制。与一般的商业银行贷款不同，微型金融服务机构的小额信贷一般不限制贷款用途，由借款人根据自己的技能或特长来选择任何种类的创收活动。微型金融服务机构小额信贷服务对象包括个体工商户、农户、小微企业等，其贷款需求非常多元化，如购买生产资料、紧急事件之需、购房或消费等，实践中监督客户资金用途的成本非常高昂。事实上对贷款用途的监控不是微型金融服务机构风险控制机制的核心，其更关注客户的未来现金流，只要客户在将来能够有足够的资金按时还款，就符合贷款条件。

拓展阅读

中国邮政储蓄银行信贷产品示例——小额贷款

小额贷款是指中国邮政储蓄银行向单一借款人发放的金额较小的贷款，分为农户小额贷款和商户小额贷款。农户小额贷款是指向农户发放的用于满足其农业种植、养殖或者其他与农村经济发展有关的生产经营活动资金需求的贷款；商户小额贷款是指向城乡地区从事生产、贸易等活动的私营企业主（包括个人独资企业主、合伙企业、个人合伙人、有限责任公司个人股东等）、个体工商户等微小企业主发放的用于满足其生产经营资金需求的贷款。

适用对象：18～60周岁，具备完全民事行为能力的自然人。

贷款品种：农户保证贷款，农户联保贷款，商户保证贷款，商户联保贷款。

贷款额度：农户贷款最高5万元，商户贷款最高10万元（部分地区额度更高）。

贷款期限：1～12个月，以月为单位；可以根据生产经营周期、还款能力等情况自主选择贷款期限。

贷款利率：利率水平以当地邮储银行规定为准。

还款方式：等额本息还款法，贷款期限内每月以相等的金额偿还贷款本息；阶段性等额本息还款法，贷款宽限期内只偿还贷款利息，超过宽限期后按照等额本息还款法偿还贷款；一次性还本付息法，到期一次性偿还贷款本息。

贷款担保：可选择采用自然人保证或联保的形式。保证贷款需要1～2名具备代偿能力的自然人提供保证；农户联保贷款需要3～5名农户，商户联保贷款需要3名商户共同组成联保小组。

资料来源：中国邮政储蓄银行。

二、微型金融信贷业务的方法及其分类

小额信贷产品指的是微型金融服务机构提供哪些贷款服务，而微型信贷方法是指微型金融服务机构以怎样的方式提供贷款服务。对小额信贷客户来说，由于缺乏贷款的抵押品，没有规范的财务报表，他们被排斥在传统金融机构之外，很难有获得信贷服务的机会。对于微型金融服务机构而言，向这些受到金融排斥的群体提供信贷服务，则需要在贷款管理的方式上进行创新，如采用非现金抵押方式（包括存货、设备、珠宝或其他有价值的家庭财产等），或进行抵押替代机制创新，如借款人的品质、小组联保和联名担保等，或要求客户进行强制储蓄以作为一种贷款保证。

国际上微型金融服务机构常用的信贷方法，按照贷款风险控制机制的不同可以分为小组联保贷款模式、村银行贷款模式、个人贷款模式以及混合型模式四种方法。小组联保贷款模式是以小组联保的形式发放小额贷款，也被称为GB模式，该模式代表性机构是孟加拉乡村银行；村银行贷款模式指的是小额信贷机构以一个村的整体信用为支撑，在村范围内发放小额贷款，其代表性机构是玻利维亚国际社区援助基金会；个人贷款模式指的是直接对自然人发放小额贷款，其代表性的机构是印度尼西亚人民银行；混合型模式是揉合以上三种模式同

时兼顾上述三种形式，其代表性的机构是玻利维亚阳光银行（BancoSol）。

三、微型金融信贷业务方法涉及的关键要素

微型金融服务机构提供信贷服务的重要特征和核心原则是，透过一整套严密的制度和规范的操作来确保较高的贷款入户率、项目成功率和贷款偿还率。微型信贷方法涉及的关键要素主要包括服务的目标群体、风险控制机制和贷款程序三个方面。

（一）服务的目标群体

微型金融服务机构服务的目标群体主要为中低收入阶层和小微企业，收入是目标群体特征中最主要的因素，它直接体现了微型信贷服务的覆盖广度和覆盖深度。微型金融服务机构的使命是满足包括贫困人口在内的中低收入群体的金融需求，收入水平较低是这些群体的共同特征；其客户群体的收入水平越低，则其覆盖广度和深度也相应越大。可以说微型金融服务机构的覆盖广度和覆盖深度与贷款利率、信用额度等构成因素直接相关。

小额信贷产品的目标客户应具有良好的道德品质。我国银监会有金融机构不准放贷的“九类人”规定，将不具备良好道德品质的人排除在贷款客户之外。诚信是对市场经济行为主体的基本要求，尤其是在具备支农支小社会功能的小额贷款业务中，客户更应该以感恩的态度充分谨慎地使用贷款，以诚相对。客户的道德品质是衡量客户还款意愿的重要标准。

小额信贷产品的目标客户应具有强烈的贷款需求和一定的从业经验。微型金融服务机构的客户群体是有一定经济活动能力的中低收入群体，但只有具有强烈贷款需求的客户才是微小贷款业务的目标客户。在强烈的贷款需求下，客户具备强烈的劳动意愿，有足够的动力将金融资源和劳动力资源以及技术资源相结合而转化为经济效益，创造出可观的财富，从而具备足够的还款能力。同时，小额信贷产品的目标客户还应具有一定的从业经验。一定的从业经验能够保证客户对于所投资项目有必要的了解，能够进行科学而理性的管理和经营，是衡量客户盈利能力乃至还款能力的重要指标。

性别也是微型金融目标群体的重要特征之一。一般认为女性受贫困的影响较男性更严重，通过妇女参与小额信贷可以提高妇女的能力，进而提高她们的经济和社会地位。同时，妇女经济收入提高有利于家庭整体营养状况，尤其是儿童营养状况的改善，有利于提高女童受教育的状况。另外，从微型金融服务机构风险控制的角度看，有研究表明女性的还款率较男性高。因此，部分微型金融服务机构在贷款发放中以女性客户为主体。

此外，一些微型金融服务机构的客户处于山区等偏远地区，这些地区的经济发展水平、客户的受教育程度、交通的便利程度等均相对较差，微型金融服务机构在信贷管理方法的设计中应充分考虑这些条件的影响。

（二）贷款发放的组织形式：小组还是个人

小组联保贷款由贷款申请人自愿组成联保小组，小组成员相互之间负有连带权利和连带责任，不需要任何的抵押就能共同获得贷款。小组联保贷款通过把现代的、市场经济下的法律制度，与传统的乡村伦理文化结合起来，把现代社会中法律、合约对人的约束转变为传统的乡村伦理文化对人的相互约束。有了自愿组成的联保小组形式，当小组的某些组员企图违

反规则时，在小组内部就会产生某种连带的压力；同理，当某小组成员遇到困难，小组其他成员会给予帮助和支持。因此，自我选择组成贷款联保小组的过程是强化贷款管理的过程。贷款人寻求的合作伙伴，必须是同一社区的长期居住者（而非流动人口），彼此相互熟悉，使那些信用状况不佳者被自动排除在外。然而，在现实中存在客户之间信任程度低、联保小组组成难、小组联保贷款运作复杂、客户参与意愿低等问题。因此越来越多的微型金融服务机构选择直接向客户个人发放贷款，并建立其他有效的信息获取机制和风险控制机制。

（三）贷款程序

传统商业银行贷款程序是其内部控制的重要组成部分，贷款程序较为复杂，主要步骤有：贷款申请——贷款调查——信用评估——贷款审查——贷款谈判——贷后检查——贷款收回。而小额信贷的贷款程序较简单，一个电话小额信贷人员会主动上门进行贷款调查、资料收集、贷款评估和贷款发放。一般会根据客户的实际情况和现有手续资料而定，有什么提供什么，主要注重客户经营实体的存在性和实际运作情况的可持续性，提供身份证明、经营证明、银行流水就能办理贷款，而不必非要提供系统专业的财务报表和业务数据，以及提供一定的抵押物、担保人。小额信贷的贷款批准程序一般在一周以内就能够完成。

风险控制机制是微型信贷贷款程序的重要组成部分，偿还方式和贷款偿还激励机制等在不同程度上对风险控制起到重要作用，如分期还款的还款方式，降低了每期的还款额度，减轻了还款的压力，也降低了微型金融服务机构的风险压力。由于实施分期还款方式，操作人员经常与中低收入群体取得联系，及时了解中低收入群体在项目经营活动中遇到的困难和存在的问题，并及时予以帮助。部分微型金融服务机构还要求客户进行强制储蓄，要求他们定额、定期进行小额度储蓄，这不仅是微型金融服务机构扩大资金来源的一种手段，更是帮助中低收入群体了解到储蓄是一种资本积累方式的手段，从而树立理财观念。

另外，微型金融服务机构强调信贷获得公开性。微型金融服务机构的信贷活动是完全公开进行的，尤其是对于小组联保贷款，主要活动是在中心会议上进行的，没有任何可保密的或私下进行的活动。所有贷款组员相互平等，团结互助，没有上下贫富之分。成员或小额信贷的管理人员可随时查看所有的账目，这样有助于减少营私舞弊和贪污腐化，增强组员对组织的信任，吸引组员积极参与到项目活动中。

分析案例

惠民小贷扶贫的“滴灌效应”

66 岁的汪淑莲是盐池县农村妇女创业的杰出代表。1996 年，“龙头”在盐池县王记沟村开展信贷扶贫项目，鼓励围着灶台转的她贷款 1 000 元，养了 6 只羊羔，又上了扫盲班学习。几年后实现了滚动发展，她主动增加贷款，不仅养羊还利用当地资源先后开办了两家石膏厂。她在当选村长后还继续作为惠民小贷项目大组长，带领王记沟村发展成了富裕村。2011 年，她成为宁夏赴法国捧回“全球小额信贷微型企业家社会影响奖”的第一人。

被汪淑莲亲切地称作“龙头”的，就是宁夏东方惠民小贷公司董事长龙治普，一位土生土长对干旱和贫困记忆深刻的盐池人，20 世纪 90 年代开始在当地试行信贷扶贫。

惠民小贷公司是在1996 年外援项目基础上发展，通过盐池县委县政府以及中国农业大学，法国沛丰、嘉道理基金会等方面的大力支持，2008 年才由社团组织转制为公司，是中国公益性小额信贷机构中第一家获得公司注册的信贷机构。经过 10 多年的不断探索与实践，让“小额贷款”发展扶贫实现了“本土化”，形成了“盐池惠民小额信贷扶贫模式”（简称“惠民小贷模式”）。

用龙治普的话来说，这一模式就像农业节水灌溉采用渗透性强、持久性好的“滴灌技术”一样，在金融扶贫过程中发挥着长流水、不断线的“滴灌效应”。其特征主要体现为“六个一”：一是制定了一个富有社会责任的发展战略。二是形成了一个以贫困妇女为特定的对象，2 000 元起步的小额度，12% 以上较高的年利息，同时要求客户参加村组月度例会以及其他各类活动，从而直接到达贫困家庭的自动瞄准机制。三是坚持了一个“公司管理专业化，信贷业务本土化；就近招聘，方便服务”的原则。四是推行了文娱活动、技能培训、物资调剂、困难家庭救助、保险业务等一系列按需设计的非金融服务。五是建立了一个完整、持续、富有亲情、相互熟知的客户组织网络。六是设计并形成了一系列基于小额信贷特点的风控体系和管理制度。

惠民小贷公司的客户全部是农民，而且93% 是妇女，平均贷款额度 2 万元，最高不超过 5 万元。而且，每个信贷员要负责三四百个农户。“惠民小贷模式”一个成功的关键是公司与农户的信息对称；核心是通过建立一个富有亲情的客户组织，来实现对分散的低收入农户的服务。另外一个关键就是“村组例会制度”，它像一个大筛子，筛除了村子里嫌额度小又不愿意付出较大时间成本的富裕户，保证了信贷资金能够透过优势人群自动到达真正有需求的低收入农户手中，从而实现了扶贫和公司可持续发展的双赢目标。

盐池县位于宁夏中部干旱带，是 9 个贫困县之一。过去，老百姓生产经营水平还处于相当低的水平。但随着当地“三农”快速发展，现在一般的养殖户动辄就是二三百只羊，此项个人资产就是二三十万元了。在逐步走向富裕的盐池县，项目的客户数量在萎缩、额度在增加，“惠民小贷模式”已经开始面临挑战。

“我们的模式适合贫困地区低收入群体的低端金融市场，在同心、红寺堡两县的成功推广，说明具有可复制性、可推广性。惠民小贷公司先后在盐池接待国际国内考察学习者 2 000 余人，机构员工多次应邀到山西、甘肃、内蒙古、青海、陕西等外省区讲课、培训指导。走出去，已经成为必然。”龙治普告诉记者，该公司从 2009 年就开始选择了走出盐池、走向六盘山贫困片区，推动宁夏南部山区发展的战略。2015 年 9 月，该公司以“盐池小额模式”为基础，还与海南省海口邦信小贷公司建立合作，尝试管理模式输出。

资料来源：作者陈伟忠. 金融时报，2016 - 05 - 09.

试分析：“惠民小贷模式”为什么会在开始走向富裕的盐池县面临挑战？

第二节　微型金融信贷业务的典型方法

一、小组联保贷款模式

小组联保贷款也叫团体贷款，是小额信贷组织客户的一种基本模式，由借款人自愿组成一个小组，金融机构面向小组发放贷款，小组中的成员对其他成员的违约承担一定的担保责任。小组联保贷款主要适用于人口密度大，居住集中，特别是贫困人口集中、贫困面大和贫困程度深的地区。建立小组并承担本小组成员还款连带责任是成员获得贷款的条件，这能使成员间起互相监督和相互担保的作用。格莱珉银行是小组联保贷款模式的创造者。

小额信贷旨在向中低收入客户提供微型金融服务，这些客户既没有足够的自有资本作为银行服务的担保，也不可能提供可信的资信报告和信贷登记，因此小额信贷机构必须重新整合各种价格和技术要素，不断创新金融产品和相关的风险控制手段。在客户缺乏经济资源的背景下，各种创新的小额信贷机制都是将目标客户群的社会资产作为约束激励机制赖以建立的关键。小组联保贷款的主要创新在于，利用制度的设计形成有效的筛选机制和监督机制，降低小额信贷的交易成本和信息成本。

1. 筛选和自动匹配机制。小组联保贷款要求若干个贷款申请人自愿组成联保小组，一般情况下，组成小组的成员具有相同的社会背景，居住地也相对集中，彼此相互了解。小组贷款模式通过联保小组制度，引导借款人在形成联保小组时进行自我选择，最终使得风险水平相近且互相之间比较了解的借款人自动组成联保小组。通过这种选择性配对，小组贷款模式实际上把本应由微小贷款机构承担的风险识别责任的绝大部分，转嫁给了相互之间更加了解的潜在客户群体，并由他们内部将高风险的借款人驱逐出去，实现小组的安全性和同质化。

2. 组内制约机制。小额贷款运作的一个重要问题是，要确保借款人诚实使用资金，增强偿还的可能性，降低违约风险。联保小组不仅是一个自动筛选机制，还是一个典型的团体激励机制，小组内部的成员既是监督人，也是被监督人，从而实现用小组成员内部的监督代替微型金融服务机构外部监督的目的。这种制度安排有利于降低微型金融服务机构的监督成本，使监督变得可行，同时也更有效；同时，小组内部还能激发起竞争意识和相互支持意识。严密的组织和制度保障，使各小组成员之间形成相互支持、相互监督的氛围，保证了较高的还款率。

3. 小组内部互相担保的担保替代制度。中低收入阶层因不能提供正规金融机构要求的合格担保品而被排除在正规金融体系之外，所以大多数微型金融服务机构都不明确要求客户提供担保品，而是通过各种担保品替代机制来控制风险。小组贷款模式的解决方法是由联保小组内部的成员相互提供担保，如果某一小组成员不能按期偿还贷款，则由其他小组成员承担贷款偿还责任，否则将导致其他成员失去再次获得贷款的机会。一方面，促使建立小组成员的内生化选择机制，将高风险客户排除在外；另一方面，小组内部的相互监督，有利于避免贷款偿还中的道德风险。部分微型金融服务机构采取小组成员轮流获得贷款的形式，并且小组长获得贷款的顺序排在最后，这有利于进一步强化小组内部的监督。

4. 联系人和定期会议制度。为了降低贷款管理成本，微型金融服务机构通常将若干个距离相对较近的联保小组联合组成中心组，中心组选举产生中心组组长，每个小组的组长和中心组的组长作为联系人，负责与微型金融服务机构保持经常性的联系，并组织召开定期的中心会议。中心组组长负责组织定期的中心会议，并协助微型金融服务机构信贷管理人员收取还款、存款和解释银行的规章。联系人和定期会议制度确保了成员间信息的及时沟通和提高信息的对称性，并确保贷款的适当利用和准时还贷。通过联系人制度和定期会议制度，使得小额信贷的管理人员能够同时管理较多的客户，有利于降低贷款的管理成本。

5. 贷款偿还的动态激励机制。动态激励机制是指将借贷双方的未来预期和对历史记录的考察纳入贷款管理的框架，设计出能够促进借款人还款的激励机制。小组贷款模式中的动态激励机制，是通过未来贷款的可得性对于本期贷款偿还起到激励作用。在放款的过程中，从提供较小额度的贷款开始，在及时归还的前提下，才开始发放数额较大的贷款。如果微小贷款不能及时偿还，进一步的信用渠道就将被切断。这种逐步增加贷款额度的连续放款方式形成了贷款中的动态激励机制，当借款者预料到在未来可以获得贷款、甚至更大规模贷款时，将会增加其还贷的意愿。在小额贷款实践中，相对于传统贷款方式而言，小额贷款能保持较高的还贷率，动态激励机制发挥了重要的作用。

6. 定期还款机制。小额贷款运行中，最少被关注但也是最不寻常的一个特征，就是小额贷款的偿还从贷款刚一发放就已经开始。许多小额贷款机构都采用了不同于传统商业银行贷款的整贷零还制度，该制度要求借款人在贷款和进行投资后不久，就开始在每周（或每两周、每月或每季度）进行一次还款，一般每次的还款额度根据贷款本金和全部利息之和除以总的还款次数来确定。

整贷零还制度有几重优点：一是定期还款的计划可以起到甄别不守纪的借款人的作用，具有一种“早期预警”功能，从而提早发现那些具有较大潜在风险的贷款，警示可能出现的问题，从而避免所有的贷款风险在期末时集中暴露，进而为小额贷款机构尽早减少损失。二是分期还款的方式让小额贷款机构掌握了现金流，避免了被消费或转移的可能性。三是当客户的实际贷款额随着还款过程的进行逐次减少的时候，小额贷款的“有效利率”将大大高于贷款合同上载明的水平。这一特征在许多贷款利率受到严格管制的地区，可以构成一种迂回地收取较高利息的权宜之策。

整贷零还制度是一种基于“现金流”理念的贷款管理技术，该技术在加强小额贷款机构自身现金流管理的同时，对借款人的现金流也提出了较高要求。

总体来看，小组联保贷款的可操作性强，各种制度均植根于借款人的现实，一切要求都简单明确而不需要太多高深的监督技术。针对低收入人群数量众多及分散的特性，成立了小组、中心等组织；针对信息不对称问题，通过成员筛选确保小组内的信息较充分，并将监督的职责内化，节省了监督成本，解决了银行的委托代理问题；针对低收入人群空白的财务记录，设计定期存款的机制帮助他们建立简单的财务收支记录，保证了信贷资金的高回收率和高回报率，并引导他们积累自身财富，逐步改善经济状况。

二、村银行贷款模式

村银行贷款最早是由玻利维亚国际社区援助基金会（FINCA）使用的一种贷款管理模

式，实质上是小组规模较大的团体贷款模式的翻版。

1. 村银行的运行架构。村银行是一种半正规性质的会员制合作互助信贷组织，会员拥有村银行所有权。村银行一般采取民主管理方式，由成员自己选择领导、设计规章制度、记账、资金的管理、贷款的发放和收回等。村银行定期召开会议，一般每周或至少每月进行一次，所有会员必须参加。在每次会议上，自助小组成员讨论所面临的问题，并试图找出问题的解决方案，以增进成员之间的相互了解和更好地解决存在的问题。

村银行的初始资金主要来源于外部支持机构的捐赠和内部的资金积累。这种贷款管理模式下，外部支持机构通常提供初始的资本金，并帮助村银行组织培训成员，随着村银行管理能力、内部资金和自治能力的增强，外部支持机构将逐步淡出。村银行所有成员必须定期存储一定量的小额存款，逐步形成村银行的资金。

2. 村银行内部贷款的管理。村银行可以利用内部积累的资金为成员提供贷款，具体的贷款管理办法如贷款的申请、审批、发放、回收等，贷款产品的相关条款，如贷款目的、金额、利率和还款计划等，均由村银行成员讨论决定，并保持相关贷款记录。通过内部贷款的管理，村银行成员逐步掌握如何正确地管理、利用和偿还他们的小组贷款，这些活动为随后向商业银行借款提供了宝贵的经验。

3. 村银行的外部融资。村银行自有资金往往难以满足会员的需求。如果各方面的管理逐渐成熟，能够满足相关要求，则村银行可以以集体名义向商业银行申请贷款。商业银行提供批发贷款，将信贷权交给村银行。商业银行提供贷款给村银行的利率由双方谈判决定，而村银行提供给成员的利率由成员讨论决定。村银行贷款一般不需要抵押品，其贷款由成员担保，如果有一户不能还款，其他成员有责任代为偿还。村银行贷款模式利用社区中已经存在的熟人网络和声誉机制，来形成对成员行为的制约和激励，从而保证贷款偿还。

与传统的针对个人的贷款相比，商业银行或微型金融机构与村银行之间的信贷联结具有如下优势：

（1）有利于降低交易成本。对一个村银行发放贷款只需要一个账户，这样商业银行或微型金融服务机构可以通过较少的账户服务更多的客户。同时，在贷款的评估中，银行评估的对象不是借款人个人而是村银行，对借款人的评估由村银行自主进行，增加了同伴筛选的效应，减少了交易成本。

（2）增加了银行的存款基数。尽管每个账户的金额非常小，但小额的储蓄对银行仍然有利可图。因为经过一段时期，村银行的金融业务逐渐变成很大的业务。

（3）提高贷款的偿还率。村银行成员对贷款成员的道德压力是保证贷款适当运用和贷款偿还的有效手段，并且由于村银行内部成功的成员弥补了亏损者的部分损失，从而减少了由于项目不成功导致的银行损失。

（4）商业银行在农村区域社会声誉的增加。通过与村银行合作，银行或微型金融服务机构得到了社会的承认，获得好的声誉，有助于未来在乡村中发展银行业务。

三、个人贷款模式

个人贷款是指微型金融服务机构直接与贷款的个人（或小微型企业）签订合同，由贷款的个人负责偿还贷款的管理模式。个体贷款管理模式不依赖于小组机制来控制低收入人群贷款的风险，而是将传统的银行信贷技术根据低收入人群的特点进行调整后产生的。

这一模式通过考察客户的生产经营活动、家庭经济状况以及客户的口碑等来收集信息以评估风险，而不是通过收集文件的方式。传统银行贷款存在抵押物崇拜现象，贷款风险的评估是以抵押物是否足值为主，以财务分析为辅，而小额贷款则是基于对客户真实现状分析，抵押、担保只是形式和名义上的。小额贷款以分析评估借款人的现金流和个人品质为核心，通过实地调查来获取反映借款人身份、品质、还款能力和还款意愿的信息，并借助于交叉检验的方法来验证信息的真实性，由此来决定是否授信，并灵活地确定贷款额度、期限和还款方式，从而更好地满足客户多元化的贷款需求。

目前，我国微型金融服务机构个人贷款模式的运作，是通过准确的市场定位和主动的营销策略，融合 IPC 小额贷款技术和人员培养模式，以标准化的微贷操作，充分利用客户的“软信息”与交叉检验、自编财务报表等核心环节对陌生客户作出快速决策，为客户提供可持续的金融服务。其运作机制主要包括以下几方面：

1. 标准化管理体制。小额贷款管理程序的标准化是由小额贷款业务的特点决定的。小额贷款业务具有短、小、频、急等特点，客户没有或很少有银行认可的财务报表和抵押资产，也难以找到合格的保证人。因此，需要在每个业务环节加以特别注意。小额贷款的个人贷款模式通过贷款机构实行扁平化管理，减少中间管理环节，将更多的资源集中到信贷支持上，从而提高效率、降低成本。此外，为了提高小微企业贷款业务的劳动生产率，设计和使用适用于小额信贷技术要求的计算机管理信息系统，有效减少信贷分析、信贷发放、贷款监控和回收过程中的管理成本，从而实现整个贷款业务流程的效率最大化。标准化的小额贷款业务流程主要由贷款营销、贷款申请受理、贷款调查、贷款决策、贷款发放、贷后监控组成。业务流程充分体现标准化管理，以达到在 2 ~ 3 个工作日内处理一笔贷款的效率，取得成本和质量控制的预期效果。

拓展阅读

常熟农商行服务于小微客户的工厂化快速贷款流程

常熟农商行是全国首批完成股份制改革的农村商业银行。作为一家县域级银行，自改制之初，常熟农商行就定位于服务“三农”和“两小”，与大银行实施错位营销。针对有小额贷款需求的下层客户群体，常熟农商行于 2009 年设立了直属总行的小额贷款中心，实行事业部制管理模式，集中受理小额贷款业务。

为了提高小额贷款的受理效率，提高小额贷款中心的可复制性，常熟农商行建立了标准化、工厂式的小微贷款业务流程，即在贷款业务的每一个阶段都有标准化的操作步骤。

从最初的市场营销开始，通过坚持小贷一贯的地毯式、高密度的实地营销，获得源源不断的客户申请；提交贷款申请时，客户要在 15 分钟内填完申请表；申请表上交之后由主管分配给信贷员，由信贷员上门调查客户的实际情况；调查人员上门调查时要在 2 小时内完成对客户的 17 项资料的调查，并填制调查分析表；在做表的过程中，要求在两次电话以内完成对客户的回访和沟通，完成调查表；调查完成之后信贷员将所有的数据和音像资料上传给综合审批部，审批部 15 分钟之内对信贷员进行回应；在审批过程中，要求审批部在 15 分钟内完成对一笔贷款的审批，正常在 1 天之内给予客户答复，最迟不超过 3 天；综合审批部审批同意之后会通知客户前来放款；在贷款发放之后，会开展贷后监控以及每月的贷款催收及逾期处理工作，并且在3个月之内进行一次实地贷后调查工作。在进行贷后工作的同时，又开展对老客户的介绍营销，鼓励老客户推荐其上下游、生意圈、交际圈内的优质客户资源，从而进行新一轮的营销活动。由此开始了一个快速高效的良性循环阶段。

资料来源：编者根据相关资料整理。

2. 贷款经理人制度。个人贷款模式的贷款经理人制度指的是通过相对严格的选拔和专业化的内部培训，培养小额贷款的信贷员队伍。小额贷款主要面对的是农户、个体工商户及小微企业，客户总体文化层次较低，缺乏可抵押资产，一般要求信贷员在实地调查的基础上确定客户的信贷资格，并在发放贷款后跟踪还贷情况。所以，与传统银行信贷相比，小额贷款的信贷员个人责任更大。这就需要信贷员具有更好的交流沟通和分析问题的能力、认真负责的工作态度以及吃苦耐劳的敬业精神。在贷款经理人制度下，小额贷款机构根据信贷员的级别、工作年限和工作业绩，给予不同的授信额度（指单笔贷款的授信额度），在授信额度以内，信贷员有权直接发放贷款。小额贷款机构定期对信贷员进行定量考核和定性评价，主要包括信贷员的工作态度和工作能力等。同时，通过责任追究制度，信贷员对一笔贷款的全过程负责，其收入也直接跟信贷业绩挂钩。这种激励和约束机制促使信贷员必须通过“频繁地访问”客户来获取大量的“软信息”，既要非常关注贷款的规模，又要高度重视资产的质量，严格地监控客户以降低违约率，能够带来较好的经济效益。

3. 客户选择机制。传统银行信贷技术主要基于那些易于编码、量化和传递的硬信息，然而中低收入群体难以满足这些贷款条件，在开展小额信贷业务时，需要引入创新性的信贷技术，以适应小额信贷客户缺乏完整的财务报表、缺乏合格的抵押物、信息不透明等特点，可以根据借款人的具体情况来提供个性化的服务。IPC小额信贷技术强调通过信贷员对客户的实地调查和有关人员的交谈来获得借款人更多的信息，包括财务信息和软信息，通过这些信息重点考察借款人的还款能力和还款意愿。

（1）借款人还款能力评估。正确评估借款人的还款能力对降低信贷风险具有极为关键的作用。通常把企业和家庭作为一个整体来考虑，通过对家庭、企业的现金流的计算来评估借款人的还款能力。信贷员要细致深入地进行实地贷前调查和分析，通过调查小额信贷客户的业务流量、存货量、各种原始单据等来查看其经营情况，广泛收集客户的财务数据和相关信息。根据所采集到的数据编制出企业和家庭的资产负债表、损益表、现金流量表，预测未来的现金流量，以评估客户的还款能力。进而在金融产品设计方面，设计适合于小额贷款客户的贷款期限和还贷计划，有利于提高借款人的还贷能力。

（2）借款人还款意愿考察。在小额信贷中，对借款人还款意愿的考察与还款能力的分析具有同样重要的作用。考察重点在借款人个人及其家庭的特点，以获取借款人一些相关的软信息，包括客户的基本信息（性格、嗜好、声誉、生活环境等）、经营信息（经营经验、经营动因等）、经营实体信息（企业管理方式、规范程度、上下游合作方评价等）等。信贷机构必须设立一些需要考察的角度和尽可能标准化的评估表格，以便指导信贷员进行间接的考察。这些软信息既有助于判断客户的还款意愿，又有助于了解客户的还款能力。此外，还可以通过一些激励机制来提高借款人的还款意愿。例如，借款人能够获得的贷款额度取决于他的信用水平，只有按时还清一笔贷款之后才可以申请下一笔贷款，并且下一笔贷款的额度可以增大，贷款期限可以加长。这样就对客户形成一个有效的激励，促使其履行还款义务。

（3）交叉检验。即信贷员要通过多角度对实地调查所获取的客户财务信息、软信息进行交叉逻辑检验，来验证客户提供的信息和数据的真实性。客户可能有意或无意地提供了某些不真实的信息，但不真实的信息必然有漏洞或相互矛盾的地方，必然不能自圆其说，从不同的角度考察，这些矛盾就会显现出来。考察的角度越多，对所获得的信息或数据的可信性验证也越充分。顺利实施交叉检验的重要前提是要对当地不同行业的经营特点、经营方式、投入品价格、商品销售价格进行深入了解，而这些因素是不断变化的，因此对信贷员的个人经验和广泛的知识面有很高的要求，只有通过系统地总结积累和相互交流才能更有效地进行交叉检验。

知识链接

两种小额信贷技术——IPC 和打分卡（FIOC）

一、德国 IPC 小贷技术

德国 IPC 公司 1980 年 11 月成立，在 20 世纪 80 年代末，IPC 的工作重心转移到了开发金融领域，开始小贷业务咨询服务，为拉美、非洲及东欧转型经济体制下的许多项目制定了新方法并将方法成功实施；90 年代末，开始技术入股发展小额信贷业务，通常占 15% ~20% 的股份，通过近 10 年的发展，IPC 牵头组建了 Pro Credit 控股公司，现经营分布于东欧、中亚、拉美及非洲的 22 家银行，Pro Credit 总股本权益达 2. 79 亿欧元。2007 年，在 Pro Credit 业务走向正轨后，IPC 咨询团队再次分离，专注于咨询业务。

德国 IPC 和中国的合作从 2005 年开始，通过国家开发银行微小企业贷款项目，成功和国内 12 家银行合作，包括包商银行及马鞍山农村商业银行，包商银行的小贷业务取得了空前的成功。之后，德国 IPC 公司还与国内的广州农商行、宁夏银行、蚂蚁金服等多家金融机构开展了合作。IPC 小贷技术目前在我国小额信贷领域被广泛应用。

德国 IPC 技术的信贷流程包括市场营销、贷款申请、信贷分析、信贷审批、贷款发放、贷款回收六个部分，和我们传统的商业银行信贷大体上没有什么区别，这也是该技术在我国被广为接受的重要原因之一。每个部分的细节上，都充分考虑了小贷的特点，能简单的尽量简单。如最简单的资产负债表只有 7 ~8 个项目，简单的要求让信贷员容易掌握，也方便从客户那里获取重要信息。

德国 IPC 技术的特点之一是容易复制，对专业方面要求不高，更多的是对人的基本素质的要求，人员招聘考试形式包括笔试、无领导小组讨论等，主要考察员工的诚信意识、亲和力、积极主动性等素质方面的要求。同时，后期还有大量的评测来淘汰不合格的员工，淘汰率在 20% ~50% 左右。初入行员工一般会有 3 个月的培训，培训包括看文档、观摩、课堂培训、实际业务操作等，实行师傅带徒弟的方法。

德国 IPC 技术一般要求小贷业务以独立的事业部方式运作，总行设小贷中心，分行设区域经理，归小贷中心总经理直接领导。区域经理下面即是最小的信贷团队（一般在支行），该团队一般 10 人左右，包括 1 个主管岗，1 个后台岗和 8 个信贷员岗，后台岗在业务上和主管岗没有直接管理关系，日常工作上后台岗归主管岗管理，体现了欧美的分权管理思想，较好地实现了内部交叉审核。

交叉验证是德国 IPC 技术的核心，交叉验证就是对两个方面获取的数据进行核对，如果数据偏差在一定范围（比如 5%）以内，即认为是合理的。交叉验证有两个作用，一是获取精确的关键数据；二是用于验证申请人的诚信。

在德国 IPC 技术中，图表工具特别重要。图标工具可读性强，容易被非专业人士迅速接受并掌握关键信息。主要工具包括时间轴工具、上下游分析工具、资产负债表工具、损益表工具、现金流量表工具等。时间轴工具主要描绘企业或者企业主的从业历程，上下游分析工具用"输入→本企业→输出"的关系图，描绘企业的概要、业务流程，这两个方面宏观上说明企业是干什么的。资产负债表、损益表和现金流量表则分析企业是否有足够的现金流来支付贷款。一般把年收入的 70% 左右作为贷款还款上限。

二、打分技术

打分卡技术在国外已经发展了 50 多年，该技术是以计算机技术为核心的，以取代人力为特征的大规模自动化处理方法，是发达国家普遍采用的能够有效控制风险、降低业务人员数量、极大提高审批效率的商业银行革命性措施之一。1997 年，美国联邦储备委员会的调查发现，70% 的大银行在小企业贷款中用了打分卡。现在，打分卡除了在传统的信用卡领域继续发挥重要作用外，在信贷业务中，使用范围已经扩展到了汽车贷款、住房按揭和小企业贷款等诸多业务中。传统的小企业贷款审批流程一般要花费 12.5 小时到 2 周时间，而打分卡技术可把这个时间降低到 1 小时。

2005 年前后，我国大部分大中型银行都开始了打分卡技术的研究，但目前在打分卡的使用上还处于探索阶段，部分单位用于辅助决策，部分单位用打分卡的结果做营销方向选择等。打分卡技术的应用在小额信贷领域还基本上是空白。

打分卡技术的核心原理是使用一组变量，通过变量取值得到一个客户信用评分，该评分后面对应的实际上是好坏比，如国际有名的 FICO 评分 680 分对应的好坏比是 144：1。对银行来说，掌握了好坏比率，就明确了未来的盈利情况。举例来说，假定银行当前客户群的好坏比率是 20/1，即 21 个人中 20 个是好的，一个是坏的。对这个人群发放贷款，必须通过 20 个人的收入来抵消 1 个坏客户的支出（假定坏账户本金全部损失），以最后利润率 3% 计算，可以得到最低放贷利率为 8.15%，即对这个人群必须用 8.15% 的利率才能得到期望的理论收益；同样的方法可以算出，对好坏比率 80/1 的客户群，其利率是 4.2875%。打分会有偏差，好比价值和价格出现偏差一样。

打分卡技术使用场合很多，包括营销评分、申请评分、行为评分、回款催收评分等，按照具体的产品还可以分为信用卡、车贷、房贷、经营性贷款评分等，还有按照不同地域的评分等。根据不同的业务战略，打分卡的各项参数要做设定，打分卡的使用比打分卡开发更重要。

打分卡开发方法，包括逻辑回归、神经网络、决策树、马尔科夫链、生存分析等，用得最多的，还是传统的逻辑回归。采用逻辑回归的打分卡开发基本流程大致为选取样本、定义好坏标准、寻找可用变量、选择变量、评分模型开发、设置取舍点六个部分。打分卡模型一般包含 15 个左右变量，这是由于变量之间一般都会有耦合，如职务和职称，职务高的人一般职称也高，但不应该重复计算。如果变量太多，去掉变量间耦合会比较困难，也会使模型不稳定，某个变量的小小变化可能导致分值变化很大。

国内打分卡的使用成功案例还不多，而欧美较多，如美国富国银行（Wells Fargo），从 1994 年开始，对 10 万美元以下的贷款通过信用评分来做决策，大部分贷款仅通过邮件、电话或分行柜台发放，没有信贷员。

三、两种技术比较

两种技术各有特点，共同点是都具有较好的可复制性，由于小贷业务量大金额小，必须可复制，两个技术都很好地解决了可复制问题。同时两种技术还有很多不同之处：一是德国 IPC 技术需要大量人的参与，偏重于人与人沟通的技术，由信贷员做决策；打分卡技术，尽量降低人的参与程度，偏重于由计算机做决策。二是德国 IPC 技术对最终贷款金额通过现金流分析工具更准确，打分卡技术对违约率判断更清晰。两者结合效果更好。三是德国 IPC 技术理论上要求所有贷款都是正常贷款，不能出现差错，如果出现差错，会通过绩效对信贷员进行惩罚；打分卡技术是一个概率技术，从设计初就允许有损失，只是通过优化模型，降低损失概率。

资料来源：摘编自国培机构，信贷金融家，2017-02-08.

分析案例

重庆开县民丰互助小额信贷运行机制

为了满足贫困边远地区农户、小微企业的金融服务需求，1997 年 10 月，重庆市扶贫领导小组批准，开县民丰互助合作会（以下简称民丰互助会）注册成立。民丰互助会是在开县民政局登记注册的非营利性的社团组织，民丰互助会的定位是开展资金互助、实施小额信贷，主要服务对象是农村中低收入农户、城镇低收入居民、微型企业和个体工商户。民丰互助会最初称为“开县农户自主能力建设支持性服务社”，其业务主管部门是开县扶贫办。

2008 年以前，民丰互助会注册资本金为 5 万元，资金规模 3 000 万元，全部为农业银行给予的扶贫贴息贷款，有乡镇分会 20 个，从业人员 80 人，由于点多面广，规模效益差，机构年年亏损，只能靠政府补贴生存。2008 年，民丰互助会推行股份制改革，43 名职工入股 76 万元。2008 年 8 月，“开县农户自主能力建设支持性服务社”更名为开县民丰互助合作会，后经过 6 次增资扩股，2013 年 6 月末，股东总数达到 127 人，注册资本达到 4 288 万元，总资产 1.29 亿元，设有 11 个分会，有从业人员 64 名，授信会员 3 万余户，有效会员 11 813 余户。改制后，民丰互助会资金规模迅速增长，实现了年年盈利，在全县 8 个远边山区乡镇修建了自己的办公场所。

成立初期，民丰互助会主要借鉴 GB 小组联保贷款模式，其核心是“小额贷款、整贷零还、自愿联保、定期开会、培训到户”。通过 3～5 年的实践后，民丰互助会根据当地农村特点对 GB 模式进行了改进，在还款周期、额度和资金占用费等方面形成自身特色的运作模式。

（一）建立农户自治系统

1. 机构接近需求，并且设立村级农户自治中心，增进了信息的对称性。针对偏远地区的农户、小微企业开展金融服务的最大障碍在于信息的不对称，为此，民丰互助会借鉴 GB 模式，结合开县实际，在 11 个乡（镇）设立了分会，并在各乡镇所辖的村设立了 73 个村级农户自治中心，村级中心负责由会员农户自愿组成的小组。每个村选配 1 名中心主任，负责本村农户信息收集、宣传发动，协助乡镇分会进行资金发放、贷款回收和管理。

2. 建立农户经济信息和信用档案，并对农户评级授信，建立激励农户授信的机制。

民丰互助合作会在全县73个村级农户自治中心分别召开群众大会，广泛宣传小额信贷的基本做法，逐户调查农户家庭基本情况，包括家庭人口、劳动力状况、生产资料及财产状况、生产经营情况、负债能力等，给符合贷款条件的农户建档立卡、评级授信，并对那些守信的农户给予重复借款和信用升级，提供更大贷款额度的机会。由此，建立起了一种激励农户还款的机制，有利于实现较高的贷款偿还率。

3. 积极发展农村会员，不断提升服务地域深度。为简化借款程序，加强农户的归属感和责任感，互助会在授信评级的基础上推行会员制，所有资金服务只在会员内开展。针对有完全民事行为能力、遵纪守法、诚实信用和有致富愿望的农户，按照入会自愿、退会自由、农民会员不承担风险责任的原则，每户可由1名当家理财的人提出申请，缴纳100~1 000元身份会费，办理会员证，成为互助会会员。会员身份会费原则上两年内不予退还，两年后，如会员与互助会无经济往来，会员可以自愿退会，互助会按银行两年定期存款利率支付身份会费的资金占用费。互助会坚持在乡镇分会行政区域内以会员互助、合作、发展、共赢为目的，入会会员在互助会借款只需要10分钟就能办结。同时，会员还可以享受项目服务、技术服务和信息服务，可以参加会员大会或会员代表大会。2013年6月末，互助会已发展农民会员11 813人。

（二）发展会员互助资金

互助会会员有多余闲散资金可缴入互助会，单户会员存入金额不超过5万元，会员存入的闲散资金在会员间开展资金互助，互助资金80%投放到所属乡镇分会会员之中，20%上缴县互助会作为备付金。对会员存入的互助资金，互助会以略高于中央银行同期同档次存款基准利率作为标准支付资金占用费。会员制和资金互助的推行，既增强了互助会与会员、会员与会员的互助合作关系，缓解了小额信贷资金规模小、后续资金不足的压力，又切实解决了边远山区农户存款难、取款难等问题。

（三）业务机制

1. 评估客户的偿债能力及负债情况。互助会在贷款发放过程中，不仅仅评估借款人的偿还能力，还包括对客户负债能力的评估，注意防止客户过度负债。互助会根据会员家庭经济、收入来源、还款能力、最大负债能力等情况评定客户等级，并按相应等级发放贷款，其中还款能力和负债情况所占比重最大。互助会是以对客户负责的原则考察借款人资质，避免给借款人造成过重的经济压力。

2. 考核机制有利于防止过度放贷。互助会推行职工工作效益计价管理，以借款回收率、资金占用费回收率、新增借款户数、发展会员的情况等作为考核专项指标。绩效考核指标均设上限，超额不加分，这样便有效地从信贷员角度遏制了过度放贷现象的发生。

3. 金融产品信息透明，定价公开，有利于借款客户明明白白地进行信贷消费。互助会所有金融产品的定价、期限和条件对客户是完全公开的。互助会的利率随中央银行存贷款基准利率调整而变动，并通过张贴告示、发放传单、由信贷员传达等方式向客户告知，其中包括利息费用、互助资金占用费率、借款最高额度、借款期限、借款方式、借款贴息以及还款办法。

4. 员工与客户能够进行有效的沟通。互助会的员工均在入职前接受培训以便能够与客户进行有效的沟通，确保他们了解产品、合同条款、权利和义务。互助会员工100%为当地人，能够用当地语言与客户进行有效沟通。

5. 简化信贷审批程序，高效服务客户。在会员提出借款申请后，互助会经审查符合放贷条件的，向信贷审批小组提交客户贷前调查书面报告，平均每笔贷款从申请到发放仅需2天；对不符合贷款条件的，及时说明理由并在3天之内给予明确答复，绝不无故拖延或惜贷。

互助会结合山区实际，方便、灵活、快捷地办理每一笔业务，最大限度地为农户借款节约成本。一是一般信用借款3万元以内的，由夫妻双方共同借款；二是借款3万~5万元实行“三权”（农村房屋产权、林权、土地经营权）抵押，由分会信贷员现场确定，完善手续，发放借款，每月末统一交县会审核，县会再集中到县林业局、国土房管局、农委进行登记；三是借款需要夫妻双方签字的，若夫妻一方在外务工，只需外出务工前到分会办理借款授权委托书，在家的一方可随时到分会申请办理相应的借款；四是农户借款由县会授权分会先行发放，每月末再集中县会审批，确保农户能及时得到信贷资金支持。互助会的工作效率在当地金融服务提供者中有较强的竞争力。

6. 贷款产品的设计有利于客户信贷可获得性的提高。对于贷款额度在3万元以内的贷款，主要采取个人信用贷款和小组联保方式发放，对于借款额度在3万~5万元的贷款，主要采取农户普遍拥有的农村居民房屋产权、林权和土地承包经营权作抵押，因此，客户获得贷款较便利。据对互助会2012~2013年7月的1 580笔贷款的统计，抵押仅占18.3%，其余81.7%的贷款是信用贷款。

7. 跟踪客户的贷款状况，避免贷后的信息不对称现象。互助会对信贷人员实行“三包”责任制，即贷款包放、包收、包管理。在最初的评级授信中会评估借款人的负债情况，包括借款状态、付息记录以及诚信记录。贷款发放后，信贷人员定期深入客户了解贷款使用情况，每季向信贷审批小组提交贷后检查书面报告。调查中信贷人员均使用自备摩托车或互助会的摩托车，不向客户收取跟踪贷款过程中产生的相关费用。

资料来源：摘编自何广文，邰一珊，王力恒. 基金社会绩效视角的互助金融小额信贷——重庆开县民丰互助合作会案例［D］. 中国农业大学农村金融与小额贷款研究中心，2012.

根据所学知识，结合案例提供资料，请分析开县民丰互助会的小额信贷方法采用的是何种模式？为什么？

第三节 微型金融保险业务

小额保险是为农村和城市低收入人群提供的一种简易保险，是一种市场化的金融扶贫手段，被越来越多的发展中国家广泛采用。

一、小额保险需求的影响因素

人们对小额保险的需求主要受面临风险的大小、个体的风险承受能力、收入水平以及保险成本高低等因素的影响。其中，面临风险大小和个体风险承受能力等因素决定了人们潜在的保险需求，收入水平和保险成本则决定了人们现实的保险需求。

（一）风险因素

保险产品提供的是风险保障。风险因素存在的程度越高、范围越广，保险需求也就越大；反之，保险需求就越小。中低收入人群缺乏财富积累，抵御风险的能力非常脆弱，极易因风险的侵袭而陷入窘迫的境地，因此，其对于发生频率高、损失程度大的风险的保险就存在迫切的需要。有研究显示，健康风险是低收入人群最为担心的风险类型，其次是死亡和财产损失等。

因疾病引起的健康问题之所以成为低收入者最急迫需要解决的风险问题，其根源在于健康问题不仅发生的概率较高而且损失也较大。低收入人群通常缺乏疾病预防与保健知识，居住环境卫生条件较差，工作环境相对恶劣，感染疾病或因意外伤害进行医治的概率往往高于其他人群。同时，疾病将引起治疗费用的增加，使家庭储蓄减少，甚至使患病者失去工作的能力，严重时更可能使家庭失去经济来源，并且这将影响到对子女的教育投资，从而在长期内损害家庭的未来创收能力，进而陷于“因病返贫”“因病更贫”的状态而难以自拔。

在我国，近些年来医疗费用不断上涨，“看病贵、看病难”成为一个突出的问题。而我国基本医疗保险的保障程度较低，覆盖面有待进一步提高，难免使其中的一部分人“小病舍不得医治，大病又无钱医治”。小额保险对于在应对风险过程中具有脆弱性与局限性的低收入人群来说，能够为其提供一种较为有效的风险转移机制。低收入人群对于与其收入水平相适宜的小额医疗保险产品的需求必然也是十分强烈的。

（二）收入水平

小额保险虽具有缴费低廉的特点，但对低收入人群仍有最基本的缴费能力要求，无论是小额寿险、健康保险、意外伤害保险还是财产保险，都要求投保人具有一定的缴纳保险费的能力。根据需求层次理论，只有当基本的生理需求得到满足以后，才会产生更高一层次的安全需求。因此，倘若低收入者的收入在用于维持基本的生活消费支出后所剩无几，则其就不会产生对保险的显著现实需求。

小额保险产品提供的是一种低水平的保障，收入过低者无力承担保费支出，而收入较高者通常会寻求各种形式的商业保险。由此，在一定范围内，收入水平与低收入人群对小额保险的需求具有正相关的影响关系，但收入超过一定程度后，影响方向将会改变，因为此时小额保险已无法满足其更高的保障需求。有调查就发现，中等收入农村家庭对小额保险的投保意愿最为强烈。

（三）保险价格

保险商品的价格就是保险费率。保险需求主要取决于可支付保险费的数量，在收入一定的情况下，保险费率与保险需求一般成反比例关系，保险费率愈高，则保险需求量愈小；反之，则愈大。小额保险产品的服务对象是低收入群体，其定价要与一般的商业保险有所不同，小额保险产品的保险费率不能过高，要在低收入群体的收入承受能力范围之内。

为实现低保费，要求小额保险的供给主体进行组织模式和产品设计的创新，简化保险流程，提高供给效率，降低经营过程中的各项费用成本，并辅之以提供较低的保额。通过开发低收入群体买得起的小额保险产品，才能将潜在需求逐渐转化为现实需求。

很多时候，仅仅依赖市场机制，小额保险的供给主体通常难以完全克服低保费和高成本之间的矛盾，因而需要借助政府的支持，对低收入群体提供小额保险保费补贴，或者给予小额保险供给主体税收及其他的政策优惠。

（四）保险认知和风险意识

一般来说，若不了解保险、缺乏风险意识，人们的投保意愿就较弱；若对保险较为认可，人们就会更具投保意愿。

风险和保险意识通常受文化程度的影响较大。文化程度越高，对保险的认知能力一般越高。受文化水平所限，低收入者大多对风险的认识存在一定的偏差，如遭遇风险时常常抱着“是祸躲不过”的心态，对于应对风险持“宿命论”的观点，常常心存侥幸而不去采取适当措施规避、处置风险。即使部分低收入者能够一定程度上认识到其所面临的风险，基本上也是以储蓄等传统的方式加以防范，而对于管理风险的有效方式有哪些，哪些风险可通过保险转嫁给保险公司等不甚了解。这就必然会影响其对于小额保险的需求。

此外，风险和保险意识的强弱也与特定的文化环境密切相关。比如，中国的传统文化中既有节俭和储蓄的一面，但也有讳疾忌医、对风险避而不谈的一面，表现在一些人宁愿用血汗钱去求助神佛保佑，也不愿意通过购买保险来转移风险。为增进低收入群体的风险意识和对保险的认知，有必要开展形式多样的宣传教育。如选择适当的时机，广泛开展社区营销活动，以贴近低收入人群体现实生产生活的方式，形象地展示小额保险的积极效果，以此培养潜在客户，促进对于小额保险的需求。

（五）其他因素

除了上述因素外，保险公司的可信度、低收入者的年龄、近年来的风险状况等因素也会对保险需求产生一定的影响。

如果低收入群对保险公司不信任，对保险公司的评价不高，就必然会抑制其对小额保险的投保愿意。努力改善保险营销人员的展业方式及服务水平，提高保险机构的可信度，增强低收入者对小额保险的认同感，这对促进小额保险的需求将是有益的。总体而言，随着年龄的增大，低收入群体对于小额保险的需求会减少，这是因为年轻者通常更习惯于进行积极的风险管理，而年长者由于受传统观念等束缚，一般无意关注新颖的风险转移工具。此外，近年来遭遇过人身或财产风险的低收入者对小额保险产品的需求通常也将更为强烈。

拓展阅读

小额意外险扶贫大作为

家住吉林省吉林市龙潭区乌拉街满族镇的小张和小李为同村村民，一次意外的发生，让两人的生活水平拉开了距离，也让他们真正明白了意外伤害保险的意义。

前段时间，二人在干农活时被机器砸伤，一同住进了医院。幸运的是，小张年初曾和一些村民在中国人寿集体投保了国寿农村小额意外伤害保险，在住院结束后，中国人寿保险公司吉林分公司为小张分担了近40%的医疗费用。然而，小李就没有这么幸运，原本觉得购买小额意外伤害险是浪费钱，可是意外发生后，巨大的医疗费用才让他意识到保险的重要性。

农村小额意外伤害保险是专门针对农民发生意外伤害、残疾和死亡等特定风险所设计的惠民保险，是小额金融的重要组成部分，也是一种有效的金融扶贫和保障手段。据了解，自2013年起，吉林保监局利用在白山地区靖宇、临江两地承办新农合大病保险的契机，开始推动开展小额人身保险试点工作。

“保费每年30元，保险公司承担2万元意外身故责任及2 000～3 000元以外医疗责任。由于条款简单，保费低廉，理赔简便，加之赔付比率相对较高，小额人身保险迅速得到当地农民的普遍认可。2015年，小额人身保险业务很快覆盖全省49个县区，600余个乡镇，赔款支出1 123.93万元，为137.36万人次提供近13.03亿元的保险保障。”吉林保监局产险处负责人介绍道。

“作为农业大市，吉林农村人口占比较大，全市处于贫困和低收入阶层的农户较多。因保险意识还比较薄弱，每年都有一定数量的农民发生各类意外伤害或者患上各类疾病，导致因病致贫、因灾致贫的情况时有发生。”中国人寿吉林市分公司负责人表示，“推广农村小额保险是完善农村社会保障体系建设的重要举措，也是我市保险业有效服务‘三农’、推进金融综合改革的重要平台。中国人寿吉林分公司会在今后的工作中扩大农村小额保险的知晓度和覆盖面，提升保险行业的服务能力，让农村小额保险惠及广大农民，为他们带来更多的保险和风险保障。”

据悉，中国人寿吉林分公司启动的“农村小额保险”项目，保险责任涵盖意外伤害和医疗费用补偿等多个方面，具有保费低廉、条款通俗易懂、手续简便等特点，市场适应性强，可与现行的新农合、城镇居民等社保政策形成互补，极大地减轻参保群众的经济负担。这一举措将有利于农民人身保障的进一步完善，促进农村社会保障体系的进一步发展。

资料来源：作者阳爱姣，农村金融时报，2016－08－22.

二、小额保险的发展模式与基本策略

（一）小额保险的发展模式

从国际小额保险的实践来看，小额保险的发展模式存在着较大的差异性。差异的形成是与各国或地区的社会经济条件、文化结构及制度环境等的不同密切相关的。不同的模式之间各有优劣，各个模式之间的经验可相互借鉴利用。

1. 小额保险的经营模式。根据是否具有商业盈利性，国际小额保险的经营模式主要有三种。

（1）商业运作模式。即小额保险提供机构作为风险承担方，在产品定价、销售、核保、理赔和服务等方面，完全按照商业化原则运作。由于可以灵活地进行合理定价，小额保险提供机构可以针对客户的需求提供相应的小额保险产品，有助于低收入者长期获得所需要的保险服务。并且该模式下作为风险承担者的小额保险提供机构通常在精算、经验数据、信息系统等方面拥有较强的专业能力，便于风险控制和实现稳定经营。这种模式的缺点表现在不利于实现小额保险的“低费率”，提高小额保险覆盖率的难度增加。同时，商业保险通常面向中高收入阶层，小额保险提供机构为保证产品的针对性，需要花费较大的投入对低收入客户市场进行调查。此外，该模式对销售渠道建设、成本控制与服务的平衡等方面提出了较高的管理水平要求。

（2）政府支持下的半商业模式。即政府参与组织、动员低收入群体投保，但不负责保险机构的经营风险，保险机构负责产品开发、精算、核保、理赔和服务等，按照微利的原则自主经营、自负盈亏。该种模式的主要优势是能够以较低的成本、在较短的时间内使小额保险的覆盖率达到较高的水平。由于有政府的组织动员，因而小额保险的销售会变得简单易行，成本也可降低。在一些场合下如果政府提供一定的保费补贴，则还能减轻低收入群体的支付压力，提高低收入群体的参保意愿，提升小额保险的参保率。并且，政府的参与也有助于提升低收入人群对于小额保险的信任度。这种模式的局限性在于：一方面，在这种模式下小额保险提供机构可能要承受来自政府的压力。当低收入投保人与小额保险提供机构出现分歧时，迫于政府的压力，后者有时只得被动接受前者甚至是一部分不甚合理的要求。另一方面，小额保险提供机构需要将政府的要求亦考虑进来，从而一定程度上会削弱机构本身的自主性程度。小额保险提供机构在设计小额保险产品和保险方案时，除了适应低收入市场的特点外，还要结合政府社会管理的目的和需要，在某些情况下可能在价格、风险控制等重要问题上要作出一定的让步，进而可能对小额保险业务的盈利状况和稳健经营带来一些不利影响。

（3）互助或合作保险模式。互助或合作机构开办小额保险业务，旨在为保单持有人提供低成本的小额保险产品，而非追求利润。提供小额保险服务的互助机构主要有三种，分别是独立的互助（或合作）保险公司、互助保险协会网络及隶属于金融合作社（主要是储蓄和信用合作社）网络的保险公司。互助或合作保险模式的优势主要包括：首先，小额保险计划为成员所有，成员共担风险、共享利润、自我管理，从而个体利益与团体利益易达到一致，成员之间的凝聚力较强。其次，成员之间相互熟悉，对其他成员是否采取适当手段防范风险事故的认知充分，信息不对称问题不明显，在共同利益的制约下，可以有效地降低道德风险，防止逆选择。再次，小额保险的管理由成员自己进行，同时，成员通常工作、生活在一起，维护费用相对低廉，不存在高管理和维护费用问题，小额保险运作的成本费用相对较低。最后，这种模式在不同的文化和经济环境中具有较好的适用性。不同国家互助保险机构的发展实践表明，依托储蓄和信用合作社及其他合作社网络的较强的客户资源优势，相关保险机构能够为众多的低收入客户提供小额保险服务。该种模式也存在一些缺陷，主要表现在：一是管理的专业化水平不高，相对缺乏设计保险合同、定价等的相关知识和技术，如果缺乏一个强有力的外部主体驱动并提供管理上的帮助，易于产生管理和控制能力不强所导致的一系列风险。二是该模式受组织性质的限制，通常属于组织内的品种，小额保险产品种类比较单一，覆盖面相对较小。三是同质性风险问题突出，巨灾风险化解能力有限。当大量风险事故同时发生，或发生巨灾风险，有限的基金很难满足理赔需要，在赔付方面存在较大的不确定性。

2. 小额保险的管理及营销模式。从管理及营销模式上来看，国际小额保险主要有“合作—代理”和“完全服务”两种模式。

（1）合作—代理模式（the partner-agent model）。它是指一家商业保险公司或互助保险机构和代理机构合作，保险机构负责计提准备金、开发产品、定价及满足官方监管要求，代理方则负责销售、损失清算及促进风险、资源和专业技能从非正规渠道向正规渠道进行合理转移。代理机构可以是小额信贷机构或其他中介销售渠道，如可通过小额信贷机构向借款人提供小额信贷保险，或者是农村妇女扶助机构等一些非政府组织根据成员的保险需求，在提供既定服务的过程中，与保险公司合作为成员提供小额保险服务。合作—代理模式的优势表现在如下几个方面：一是能够充分发挥小额保险各个参与主体的优势，便于实现市场规模的快速增长。二是能够降低小额保险计划的经营成本，增强客户对小额保险的信任度。三是代理人不用承担保险计划的经营风险。四是能够为保单持有者带来更多的保险利益。合作—代理模式也存在一些缺陷。一是保费水平相对较高，原因在于代理人有“佣金”收入的要求，而保险人有合理利润的追求。二是委托—代理环节较多，易于发生诸如信息在保险机构、代理人和保单客户之间沟通不足、理赔处理效率低等问题，以及相对较多的欺诈行为、道德风险所导致的不恰当承保等。三是当初始投资形成后，双方之间持续的业务合作主要取决于代理人的选择，当代理人中止与既定的保险机构合作时，后者会失去已有的低收入客户群。四是对于代理人来说，小额保险是其非核心服务，属附带提供，这可能使营销人员推广此类保险产品的意愿不强。

（2）完全服务模式（the complete-service model）。它是指小额保险的提供机构直接向被保险人收取保费并提供保险服务，没有任何其他的机构或组织介入产品销售或管理流程当中。其中，提供小额保险的机构既包括非正规金融组织，也包括正规金融机构。如果由低收入者的互助组织直接向会员提供小额互助保险就属于非正规金融组织提供的“完全服务”，典型的例子如西非一些国家的社区互助健康组织、菲律宾的互助利益协会等。如果是保险公司或是微型金融服务机构独立开展的小额保险，则属于后者，其中较有代表性的如孟加拉乡村银行为其客户提供的小额保险服务。完全服务模式的有利之处是小额保险提供主体能够独自享有保险利润，并且能够主导小额保险的服务标准和产品设计，便于更好地保障客户的利益。但该模式也存在着筹备时间较长、面临较大的监管压力等不利之处。

（二）发展小额保险的基本策略

小额保险在我国发展时间不长，当前其运作方式、盈利模式、监管制度仍处于探索阶段。结合小额保险本身的特点及世界其他国家的实践经验，我国小额保险持续、健康发展，需要良好的政策环境与合适的发展模式，同时还需要引导和鼓励小额保险创新，并建立行之有效的小额保险监管体系。

1. 以政府支持下的半商业化运作模式为主的经营模式。小额保险的服务对象、服务地域具有明显的特殊性，单笔业务收入较低，经营成本较高，保险机构经营小额保险业务的利润一般较低。如果完全按照商业运作的方式来经营小额保险，保险机构缺乏展业动力。同时，我国合作组织和互助机构处于初级发展阶段，相关的法律也不健全，这制约了互助和合作保险的发展。因此，在现阶段，我国可以选择以政府支持下的半商业化运作模式为主、纯商业化运作模式为辅，同时积极探索相互制和合作制保险组织的思路来发展小额保险。

政府支持下的半商业化运作模式由于有政府的参与，在低收入人群中的可信度较高，它既可以发挥商业保险的专业优势，又可以发挥小额保险的社会性功能，促进小额保险在商业性和社会性之间找到最佳的结合点。该模式可以回避纯商业保险经营模式下低收入人群“买不起保险”的局面，避免互助保险经营模式难以面对巨灾风险的局限，也不会因为与特定产品捆绑销售而导致品种单一等问题，能以较低的成本满足低收入人群多层次的保险需求。

政府支持的半商业模式应遵循市场运作、政府扶持的原则，小额保险的经营由保险公司来完成，政府不应直接干预保险公司如何去经营小额保险。在该模式中，政府的主要作用在于：普及小额保险知识，动员和组织低收入人群购买小额保险；提供保费补贴，鼓励低收入人群参加小额保险；对保险机构的小额保险业务给予一定的税收减免和管理费补贴，激励其经营小额保险的积极性。

2. 鼓励小额保险产品的开发与创新。作为一项专门针对低收入群体的业务，小额保险需求的价格弹性较高，保险价格的微小变动，可能会影响相当多客户购买保险与否的决定。因而，保险机构在产品设计上应根据当地收入情况，以风险保障型产品为主来开发适应低收入人群需求的小额保险产品。

我国幅员辽阔，地区之间存在着较大的差异，各个地区可能遭受灾害的种类、发生频率及损失程度有所不同，即使是同一风险，其危害在不同的地区也会呈现很大的差异。这就要求我们应当采取因地制宜的办法发展小额保险。要注意对各地区风险因素的综合考虑，包括自然条件、收入状况、消费习惯、年龄结构、已有保障等，把握该地区小额保险发展的重点领域，开发适应性高、针对性强、低收入人群用得着的小额保险产品，切实帮助低收入人群解决某种急需的保障问题。

鉴于低收入人群的经济能力有限，仅能够承受额度较低的保费支出，因而有必要开发在保费支付上可变的储蓄性产品。如推出支付保费与收获季节相衔接的小额保险产品，以及提供灵活付费方式的小额保险，允许大的自然灾害时调整支付期，丰年时多支付，但不影响保单的有效性。

3. 积极采取“合作—代理”的营销模式。我国低收入人群的保险意识还有待于提高，一些欠发达地区的保险密度很小，保险深度也很低。在此背景下，保险机构开发的小额保险产品若直接通过其自有的营销服务渠道进行营销，效果一般不会很好。而与当地的一些民间组织或机构（如供销合作社、农产品行业协会、农村妇女扶助机构、农村资金互助组织、邮局等）合作，借助于这些“代理人”在地方市场上的信誉、信息等优势，有利于扩大小额保险的影响，使低收入者真正了解小额保险的作用，促进其接受这一费率低、承保及理赔手续简便的保险产品。

为拓宽营销渠道，保险机构还应加强销售模式的创新，积极探索多元化的小额保险销售渠道：一是开展与地方社保机构的合作，借助地方社保机构渠道，开展小额医疗保险与新农合的捆绑销售。二是通过农机站、农药化肥等农业用品销售网点销售部分小额保险产品。三是发挥农村“村委会”成员及当地“有威信的能人”的独特优势，夯实保险机构与村民的互信基础，进行宣传与推广，提高小额保险的市场渗透力。四是充分利用信息技术手段，开发小额保险电子商务销售平台，试点开展小额保险的手机销售和网络销售等。

4. 推进小额保险与小额信贷的结合。引入与小额信贷相配套的保险机制，是一种在国际上有着广泛实践的成功模式。将小额保险与小额信贷相结合，可以实现小额信贷机构、保险公司和借款人等多方获益。对小额信贷机构而言，可以通过小额保险业务降低信贷风险。小额信贷业务面临着各种风险，包括自然灾害造成借款人失去偿付能力的风险、意外伤害导致借款人无力还款的风险、信息不对称引起的道德风险等。引入保险手段，可以保障小额信贷的借款人在人身、财产遭受损失时获得及时的经济给付，有效强化小额信贷的担保机制，保证小额信贷的足额偿还，降低放贷机构开展小额信贷业务的风险，促进小额信贷的可持续发展。对保险机构而言，可借此增加保费收入和选择目标客户。通过与农信社、邮政储蓄等小额信贷机构的合作，保险公司既可借助这些机构在网点、信息等方面的优势，进行小额保险业务的营销和开发，增加对借款人的意外伤害等方面的保险保障，又可利用信贷产品的客户筛选机制，降低小额保险业务的客户搜寻成本，便利保险机构进行市场细分和目标顾客选择。对借款人来说，可以缓解贷款难问题。通过发展小额保险，将助推小额信贷，保证借贷的可持续进行，降低小额信贷机构对小额信贷借款人的贷款利率上浮幅度，减少借款人的贷款成本。

小额保险和小额信贷可以尝试以下几种结合模式：一是小额信贷和小额寿险相结合。在世界范围内，小额信贷与小额寿险相结合的发展模式（即信用寿险）是较为成功的，其作用是防范小额信贷机构因借款人死亡而导致的信贷风险，保障的程度一般限于贷款数额。二是小额信贷和保证保险相结合。这种模式是以被保险人的信用风险作为保险标的，一旦被保险人在贷款期间由于可保风险的发生不能偿还贷款，保险人将代为偿还贷款。其对于借款人来说较为方便，但保险机构面临的风险较高。三是小额信贷和小额意外险相结合。这种模式是由保险机构向借款人提供意外伤害保险，在其遭受意外事故导致身体受伤害而残疾或死亡时，由保险人向信贷机构支付赔偿金。四是小额信贷和健康保险相结合。此模式承保的风险主要是因疾病导致的医疗费用开支损失和正常收入的损失，当发生保险事故时，可由保险人替被保险人向银行偿还贷款。五是小额信贷和指数保险相结合。这种模式主要针对借款人生产投入成本及产出品价格波动而推出，当市场价格指数超过约定限额时，保险人按保险合同进行赔偿，由其替被保险人向金融机构提供部分还款。

5. 完善小额保险监管制度。小额保险市场是一个新兴的市场，也是一个脆弱的市场。根据小额保险的发展需要，完善监管规定和规则，也是实现小额保险快速健康发展的关键环节。一要完善小额保险市场的准入标准。适当放宽小额保险的准入范围，逐步允许非政府组织、互助组织、小额信贷机构等主体涉足小额保险业务，推进形成小额保险多主体经营的格局。二要注重偿付能力监管。针对小额保险不同保险人在资本运行方式上的差异，可以建立依照资本能力分级收取的准备金制度。三要完善再保险制度。我国目前的再保险制度还没有覆盖到提供小额保险的互助组织、非政府机构和小额贷款公司等主体。将这些机构纳入再保险体系能够增加其抵御风险的能力，帮助其获得更多的可运行资金。四要注重对小额保险被保险人权益的保护。要保护小额保险投保人免于误导性的销售和不公平的保单。应建立相应的小额保险统计制度，加强市场监控分析，及时发现小额保险经营中的异动情况，坚决遏制违规行为。

三、小额保险特征与产品类型

小额保险是为中低收入人群提供风险保障的简易保险。其承保风险主要是危及中低收入人群生产和基本生活稳定的疾病、意外等风险。

（一）小额保险的特征

由于小额保险所保障人群的特殊性，与一般的商业保险相比较，其具有自身的一些特点。

1. 保障对象具有特殊性。一般商业保险倾向于将低收入人群和高风险人群排除在业务范围之外，而小额保险的保障对象主要是低收入人群。低收入人群是相对弱势的阶层，需要一定程度上的安全保障，但通常要求他们有一定的购买力，能够负担定期缴纳小额保费，所以一般不包括无法负担保费的赤贫阶层。小额保险提供者为了节省成本费用，前端严格的核保筛选、排除高风险投保人的努力从一开始就被放弃，而是通过覆盖尽可能多的被保险人来达到分散风险的目的。发展小额保险的目标就在于使低收入人群获得更多保障，使其摆脱因病致贫、因灾返贫的贫困陷阱。

2. 保费低、保额低。保费低、保额低是小额保险最突出的一个特点。小额保险服务低收入目标群体的特点，决定了其只能收取低水平的保费。也正是保费低的特征，小额保险才能引起低收入人群的注意，产生市场号召力，从而打入低收入市场并且长期生存下去。保费的高低不仅与保额相关，也与保险公司降低成本有关，小额保险经营机构通过降低风险成本及内部运营费用，降低综合保费，使客户成为真正的受益者。小额保险缴纳的是小额保费，同时保险赔偿和支付的水平也较低，仅以保障被保险人的基本生活为标准。

3. 针对特定风险。一般商业保险的保险标的所涉及的范围较为广泛，这意味着风险增大，相应地保费也会提高。虽然有些风险发生的概率很低，且这些风险并不是低收入人群优先关注的，如航空交通意外风险。而小额保险将保险标的定位于对低收入群体来说发生频率较高，且一旦发生对其家庭产生毁灭性后果的风险，如家庭主要劳动力的意外伤害保险风险。在没有保障的情况下，家庭主要劳动力一旦发生风险事故，家庭收入就会失去来源，家庭消费必然减少，更严重的是家中的孩子可能面临失学的危险，给其家庭带来严重的后果。小额保险所针对的主要是低收入群体的特定风险，否则风险保障范围的扩大导致成本费用的上升会令低收入人群无法负担。当然，随着小额保险事业的发展，其所覆盖的特定风险范围也会不断扩大。

4. 流程相对简单。流程简单既是由小额保险客户特征所决定的，也是提供小额保险的保险机构降低成本的需要。经营流程的简化可以更有效地吸引客户，增强客户对保险产品、保险经营机构的信心，这对于吸引低收入群体来说尤为重要。而对于保险公司而言，简化展业、承保、收费和理赔等过程，可使小额保险易于销售、管理，提升公司的运营效率，减少公司费用成本，从而最终降低保费。当然，简化流程并不意味着降低服务标准，低收入人群对保险产品品质同样有很高的要求。简化流程主要是着眼于简化对低收入客户来说内在价值较低的一些不必要的程序、环节与规则，进而将最具价值的服务和保障传递给低收入客户。

5. 条款浅显易懂。详尽、规范的合同虽然有助于保护保险消费者的利益，但对于低收入人群这一小额保险的客户群来说，可能会产生“读不懂”的问题。低收入人群受教育程度普遍不高，许多人对于法律知识与索赔程序的认知极为有限，让他们去了解并购买一个条款复杂的保险产品，难免会困难重重。为了实现小额保险有效地覆盖低收入群体，必须简化小额保险条款，尽量采用平实、简明的语言，尽量减少除外责任，使小额保险条款以简单易懂的方式呈现在目标客户面前。

（二）小额保险的产品类型

小额保险的主要产品类型包括小额人寿保险、小额意外保险、小额健康保险及小额农业与财产保险等四类。

1. 小额人寿保险。小额人寿保险是以人的生命或身体为保险标的的一种小额保险。相对于其他的小额保险产品，小额人寿保险易于定价，易于界定保险事故，投保人的欺诈及道德风险也低，并且可方便地与其他的微型储蓄和信贷产品相连接。

（1）信用人寿保险。信用人寿保险是小额寿险中较为普遍的产品。它是以小额信贷的借款人的生命或身体作为保险标的，以借款人的生死作为保险事故的保险。当保险事故发生时，保险人替被保险人偿还小额信贷机构的贷款，保险金额一般以贷款额为限，少数场合下也包括丧葬费及被保险人家庭用以维持生计的费用等其他费用。

（2）定期寿险。定期寿险系在明确约定的保险期间内发生保险事故（死亡）而承担保险责任的人寿保险，这是商业保险机构最常提供的产品。小额定期寿险的目标客户主要定位于低收入家庭的主要劳动力，这对于低收入者具有吸引力，并可为他们提供有效的保障。

（3）长期寿险。长期寿险要求投保人按照较长的期限（通常超过 5 年）连续地缴纳保费，如果被保险人在保险期满时仍然生存，则可以领取一笔保险金，一旦被保险人在保险期间死亡，则受益人可领取保险身故金。现有的国际经验表明，小额长期寿险产品对于改善低收入人群保障状况的帮助有限。

2. 小额健康保险。小额健康保险是以被保险人的身体为保险标的，当被保险人因疾病致身体伤害时，对其发生的直接或间接的医疗费用提供补偿的保险。考虑到低收入人群的特点，小额保险市场上开发的小额健康保险主要是医疗费用补偿型的产品。

3. 小额意外保险。小额意外保险为被保险人由于突发的、外来的、非本意的、非疾病的客观意外事故造成的身体的伤害，并以此为直接原因致使被保险人死亡或残疾的，由保险人向被保险人或受益人给付保险金的一种小额保险。小额意外险主要的目标客户一般也定位于低收入家庭的主要劳动者。遭遇不同的意外事故，所需的保费是不相同的，因而此类产品的费率也有所不同。

4. 小额农业和财产保险。小额农业和财产保险主要是为被保险人的农业生产活动和财产遭受损失或毁坏时提供一定的保障，如对农作物、房屋、农机、家庭财产等领域进行的保险。在国际上，小额财产保险的覆盖人数相对比较有限。造成这种局面的根源在于，一方面，不同于寿险，小额财产保险在承保时对投保的财产进行估价、当财产遭到破坏时对破坏的程度及真实性进行确认等均较为困难，交易成本居高不下；另一方面，此类保险的诈骗和道德风险也比较突出，尤其是在牲畜保险、农作物保险、农机设备保险等产品中。此外，小额财产保险一般是以个人而不是团体为营销对象，由此大幅推升保险提供商的销售成本，进而推高保费，致使部分低收入人群无力购买，这也构成了小额财产保险在低收入人群中广泛推行的障碍。

四、小额保险的运营与管理

小额保险的运营主要包括产品定价、市场营销、保费收集、索赔理赔和风险控制等内容。

（一）产品定价

合理的定价能培养人们对小额保险产品的信任。对于小额保险的定价，应主要遵循三个原则，即保费充足、合理、公平，薄利多销和允许突破。在产品定价时，必须保证费率充足、合理，这是保证小额保险市场健康发展的基础。但设定充分、合理的保费，不是一味地假设较差的理赔状况、较高的死亡率和发病率，否则有违公平原则。再者，产品的费率不应频繁变更，特别是不应提高。保费的提高意味着客户支出的增加，可能引发其对产品的不信任。小额保险如同小额信贷，是减轻贫困的重要手段，具有商业性和公益性双重性质，因而保险机构经营小额保险不能以获取高额利润为目的。小额保险的保费较低，保险机构在经营小额保险时，要想有所盈利，应注重最大限度地扩大覆盖面，吸引更多的客户参加保险。

小额保险产品定价因素与一般保险产品定价因素基本相同。但小额保险定价过程中，应特别注意费用、死亡率、退保率、参与率等因素。

（二）促销宣传

开展小额保险业务的公司一旦确立目标客户群，就要把展业宣传作为经营环节的一项重要工作来做。一方面是宣传小额保险的积极作用。在宣传时宜突出保险的正面积极作用，避免加深保险在低收入者心中的负面印象，重点突出保险对低收入者的保护和管理风险的作用。另一方面是宣传保险公司的诚信。支付赔款的时间较长难免会对保险公司在低收入人群中的形象带来不利影响。为此保险公司可以与低收入者所信赖的人或机构相结合，如突出与政府或社团的良好合作关系等。

考虑到低收入者的理解能力有限，接触的宣传媒体也有别于一般客户，因而在宣传方式上应注意因人而异。要根据目标人群文化程度的实际情况安排相应难易程度和表现形式的演示资料。例如，在农村地区，当集体观看文艺表演、电影之时播放小额保险宣教短片就不失为一种适宜的宣传手段。再比如，利用已经从小额保险中获得帮助的客户，将其作为宣传的载体，以让低收入者通过周围的实例直观体验到小额保险的价值所在等。

（三）保费收取

对小额保险经营者来说，不同的保费收取方式面临着不同的交易成本。选择何种保费收取方式，主要是根据目标人群的具体情况以及其能否获得其他金融服务等因素。保费收取的主要方式有：人工直接上门收取、中介机构代收、直接从储蓄账户中扣除、从储蓄账户利息中支付、从小额信贷账户中扣除等。

低收入人群的收入具有季节性和不稳定性，小额保险在收取保费时应该考虑这一特点，努力把握保费收取最佳时机。合适的时机应当是在低收入群体拥有资金最多的时候。同时，若有众多的低收入者均从同一个源头获取收入时，保险商应尽力争取让资金源头同时来为投保人批量支付保费。此外，在能够有效控制经营成本和改进管理水平的前提下，小额保险经营者也可允许投保人在某一时间段内而不是一定得在特定时点缴纳保费的灵活的支付方式，以适应低收入人群收入不稳定的客观情况。

除了收取时机外，适宜的缴费频率也值得重视。通常情况下，当交费趋于频密时，会导致保险机构交易成本上升；当保费收取时间跨度延长时，会令客户一次支付的金额加大、支付压力上升。究竟是按周、按月、按季还是按年等来规定定期缴费的频率，一方面，要考虑频率的变化对保险机构交易成本的影响；另一方面，则要考虑频率的变化对客户支付负担的影响。权衡上述两方面因素后作出决策。

（四）理赔

与一般的商业保险相类似，小额保险的索赔与理赔处理主要包括四个步骤：一是被保险人确认发生了保险责任范围内的风险事故；二是被保险人递交要求的索赔文件和申请；三是保险人对索赔申请进行核实确认；四是保险人和被保险人之间完成理赔过程。

由于低收入人群缺乏资金来支付风险成本，其对保险金渴求十分突出。为有效降低保险机构的成本，增强低收入者对保险产品的信心，简化索赔程序、加快赔付速度则成为小额保险理赔管理中需要强调的重点。简化索赔程序的基本措施是接受替代性索赔文件。鉴于低收入人群要获得如死亡证明、警方报告等的索赔文件常常相当困难，既耗时又费钱，小额保险经营机构可采用其他替代文件以完成理赔过程。实现快速有效地理赔，可避免投保人出现不满情绪，并促进保单的后续销售。

实践中，由于保单已经失效而导致索赔被拒的发生率在小额保险领域相对较高。特别是在分期交纳保费的小额保险中，投保人并未意识到，只有按期支付保费，保险合同才有效，而误以为保单长期有效，在保单失效的情形下继续提出索赔，结果被拒。由此，小额保险经营机构应该为目标客户提供详细的手册，使其充分了解所购买的保险产品，并给其提供灵活的缴费方式，以提升保单的有效性，促进理赔的合理性和公正性，同时维护保险机构自身的公众形象。

（五）风险控制

小额保险风险控制主要包括两项内容：建立损失预防机制和引入损失最小化理念。

损失预防的目的是提前避免险情的发生。建立损失预防机制，可以降低保险索赔的数量和额度，控制小额保险经营机构的支付费用，保障机构的长期性收入。损失预防的关键是为客户提供建议，对其进行相关培训，让其能更好管理自身风险，使保险不局限于一个简单的“先收钱，后赔付”的过程，而成为保护人们的一种全面服务。

当损失发生时就要考虑最小化损失造成的影响，即将损失程度降到最低。目前可采取的方法：一是加强对被保险人的宣传教育，使被保险人在相应的状态采取正确的行动；二是小额保险提供者联合起来建立自己的基础设施，包括教育、咨询、外伤治疗等。

分析案例

降水量：最简洁的小额保险合约

1996 年，几家志同道合的小额金融机构合并，组建成了 BASIX。这家印度最大的小额信贷机构在网站上将自己定位为“新时代民生提升机构”，BASIX 的董事长 Vijay Mahajan 对此解释说，他们会“采用金融服务和咨询等方式综合地为贫困的农民和妇女提供可持续的谋生机会。”BASIX 向它的农村顾客提供“生计三组合”，包括：金融服务（信贷、保险和储蓄）；农业和商业发展服务（生产力促进和市场服务）；制度发展服务。它的顾客年平均收入仅有 1.2 万 ~3 万印度卢比，少于每天 1 美元。

2000 年，BASIX 曾经尝试着推出过农作物保险产品，然而并不顺利，农民无力支付高额的保费，而逐一确认保护的实际损失需要大量的人力，行政管理费用始终无法降低到预计的水平。受挫之后的 BASIX 开始寻找更容易实施的替代品，此时，更加客观也更容易衡量的降雨量指标进入了他们的视野。调查显示，在造成作物歉收的气候因素当中，80% 的农民认为干旱是主要风险，一场大旱可能使农民失去收入的 25% 之多。正规的保险产品无法解决这一需求，就连农村里的非正式保险网络或互助组织也无能为力，因为一旦遭遇干旱，往往整个村庄甚至相邻地区都同时受害。

需求显而易见，提供降水量保险的可操作性也较高。在世界银行的支持下，BASIX 针对不同的作物和区域，依靠长期的气象和作物数据，制定了一套降水量与农作物产量之间关系的指标。在具体实施过程中，各地区降雨量由印度气象署（IMD）官方气象站收集和记录，非常客观。保险人员不需要去一一证实农民的实际损失，只要凭借降水量测量数据便可按约赔付，不仅行政成本很低，而且避免了传统农业保险中的两个主要问题——道德风险（农户选择减产来获得保险赔付）和逆向选择问题（只有那些产量最容易受到损失的农户才会选择购买）。

2003 年，安德拉邦 230 个农民成为降水量指数保险的第一批客户，其中有 154 个农民种植的是花生，76 人种植蓖麻豆，全部都依靠雨水灌溉。根据农场面积的大小，BASIX 提供三种保险：大型农场保险（大于 5 英亩）、中型农场保险（2.5 ~5 英亩）和小型农场保险（小于 2.5 英亩），分别有对应的保费和赔付额度。第一批尝试的农民平均只有不足 2.5 英亩，大多数都属于小型农户。BASIX 制定的一个种植季的保费只需 3 ~5 美元，大多数小农户都可接受。

第二年，在第一批试点农户的建议下，BASIX 将农作物播种、生长、收获等各个生长阶段的降雨量加入了指标当中，依据各阶段降雨量对于作物生长的影响程度设定了不同的权重。这样，假如农户在播种阶段遭遇了干旱，能够尽快得到现金赔付来购买种子，迅速补种其他作物。BASIX 还开始接纳并非其小额信贷业务客户的农民投保，降水量指标保险的客户增加到了 400 位。

这个全新的项目并未得到政府的补贴，而是由 ICICI Lombard 保险公司负责承保，瑞士再保险公司提供再保险，BASIX 能够获得保费的 15% 作为佣金。

凭借着 15% 的佣金，2005 年，降水量指标保险的客户迅速增加到 6 703 位，遍及 6 个邦。作为一家没有专业保险知识的小额信贷机构，BASIX 如何将这款保险产品卖给如此分散的贫困农户？这个成本低廉的销售渠道，便是 BASIX 子公司 KBS 银行。

BASIX 在通过几年时间完成了项目的摸索之后，基本完善了这一创新产品，于是从试点阶段转向了大规模推广，开始在其所有的分支机构“一站式”出售保单。KBS 银行在贫困的乡间拥有大量客户代表，他们与当地农民非常熟稔，可以轻松出入当地的村民会议，向农民销售小额贷款等产品。为了获得保险顾问资格，BASIX 让他们接受了印度 IRDA（保险监管发展委员会）的培训。

由于可以依托现有的农村金融产品和服务销售渠道，降水量指标保险的运营成本能够降到非常低的水准。不仅如此，他们对于农村的深入了解也帮助 BASIX 与农民之间能够进行有效沟通。因为印度语言多元化、文盲数量众多，销售人员常常需要以方言进行面对面讲解。因此，村民会议是一个很好的讲解场合，考虑到农民下田劳作的时间非常固定，这些会议大都安排在清晨或者农民从田间返回之后。

降低管理成本和农民的理解难度的另一项举措则是简化。BASIX 开始在同一个气候区域销售适用于所有作物的保险产品，虽然科学方面的严谨性略有损失，但不管对于销售人员，还是常常种植了多种作物或时常更改作物品种的农户而言，却简单了不少。

将气候因素引入小额保险领域，无关任何科学上的重大突破。BASIX 的创新之处在于将一种也许并非最科学的指标，转化为一种确实与农民损失相关、管理成本很低的保险新品种，同时避免了农业保险中的最常见的道德风险和逆向选择问题。

在 BASIX 的降雨量指标保险获得成功之后，许多新的保险服务机构开始纷纷涉足气象保险这一新兴市场。其中尤为重要的是，从 2004 年开始，负责印度政府农作物保险计划的 NAIC 组织在各邦推出了一个范围更为广阔的气象保险计划，这项计划由印度政府的财政预算拨付，仅试点便覆盖了 1.3 万农民。2005 年，印度购买了气象保险的农户已经增加到 12.5 万户。

资料来源：摘自沈颢. 小钱大用——微金融方法与案例［M］. 南昌：二十一世纪出版社，2012.

请分析：BASIX 的降水量保险产品为什么能够获得成功？对我国小额保险发展有什么启示？

【本章小结】

1. 小额信贷是微型金融服务机构向中低收入阶层和微小企业提供的主要金融服务之一。微型金融服务机构提供的信贷产品具有贷款额度较小、贷款利率较高、信用保证方式灵活、还款方式灵活、贷款期限较短、贷款用途不受限制的特征。国际上微型金融服务机构的常用的信贷方法，按照贷款风险控制机制的不同可以分为小组联保贷款模式、村银行贷款模式、个人贷款模式以及混合型模式四种方法。微型信贷方法涉及的关键要素主要包括服务的目标群体、风险控制机制和贷款程序三个方面。

2. 小组联保贷款也叫团体贷款，是小额信贷组织客户的一种基本模式，由借款人自愿组成一个小组，金融机构面向小组发放贷款，小组中的成员对其他成员的违约承担一定的担保责任。格莱珉银行是小组联保贷款模式的创造者。小组联保贷款的核心运行机制包括筛选和自动匹配机制、组内制约机制、小组内部互相担保的担保替代制度、联系人和定期会议制度、贷款偿还的动态激励机制和定期还款机制。

3. 村银行贷款最早是由玻利维亚国际社区援助基金会（FINCA）使用的一种贷款管理模式，实质上是小组规模较大的团体贷款模式的翻版。其运行机制包括村银行的运行架构、村银行内部贷款的管理、村银行的外部融资三个方面。

4. 个人贷款是指微型金融服务机构直接与贷款的个人（或小微型企业）签订合同，由贷款的个人负责偿还贷款的贷款管理模式。这一模式通过考察客户的生产经营活动、家庭经济状况以及客户的口碑等来收集信息以评估风险，而不是通过收集文件的方式。其运作机制主要包括标准化管理体制、贷款经理人制度和客户选择机制。

5. 小额保险是为农村和城市低收入人群提供的一种简易保险。影响小额保险需求的因素有风险因素、收入水平、保险价格、保险认知和风险意识及其他因素。小额保险的经营模式主要有商业运作模式、政府支持下的半商业模式和互助或合作保险模式三种；小额保险的管理及营销模式主要有“合作—代理”和“完全服务”两种模式。与一般的商业保险相比较，小额保险保障对象具有特殊性，保费低、保额低，针对特定风险，流程相对简单，条款浅显易懂。小额保险的主要产品类型包括小额人寿保险、小额意外保险、小额健康保险及小额农业与财产保险等四类。小额保险的运营主要包括产品定价、市场营销、保费收集、索赔理赔和风险控制等内容。

【思考题】

1. 试比较小额信贷与传统银行信贷。
2. 试比较个人贷款模式与小组联保贷款模式的优势与劣势。
3. 为什么说长期寿险不适合在低收入群体中发展？

【综合训练】

海尔云贷创新供应链融资新模式

海尔云贷是海尔集团的全资子公司，继阿里小贷后第二家拥有全国牌照的小额贷款公司。2014 年 3 月成立至今，依托海尔集团品牌，海尔云贷以“微信贷工厂”的互联网金融服务模式，面向中国个体工商户及中小微企业提供弹性、高效的融资服务。目前，我国有超过 5 500 万家小微企业。在这些小微企业中，约 40% 是分销类的企业，这些小微企业绝大多数都围绕在大型核心企业周围，所以，如果能基于对核心企业供应链管理程度和信用实力的认可，为核心企业和供应链上下游合作伙伴提供一种灵活的金融产品和服务，进而有效提高企业融资的效率，某种意义上也是解决现在中小微企业融资难、融资贵的问题。

近日，海尔云贷宣布与魅族展开合作，并推出“M + 金融”综合解决方案，引发行业关注。这个计划初期将在手机行业进行试水。

“M”即 Mobile，也就是指移动互联网，“M +”是指由手机延伸出来的众多产业，也指从金融衍生出来的整合服务。“M + 金融”是海尔云贷整合集团内资源，针对手机行业推出的综合解决方案。它是一个横向提供金融、B2B 平台、物流等资源，纵向提供从手机制造商到供应商、运营商乃至用户的全链条的综合服务。

纵观国内手机市场，智能手机领域的竞争非常激烈，硬件留有的利润空间所剩无几，同时终端渠道还面临运营商补贴减少的挑战，针对这样的现状，如果有一套完善的手机供应链金融综合解决方案，将会解决很多手机厂商的难题。2014 年对魅族来说，也是不同寻常的一年。这一年，魅族出货量翻番，营收增长 40%。伴随魅族的高速成长，上游的订单发包制作，使得供应商扩充厂房和生产线成为必然，而下游经销商面临着店铺租金、网点扩张、进货等都需要加大资金投入的问题，其资金需求也非常明显。如何满足魅族自身作为核心企业的发展，同时有效解决上下游合作伙伴的融资难点，成为魅族亟待解决的问题。

魅族的省经销商都是轻资产运营的企业，没有或只有少量可供抵押资产，在国内传统的信贷思维下，这样的企业融资存在着诸多困难。海尔云贷团队在前期对产业生态做了大量的研究，并有针对性地提供金融服务。据了解，手机经销商的账期一般为 15～45 天左右，对魅族来讲，通过“M + 金融”可以满足经销商资金周转时间短、次数多、需求快的需求。同时，通过在线供应链整合平台，将经销商的交易、物流、资金等大数据沉淀，在对这些大数据进行深度分析并形成特定信用报告的基础上，海尔云贷和魅族将对市场把握更加准确，合作成效大大提升。除了金融服务之外，在与魅族的合作中，整合海尔集团内部资源，做好风险控制是创新的部分。与传统供应链金融不同，海尔云贷提供的在线供应链整合平台，将手机经销商的下单、融资、发货、库存管理等全部整合在一个平台上，尤其风险控制部分，更可以通过海尔日日顺物流提供自有库监管、在途监管和输出监管等，借助日日顺物流的专业能力，实现物流和资金流的封闭操作，从而形成业务和风险闭环，让产业链更完善。

海尔云贷的“M + 金融”综合解决方案将帮助魅族稳定供销渠道，一方面，将资金有效地注入配套的经销商中，解决中小企业融资难的问题；另一方面，能将信用融入到经销商的购销行为中，帮助企业增强商业信用，进一步推动整个供应链的正向发展，形成一个共赢的生态圈。未来，海尔云贷“M + 金融”除了服务手机制造商及上下游企业外，还将不断迭代优化，为更多核心企业及其供应链提供最具商业价值的创新整合金融服务。

资料来源：摘自中华财经网转引自媒体，2015 - 01 - 29.

1. 查找供应链小额信贷的相关文献和资料，了解其特点及主要适用对象。并讨论其优缺点。

2. 随着实践的日益丰富，小额信贷方法也不断有所创新。请查阅资料，看看除了案例中的供应链小额信贷方法外，还有哪些新方法，适用性如何？

第三篇

微型金融管理

第七章　微型金融的定价与风险管理

▶▶导入案例

小额信贷的高利率困惑

国际经验表明，所有成功的小额贷款机构，它的最主要特征之一就是有着远高于一般银行的利率。例如，在印度尼西亚，商业利率是18%，而小额贷款利率是28%以上；在印度，商业利率12%～15%，小额贷款是20%～40%；在孟加拉国，商业利率10%～13%，小额贷款利率在20%～35%。一般说来，小额贷款的利率都要比商业贷款利率高10个百分点以上。这里似乎有一个悖论，一方面开展小额信贷的目的在于帮助弱势群体，一方面又要收高利率，增加贷款人的负担，这里是否有矛盾？

小额信贷机构所收取的高利率已经引起了世界各国政策制定者的关注。有些观点认为，小额信贷的利率高与不高，要看跟谁比。小额贷款是给贫困人群的贷款，他们很难拿到商业贷款。虽然商业利率较低，但对他们来说是可望而不可即的。高利贷才是他们唯一有可能借到的钱。如果与农村的高利贷相比，小额贷款的利率并不高。例如，在印度尼西亚，高利贷的利率要高达120%以上，远远高于28%的小额贷款利率。

以往，政府一般是通过规定强制性的利率上限来解决这些问题。目前，大约有40个发展中国家和处于经济转型期的国家规定了最高利率。不幸的是，这样一来，贫困人口获得金融服务的机会越来越少，可以说，这一措施往往是伤害而不是保护了这些最弱势的群体。强制规定利率上限让正规和半正规的小额信贷机构很难甚至是无法覆盖成本，最终被挤出市场（或者是最初就不让他们进入市场）。贫困客户要么成为被遗忘的角落而无法获得金融服务，要么就只能去非正规的信贷市场借钱（如当地的典当铺），支付更高的费用。利率上限还可能降低信贷成本的透明度，因为贷款人会在他们的服务中收取各种复杂的费用以弥补因利率上限的影响而减少的收益。也就是说，利率上限没有达到所期望的效果。

资料来源：摘编自作者汤敏，上海小贷协会，2016－08－15.

【案例导学】

利率是金融活动的核心要素，利率定价科学化水平的提高，关系到金融宏观调控、金融市场发展以及国家经济金融安全。对于小额贷款的利率问题，有几个问题值得我们思考：以扶贫为宗旨的小额信贷机构为什么还要收取如此高的利率？政府应该怎样从政治的角度来支持小额信贷？贫困人口是否必须负担因为小额信贷机构自身的低效率而导致的高成本呢？怎样才能最大限度地保护客户，使其免受贪心的高利贷者的剥削，这些放高利贷的人又在哪里呢？通过本章的学习，思考这些问题的答案。

第一节　微型金融的定价

一、对小额信贷高成本问题的进一步理解

为了保证贫困人口能长期得到他们所需要的金融服务，金融机构必须能够覆盖其成本并且盈利，进行再投资以实现持续发展。如果为贫困人口服务的金融机构不能覆盖自己的运作成本，他们就只能依赖持续的补贴生存，一旦补贴停止，它们的经营也就停止了。这种经营只能维持一段有限的时间，而且机构也只能帮助少数的客户。这种机构的业务行为也往往是以捐助者的目标和政府的目标为导向，而非以客户的需要为导向。

小额信贷的成本很高并不是因为向贫困客户提供贷款的内在风险更高。事实上，好的小额信贷项目的拖欠率常常能够比一般的商业银行的拖欠率低。小额信贷的成本之所以高，是因为非常小额的贷款业务，这种业务所需要的面对面的交流以及小额贷款以人与人之间的直接联系来替代正规的财产担保和用电脑计算出来的信用指数，这就使得交易成本变得很高。发放一笔小额贷款的成本占贷款额的比率要比发放一笔大额贷款的成本比率高得多。小额信贷需要靠利率来覆盖以下三类成本：获得贷款本金的成本，风险成本（如贷款损失），以及管理成本（识别和考察客户、处理贷款申请程序、发放贷款、回收贷款，以及对坏账的善后处理）。

资金成本与资金来源有关。商业银行的资金成本较低，而只贷不存的商业性小额贷款机构的资金成本就比较高。管理成本是小额信贷业务一项非常重要的成本。发放一笔小额贷款的管理成本（包括受理申请、贷前调查、发放贷款、回收贷款、贷后检查，以及对坏账的善后处理）占贷款额的比率要比发放一笔大额贷款的成本比率高得多。所以商业银行自然地都会有将贷款集中于大客户的趋向，正规金融机构传统上是不提供小额信贷的。小额信贷业务是一项劳动密集型的工作，信息的搜集与处理需要大量的人力来完成。信贷员上门调查、盘点客户的资产，审贷会研究审批贷款，信贷员贷后检查、逾期催收需要大量的时间。小额贷款客户相对比较分散，使得正常开展业务的交通成本相当高。由于没有合格的抵质押品，一旦客户逾期，催收工作也极为困难，人力物力耗费很大。由于小额信贷业务风险高、笔数多，各级管理人员要进行持续的检查监督。由于信贷员承担的风险高、劳动强度大，需要建立责任、收益、风险相匹配的激励考核机制和责任追究机制，采取与业务量、贷款规模和资产质量挂钩的方式，突出正向激励。这些都造成小额贷款具有很高的管理成本。

小额信贷业务的风险成本则差异很大。扶贫性的小额信贷由于常常使客户认为是政府拨款而不是贷款，导致较低的还款率，如非洲、中东、拉美、东南亚地区的政府信贷项目，违约率通常高达45%～90%。而管理优异的小额信贷机构的不良率甚至能够比一般商业银行的不良率还低。如印度尼西亚人民银行自1984年开办小额信贷以后，不良贷款率一直在2%以下。如果信用环境良好，对客户的诚信教育和激励充分，小额贷款客户的信用风险可以降到很低。由于小额贷款的客户具有分散性，在经济周期波动、国家宏观调控政策变化

时，小额贷款可能比工商企业贷款更具有稳定性。但是小额贷款客户抵御自然灾害风险和市场风险的能力较弱，更容易因天灾人祸或经营失败而丧失还款能力。

拓展阅读

小额信贷成本结构的举例

对两个假设的贷款人做一个对比，即大额信贷人与小额信贷人。两人皆贷出 1 000 000 美元的贷款。大额信贷人只放一笔贷款，而小额信贷人则发放 10 000 笔每笔 100 美元的贷款。

资金成本和贷款损失的风险会随着贷款额度的不同而成比例地变化。上述两个贷款人都需要筹集 1 000 000 美元作为其贷款本金，同时还必须为这笔资金支付同样的市场利率（10%）。假如两个贷款人每年都会因拖欠而损失 1% 的贷款，那么他们就需要预提相应数额的贷款损失。两个贷款人可以通过向客户收取 11% 的利率（10% +1%）来覆盖其资金成本和信贷风险。

管理成本的大小与贷款额度并不是完全成比例的。发放一笔额度为 1 000 000 美元的贷款可能要花费大额贷款人 30 000 美元的成本（即贷款额度的 3%），包括人工费用和其他与评估客户信用、发放贷款、监督贷款使用和回收贷款等方面相关的费用。大额贷款人能够通过向其借款人收取 14% 的利率（10% +1% +3%）来覆盖其成本。

然而，对于小额信贷人来说，每笔 100 美元贷款的管理成本远远高于贷款额度的 3%。小额信贷人为此所花费的可不是每个借款人 3 美元，而是 20 美元甚至更高。大额信贷人只需要面对单独的一个借款人，而小额信贷人则必须应付 10 000 个没有任何抵押及担保，没有财务报告或信用机构资信记录的借款人。客户中的许多人可能是文盲。因为向这种类型的客户发放和回收贷款要求人与人之间的直接接触和交流，因而需要耗费的时间很长。

假设大额信贷人每季度回收一次贷款，那么贷款人一年有 4 次收款活动。小额贷款人的客户则很可能是每月甚至以更频繁的频率还款，那么对贷款人来说每年至少有 120 000 次的收款业务。如大额信贷人的管理成本是每年 3 万美元，小额信贷人的成本每年至少是 20 万美元。为了保证覆盖机构的经营成本，小额贷款人必须收取发放贷款额度 20% 的利率，加上资金成本，它必须收取的利率是 33%（10% +1% +20%）。还应该注意到，一个新兴的小额信贷机构，由于规模较小，它们的管理成本很可能更高。

资料来源：编者根据相关资料整理。

人们认为小额贷款的利率高，往往是跟商业银行的利率相比。然而，简单地拿这两个完全不同的机构的名义利率直接相比，有极大的不合理之处。为什么小额信贷的利率要相对较高呢？

第一，是操作方式的不同。商业银行是坐台制，需要存款、贷款的人，都要来银行来办理。而小额贷款是送货上门制。信贷员要到农民的家门口去收放款，以方便农民。商业银行是一年收一次款。而为减少农民的还款负担、降低风险，小额贷款往往是一周或一个月收一次款。一笔贷款要收 12 ~ 50 次，操作成本大大增加。一般说来，这一操作成本的差别就等于将近 10 ~ 15 个百分点的利率。

第二，商业银行的贷款额度大，一笔贷款起码几百万甚至上亿元。而小额贷款一笔只有三五千元，但是操作成本却很高。在商品市场上，人们比较容易理解批发与零售之间的差价。同样，也应该理解小额贷款的价格应该高一些。这一差别，至少有 2 ~ 3 个百分点利率的差别。

第三，资金来源不同。商业银行在国家的支持下是可以吸收储蓄的，储蓄的利率才 2% 左右。商业银行是靠国家的政策，靠国家的信誉得到了非常低价的储蓄资金。而小额贷款机构用的绝大部分是自有资金，成本很高。资金来源不一样，导致了小额贷款机构要有比商业银行更高的利率。考虑这一因素，小额贷款的成本至少要高 5 ~ 10 个百分点。

第四，是风险成本。银行每笔贷款都要求有抵押，还不了贷款要拍卖抵押品。而小额贷款完全是信用贷款，贷款者没有财产做抵押。因此，小额贷款机构要承担较商业银行大得多的风险。就拿市场上担保公司收的担保费来算，无抵押就应该高 3 ~ 4 个百分点的利率。

把这些成本相加，小额贷款的成本至少就应该比商业银行高 20 ~ 32 个百分点。而一般小额贷款的利率只比商业银行高 10 个百分点。从成本的角度来比，小额贷款的利率收得比商业银行低了而不是高了。

二、小额贷款利率的种类

贷款利率是指小额信贷机构向借款人收取的资金成本。但是，由于使用中的种种做法，导致了利率概念的含混不清。因为利率定义不清，有时消费者保护法律本身也会造成贷款透明性不足，因此就有必要对小额信贷中常见的利率概念进行明确。

1. 市场利率。市场利率是指由资金市场上供求关系决定的利率。市场利率因受到资金市场上的供求变化而经常变化。在市场机制发挥作用的情况下，由于自由竞争，信贷资金的供求会逐渐趋于平衡，经济学家将这种状态的市场利率称为“均衡利率”。能够及时反映短期市场利率的指标有银行间同业拆借利率、国债回购利率等。市场利率一般参考伦敦同业拆借利率 LIBOR（London Interbank Offered Rate），美国的联邦基金利率（Federal Funds Rate）。中国也有银行间同业拆借市场，其利率 SHIBOR（Shanghai Interbank Offered Rate，上海银行间同业拆放利率）也是市场利率。

2. 名义利率、实际利率和期间利率。名义利率，是央行或其他提供资金借贷的机构所公布的未调整通货膨胀因素的利率，即利息（报酬）的货币额与本金的货币额的比率。例如，张某在银行存入 100 元的 1 年期存款，1 年到期时获得 5 元利息，利率则为 5%，这个利率就是名义利率。

名义利率并不是投资者能够获得的真实收益，还与货币的购买力有关。如果发生通货膨胀，投资者所得的货币购买力会贬值，因此投资者所获得的真实收益必须剔除通货膨胀的影响，这就是实际利率。实际利率，指物价水平不变，从而货币购买力不变条件下的利息率。

名义利率与实际利率存在着下述关系：

（1）当计息周期为 1 年时，名义利率和实际利率相等，计息周期短于 1 年时，实际利率大于名义利率。

（2）名义利率不能完全反映资金时间价值，实际利率才真实地反映了资金的时间价值。

（3）以 i 表示实际利率，r 表示名义利率，p 表示借贷期内的通货膨胀率，那么名义利率与实际利率之间的关系为：

$$1+r=(1+i)\times(1+p)$$

一般简化为：

$$r = i + p$$

(4) 名义利率越大，周期越短，实际利率与名义利率的差值就越大。例如，如果银行1年期存款利率为2%，而同期通胀率为3%，则储户存入的资金实际购买力在贬值。因此，扣除通胀成分后的实际利率才更具有实际意义。仍以上例，实际利率为2% -3% = -1%，也就是说，存在银行里是亏钱的。在中国经济快速增长及通胀压力难以消化的长期格局下，很容易出现实际利率为负的情况，即便央行不断加息，也难以消除。所以，名义利率可能越来越高，但理性的人士仍不会将主要资产以现金方式在银行储蓄，只有实际利率也为正时，资金才会从消费和投资逐步回流到储蓄。

期间利率是一个付息期间的利率，其计算公式为名义利率/一年中的计息次数。当计息期间为1年时，期间利率 = 名义利率 = 实际利率。用符号表示 r/m（r 为名义利率，m 为1年中的复息次数）。

3. 有效利率。有效利率是指在复利支付利息条件下的一种复合利率。当复利支付次数在每年一次以上时，有效利率自然要高于一般的市场利率。由于有效利率概念的产生与出现，便将市场利率称之为平利率。有效利率将整个偿还期中所有的财务成本（如利息、费用、手续费），以余额递减法进行计算。有效利率代表了没有强制储蓄时的财务成本，包括每个还款期的所有财务费用，并表示为贷款余额的百分比。

4. 年利率、月利率、日利率。年利率、月利率、日利率是按照计算利息的期限单位划分的。年利率是以年为计算单位，一般以本金的%（百分之）表示，称为年息几厘。月利率以月为计算单位，一般以本金的‰（千分之）表示，称为月息几厘，一般银行在房贷合同上的利率都用月利率来表示。日利率以日为计算单位，一般以本金的万分之几表示，称为日息几厘。三者可相互换算：年利率 = 12 × 月利率 = 360 × 日利率。

银行公布出来的月利息，基本上都是年化以后来表示的，举例来说，3个月的年化存款利率为2.6%（银行挂牌），其实真正算到3个月的当期实际收益率也只有0.65%。日息1厘，即本金1元，每日利息是0.001元。

三、小额信贷定价的原则与方法

（一）小额信贷定价的特点

小额信贷定价的突出特点在于其客户定价敏感性低和高定价两个方面。由于贫困人口及小微企业可享受到的金融资源非常有限，因而从某种程度看，相比较信贷定价而言，信贷资金可获得性表现得更为急迫，因而小额信贷借款者的定价敏感性不高。世界范围内小额信贷定价平均约为30%，显著高于一般工商企业贷款。世界各国小额信贷定价的差异性也很显著，诸如玻利维亚、印度、肯尼亚、柬埔寨、哥伦比亚、坦桑尼亚、菲律宾的信贷年利率（annual percentage rate，APR）分别为22.3%、30.8%、36.2%、35.6%、27.9%、60.9%、96.3%，坦桑尼亚、菲律宾的小额信贷定价远高于其他几个国家。2013年1月10日，我国温州小额贷款公司放款利率为19.7%，也显著高于其他金融机构信贷定价。

但是，并不能将小额信贷高定价直接理解为高利贷，因为小额信贷高利率主要与信贷成本、盈利目标、行业竞争、监管政策等因素有关。研究表明，随着拉美行业竞争的加剧，小额信贷定价呈现下降趋势，上述7个国家中，位于拉美的玻利维亚、哥伦比亚的小额信贷融资成本要低于其他国家；同时部分国家规定了信贷利率的上限，也将限制小额信贷利率水平。不过总体看来，小额信贷的各项成本是决定其定价水平的关键因素。小额信贷主要成本包括资金成本、操作成本和贷款损失准备金。印度调查统计数据显示，小额信贷资金成本为9.7%，操作成本为14.1%，贷款损失准备为2.0%，一笔贷款总成本约为25.78%，操作成本在一定程度上主导信贷成本。其中，资金成本主要与小额信贷机构融资渠道有关，银行类小额信贷机构能够获得廉价的存款资金，这有利于降低其信贷成本；而非银行金融机构更多通过借款、股权等商业化方式获得所需资金，资金成本较高，这可能将抬高其信贷成本。信贷操作成本具有规模经济效应，与信贷规模呈反向关系，也就是说信贷规模越小，操作成本越大；信贷规模越大，则操作成本越小。这意味着，能够获得信贷规模效应的大型小额信贷机构其相应的信贷操作成本将低于小额信贷机构。信贷损失准备金则更多与监管政策有关，具有一定刚性。

（二）小额信贷定价的原则

现在有着越来越多的贷款产品，但无论是何种贷款产品，无论它有多么复杂，在对其进行定价的过程中，总还是要遵循一些基本原则，这是合理定价的基础。

1. 利润最大化原则。作为企业，实现利润最大化是其追求的主要目标。小额贷款公司作为企业，不断地追求利润最大化是其可持续发展的一个重要前提，同时盈利能力也是体现其竞争力强弱的重要方面。所以，在对小额贷款进行定价，首先必须保证贷款收益足以弥补资金成本和各项费用，在此基础上尽可能实现利润最大化。

2. 扩大市场份额原则。面对激烈的竞争，金融机构要求生存、求发展，就必须在信贷市场上不断扩大市场份额，影响市场份额的因素很多，但报价始终是其中关键的一点。金融机构在给贷款定价时，一定要以市场上资金的供求状况为基础，参考同行业的价格水平，给出自己的放贷条件，通过贷款定价来建立起市场地位。

3. 价格以成本为下限的原则。小额贷款公司自负盈亏，追求的是自身利润最大化。贷款价格应该以贷款公司的相关成本为基础并适当地追求一定的利润。因此，要保证小额贷款公司的正常运营，贷款价格的下限应当等于相关成本。

4. 市场化原则。一个科学合理的定价，不仅可以弥补公司的成本，还可以带来一定的利润。同时，由于每个公司都生存在市场中，因此，定价时要考虑市场因素，使价格在市场上具有竞争优势。

5. 依据风险等级来定价的原则。贷款人把资金提供给借款人是把资金的使用权暂时转让给借款人。因此，借款人在合同期限内应付给贷款人一定的利息并返还本金。由于借款的经营受各种因素的影响，具有不确定性，所以不一定能够按期还本付息，即存在违约风险。此时，贷款机构可以根据贷款对象评定的风险等级来定价。由于不同的借款人所对应的违约风险等级不一定相同，因此，需要对其进行分别定价。根据风险收益相对应原则，高风险对应高收益、低风险对应低收益，因此，对风险等级高的定价就高，对风险等级低的定价相对就低。这种根据风险等级实行的差别定价，既体现定价的公平性，又可以在一定程度上防止逆向选择。

（三）小额信贷定价的方法

1. 利率调整法。利率调整法，顾名思义，就是对基本利率进行调整，从而得到最后的利率。这类方法中的利率加成部分主要用于弥补贷款风险，而按照基本利率部分体现的是机构成本或是市场供需状况，可以将利率调整法进一步分为成本加成法和市场领导定价法两种。利率调整法在农信社等正规金融机构，以及一些专业性 NGO 项目中得到较为广泛的使用。

（1）成本加成法（cost plus loan pricing），该法强调成本在利率中的主要地位。所确定利率是由最优惠贷款利率（基本利率部分）以及贷款利率定价调整点数两部分组成的，即：

$$贷款利率 = 最优惠贷款利率 + 贷款利率定价调整点数$$

最优惠贷款利率主要包括三部分：与贷款资金对应的资金成本率，与贷款相关的税负成本率以及最低目标利润率。最低目标利润率是预期最低的利润率；税负成本率是所负担的营业税金及附加与平均贷款余额之商；付息成本率是由资金成本与经营成本组成的，可以用平均付息成本率来简化计算。

$$平均付息成本率 = (所有存款利息支出 + 金融机构往来利息支出 - 机构内部调剂资金利息支出等)/存款平均余额 + 机构平均费用率$$

机构平均费用率是机构为了发放贷款所支付的手续费等其他营业支出或营业外支出除以平均贷款余额。而贷款利率定价调整点数则是风险（包括信用风险，期限风险和市场风险）溢价调整点数。

（2）领导定价方法（price leadership loan pricing）较偏重于市场供需关系对于利率的影响。该法是在基准利率（市场竞争利率）的基础上加上一定的浮动幅度来确定利率的。基本公式为：

$$贷款利率 = 基准利率 \times (1 + 浮动幅度)$$

基准利率 = max［法定基准利率，基本目标利率，最优惠贷款利率］。其中，法定基准利率是人民银行规定的贷款基准利率；基本目标利率 = 资金成本率 + 管理费用率 + 目标利润率；最优惠贷款利率是指机构给予最优客户的最低贷款利率。浮动幅度则根掘担保方式、贷款种类、风险、银企综合贡献度等信息综合打分确定。

2. “贷款利率 + 管理费”法。这类方法在小额贷款公司、商业银行得到较多运用。贷款利率是通过成本加成或领导定价法获得，并在此基础上收取 3% ~ 5% 的管理费。管理费包括技术辅导费、小额贷款账户管理费等。商业银行一般有较为健全的贷款审核以及发放程序，信贷员会根据相应的程序，在担保物以及获得的财务硬信息的基础上确定贷款利率。由于银监会鼓励银行开发中介业务以摆脱其对利息收入的依赖，因此银行会收取一定的管理费。每个银行对管理费的确定方法有所不同，但是基本都会使贷款利率和管理费之和保持在较为合理的水平。

与商业银行相比，小额贷款公司虽然也是运用相同的定价方法，但是在贷款利率以及管理费的具体确定上并不规范。贷款利率基本是由企业的董事会或者高管在观察当地其他小额贷款公司以及民间信贷市场的利率基础上，加上机构本身的成本、风险等因素确定的。有些信贷公司贷款利率的确定甚至都没有使用成本加成等方法，直接就将《意见》① 所规定的利率4倍上限作为其定价依据。而管理费的确定具有较强的主观性，缺乏科学性。

3. 补贴定价法。补贴定价法在政策性小额信贷机构中或是具有较浓扶贫色彩的UGO小额信贷机构或项目中得到较多运用。这类方法仅收取一个较低的基础利率，该利率大多无法弥补成本，其中的亏损由金融机构与国家一起分担。但是不同的项目其确定的基础利率也是不尽相同的：有些小额信贷项目将国家扶贫贴息贷款利率2.88%作为定价基础，并在一定的幅度内波动；有些按照项目的要求，将通货膨胀率作为利率基础，将贷款发放时价格指数与还款时价格指数相比确定最终利率；另外一些小额信贷项目利率为零，如大学生助学贷款项目在学生在校就读期间由国家给予贴息，从而无须支付利息。总的来说，补贴定价法所确定的利率是所有小额信贷项目中最低的，一般只有2.88% ~7%。

4. 政府指导价法。该方法主要针对包括小额信贷公司在内的民间借贷机构，旨在解决民间借贷利率不合理问题。具体方法为：由金融办等政府部门利用其具有的优势，更高效地收集民间借贷的市场供求、利率、费率等信息，并对这些基础数据进行分析，按照一定方法形成一个最终的综合指数，定期发布，以此形成政府指导价。小额信贷公司可在政府指导价的基础上结合自身情况确定最终的定价。在我国该方法仍处于起步阶段，是否能够取得理想的效果取决于：民间金融机构能否形成一定“聚集效用”，并形成放贷利率的指标；监管部门能否放开利率管制，实现利率市场化。因此，该方法是否合理还需要经历市场的考验。

四、小额贷款定价的模型

（一）补贴依赖指数模型（SDI）

Jacob Yaron在1999年提出补贴依赖指数（SDI），用于衡量农村金融机构在其持续经营中对外部补贴的依赖程度，即在满足收益与资本机会成本相等时所需的补贴资金，也可理解为除去补贴后为保持财务的可持续发展，小额信贷机构需要提高的贷款利率水平，公式如下：

$$SDI = (S + K - Z)/(r \times L)$$

其中，r表示平均贷款利率，L表示贷款总额，Z表示机构的会计利润（报告利润），K表示公开的补贴，S表示全部隐含的补贴。

SDI没有最大值，最小值为 -1，SDI为负数时，表示机构已完全实现了可持续发展，即使降低贷款利率，剔除补贴仍可维持自身发展；SDI为0时，表示在没有补贴的情况下，机构可以保持盈亏平衡；SDI大于0时，表示机构的发展还离不开外部的补贴，SDI越大，依赖程度越高。由上式可得出：

$$r = (S + K - Z)/(SDI \times L)$$

① 《小额贷款公司业务试点的指导意见》（2008）规定，小额贷款公司的利率水平要按照利率定价原则自主确定，贷款上限放开，但不得超过法律规定的上限，即央行公布的贷款基准利率的4倍，下限为基准利率的0.9倍。

（二）盈亏平衡利率模型

Morduch是美国著名小额信贷研究者，他结合已有的研究，综合和改进了小额信贷利率定价模型。

首先，小额信贷在不考虑资金成本情况下，放贷1年，达到盈亏平衡的条件是：

$$L(1+r)(1-a)=L+C$$

其中，L是当年贷款的平均规模，a是贷款的拖欠率，r是贷款利率，C是除去资金成本的所有成本。从上式可得出在不考虑资金成本时，小额信贷的盈亏平衡利率为：

$$r=(c+a)/(1-a)$$

其中，c = C/L表示当年每元贷款除资金成本以外的成本。

考虑小额信贷存在贷款以外的其他投资活动i，上述盈亏平衡利率公式调整为：

$$r=(c+a-i)/(1-a)$$

其中，i = I/L表示每元贷款的净投资收入。

其次，如果小额信贷完全按市场利率取得信贷资金，在没有其他外来补贴和援助的条件下，小额信贷达到盈亏平衡的条件是：

$$r=(c+t+a-i)/(1-a)$$

其中，T表示小额信贷的资金成本，t = T/L表示每元贷款的资金成本，a表示贷款拖欠率，i表示每元贷款的净投资收入。

（三）Rosenberg模型

Rosenberg公式是由世界银行扶贫协商小组（CGAP）的高级顾问Rosenberg在2002年提出的，表示为：

$$R=(AE+LL+CF+K-II)/(1-LL)$$

其中：

R是贷款的有效年利率。

AE是行政成本与平均贷款余额的比值，包括工作人员的办公场所租金、工作人员的薪金、人员培训费用、水电费用、组织会议开销等办公费用。

LL是贷款损失额与平均贷款余额的比值，需要依靠资本金和利润来冲销。贷款损失率有别于风险率和拖欠率，贷款风险率可能由于借款者现金流短期出现困难或生产周期等原因利息没有支付，贷款拖欠可能在到期后1年内很快就会还本付息，贷款风险和拖欠不一定导致贷款损失。一般情况下，贷款损失率超过5%，小额贷款公司的风险漏洞就相当大了，一般运作良好的机构贷款损失率都在1%～2%。

CF是资金成本与平均贷款余额的比值。由于小额信贷机构的捐赠款项和政府补贴并不是可以长期依赖的，大多数来源于金融机构的借款，CF粗略的估计可以参考当地商业银行的贷款利率。

K是预期利润与平均贷款余额的比值。由于小额信贷机构外部资金来源比较有限，借款能力受限于其总股本，所以必须依靠利润的累积才能满足信贷和机构规模的扩张。Rosenberg 建议预期利润率 K 至少为 5% ~ 15%，这样才能支持机构长期的发展壮大，具体比率依赖于小额信贷机构实际的发展情况和管理层对发展速度的预期。

II 是投资收入与平均贷款余额的比值。

（四）评价

由于补贴依赖指数模型没有考虑到非信贷收入、贷款的拖欠率等因素，所以在计算小额信贷机构的贷款利率时，很难得到应用。盈亏平衡利率模型强调的是在收入恰好能够弥补成本时，小额信贷机构的贷款利率应该如何制定，但是小信贷机构要实现可持续发展，仅仅达到收支相抵是不行的，这也是盈亏平衡利率模型运用于商业性小额信贷机构的局限性。Rosenberg 模型相比于前两种模型更适用于商业性小额信贷机构，也得到了广泛的应用，但是 Rosenberg 模型并没有考虑针对不同的客户制定具体的贷款利率，没有起到激励优质客户的作用。所以，Rosenberg 模型更适合初期发展、客户比较单一的小额信贷机构。

拓展阅读

贫困农民能付得起高利率吗?

从需求的角度来看，很多人不可理解，城市里的企业连 10% 的利率都承受不了，贫困农民能承受这么高的利率吗？这个问题实际上也是困惑许多人的共同问题。

首先，小额的农户生产投资与大的工商业项目投资是两码事。小额贷款投向都是有很好现金流的副业项目，像孟加拉乡村银行连农村的种水稻、买化肥等大田项目都是不给贷款的，只贷给有较好收益的项目，而这些项目的回报率是很高的。例如，借 2 000 元买一批小猪仔等，小猪仔的价格不贵，几个月就长成大猪，卖出去价格能翻几倍。在印度、肯尼亚、菲律宾等国的小额贷款投资回报率平均为 117% ~ 847%。更重要的是，农民一般都没有把他的加班工资算进去。小额贷款项目并不影响农民种大田，或者说，这些农民不借钱去做这些事，可能也只能晒太阳，没有很多别的事可做，他们的机会成本为零。因此，农民一般都没有把他们小额贷款项目所花费的时间算入成本，这也就是小额贷款回报率高的原因。如果农民借钱投资回报率有 117%，拿出 20% 作为利息，他还有很高的回报。他当然愿意借款。

农民不会放着商业银行、农信社的低利率的钱不去借，而去找较高利率的小额贷款。他们一般从农信社以及其他渠道根本贷不到款。对他们来说，首先是能不能得到贷款的问题，而不是利率高低的问题。小额贷款会不会加重农民的负担？由小额信贷利率造成的负担与对农民所加的税费负担是两个根本不同的概念。税费对农民来说是强制性的，是没有回报的。然而，就贷款来说，农民有选择的权力，他可以贷也可以不贷。尽管贷款要付利息，但可以创造出更多的财富，当农民认为利息太高不划算时，他们可以不去贷款。

很多国家都会有财政贴息扶贫款。可是多年来的实践证明，大部分的这些低息贷款并没有到贫困人手中，而是往往到了有权有势的人的手中。人们认为低息贷款是国家的钱，还款率非常低。而且低息贷款需要国家财政的补助，规模十分有限。

关于小额信贷的利率问题，不仅在中国，在全世界都是一个相当重要的课题。各国政府也都十分关心农民贷款，特别是扶贫贷款的问题。经过了多年的实践，人们也慢慢地领悟出合理的利率对小额贷款的可持续性是最重要的条件之一。到目前为止，除了个别国家之外，几乎所有的亚洲国家都已经放开了对小额贷款的利率限制。由执行小额贷款的机构来决定利率水平。

实践证明，只有较高利息才能使小额贷款机构有生存的空间，有发展的空间。真要帮助农民，就要放开农村金融的利率，让市场，让农民自己来决定是否需要贷款，如何使用贷款。

资料来源：汤敏. 小额信贷为什么要有高利率［DB/OL］. 互联网金融 CEO 说，2016－07－10.

分析案例

墨西哥微型金融机构“独立金融公司”（FINDEP）简介

成立于1993年的“独立金融公司”是墨西哥第一家微型金融机构。2001年以前是发展初期阶段，客户达到10万人。2008年金融危机，客户增加到100万人。2009年收购墨西哥第二大村银行模式的小额信贷机构“阳光公司”。公司以普通商业公司形式注册，属于非正规金融机构，不受金融监管部门监管，根据“信贷机构”法的规定，其业务受投资和批发机构监督。2007年上市后，根据上市公司的有关法律接受监督。

公司经分析认为，墨西哥未获信贷服务的人口有1 600万户，其中600万户为赤贫人口。FINDEP公司的目标客户群为赤贫以外的所有未获金融服务的人口，约占总户数的66.2%。目前公司拥有客户1 366万户，仅占城市潜在客户的9.1%，占墨西哥全部潜在市场的4.6%，发展空间依然很大。公司的业务主要集中在人口5万以上的城市，2009年并购“阳光公司”后，将业务发展到了农村地区。该公司计划开发更低端市场（见表7－1）。

表7－1　该公司信贷产品举例

产品名称	即时贷款	大众贷款	母亲贷款	房屋修缮贷款	阳光贷款
贷款用途	城市正式雇员信用额度贷款，以消费为主	城市非正规就业贷款、生产资金贷款	个人消费信贷	房屋修缮（非现金贷款，以建材代金券方式支付）	生产贷款，村银行模式（6～20人一组）
贷款额度	3 000～20 000PS（1美元约合12.4PS）	1 800～4 800PS，两轮后最高额度为6 000PS	1 800～2 400PS，两轮后最高额度4 800PS	3 000～20 000PS	500～50 000PS
贷款利率（%）	60	93	93	43（资金来源主要是政府补贴的住房信贷批发资金）	60
贷款周期	授信额度内循环贷款	6～9个月	6～9个月	2年	16周
收费	收取年费和提前还贷费	加盟费	加盟费	收取加盟费	不收费
坏账率（%）	11.6	14.7	11.5	5.1	2.9

资料来源：编者根据相关资料整理。

试分析独立金融公司贷款产品的定价特点。

第二节　微型金融的风险管理

一、微型金融风险管理的迫切性

具有反贫困、促发展作用的微型金融实践在世界范围内已历时 30 多年，从其诞生之日起就受到不少发展中国家的欢迎。微型金融，特别是小额信贷被证明是一种资金到户率高、项目成功率高和还贷率高的有效扶贫方式。随着微型金融的不断发展，其持续经营能力与财务生存能力也受到越来越多的关注。那些具有可持续能力的微型金融机构能够长期提供金融服务，其影响也能得以延续，从而服务更大范围的贫困人口。风险管理是微型金融机构可持续发展的重要保证。

印度的微型金融发展非常快，是世界最大的小额信贷金融市场之一。从 2005 ~ 2009 年，印度小额贷款总额从 2. 52 亿美元增加到 25 亿美元。截至 2010 年 8 月，在印度登记的小额贷款机构超过 3 000 家，贷款总额近 50 亿美元，借款客户达 2 800 万人，较 2009 年增长了 105%。但从 2010 年 10 月开始，在印度南部的安德拉邦，贷款人控诉借贷方收取不合理的 36% 的贷款利率，而且通过高利贷催款员催逼收债，造成大量借款人拒绝还款，并有超过 30 起的自杀事件。在不到 1 个月的时间里，有将近一半的贷款者不还款，加上一些政客的推波助澜，印度小额信贷领域爆发了危机。此次危机引起印度政府及社会的广泛关注，同时也给人们敲响了警钟。

近年来，随着微型金融商业化渐成趋势，微型金融机构面临的风险也日益严峻，成为其实现可持续发展的重要制约因素。在微型金融行业权威的年度风险评估报告《微型金融香蕉皮 2011》中指出，微型金融机构、微型金融投资者以及接受来自存款的微型金融机构三方，均把信贷风险列为其最担忧的问题。报告指出，“信贷风险以及压倒性的‘过度举债’问题，源自微型贷款市场的过多参与者以及来自商业银行白热化的竞争”，这令借贷者不得已从不同的微型金融机构重复借贷，也令坏账的风险大幅上升。例如，在哥伦比亚每个微型金融机构的客户所发生借贷关系的机构数目，从之前的 1. 5 家上升至 4 家，每家微型金融机构的客户有 75% 的比例亦是另一家微型金融机构的客户。更大的问题来自微型金融机构松散的内部控制，不少微型金融机构都声称不了解其贷款客户的信贷状况和记录，从而无法令机构本身的运作能达成商业目标。在过去数年间，关于微型金融变得唯利是图、透明度以及企业管治存在问题、过度重复竞争等指责铺天盖地，更广义的风险管理来得正是时候，尽管成效仍然需要更长的时间段观察。《微型金融香蕉皮 2011》就断定，信贷风险在未来数年都会困扰整个行业。

可以看出，加强风险管理、提高核心竞争力是新时期对于微型金融机构的必然要求，具体体现在以下几个方面：

一是微型金融可持续发展的需要，只有通过高效的风险管理，才能对经营过程中面临的各类风险进行有效识别、计量、控制等，从而保持稳健经营、持续健康发展；

二是微型金融机构适应激烈市场竞争的需要，必须加强风险管理，才能提高自身的盈利水平，通过产品竞争和技术竞争，在激烈的多元化的农村金融市场获得立足之地，提高自己的核心竞争力；

三是微型金融要融入金融体系、改革管理方式，必须要适应金融改革的大趋势，更新风险管理理念，改变传统落后的风险管理模式；

四是适应现代金融业监管的要求，外部监管对于微型金融机构的风险管理能力要求在不断加强，要符合管理部门的管理要求，就必须提高自身的风险管理能力，而提升风险管理水平，恰是目前监管部门的主要标准和要求。

二、微型金融机构所面临的风险分析

微型金融面临着各种风险，这些风险严重地影响着微型金融机构自身的长期经营和财务可持续性，其中大部分的严重风险与微型金融机构的外部环境相关，包括自然灾害、经济危机和国家冲突等。在花旗银行和世界银行扶贫协商小组（CGAP）的赞助下，英国伦敦经济学院金融创新研究中心（CSFI）对国际微型金融机构风险的变化进行了跟踪研究。截至2016年末，该机构已经连续6年对外发布名为《微型金融香蕉皮报告》（Microfinance Banana skins）的研究成果。《微型金融香蕉皮报告》是通过对国际微型金融业从业者、投资者、监管机构、国际观察员等不同参与者的调查，获取利益相关者对全球微型金融业面临的风险及其变化情况的关注程度。在2014年的《微型金融香蕉皮报告》中，将2008～2014年全球微型金融机构面临的前10大风险进行了整理。其中，除了信用风险、操作风险等常见的金融风险外，微型金融机构还面临着一些特别的风险，主要包括过度负债、公司治理、风险管理能力、发展战略。

（一）微型金融风险的一般性分析

1. 自然风险。微型金融业务的主要对象是微小企业、农户。因自然灾害导致农业损失必然部分转化为风险，借款人无法及时还贷，导致客观性违约。农业生产和工业生产不同，工业生产主要靠人力和机器设备，受自然因素影响较小，产量和质量可以通过科学有效的管理来控制。而农业生产面临着自然风险制约，产量受自然灾害影响很大。一旦出现自然灾害，农业生产的损失就有可能造成贷款无法按时足额偿还，风险就自然而然地传递给微型金融机构，对农户的贷款将很难收回。孟加拉国格莱珉银行在严重自然灾害发生的1983年、1991年和1992年也出现了亏损。微型金融机构在遇到自然灾害时，其流动性风险、利率风险和信用风险特别容易被放大。当自然灾害的发生频率提高时，随着受害面积扩大，灾害损失加剧，微型金融面对的自然风险不断增加。

2. 市场风险。市场风险是指由于金融市场的因素，如利率、汇率、信贷资产的价格的不利波动而导致信贷资产损失的发生，包括资产的利率风险、汇率风险和通货膨胀风险等。分析微型金融所面临的市场风险，可以将以上各金融要素综合在一起。小额贷款的客户群体主要是微型或小型工商业、农业和中低收入者，从而面临较大的市场风险。大部分微型企业属于家族式管理，或者承包经营，资金实力弱、管理人员素质差、市场开发能力不足，加之规模普遍较小，达不到规模经济，因而对销售商和供应商的议价能力较差，对市场信息的获取不灵，在面对市场各要素的剧烈变动时抵御风险的能力不强。同时大部分以劳动密集型为主，一般处在竞争较为激烈的行业或领域，进入和退出的频率均相对较高。

3. 信息不对称与信用风险。信用风险即违约风险，指借款人逾期不还借款而造成贷款的坏账、呆账，导致资金损失。违约是信用风险的最终表现形式，从导致违约的原因划分信用风险，可以将信用风险划分为借款人还款能力风险和借款人还款意愿风险。还款能力风险是客观原因导致的，借款人借贷资金的主要用途是投入生产经营，该项生产经营活动产生的收益是第一还款源。当借款人经营失败，则第一还款源就无法保证贷款的偿还，从而导致违约产生信用风险。还款意愿风险是由于借款人的主观原因形成的，即借款人的品格。借款人的还款意愿风险是一个动态过程，是由借款人的心理因素决定的。它包括了借款人借贷后在经营中缺乏还贷的责任心和主动性，在经营成功后借款人隐瞒了真实的收益，设法逃避偿还的责任。

引起微型金融机构信用风险的主要原因是信息不对称。信息不对称是指在市场经济活动中，各类人员对有关信息的了解是有差异的，掌握信息比较充分的人员，往往处于比较有利的地位，而信息贫乏的人员，则处于比较不利的地位。微型金融的主要市场在广大农村和偏远贫穷地区，其客户群体主要是急需贷款支持生产和生活的农民，以及在这些地区进行经营的超小型企业。这些客户往往居住分散，信息传递不便，对客户进行贷前调查和信用分析很困难，微型金融机构客户几乎都缺乏金融机构需要的书面信息，如信用记录、财务报告、经营信息等。对客户信用状况的调查往往建立在感性认识而非理性分析的基础之上，信用低者偏好赖账，发展潜力小的借款者为获得更多资金，更倾向在签约前隐瞒自己的信息，微型金融机构对客户的了解并不充分。信息不对称导致了较高的交易成本，包括搜寻信息费用、谈判决策费用和政策实施费用。在金融机构与客户信息不对称的情况下，金融机构搜寻符合他们贷款条件的农户的成本很高，成功达成融资合约的成本也很高。其发生成本的主要环节是金融机构为缓解借贷双方信息不对称所支付的信息成本和面对众多分散小额客户进行信贷管理的费用。信息不对称导致监督困难，贷款损失多，影响盈利。由于对微型金融需求的主体行为难以监督，使得金融机构监督还款的成本也很高。当金融机构远离农户借款者时，由于信息不对称严重，金融机构的监督很难约束借款者，而通过法律手段对违约者进行起诉的成本高昂，也使金融机构得不偿失。借款者没有动力及时还款，形成坏账，影响微型金融机构收益。

由于信息不对称造成的逆向选择和道德风险，客户违约的可能性更大，微型金融机构面临的信用风险较正规金融机构更高，从而影响贷款组合的质量。微型金融单一客户的贷款需求的金额较小，贷款管理的成本相当高。效益好、发展潜力大、管理规范的中小企业，经营风险小，是金融机构信贷营销的重要对象，这类企业很少要求担保。效益差、前景不乐观的企业，却迫切需要担保，而且越是经济财务状况差的需求者越会隐瞒自己的信息。相当一部分客户普遍为管理不够规范、信息披露不够透明、抗风险能力较弱的中小企业，微型金融机构不可避免地需要承担更多的风险。中小企业经营周期普遍较短，抗风险能力弱，受保的中小企业提供的反担保物往往不足值，存在较大的信用担保风险敞口。这使得传统银行在微型金融需求者贷款时面临“成本高、风险大、抵押难”的问题，从而倾向于远离微型金融的需求者或者不可避免地产生“嫌贫爱富、喜大厌小”的金融排斥现象。

4. 政策性风险。资金来源尤其是吸收存款困难也是制约微型金融机构发展的一大难题。小额信贷机构的最大制约条件是信誉积累不够，客户认同度低，有些小额信贷机构不是严格意义上的金融机构，很难通过吸收储蓄持续筹集成本相对低廉的资金，制约了存款总量的增长或者资金的积累，限制了业务的规模。受监管和政策影响，小额信贷机构也很难从正规金融机构获得批发资金，增资扩股成为小额信贷机构获取可持续发展的主要来源，这种资金对于落后地区投资人毕竟实力有限，制约了微型金融机构的发展。

5. 操作风险。操作风险指微型金融机构在日常业务开展及处理过程中的损失风险。由于微型金融业务人员从业时间普遍不长，行业积累不多，加上健全的客户信用评价体系并未建立，所以难以准确评价客户信用程度。贷前调查不尽职、对客户资料收集不全面、信贷员与客户勾结加大授信、审核流于形式等，都会导致机构的风险加大。以农信社的农户小额贷款为例，农信社在为农户办理贷款时，需要调查、确定贷款数量、资信评级，核定贷款金额、发放贷款、收回贷款等一系列程序，需要很高的人力成本。实际操作中，普遍存在信用社人员较少的限制，因此在操作过程中，极易发生工作服务不到位的情况。

（二）引起微型金融风险的特殊因素

1. 过度负债。从2012年起，过度负债就成为全球微型金融机构面临的最大风险。虽然过度负债的具体规模并不确定，但可以确定的是，越来越多借款者的借款额度超过了他们的偿还能力。机构数量大幅增加，机构间竞争激烈，许多机构为了增加客户采取降低贷款标准，不及时向客户说明贷款成本及相关条款的不当竞争手段，甚至在未充分了解借款人还款能力的条件下贸然提高贷款额度。此外，由于缺乏覆盖金字塔底层的征信系统，重复贷款的情况容易出现在微型金融机构密度较大的地区。以微型金融危机最严重的印度安得拉邦为例，印度最大的五家从事微型金融服务的非银行金融机构均位于该地，安得拉邦共有1 602万户家庭，但是各类机构记录的客户数量为2 355万户，是家庭总数的1.5倍。这些商业性金融机构与当地获得政府支持的非政府组织信贷机构展开激烈的竞争，该地有83%的借款人从多种渠道获取贷款资金，很多借款人甚至在同一时间从不同渠道获得四种以上的贷款。2010年CGAP在安得拉邦Kolar镇进行调研发现，该镇9家微型金融机构中的7家，至少33%的客户拥有1笔以上的贷款，而20%左右的客户拥有3笔或者3笔以上的贷款。单个借款者的平均贷款额度超过了全国平均水平的4倍，家庭的债务负担远远超过其偿还能力。

过度负债的存在极易导致微型金融机构的财务绩效下降和声誉受损。这不仅会影响存在过度负债的国家和地区，也会对暂时不存在该类问题的地区产生不良影响。

2. 公司治理。微型金融机构的公司治理风险主要体现在两个方面：一是公司的管理层是否有能力胜任；二是在面对复杂多变的金融市场环境时，管理者是否能够采取有效措施应对危机。微型金融机构的管理者一般来自民营机构或者银行，缺乏对微型金融的了解。管理者经验不足、不够独立、过度依赖机构创始人等因素严重影响公司治理效果，带来公司治理风险。2014年《微型金融香蕉皮报告》指出，近年来，随着行业竞争的加剧，公司治理又出现了新的问题，包括不能及时理解行业内部经济结构的变化，为了维持发展而偏离微型金融社会目标，发展战略的不确定性以及无法抓住风险管理的要点等。因此，在微型金融业变得愈加复杂的今天，具有战略管理意识的专业管理者是促进公司治理的关键因素。公司治理不善会影响微型金融机构的健康发展。它不仅会影响公司的管理质量和员工的工作绩效，抑制微型金融机构持续有效经营，还会导致过度负债和目标偏离问题。公司贷款管理规章制度不健全，贷款档案不规范，客户资料不全面以及信贷内控管理制度不完善，会使员工为了个人业绩盲目扩大客户人群，极易导致客户借款额超过其偿还能力。机构间竞争的加剧也会使信贷员更加偏好贷款额度高的客户，若缺乏有效的治理，势必会导致目标偏离问题。长此以往，微型金融机构的声誉受到损害，投资者、捐赠者对其兴趣随之下降，将不可避免地导致机构后续资金难以维系。尽管如此，仍有部分微型金融观察员认为，在投资人、捐赠者等监管人员的关注下，微型金融机构面临的公司治理风险正在逐渐下降。

3. 风险管理能力。微型金融机构的风险管理意识较差，尤其一些规模较小、处于创立初期的机构甚至没有风险意识；即使有些微型金融机构具有风险意识；也常常采取不恰当的态度——认为采取风险管理措施是昂贵的和不必要的。许多微型金融机构从事风险管理工作仅因为他们面临来自监管机构或投资者的压力，而没有认识到风险管理能够给机构带来经济效益。事实上，近些年来，微型金融机构利用技术和信息创新进行产品开发，其风险爆发的可能性和危害性越来越大。一旦风险发生，风险管理能力较差的机构将遭受重大创伤，面临生存危机。因此，风险管理能力成为衡量微型金融机构发展的重要指标。

尽管在2008年之后，微型金融机构开始重视加强风险管理。但是，风险管理发展进程缓慢，更令人担忧的是，风险的复杂化程度可能会超过机构进行风险控制的速度。产品、技术的创新，机构间的竞争，促使微型金融业不断发生变化。这要求机构的风险管理能力需要随之加强。微型金融业在过去几年里已经发生了很大的变化，在更加多样化的客户群体和不断规范的监管下，微型金融机构在许多市场上的竞争力越来越强。然而，部分规模较小的机构尚不具备应对风险的能力，无法满足监管的要求，它们甚至因为无法应对可能面临的风险而转向对风险管理要求较低的市场。

4. 政治干预。微型金融机构贷款额度小、缺乏信用担保的特性决定其贷款成本高于普通商业银行贷款。因此，为了维持机构的可持续性，微型金融业的贷款利率往往也比商业银行贷款利率高很多。然而，政府管理者认为，过高的贷款利率扰乱了正常的经济秩序，因此政府采用建立干扰机制、限定利率、创造不确定性和倾斜的监管政策等手段来抑制微型金融的发展。

2014年《微型金融香蕉皮报告》确认，来自政府和政治家的干预是危害微型金融机构正常运行和扰乱微型金融业发展的重要因素。政治干预的影响在不同的国家和地区也有差别。例如，印度长期受到政府干预的制约；在中东和北非，如摩洛哥也具有政治干预的问题，然而，在东欧、中亚和东亚等地区政府干预的影响相对较小。

值得注意的是，善意的政治干预并不意味着是好的政策。政府为了达到缓解贫困的目的，可能会采取低利率贷款或者直接补贴的方式对低收入人群给予补贴。这种做法无疑会挤出微型金融机构的客户，虽然暂时缓解了低收入人群的资金需求，但是从长期来看，既不利于微型金融市场的发展，也不利于缓解贫穷。其原因在于，道德风险的存在使得低收入者认为自己可以免费获得政府的补贴，而没有提高生产效率增加收入的意识；同时，补贴的挤出效应减少了机构的客户数量，也不利于机构可持续发展。然而，这并不意味着所有的政治干预都是消极的，基于规范完善法律和制度框架的政治干预对处于危机中的微型金融有很大的支持作用。

5. 发展战略。在持续变化的经济环境中，微型金融机构应该怎样发展是一个重要问题。发展战略涉及机构规模、盈利能力、资金、利益相关者信心等方面的问题，其中关键在于维持社会绩效和财务绩效的平衡性，以确保机构的长期可持续发展。微型金融机构如果对于发展战略没有明确的规划，将很容易被淘汰。例如，部分地方性微型金融机构往往规模较小，一旦资金雄厚、规模较大的机构进入该市场，原有的金融机构将很难继续维持经营。

由于缺乏对竞争和市场发展的明确认识，微型金融机构往往缺乏良好的计划。虽然2008年发展战略风险对机构的影响并不突出，但其影响程度上升的速度是迅速的。CSFI在2014年关于微型金融机构风险调查中发现，发展战略风险在微型金融机构面临的风险中居于很重要的位置，排名第6。毫无疑问，制定正确的发展战略有助于微型金融机构找准自身的市场定位。微型金融机构如果不能建立有效的战略规划，一旦受到强大的经济、政策刺激，就会由于缺乏规划而无所适从，企业的正常经营和资金链也将难以维系。现有的微型金融机构对发展战略的关注程度不够，它们仅仅关注每天的运营，以及偶尔发生的大额投资、新产品或新技术的开发，但从机构的长期发展看这些是远远不够的。更令人担忧的是，许多机构甚至没有制定发展战略。

三、微型金融的风险管理技术与流程

微型金融风险管理的基本流程包括：目标设定——事项识别——风险评估——风险应对和处置——控制活动——信息和沟通——监控，如图7-1所示。

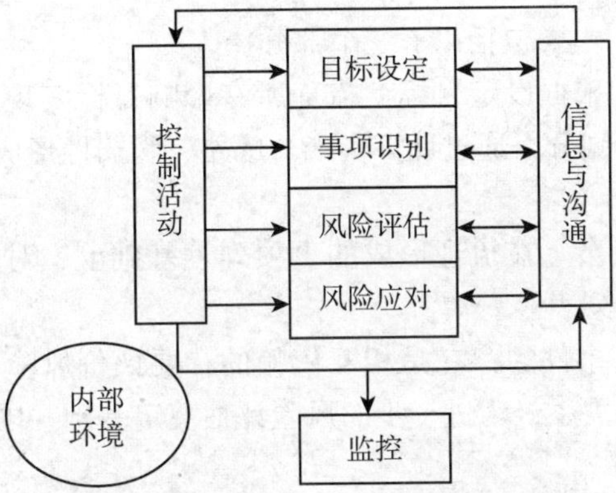

图7-1 微型金融风险管理流程

（一）目标设定

明确的目标确定了影响目标实现的潜在事件。风险管理目标要与微金融机构的风险偏好一致。营利性微型金融机构与非营利性微型金融机构的经营目标有所不同，非营利性的微型金融机构主要是满足贫困农户和微小企业的资金需求，对机构的盈利水平要求并不高。但是考虑到非营利机构的长期可持续发展及其资金来源的有限性，能够实现盈亏平衡甚至略有盈余是其经营的最佳选择。而营利性微型金融组织在履行社会责任的基础上，使股东价值最大化应是其主要的经营目标。微型金融风险管理应服从这个大目标，确保微型金融机构经营安全性、盈利性和流动性的有机统一，优化风险资源配置，取得风险与收益的最佳平衡。

结合微型金融实践，主要考虑以下目标：

1. 战略目标。微型金融机构必须明确其存在的意义，即希望实现什么，为微型金融的未来发展提供方向，团结各阶层的员工。战略目标关乎微型金融机构定位以及股东管理政策，是相对稳定的。

2. 相关目标。微型金融机构必须在战略目标的基础上建立一致的、有层次的相关目标，如经营目标、合规目标和报告目标等。在选择相关目标时要与机构的关键成功因素相联系，与机构主体的活动相关联，有明确的内涵且可计量。微型金融机构在设定目标时必须考虑到机构的风险偏好和容忍度。为了对机构的风险承受力作出客观的判断，必须通过对自身整体风险状况及现有资本和可获得资本规模的审视。并且对于设定的目标，其重要性、优先程度也不同，微型金融机构也应对此予以考虑。

（二）事项识别

事项是指内外部的可能影响微型金融机构战略贯彻、目标达成的事故或事件。事项可能会有三方面的影响：正面、负面、正负两面。风险的识别是一个连续和动态的过程。对代表了风险的潜在负面影响事项要进行评价并采取应对措施；而对代表机会的潜在积极事项，管理层要将机会引回到战略和目标设定过程当中。主要考虑以下：

1. 事项的影响因素。无数的内外部因素影响着微型金融机构战略执行和目标实现。其中，外部因素来自经济、自然环境、政治、社会和技术等方面的影响，内部因素则受到基础结构、员工、流程等方面的作用。

2. 事项识别的流程，主要包括以下三个部分：

（1）梳理相关事项。根据设定目标，梳理所有影响目标实现的潜在事项。梳理可以按照事项所在的安全域进行划分，通过计算资产、威胁、脆弱性形成一个可能造成影响的事项列表。

（2）识别风险还是机会。在梳理形成的事项列表基础上，对风险需要进行管理，分析事项具体影响，形成风险列表。

（3）风险关联分析。事件的存在是相互依赖的，要评价风险事项间的内在关系，分析风险事项的影响及其相互关系，为进一步的风险评估奠定基础。国际上比较先进的风险识别和度量流程如图 7 - 2 所示。

3. 事项识别的方法和技术。微型金融机构可以通过多种技术的组合及支持性的工具来识别事项。事项识别的方法和技术主要有：

（1）事项详细目录法。列出所有潜在事件的详细清单，相关的软件产品可以帮助实现。

（2）内部分析法。通过一个部门会议或其他利益相关者、外部专家等来进行，作为微型金融机构计划循环过程的一项常规内容。

（3）扩大、底限触发器。通过比较当前和设定的标准，警醒机构管理层应关注的潜在领域。一个事件一旦被触发，管理层应对事件进行进一步的评估并立即采取应对措施。

（4）首要事项指标。通过监控与事件相关联的数据来识别可能引起事件发生的条件是否存在。

（5）损失事项数据法。利用过去单个损失事项的数据，识别事件的发展趋势和根本原因。

（6）风险树搜寻法。以风险树的形式，将微型金融机构的风险逐层分解，找到所承受风险的具体形态和性质。

（7）筛选—监测—诊断法。筛选是对各种风险因素进行分类，监测是指对筛选出来的

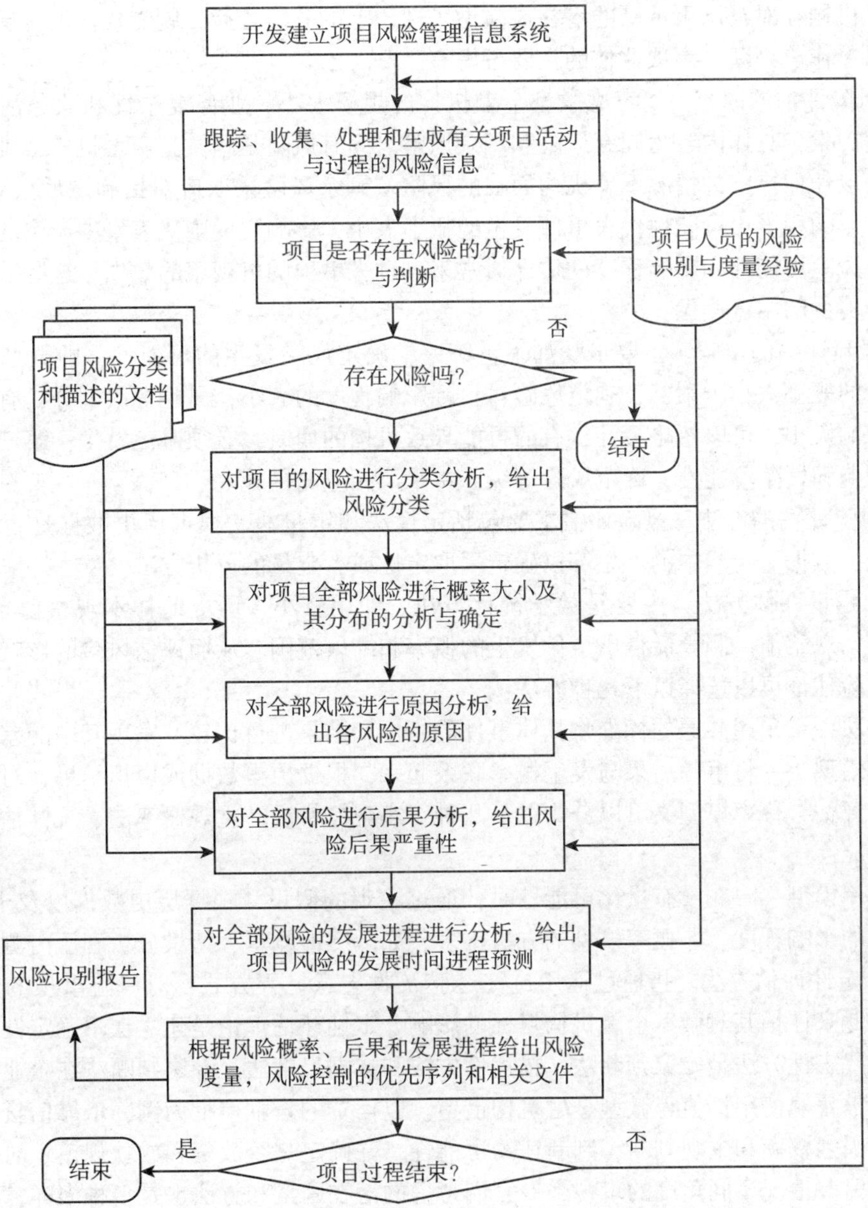

图 7－2　项目风险识别流程

资料来源：邓志永．我国农村小额信贷项目风险管理研究［D］．北京化工大学，2009．

结果进行观测、记录和分析，诊断是指分析、评价和判断检测的结果。其他的风险识别方法还有很多，诸如头脑风暴法、流程图法、德尔菲法、SWOT 分析法，等等。微型金融机构根据自身条件和技术水平灵活选择不同的风险识别方法，也可以结合几种一同使用，从而提高风险识别的准确性。

（三）风险评估和计量

风险评估是为了使微型金融机构能够对潜在事项的影响程度和大小有一个准确的判断。

微型金融机构在对自己可承受的潜在风险做了性质上的分类之后，就需要根据各层次目标在程度和量上作出判断。事项评估的主要考虑有：

1. 风险评估的内容。要考虑微型金融机构的规模大小、业务复杂性和业务活动集中控制程度等因素，具体内容为固有风险和剩余风险。固有风险是指微型金融机构管理层在没有对风险采取任何措施的情况下，机构面临的风险。剩余风险采取应对措施之后残余的风险、可能性和影响程度。可能性代表事件发生的概率大小，影响程度则代表事项产生的后果严重程度。对风险可能性和影响程度的估计通常来自过去事项的可观察的数据，这些数据更为客观，反映更少的主观偏见。

2. 风险评估的步骤。主要步骤如下：第一，确定风险发生的可能性，即微型金融机构面临风险的概率大小；第二，确定风险对目标影响程度的大小，风险等级划分，有的事项对机构的影响极小，可以忽略不计，有的可能导致机构的崩溃，必须避免发生；第三，综合风险后果影响和发生可能性，确定风险等级，并采取相应的措施。

3. 风险评估的方法。风险评估主要包括定性法和定量法。根据历史数据是否对未来有借鉴意义、数据分析成本的大小等以确定采取定性或者定量的分析方法。

（1）定量评估方法，主要是数学统计方法。即用较小、历史的样本观察值预测较大、未来的未知观察值。测算后得出事件发生的概率和结果范围，从而评估风险的影响。微型金融机构风险估计可以选择以下几种方法：

基准法——采用共通的标准将具体事件的指标和结果进行比较，发现其中的差异；

概率模型——将事件后果与发生概率联系起来，根据历史数据或模拟结果，对可能性和影响进行评估。概率模型又可以分为以下几种：客观概率法、主观概率法、统计估值法、假设检验法。

非概率模型——在没有量化可能性时，通过主观的假设，根据历史数据以及未来假设，估计事件的影响程度。非概率模型的方法很多，如敏感性测量、情景分析和压力测试等。

（2）定性评估方法。指通过运用过往经验及收集意见等方式，对风险事项的性质进行判定，以此来评估其对微型金融机构目标的影响。定性评估理论是建立在不确定性经济学的基础上，代表性方法是专家判断法、描述性方法和数据尺度法。专家判断法在企业，尤其是金融业中被普遍使用，值得微型金融机构借鉴。以信贷的贷款审批为例，依靠信贷专家的专业技能、因素权衡和主观判断，判断违约可能性，并确定是否放贷和放款规模。对微型金融的经营和财务情况不同角度的审视，专家们考虑的潜在因素和方法也是多种多样，这些专家一般是机构总部或其分支机构的信贷审批官。数据尺度法如杜邦财务体系和沃尔比重分析法等。描述性方法包括风险评估卡等。

4. 基于层次分析法的风险评价模型。层次分析法（AHP）是一种多目标的评价和决策方法，对不易定量处理的变量特别有效，将不定量风险排序后作出判断。层次分析法将复杂问题或者多决策问题按照不同层次和要素分解，然后分别进行分析比较，得到各部分的权重后作出最优决策。层次分析法是定性与定量分析的结合，互补了两者的劣势，也更符合实际需要。微型金融风险的多样性和历史数据的不持续性等特点都决定了对其风险评估不能单纯使用一种方法或者思路就可以得到准确的结果，尤其是微型金融风险评价的目标有很多，都要酌情考虑。所以对于微型金融机构风险评估方法选取而言，层次分析法是比较理想的选择。

（四）风险应对和处置

风险评估之后，就需要决定对其如何应对和处置。根据之前确定的微型金融机构的风险偏好及容忍度，在分析风险发生概率和影响程度的基础上，管理层必须选择一种方法或一系列的行动来有效管理风险。主要对策有以下几种：回避、承受、降低和分担。在考虑风险应对措施时，管理层要本着“成本—收益”原则。必须识别可能的机会，从整体层面去认识和处理风险，并确定机构总体的剩余风险是否在其风险容忍度之内。在风险应对和处置过程中应考虑以下几个方面：

1. 微型金融机构的风险应对措施。风险应对措施可以分为以下几种：

（1）回避。采取措施退出或者回避引起风险的活动。当其他的所有应对措施所需费用成本较高，并且超过预期可得效益的时候，或者没有其他的应对措施能实现目标的情况下，考虑使用回避这一策略。

（2）降低。采取措施，来减轻风险的可能性或影响，把风险降低到容忍范围内。例如，资产种类的风险降低、客户风险降低（即对单一客户授信定限）等都可以实现微型金融机构的风险降低。

（3）分担。通过转移或分散风险的措施来减少风险的可能性及影响。分担可以将风险降低到容忍范围以内，措施包括保险、避险交易或者服务业务外包等。

（4）承受。不采取任何措施。当固有风险已经在风险容忍范围以内时，不需要采取措施来影响可能性或风险。

2. 风险应对步骤。在风险评估的基础上，微型金融机构需要制定明确的风险应对和控制措施。最基本的步骤如下：

第一，评价应对措施的效果。评价效果时主要考虑两方面：发生概率（可能性）及影响。在评价应对措施时，管理者要考虑到所有的结果和情况，并最终实现机构自身对风险承受度及容忍度的要求。在选择时，也可以搭配使用多种应对措施和方法，或许可以达到更好的效果。

第二，评估成本——收益比。资源不是无限量的，尤其是微型金融机构，其风险管理资源极其有限，所以往往会受到一定的约束，在选择应对措施时一定要按照“成本—收益”的原则。成本包括所有的直接成本、可计量的间接成本、可计量的机会成本等。但需要注意的是，成本很多时候是无法量化的，如时间、努力等，所以在实践中要灵活处理。

第三，选定应对措施。经过“成本—收益”分析以及效果比较之后，就需要从潜在的应对措施中进行选择，可以是一种方法，也可以是一系列措施的协同配合，并且应对措施实行之后在不同的情况和环境下其效果也是不一样的，所以剩余风险可能会超过机构的目标风险承受度和容忍度，这就需要微型金融机构的风险管理部门对应对措施进行反复的调整和选择。

（五）控制活动

当风险应对和处置措施按照风险管理要求确定以后，对措施的执行就成为关键。控制活动就是指为保证措施的执行而采取的一系列活动，包括发布政策、应对程序等。控制活动发生在机构的各个层面上，主要关注以下几个方面：

1. 控制活动与风险应对措施配合进行。控制活动通常建立在管理活动中，并且根据风险应对措施的需要选取相应的控制活动，可以是一种控制活动配合一种应对措施，也可以多种控制活动共同配合应对措施。

2. 控制活动的类型。控制活动根据不同方式划分，主要包括预防、检查、手工、电算化以及管理层控制等。通常采用的控制活动如下：

高层复核——高级管理层对照预算、预测、以前期间和竞争者来复核实际的业绩。

直接运营管理——职能机构及活动的管理人员审核业绩报告。

信息处理——实施一系列的控制来检查业务的准确性、完整性及授权情况。

实物控制——对设备、存货、证券、现金以及其他资产进行实物性的保护，并定期清点。

业绩指标——将不同系列的数据（经营的或财务的）相互联系起来，结合相互联系的分析、检查和矫正措施，构成一项控制活动。如职能单位的员工流失率。

职责分离——分开或隔离不同人员的职责，降低错误及舞弊的风险。

3. 依靠完善的政策和程序来达成控制目标。控制活动通常包括两要素：建立政策、生效程序。口头政策长期存在并被很好地理解时，非书面化的政策也能有效，必须认真执行。如果机械地执行，没有一个明显的、持续的政策指导文件存在，一个程序可能是无用的。

4. 控制信息系统的重要性。微型金融机构对信息系统在经营、报告、合规方面都普遍依赖，所以需要控制其中的重要系统。首先是一般控制，它适用于许多应用系统，确保它们持续、适当地运行；其次是应用控制，在应用软件中包含计算机化的步骤，以便控制处理过程。在必要的时候将上述两种方式与人工实施的控制相结合，共同起作用，保证信息的完整性、准确性和有效性。

5. 完善控制活动要考虑微型金融主体的特殊性。由于每个微型金融机构都有其自身的目标和执行方法，在风险应对措施和相关控制活动方面可能会存在不同。相似的目标和决策也可能存在不同的控制活动。每个微型金融机构由不同的人员来管理，他们以各自的判断来使内部控制生效。此外，控制反映了机构运行的环境以及组织、发展历史和文化的复杂性。相对于一个有较少不同活动的微型金融机构而言，一个具有多样活动的复杂组织可能面对更困难的控制事项。影响一个微型金融机构复杂性和控制性质的因素包括地理位置、可扩充性、营业复杂性及信息处理方法等。

（六）信息和沟通

相关及时的信息以及内外部有效的沟通能够使微型金融机构风险管理体系运转通畅，ERM 流程管理要求微型金融机构要建立完善的风险管理信息系统，数据由内部生成和外部事件渠道为主，为机构的风险决策提供信息。相关的信息保证了员工能按规定履行各自职责。有效的沟通包括三大方向的信息流动：向下、平行和向上。员工了解在机构风险管理中的职责，以及个人与他人工作之间的联系，他们从高层得到一个明确的风险管理信息，并且根据自身职责向上沟通重要信息，还要与外部保持有效的沟通，如客户、供应商、监管者和股东等。

有效的信息和沟通主要应有：

1. 信息。微型金融机构要广泛地识别和获取内外部信息，并根据风险管理职责传递给各层级的员工。

（1）战略和整合系统。由于市场的开放、监管的同步，微型金融机构已经与客户、合作伙伴及监管者等连成一体，数据处理及管理通常为多个主体的共同责任。微型金融机构的信息系统要与外部整合，并且实现调整的灵活性。

（2）与经营活动相结合。信息系统往往与经营活动联系在一起。微型金融机构应采集使用历史和当前的数据，对比实际的业绩与目标和期望值，支持有效的风险管理，管理层能识别关系及趋势，预测未来业绩。历史数据也能保证管理层对潜在事件的预警引起注意。

（3）信息的深度和及时性。信息来源时间要与采集时间、风险应对等一致。信息的及时性要求信息要与微型金融机构周围环境的变化相一致。相应的信息处理设施将原始数据加工处理，转变为相关的信息下达到各层级的员工，以帮助他们履行其风险管理职责。

（4）信息质量。当今社会，数据的可靠性至关重要。数据不准确会导致风险不能被识别或评估不足，管理层出现决策失误。信息质量主要包括：内容是否恰当、信息是否及时、信息是否最新、信息是否准确、信息是否可以取得。

2. 沟通。当信息被及时准确地得到之后，如何使员工适当地得到成为关键。机构通过信息系统向员工提供信息，保证他们履行各自风险管理责任，所以沟通是信息系统的内在要求。沟通主要包括内部沟通和外部沟通等。

（1）内部沟通。管理层提供关于微型金融机构风险管理清晰的方法申明及明确授权，为员工的行为和责任提供直接的沟通。沟通应有效地传达：重要性、目标、风险偏好和风险承受力、术语、职责。员工之间的活动是相互关联的，要建立正常的和应急的沟通渠道和机制。

（2）外部沟通。外部沟通渠道可以更加了解客户的需求和建议，为以后的经营提供参考，满足客户偏好。外部监督人员和审计人员为机构的决策提供了重要信息，并且外部的沟通使得机构的日常运营满足了法律和机构的监管要求，规避了机构的法律和政策风险。

（3）沟通方式。备忘录、电子邮件、网络发布等形式都可以实现沟通。行动高于语言，管理者的行动受到微型金融机构的历史和文化影响，诚实经营、其文化被整个机构的员工理解和接受的微型金融机构，会发现信息的沟通几乎没有困难。

（七）监控

监控是指对风险管理组成要素的运行进行评价的过程，通过持续的监控活动和个别评价得以实现。微型金融机构应在日常管理活动中进行监控，而当风险评估和监控程序有效性达不到要求时，或者管理层有相关要求时，要进行个别评价，个别评价的范围和频率也可以根据不同要求进行调整。监控主要应实现几个方面：

1. 监控的持续性。持续性监控的执行人员一般包括两部分，即经营管理人员和辅助管理人员，通过对信息的判断，确定是否需要采取矫正或其他措施。

2. 单独评价。通常评价是由特定单位或职能部门人员以自我评估的形式进行。评价活动是内部审计人员的常规职责，当高层管理者、董事会、附属公司或分部负责人提出特殊要求时也可以进行评价活动。还可以聘请外部审计人员对机构风险管理的有效性进行评价。

3. 报告缺陷。“缺陷”是指在微型金融机构风险管理过程中应引起注意的条件，包括缺点和机会。它可能来自内部的持续监控程序、单独评价以及外部集团等。缺陷来自直接参与到微型金融活动中的人员的快速识别，并且报告。报告的内容包括一切影响机构战略目标执行的缺陷。每一位员工都应该明确自己的风险管理责任和报告义务。

4. 具体的项目风险监控环节主要步骤为建立风险监控体系、确定监控风险、制定并实施监控方案、跟踪监控结果。这四个部分要紧密联系起来，实现有效的衔接。

四、微型金融特有的风险管理策略

针对微型金融的特点而制定特有的风险管理策略十分必要。结合国际微型金融机构的实际来看，目前已经采用的动态激励策略、分期还款策略、抵押担保替代机制等风险管理策略，能够有效地解决信息问题和缓解交易成本问题。

（一）微型金融的动态激励策略

动态激励的一个特征是，可以以较小的贷款额度来进行尝试，借以发现借款者的真实信用水平，在长期的重复中发展借贷双方的业务关系和借款人的信贷记录。在微型金融领域，动态激励策略已经被证明是行之有效的风险管理手段。下面通过小组连带责任贷款和递增贷款来进一步解释动态激励策略的运行机制。

1. 小组连带责任和停贷威胁。小组连带责任（joint liahmty）是团体贷款微型金融机构采用的机制。在团体贷款中，不能提供传统抵押物的借款人被要求自己选择同伴组成小组，尽管贷款是借给个人的，但小组的成员要相互担保还款责任——这就是所谓的连带责任。此时，小组成员个人再次取得贷款的机会取决于整个小组的还贷表现，如果小组中有任何一个成员不能够还款或者蓄意逃避还款，那么整个小组会被视为违约（这被称为集体违约）而失去再次借款的机会，除非有其他小组成员为违约者偿还贷款——这就是或有续借纪律下的停贷威胁（non-refinancing threat）。停贷威胁是个人责任贷款中一个普遍应用的工具，它的实质内容被直接移植到团体微型贷款的实践中，而且几乎所有的微型金融机构都依赖于（停贷威胁）这个动态激励。在团体贷款中，小组连带责任这个静态激励是与停贷威胁动态激励结合在一起的。在这样的机制下，借款人在组成小组的时候，就会把风险较高的潜在借款人排除在小组之外，并且小组成员会加强对同伴的监督，从而有助于降低借款人选择和执行投资项目时的道德风险。在团体贷款中，贷款机构实际上把个人责任贷款模式下本应由自己承担的甄别借款人风险、监督借款人行为的绝大部分交易成本和责任，转嫁给了借款人自己或者小组。

2. 递增贷款或分步贷款。递增贷款（progressive lending）或分步贷款（step lending）是指借贷交易以小额度的贷款开始，如果借款人的还贷表现令贷款机构满意，那么贷款的额度会随着时间的延续而逐步增加。递增贷款是微型金融贷款机制设计中的另外一个动态激励，它实际上是与本书重点研究的停贷威胁机制联系在一起的。保持未来借款的机会是借款人还贷的重要激励，而递增贷款提高了停贷威胁的作用，因为贷款额度的增加将提高借款人未来借款机会的价值、借款人对未来借款的期望和借款人失去续借机会的成本。

（二）微型金融的分期还款策略

许多微型金融机构都采用了不同于一般商业银行传统信贷合同的分期还款策略，这类似于住房按揭贷款的分期还款制度。分期还款的最大优势在于，将现金流的理念运用到贷款技术中去。现金流实际上是小额信贷机构要求的某种形式的担保性资产，贷款所投项目如果不能按期产生收益，客户可以用其他资产的收益来弥补，这就比传统的低抵押担保更加灵活。下面通过频繁分期还款和组内次序贷款来对分期还款策略的作用机制进行进一步说明。

1. 频繁分期还款。频繁分期还款（frequent repayment installments）是微型金融契约一个比较特殊的（至少是不标准的）的机制。微型金融机构通常在初始贷款发放以后制定定期还款时间表，可能是每周还一次，两周还一次或者每月还一次。定期还款实际上产生了一个早期预警机制，贷款机构工作人员定期与客户的会面创造了直接监督的机会，使信贷工作人员可以对即将产生的违约风险产生早期预警，并筛选出潜在的违约客户。除此之外，通过频繁还款，贷款机构可以筛选出那些具有额外收入流、可以在借款资金投资项目产生收益之前，用另外收入来还款的低风险客户。当然，有的研究也批评频繁还款增加了借款人的成本，特别是增加了那些从事高季节性生产项目，如农业客户的还款困难。

2. 组内次序贷款。组内次序贷款（sequential lending within group）是指小组成员不是同时取得贷款，而是贷款首先发放给小组中的一个成员或几个成员，只有他们可以及时（定期频繁）还款，另外的小组成员才可以顺次得到贷款。以乡村银行的5人小组为例，小组内先有两个成员得到贷款，在前两个月里，他们的频繁分期还款表现如果让信贷人员满意，那么小组内另外两个成员就可以得到贷款。最后一个成员只有在前四个成员还款表现让信贷人员满意的条件下，才可以得到贷款。在放款过程中，如果任何一个成员违约，其他人就得不到贷款。因此停贷威胁是组内次序借款背后的重要因素。

（三）微型金融的抵押担保替代策略

在微型金融的实践中，虽然不明确要求客户提供担保（抵押）品，但是各种替代性抵押担保仍广泛存在着。替代性担保抵押的典型例子是乡村银行的小组基金和紧急基金。小组基金不仅能强化团体贷款在解决还款环节上的道德风险的能力，还能在某些成员确实投资失败的时候，起到一种互助保险的作用。这些基金是“替代性担保抵押”，因为在本质上借款人将必须偿还初始利率水平之上的利率。替代性担保抵押还包括一般商业银行不愿接受或者在正规金融市场不受法律保护的某种动产，或者是可以预期的未来收入和现金流，以及“社会抵押”。

分析案例

中和农信的小额贷款业风险管理经验

2016年6月19日下午，信贷员朱奎林前往湖南省平江县马头村六峰岭，拜访贷款农户。这是住在山顶的一家人，主人名叫许超，是一位返乡创业青年，27岁，经营着一家生态养鸡场，养殖芦花鸡。许超中学毕业后就跟着老乡外出打工，学习水电安装，有了些积蓄，2014年年底回老家开办养鸡场。家里的老人挺支持许超的想法，岳父岳母专门把位于马头村六峰岭山顶附近的老房子拿出来，改造成鸡舍。去年，他通过信贷员朱奎林从中和农信平江分公司贷了5万元，用于购买新的芦花鸡苗，改良品种。现在他饲养的芦花鸡达到1 500多只，平均每天能产蛋1 000多枚。每个月，卖鸡蛋的收入除了还分期贷款还有一些结余。

中和农信隶属中国扶贫基金会，是目前国内最大的公益性小额信贷专业机构，在全国18个省180个县1 700多个乡镇都驻扎了信贷员，平均一个信贷员对接一个乡镇，已为超过百万的农村中低收入家庭提供153亿元贷款。朱奎林对接的是平江县的伍市镇，已有百余个贷款农户。他每天的工作就是走访村庄，为需要贷款的人登记在册。“不少老乡没有银行流水，也没有资产证明，没有太多抵押物，他们没有‘信用’数据，难以在一般的金融机构贷款”，朱奎林说：“第一次借钱给他们，我都会先去他们家里看看，看看田地或者作坊，并从亲朋好友那里，侧面打听其人缘、人品等。从信贷专业角度讲，就是把农户的诚实、守信、孝顺、人品等评价，转化成可衡量、可记录的经济信用。然后，农户就可以进行纯信用贷款了，最快的时候，半天就能放款。有了第一次的转化，老乡开始有了信用记录。”

据中和农信的管理人员介绍，贷款周期一般是一年，也有季节性的。中和农信坚持给低收入人群做小额贷款，特别是小组联保的方式，风险很小，原因在于以还款能力作为贷款额的上限，加上互相联保机制来制约和保护。超过30天（未还）的逾期贷款率只有0.07%，如果超过一年没有回收，就作为坏账，目前已累计放款15亿元，坏账只有150万元。

资料来源：编者根据相关资料整理。

试分析：小组贷款在小额信贷风险管理中的适用性。

【本章小结】

1. 由于操作方式、贷款额度、资金来源和风险成本的不同，小额信贷的利率会相对较高一些。在小额信贷定价的过程中，应遵循利润最大化、扩大市场份额、以成本为下限和依据风险等级来定价的原则。常见的小额信贷定价模型包括补贴依赖指数、盈亏平衡利率模型和Rosenberg模型，不同模型各有利弊，在选择时应注意适用性。

2. 加强风险管理、提高核心竞争力是新时期对于微型金融机构的必然要求。微型金融机构所面临的一般风险包括自然风险、市场风险、信用风险、政策性风险和操作风险。而特殊风险因素包括过度负债、公司治理、风险管理能力、政治干预和发展战略。

3. 微型金融风险管理的基本流程包括：目标设定、事项识别、风险评估、风险应对和处置、控制活动、信息和沟通、监控七个基本环节。结合国际微型金融机构的实际来看，动态激励策略、分期还款策略、抵押担保替代机制等风险管理策略，能够有效地解决信息问题和缓解交易成本问题。

【思考题】

1. 有人说，传统商业银行不做小额信贷的主要原因是贷款高，你认同这种观点吗？
2. 微型金融的发展与风险管理目标是否是矛盾的？
3. 微型金融机构所面临的金融风险比一般意义上的金融风险要小，分析这种观点的合理性。

【综合训练】

印度安得拉邦小额信贷危机及启示

2010 年 10 月以来，印度安德拉邦（Andhra Pradesh）出现了小额信贷的重大危机，至今，后遗症严重。此事件是全球小额信贷行业近年来最重大的事件。与中国的情况相似，印度小贷在各地区的发展是很不平衡的。印度小贷危机其实主要表现为安得拉邦小贷的危机，主要是商业性小贷机构所引发的危机。在印度 28 个邦里，南部的安得拉邦小贷业务的规模约占 30% 强，其他南部两个邦又占 20%。安得拉邦私营商业性小额贷款机构在其内外部追求高盈利目标的动机驱使下，彼此间竞争激烈，而且它也与政府主导的“妇女自助小组 + 银行”项目激烈竞争，形成了小贷客户多渠道获贷和过度负债，进而还贷困难。而私营小贷机构不适当的催收贷行为造成了一些较严重负面的社会后果，先后有几十位小额信贷客户自杀，再加上媒体的渲染和政府政客不当干预，客户逃废债行为愈演愈烈，机构信贷风险激增，股东与融资机构信心动摇，市场信贷额度锐减，不良率剧增，造成了多输的局面。

从印度的教训看，地方政府的不当处置，对小贷事业的发展起到了促退的作用，最终使弱势农村中下收入和贫困农户的金融服务再次受到严重损害。印度央行在本次危机中出台的新规比地方政府要好，但其中仍有不少规定不利于小额信贷行业的发展。因此，我们在这方面的经验教训主要应是：有统一协调的双层监管机制；监管部门的政策法规既要防范金融风险和保护消费者权益，又要有利于小贷机构的发展，也就是说要有支持鼓励小贷事业健康发展的规制和执行力。

印度安得拉邦这次小贷危机出问题的主要是商业性小贷机构。实际上国际和私人资本看中和进入的也就是这类小贷机构。印度一些进行了商业性改制转型的公益小贷机构和一开始就设立为商业性的小贷机构，它们的问题是过度的商业性，忘记了小贷机构自身应有的社会功能属性。小额信贷本质上是社会发展属性和金融经济属性相融合的产物，要体现两者的特性，应求得矛盾的平衡和统一，这也使它既区别于扶贫社会项目和一般金融活动，又与这两者相关相连。

资料来源：编者根据相关资料整理。

1. 查找微型金融风险管理的相关文献资料，分析其重要性。

2. 选择国内一家微型金融机构，通过调查的方式，了解其风险管理流程及策略。

3. 分组讨论，结合我国实际来看，印度安得拉邦小额信贷危机对我国小额贷款公司的启示。

第八章　微型金融机构的绩效管理

▶▶导入案例

全球微型金融的双重目标：鱼和熊掌能否兼得？

微型金融在国际上已经发展了40多年，其发展趋势体现为商业化经营趋势不断增强、微型金融机构的融资来源中商业性融资所占比重提高、提供微型金融服务的机构日趋多样化及经营范围多元化、微型金融运作机制的创新模式不断涌现。那么目前到底发展到什么程度呢？哈佛大学商学院的研究表明，全球范围内的微型金融中，以微型信贷为例，目前有1.5亿个活跃客户，贷款规模大概450亿~600亿美元。而据哈佛大学计算，全世界需要贷款的家庭大约有6亿个，目前微型信贷仅覆盖了1.5亿个家庭，占比25%，还有75%的家庭没有被覆盖。从贷款渗透率的角度看，预计可以给家庭提供的贷款总量目前也仅实现了20%的规模，还有80%没有实现。

目前全世界都提出把微型金融作为重要关注点，希望在5~10年内能够有一个全面的、革命性的发展。但从效率上来说，微型金融经过40年的发展之后仍有70%~80%的人群完全没有被覆盖，这是不太令人满意的。之所以传统的模式遇到了发展的瓶颈，最大的难点在于微型金融企业的双重绩效目标。要同时实现企业的商业绩效和社会绩效是非常理想和非常有难度的，为了实现这一双重绩效目标，使得整个行业的发展受到很大制约，这也就是我们所说的“鱼和熊掌能不能兼得”，商业效益和社会效益能不能双高？坦率说不太容易。原因在于实现商业效益需要较高的价格，即贷款利率要比较高，但价格越高社会效益就越低，这是一对矛盾。对于低收入人群来说，融资难、融资贵是一个很大的问题，如果既能获得资金又能获取付得起廉价的资金，那当然算是真正实现了商业效益与社会效益的统一，但从传统模式看确确实实比较难以实现。

资料来源：编者根据相关资料整理。

【案例导学】

金融机构既是商业机构，也是社会责任的承担着，微型金融机构也不例外。为什么越来越多的关注转向了微型金融机构绩效，对微型金融机构加强绩效管理有何重要意义？微型金融机构具有社会绩效和财务绩效的双重特性，社会绩效和财务绩效如何衡量，它们之间是否存在不能破解的矛盾？二者之间的平衡在哪里？通过本章的学习，思考这些问题的答案。

第一节　微型金融机构绩效概述

一、微型金融机构绩效的内涵

（一）公司绩效的内涵

绩效是组织中个人（群体）特定时间内的可描述的工作行为和可衡量的工作结果，以及组织结合个人（群体）在过去工作中的素质和能力，指导其改进完善，从而预计该人（群体）在未来特定时间内所能取得的工作成效的总和。绩效包括个人绩效和组织绩效两个方面，微型金融机构绩效属于组织绩效的范畴。

公司治理结构与公司绩效之间有何种关系一直都是研究的热点问题，这对公司如何完善治理结构、实现良好的绩效有着重要的意义。公司绩效可以分解为财务绩效和社会绩效，其中，财务绩效是企业战略及其实施和执行是否正在为最终的经营业绩做出的贡献，表现在盈利能力、资产运营水平、偿债能力和后续发展能力等方面。企业社会绩效是指企业以追求利益相关者的整体利益为出发点，将企业社会责任、社会响应过程、社会问题政策和计划三个层面的因素内化到企业发展战略中，并纳入企业日常管理，最终以绩效形式呈现的一个集合。对于小额信贷机构而言，社会绩效可以理解为实现其扶贫目标，设定相应指标、开展经营管理，最终产生社会影响的过程。

需要特别指出的是，企业社会绩效这一概念通常与企业社会责任联系紧密，而事实上这两者之间也存在着细微的区别。对于一般企业而言，经济目的是企业的唯一目的，社会目标只是实现经济目的的手段。此类企业往往出于外部压力，参与社会事务。稍具社会责任意识的企业，其经济目的不再是唯一目标，而是追求利益相关者的整体利益，自愿承担其社会责任。而社会绩效不仅要求企业追求利益相关者的整体利益参与社会事务，而且要求将其纳入社会经营管理，将社会绩效管理融入日常管理之中。

（二）微型金融机构绩效目标的特殊性

相对于传统正规金融机构而言，微型金融作为体系之外发展起来的一种金融方式，以扶贫为主要宗旨，以贫困或低收入人群为目标客户。不同于传统正规金融机构的营利性质，微型金融机构的主要目标在于减少贫困、促进农村经济增长，天然具有社会目标属性。除机构定位的不同外，微型金融机构作为传统正规金融体系外的一种补充，在经营目标上的差异也使之成为弥补传统金融体系在服务小微群体信贷层面效率损失的一种重要渠道。一方面，微型金融机构因为单笔业务交易额小，服务方式灵活、快捷，所以能有效地为无法从正规金融体系中获得金融服务的小企业、低收入人群和贫困家庭发放微型信贷和办理其他金融业务。另一方面，微型金融机构的组织形式多样，有正规金融机构（如商业银行）、非政府组织微型金融机构、非正式金融中介机构（如联合信用贷款协会）等，不同组织形式的微型金融机构在经营主体和业务范围上互补，从而更有效地覆盖到小微群体。可见，微型金融机构在一定程度上能有效降低正规金融机构因信贷配给而引发的信贷效率损失。

微型金融的目标是缓解贫穷，扩大扶贫的覆盖面。在早期，从微型金融机构的资金来自捐赠者的捐赠开始，缓解贫穷就成为其目标。但是，随着微型金融行业在规模上的增长及捐赠持续来源的不稳定性，融资需求就成了微型金融机构能否可持续发展不得不考虑的问题。可持续性可以认为是微型金融机构有能力从微型金融服务中所得收入覆盖操作成本和其他成本，并产生盈利，从而使微型金融机构脱离来自政府、社会团体和捐赠者的补贴，实现独自运营。可持续性被认为是衡量微型金融机构绩效的一个核心指标，但微型金融机构所具有的双重目标（社会目标和财务目标）使得在对其绩效的衡量上产生冲突。社会目标反映的是机构如何为贫困人群或低收入人群提供金融服务，财务目标则反映的是机构所具有的可持续发展能力。长期以来，基于对微型金融两大目标认识的差异，形成了微型金融的“福利主义”和“制度主义”两种不同认识和不同发展模式。“福利主义”关注扶贫的过程和效果，关注扶贫过程中目标客户是否是低收入人群或者弱势群体，强调的是在多大程度上缓解贫困，提高扶贫覆盖的广度和深度。“制度主义”更强调微型金融机构发展的可持续性问题，认为应将微型金融机构纳入正规金融体系监管框架内，以财务绩效为主要目标，社会绩效为次要目标。

二、微型金融机构绩效的分类及其关系

（一）微型金融机构绩效的决定因素

微型金融的基本目标是扶贫和可持续性，这是评价微型金融成功与否的标准。在《微型金融的大三角》一书中，Zeller 和 Meyer① 提出评判微型金融成功与否的三个因素：财务可持续性、覆盖力和福利影响，大三角框架意味着在微型金融的经营实践中必须注意财务绩效和社会绩效（见图 8－1）。Zeller 和 Meyer 认为，覆盖力、财务可持续性和福利影响既是微型金融的经营理念，也是评判微型金融成功与否的产业标准。

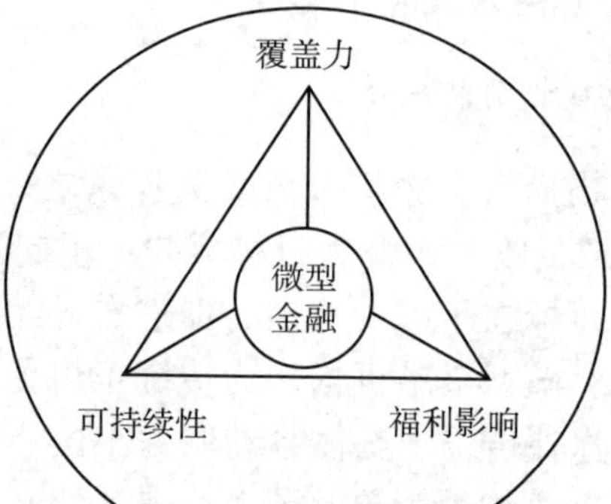

图 8－1 微型金融大三角

① Manfred Zeller, Richard L Meyer. The Triangle of Microfinance: Financial Sustainability, Outreach and Impact [M]. Baltimore and London, The Johns Hopkins University Press, 2002.

1. 覆盖力（outreach）——衡量小额信贷所服务客户的综合指标，包括四个方面的内容：一是小额信贷的宽度（breadth），即小额信贷服务的总人数；二是小额信贷的深度（depth），衡量的是小额信贷的目标客户瞄准问题，即小额信贷是否为低收入者或者穷人提供信贷服务，是否为妇女提供信贷服务，是否为被排除在传统金融之外的人提供信贷服务；三是小额信贷的长度（length），即小额信贷供给时间的长度，每一笔信贷的时间长度和小额信贷机构为客户提供信贷服务的长度；四是小额信贷的种类（scope），即衡量信贷服务的种类，因为像储蓄、保险、汇款这些服务也将对小额信贷的覆盖力产生影响。

2. 可持续性（sustainability）——衡量小额信贷长期为低收入人群提供服务的能力指标。如果小额信贷纯粹依赖外来资金，如政府补贴或捐赠，则信贷的提供将缺乏可持续性，从而很可能因资本侵蚀、流动性缺乏等原因而关闭。可持续性包括三个层面：

第一，操作上的可持续性。即小额信贷收取的利率和费用能够补偿操作的成本。操作成本包括工作人员的薪酬、贷款损失和其他管理费用等。

第二，财务上的可持续性。财务上的可持续性除实现操作上的可持续性外，还要实现经济的可持续性，而经济可持续性是指小额信贷机构获得的利息和非利息收入能够支付贷款的全部资金成本和非资金成本。

第三，组织上的可持续性。组织上的可持续性是指机构在工作人员的招聘、培训和使用方面能够独立，而不需外界的支持。

3. 社会福利影响（social impact）——衡量扶贫效果的综合指标。福利影响不仅包括扶贫效果，农民食物、住房、教育和健康水平的改善，妇女地位的提升乃至信用环境的改善等也是小额信贷社会福利影响的一部分。由于衡量标准的不同和社会福利影响的复杂性，准确衡量社会影响是十分困难的。

覆盖力、财务可持续性和福利影响三个方面既相互冲突又相互平衡。在冲突方面，覆盖力和社会福利影响对客户和社会是有利的，但可持续发展却要求微型金融机构获得利润，这有可能会损害客户的利益；在平衡方面，微型金融只有实现自身的可持续性才能不断扩大服务范围，而扩大金融机构的服务范围往往表示其所服务的低收入人群数目增加了，从这个角度来说，可持续性与覆盖力是相容的。同时，如果覆盖力提高，那么农户可以借助小额信贷的储蓄和贷款，实现生产和消费的平滑，改善他们的福利状况。

（二）微型金融机构绩效的分类

微型金融的大三角框架表明，微型金融评判标准所包括的覆盖力、可持续性和社会福利影响三个方面，可以归结为以实现可持续发展目标为代表的财务绩效和以实现社会发展目标为代表的社会绩效。

1. 微型金融机构社会绩效。微型金融机构的监管者、投资人、捐助者等开始关注微型金融机构是否以及如何履行服务低收入人群的社会使命，这就提出了所谓的社会绩效问题。世界银行扶贫协商小组认为，微型金融机构具有服务低收入人群和实现财务可持续的双重目标，但学术界对这两大目标是否兼容存在争议，在微型金融商业化背景下，微型金融机构是否以及如何实现服务低收入人群的社会目标正是社会绩效研究的核心。

微型金融机构社会绩效研究的首要问题是界定社会绩效的含义。美国行动国际（ACCION International）曾提出了一个六维度社会绩效框架，包括社会使命、覆盖面、客户服务、信息透明与消费者保护、员工以及与周围社区的联系。微型企业加速推进工程（AMPA）提出，微型金融机构社会绩效涵盖四个方面：惠及低收入人群和被正规金融排斥的客户；适应不同目标客户需求的产品和服务；与客户建立信任关系，增强其社会资本；对员工、客户和所在社区的社会责任。事实上，迄今微型金融领域对社会绩效的含义尚未达成一致的观点，但有两个共同点是可以确定的：首先，社会绩效涵盖了微型金融机构和社会其他成员等利益相关者的关系，关键的利益相关者包括客户、捐助者、投资者、员工和所在的社区；其次，社会绩效将微型金融机构的社会成果、社会使命和目标联系起来，在确定一家微型金融机构的社会使命和目标时，应明确考虑利益相关者的观点和利益。基于此，由不同利益相关者组成的微型金融任务小组将社会绩效定义为：将微型金融机构社会使命向实际行动、正确的措施和结果转化的过程。

作为一个社会机构，微型金融机构的评判标准既应该有对自身可持续性的评判，也应该有对覆盖力和其社会福利影响的评判，而后两者的评判成为微型金融业务社会绩效评价的标准。覆盖力能够影响微型金融机构的社会绩效，原因在于覆盖力是广度、深度和种类的综合体现，它影响微型金融业务是否真正瞄准目标客户，即是否将信贷服务提供给真正的低收入人群。覆盖力的提高，说明农户得到信贷供给的可能性更大了，贫困农民越能够从小额信贷中提高收入和改善生活。社会福利改善小额信贷的社会绩效是显而易见的，因为社会福利就是评价微型金融业务对整个社会产生的影响的变量。如前所述，社会福利影响包括多个方面，包括医疗、教育、住房、女性权利、政治权利等，这些都将成为衡量微型金融机构社会绩效的重要方面。

2. 微型金融机构财务绩效。所谓微型金融机构的财务绩效是指微型金融机构在开展业务过程中的财务状况和盈利能力。财务绩效可以用微型金融机构的可持续性来进行评价：微型金融机构能够实现可持续性，说明微型金融业务绩效是良好的，可持续性指标越好，说明微型金融的业务绩效越好。可以使用一些具体的财务指标对微型金融机构的财务绩效进行评估，因为对于机构来说，财务数据是可观测且可获得的。这些财务指标包括贷款收入成本比、资产收益率、股权收益率和不良贷款率等。这里要特别指出的是，仅仅采用几个财务指标评价小额信贷财务绩效存在很大的不足：一是不能反映实现最终经营成果的过程；二是过多的追求财务绩效，微型机构的行为容易出现目标偏离，其表现是微型金融机构为追求经济利益，会不再以贫困或弱势群体作为目标客户。

微型金融机构的财务绩效是衡量其治理效果的重要体现。在财务绩效表现上，对于银行微型金融机构和非银行微型金融机构而言，它们有着明确的盈利目标，往往通过发放大额贷款和收取较高的贷款利率来扩大规模效应带来的利润。然而这种方式也使得运营成本增加，未能带来财务绩效的实际提升。同时，相对于非政府组织微型金融机构和合作性微型金融机构而言，银行微型金融机构受制于审慎监管，这会进一步制约其追求更高的财务目标。对于合作性微型金融机构来说，它们相对于其他类型机构而言，在规模较小、营运成本相对较低的同时也受限于规模效应，导致盈利水平较为有限。针对非政府组织微型金融机构，一方面，治理结构的脆弱性使得非政府组织微型金融机构运营的监管体制不健全，且不具备系统的绩效管理体制；同时，基于委托代理理论的分析，由于机构的管理者既没有机构所有权，也没有绩效分红，因此缺乏去追求更高财务目标的动机。另一方面，非政府组织微型金融机构可以有效减少客户的逆向选择和避免道德风险。首先，相对于营利性微型金融机构而言，非政府组织微型金融机构由于服务主体较为集中，对当地穷人和低收入群体有着更好的了解，在组建当地客户的“信息网络”方面有着较为明显的优势，放贷成本相对较低；其次，非政府组织微型金融机构的领导者虽然没有受到金钱激励去直接追求更高的财务绩效，但却受到非金钱回报的激励，如机构管理的成功和专业化所带来的名声等。此外，非政府组织微型金融机构间面临着捐赠和客户的竞争，同时还有来自营利性微型金融机构的竞争，竞争的压力使得非政府组织微型金融机构不能满足于通过补贴或捐赠存活下去，而是要努力实现自身可持续性的营运，因为只有在努力实现自身可持续性营运的基础上才能不断扩大对贫困及低收入群体的覆盖面，从而更好地实现其社会目标。

（三）财务绩效与社会绩效的关系

微型金融机构商业化发展的初期，普遍关注自身的财务可持续能力，但长期忽视社会绩效的发展，又易引发与社会的剧烈摩擦。20 世纪 90 年代，印度经济改革促进了大量的盈利性 MFIs 诞生和发展，随后的 2005 ~ 2006 年，安德拉邦发生了小额信贷危机，2010 年 10 月安德拉邦再次爆发小额信贷违约危机，商业性小额信贷帮扶弱势群体的使命受到社会的普遍质疑。印度小额信贷危机提示人们要关注微型金融机构商业化发展对社会绩效产生的影响。

微型金融机构天然地具有双重目标，必须协调好社会绩效和财务绩效目标之间的关系，才能实现微型金融机构的可持续发展和为低收入人群及弱势群体服务的双重目标。微型金融机构社会绩效与财务绩效的关系从 20 个世纪 90 年代至今一直备受国外学者的关注。归纳来看，二者关系体现在以下两个方面。第一，财务绩效是实现社会绩效目标的保障。微型金融生存和发展的条件有两个：能提供为低收入者和弱势群体所需的金融产品和服务，有业务发展所需的足够资金和收益。作为捐赠者的国际组织和其他投资者，在很多时候不能把足够的资金投放到微型金融机构上，微型金融机构只能依靠自身的持续发展。因此，微型金融机构在业务的发展过程中必须重视效率和收益，依靠自己创造的良好财务绩效来保障社会绩效目标的实现。第二，社会绩效是目的，财务绩效是手段。近年来，一些微型金融机构为了实现财务目标而放弃了社会目标，违背了其设立和发展的初衷。微型金融机构为低收入和弱势群体服务是其固有的社会宗旨和目标，而其通过良好的财务绩效获得可持续发展仅是手段。一方面，小额信贷如果没有了为低收入和弱势群体服务的宗旨，可持续发展也就失去了它原本的意义。另一方面，微型金融机构的目标是为低收入者和弱势群体提供金融服务，帮助他们摆脱贫困，获得发展机会，实现社会效益的最大化。社会绩效目标和财务绩效目标，前者是目的，后者是手段，二者不能等同，当两者发生矛盾需要取舍时，将社会绩效目标作为优先目标才能更符合微型金融的本来意义。

从目前的发展趋势来看，微型金融机构社会绩效的实现需要以财务的可持续为基础，随着微型金融机构竞争的加剧，社会绩效与财务绩效的冲突会逐渐显现，借款者数量的增加不再与财务绩效简单兼容，不同类型的微型金融机构在社会绩效上表现出不同深度、广度及涉农比例。这就需要政策决策者考虑不同类型微型金融机构的客户定位及社会价值取向，制定相应的微型金融机构社会绩效管理政策。近年来，我国微型金融市场在金融体制深化改革的大潮下迅速发展，《关于 2015 年小微企业金融服务工作的指导意见》提出要进一步丰富小微企业金融服务机构种类。在各种机构类型中，非政府组织微型金融机构可以作为重点关注与扶持对象。越来越多的非营利性微型金融机构进入资本市场融资或向营利性微型金融机构转变，将使得机构过分关注财务绩效而弱化其社会目标，不利于扩大对低收入群体的覆盖面。相比之下，非政府组织微型金融机构更能坚持其社会目标，更好地为贫困人群服务，因此有必要鼓励非政府组织微型金融机构的发展，为其生存及发展提供一定的政策支持，这对于提高低收入群体的金融服务覆盖有着重要意义。

分析案例

担当社会责任　做最好的村镇银行

2011 年 3 月，第一家中银富登村镇银行在湖北蕲春开业，正式掀开中国银行与淡马锡旗下富登金融的合作大幕。6 年来，中银富登村镇银行以“担当社会责任，做最好的村镇银行”为目标，始终坚持“扎根县域、支农支小”的战略定位，通过规模化、批量化发起设立村镇银行，探索出一条具有中国特色的大型银行办理微型金融的发展之路，实现了持续稳健发展。

放眼全国，中银富登已发展成全国最大的村镇银行集团，于全国 12 个省市共设立 82 家法人机构。成立至今，其业务稳健增长，资产质量稳定。截至 2016 年末，存款余额超过 200 亿元，增速约 40%，贷款余额近 200 亿元，增幅超过 20%，不良率低于 2%，保持在合理水平，拨贷比、拨备覆盖率等全部满足监管要求，风险总体可控。此外，中银富登在发展中坚持“支农支小”“服务三农”战略定位不动摇，制定了适合小微企业、农业客户的金融服务和信贷产品及流程，开发了 10 大类贷款项目，包括 53 种涉农产品。

中银富登村镇银行在助力所在县域地方经济发展的同时，不忘初心，所有员工在业务活动中严格遵守“三大铁律”，并积极组织各项公益活动，用实际行动践行“担当社会责任，做最好村镇银行”的庄严承诺。成立 6 年以来，该行员工对每个贷款客户都会首先声明：与中银富登村镇银行打交道，绝对不需要请客送礼、不需要支付非利息以外的任何费用。随着中银富登村镇银行在全国机构扩张速度加快，村镇银行集团总部处理、处分因触碰“三大铁律”的机构达 35 家、员工共 125 人。自开行起，中银富登村镇银行每年都有组织、有计划地开展向当地特殊学校捐款捐物，到老年福利院义务劳动，向环卫工人送温暖、送清凉，开展“务工返乡人员爱心直达车”“送医下乡”“扶贫助困送温暖”等爱心关爱活动，得到了社会的广泛赞同和认可。中银富登村镇银行将始终坚持“扎根县域，支农支小”的业务定位，结合“精准扶贫”攻坚具体任务，全力支持“扶贫攻坚”，在发展普惠金融，走专业化经营之路的同时，担当社会责任，实现全行业务条线协同发展。

资料来源：何本辉，叶青青．担当社会责任 做最好的村镇银行 [N]．湖北日报，2017 - 03 - 23.

结合案例试分析：强化微型金融机构社会绩效的重要性是什么？如何实现社会绩效和财务绩效的双赢？

第二节　微型金融机构社会绩效管理

一、微型金融机构社会绩效管理的主要内容

（一）社会绩效管理的含义

一些国际机构从社会绩效管理构成的角度给出的定义认为，社会绩效管理是微型金融机构对社会绩效信息的跟踪，并通过这些信息帮助微型金融机构实现其社会目标。其中，社会目标的一系列测评、管理和组织的过程应统称为社会绩效管理，包括设定社会目标、追踪社会绩效、使用社会绩效改善实践等内容。具体来看，微型金融机构的社会绩效管理分为三个部分：设定清晰的目标并制定详细战略以实施、监督并评估实现目标的过程以及运用信息改善整个组织的绩效。

还有一些研究则侧重从实施的角度理解社会绩效管理的含义。这种观点认为，社会绩效管理是将社会使命付诸实践的制度化过程，包括制定明确的社会目标、管理达到社会目标的过程以及利用信息以提高绩效，为了提高社会绩效的有效性，社会绩效信息必须融入微型金融机构的工作、运作程序和价值系统以影响业务和战略层面的决策。社会绩效管理不仅仅是用来测评结果的有效工具，也包括获得结果过程中所涉及的一系列微型金融服务行为和相关的测量方法。

由此看来，微型金融机构的社会绩效管理是一个衡量、分析、报告和使用社会绩效信息的过程，这不同于社会绩效评估这个相对狭窄的概念，社会绩效管理特指的是对社会绩效进行具体的评估，关注的是产生结果的过程，而社会绩效评估关注的是事后的结果。有效的社会绩效管理将社会绩效信息整合到微型金融机构的日常经营管理和整个价值体系中，促使其更好地体现宗旨和实现社会目标。微型金融机构不同的利益相关者对社会绩效管理有着不同的标准。例如，捐助者和具有社会责任的投资者可能会更加强调信息的精确度，验证其影响力；而从业者则可能会更加关注实用性，通过改善机构的经营管理，提高其影响力。

（二）主要内容

在界定社会绩效管理含义的基础上，一些国际组织进一步明确了社会绩效管理的具体内容。Imp-Act Consortium 在《社会绩效管理指南》中指出，微型金融机构社会绩效管理需要解决六大核心问题：

（1）什么是社会绩效，如何实现社会绩效？

（2）谁是目标客户，谁被排除在服务之外？

（3）为什么及何时顾客选择放弃被服务或者继续参与？

（4）项目对客户产生怎样的影响？

（5）将如何应用社会绩效管理来提高服务质量？

（6）如何持续并提高服务质量以回答上述关于社会绩效管理的问题？

这些核心问题直接决定了所有者权益和服务的改善，开始实施社会绩效管理的关键在于

选定好目标客户和社会绩效目标。简言之，Imp-Act Consortium 认为社会绩效管理主要由三部分构成：

（1）制定明确的社会目标并制定周密的战略以实现目标；

（2）监督和评估实现社会目标的过程；

（3）利用社会业绩信息改善机构的整体绩效。

可见，微型金融机构应根据不同的社会目标确定不同的社会绩效目标，进而选择合适的瞄准社会绩效目标的办法。

AMAP 提出，社会绩效管理由覆盖的价值、成本、深度、宽度、长度、范围六个维度的内容构成，它们将社会绩效管理置于一个统一的成本效益框架中。AMAP 指出，社会绩效管理的六个维度是从客户价值和社会价值两个角度划分的。其中，客户价值是客户从其金融和非金融服务的消费中获得的私人价值，由覆盖的价值、成本和范围确定；社会价值则来自于社会金融和非金融服务的消费超出客户价值的增加值，由覆盖的宽度、深度和长度确定。

二、微型金融机构社会绩效评估

（一）为什么要对微型金融机构进行社会绩效评估

1. 实证检验的需要。从学术来看，对微型金融机构社会责任的研究包括两方面：一方面是专注于微型金融机构社会责任界定的规范研究；另一方面是与微型金融机构社会责任相关的实证研究。微型金融机构社会绩效和财务绩效的关系是微型金融机构绩效管理的一个研究重点，而要探讨这二者关系，前提条件是要对上述两种绩效进行衡量。

2. 与利益相关方沟通，改进微型金融机构绩效的需要。微型金融机构要对利益相关方履行社会责任，在经营决策中必须考虑他们的利益。倘若微型金融机构忽视其社会责任，对其利益相关方的合理利益要求不作慎重考虑且尽量满足的话，那么这种微型金融机构的长久生存和持续发展就很成问题了。

随着利益相关方理论的逐渐成熟，对微型金融机构社会绩效的衡量便是由利益相关方作出的。而利益相关方评价的过程实际上是微型金融机构与利益相关方沟通的过程。通过这一过程，能够使微型金融机构明确关键利益相关方的期望，鉴别对社会责任绩效负责的人员，促进绩效的改进。

3. 提升微型金融机构竞争力的需要。世界经济论坛认为，具有社会责任感是决定企业能否在全球化动作中取得成功的关键因素之一。社会责任履行得好的微型金融机构更有竞争力。那么通过衡量微型金融机构的社会责任绩效，可以明确微型金融机构相对于同行的竞争优势和劣势，从而有的放矢地调整微型金融机构总体战略，赢得市场和利润，最终实现微型金融机构自身的发展壮大。

（二）微型金融机构社会绩效评估指标的几个维度

微型金融机构的社会绩效评估需要考虑的方面众多，是一个多维概念。各个维度的指标变化多样，难以面面俱到，一般来说，根据利益相关者理论，并结合微型金融机构的特点，可以从以下几个维度来评价企业的社会绩效：

1. 服务的覆盖面。微型金融机构应能为尽可能多的低收入人群与小微企业提供金融产品和服务，满足他们多样化的需求。

2. 服务的适应性。微型金融机构应对客户的需求进行定期或不定期的调研，了解他们的需求，从而提供与该需求契合的产品或服务。

3. 客户收益。客户收益的最终体现是客户的生活水平提高、生活质量改善。这也是微型金融机构为低收入人群与小微企业提供金融服务的目标。

4. 社会责任。小额贷款机构创立的初衷就是帮助贫困者、为“三农”提供金融支持，这本身就赋予了它扶贫与支持“三农”的社会责任。因此在对微型金融机构进行社会绩效评价时必须将社会责任纳入其中。

（三）微型金融机构的社会绩效指标体系的构建原则

微型金融机构社会绩效指标体系的构建，既要遵循一般企业评价指标体系的构建原则，又要对其承担社会责任的绩效作出评价，反映其对社会的贡献。因此在构建该体系时，要注意做到财务指标评价与非财务指标评价的结合，长期目标与短期目标的结合，社会目标与自身目标相结合这三方面原则。另外，微型金融机构社会绩效指标体系中每个指标的选择和量化对建立评价模型都是至关重要的，因为指标的选取决定了最终评价结果的真实性，因此设计评价指标体系应对多方面因素进行充分考虑，并遵守以下几条基本原则：

1. 全面性。要求建立的指标体系能够充分考虑各个影响因素，覆盖到影响微型金融机构社会绩效的各个方面的内容。对微型金融机构社会绩效进行评价主要目的在于判断其承担社会责任的情况以及为利益相关者带来的价值的大小，因此需要考虑到所有的利益相关者的因素。

2. 科学性。在设计指标体系时，各指标之间可能存在信息重复或者逻辑混乱等问题，从而导致评判结果可能出现偏差。而科学性要求该体系保持各指标之间的独立性，并且选取的指标应当具有代表性和系统性，能够准确反映不同层次以及不同指标之间的结构。

3. 可行性。建立的微型金融机构社会绩效评价指标体系最终目的是为了评判该公司承担社会责任的情况以及为利益相关者带来的贡献，这要求指标体系具有实用性，并且所需数据应满足便于收集和处理的条件，不能过于复杂，计算过程也应尽量简单、科学、合理。如若不然，则会使评价指标体系显得华而不实，缺乏实际可操作性，也就失去了该指标体系的现实意义。

（四）微型金融机构社会绩效指标体系具体内容

微型金融机构社会绩效管理的基本思路是：首先确定微型金融机构的宗旨，明确市场及客户定位，据此制定长期及短期的战略目标，设计产品与服务；然后制定经营管理制度，为实现所制定的宗旨和目的，开展经营活动；最后通过一系列的经营活动产生成果，以社会绩效的形式表现出来，具体包括对股东、员工以及客户的社会责任。因此，借鉴周孟亮①（2011）对小额信贷社会绩效评价指标体系的研究，小额信贷社会绩效评估指标体系可以从目标定位、内部治理结构与员工行为，产品和服务，客户满意程度，社会目标实现情况来

① 周孟亮．我国小额信贷社会绩效评价指标设计研究［J］．农村金融研究，2011（2）：53－58．

细化。

1. 目标定位、内部治理结构与员工行为。

（1）目标定位情况。微型金融机构的目标定位如何决定了它是为机构自身的经济效益而努力还是注重对贫困人口、低收入人群以及小微企业的资金扶持。一般来说，这一项指标无法定量，只能通过对微型金融机构章程等的考察，或对机构的员工、客户进行调查定性地了解。

（2）治理结构。治理结构主要指公司董事会成员的来源情况，如董事会成员中是否有农户代表，是否有妇女代表以及所占的比例。可由董事会中农户占比、董事会中妇女占比、董事会中微小企业占比等定量指标来反映。

（3）员工培训。这要求所有员工，无论职位高低都应接受关于社会绩效的培训，形成社会绩效意识。该指标可以通过询问各级员工有无接受过此类培训以及培训时间来定量地反映。

2. 产品和服务。因客户的特殊性，微型金融机构须根据客户的情况及需求提供产品和服务。除此之外，提供产品和服务的种类也须是多样化的，这是因为要使贫困及低收入人群脱贫，需要的不仅仅是贷款。他们往往还需要教育、保险等非信贷服务。因此，在考察微型金融机构产品和服务这方面的因素时，应查看其是否有提供出贷款以外的服务。可以通过金融产品的种类、非金融产品种类、平均服务年限等指标来反映微型金融机构的情况。

3. 客户满意程度。客户满意程度主要体现在客户对微型金融机构提供的产品及服务的满意程度。为提高客户满意程度，微型金融机构应当定期或不定期对客户的实际需求（如对贷款期限、对新的金融产品的需求情况等），对贷款利率的接受程度，对现有服务的满意程度等进行了解，从而更好地为客户服务。一方面，可以用“是否了解客户需要”“是否保持贷款利率及期限的透明度”“是否及时开发新的金融产品”等定性指标来反映。另一方面，客户满意程度的一个直接体现是客户进出微型金融机构的情况。当微型金融机构提供的产品和服务是客户所需，客户的满意程度高，便会产生正面效应，会有越来越多客户进来。反之，当客户对该公司提供的产品和服务不满意，并且意识到信息反馈等措施无法使得该公司作出改进时，他们便会寻求别的公司或方式来满足他们的借贷需求。因此，可以通过“本年度退出客户数量”“本年度新加入客户数量”“客户对服务满意比率”等定量指标来反映。

4. 社会目标实现情况。社会目标实现情况这一层面主要包括三个方面：服务广度、服务深度和扶贫效果。

（1）服务广度。服务广度是指微型金融机构应尽可能扩大服务的覆盖面，可以用客户数量和服务种类两大指标来反映，具体包括“活跃客户数量”“接受金融服务服务数量”“接受非金融服务数量”“贫困客户数量”等。

（2）服务深度。服务深度是指客户的低收入程度如何，表明微型金融机构应尽可能帮助收入水平最低下的人群。可以通过“贷款规模与人均国民收入之比”以及“平均贷款规模”来反映服务深度。

（3）扶贫效果。扶贫效果是指客户接受微型金融机构产品和服务之后产生的效果——是否脱贫。这是小额信贷的直接目标，可以通过“脱贫客户数量”“客户社会地位是否得到提高”等指标来表现。

拓展阅读

小额信贷信息交流中心（MIX）的社会绩效管理评估指标

社会绩效管理是目前国际小额信贷领域的一个主流的发展，有很多国际组织开发了小额信贷社会绩效管理指标，形成了一套通用的社会绩效指标体系。其中，小额金融信息中心（MIX）是一家公共机构，致力于提供全球范围内的小额信贷资讯。超过 1 300 家小额信贷机构（MFIs）自愿通过“MIX Market”在线平台（www. mixmarket. org）和 MIX 分享年度财务报告或中期财务报告信息。

小额信贷信息交流中心（MIX）的社会绩效管理的相关领域有四个：包括对贫困人口和被金融服务排斥人口的覆盖，对服务对象提供的服务和产品，客户和社区的经济和政治资源的改善，小额信贷机构的企业社会责任。具体评估指标有 22 个，包括机构宗旨和社会目标、机构治理、产品和服务的范围、社会绩效培训、员工绩效考核和激励、客户的市场调研、客户信息的保留、贫困评估、对客户的社会责任、客户服务成本的透明度、对员工的社会责任、对社区的社会责任、地理覆盖面、妇女覆盖面、客户覆盖面、非金融服务覆盖面、就业、儿童上学率、刚加入机构的贫困及非常贫困的客户、加入机构 3 或 5 年后仍处于贫困状态的客户、加入机构 3 或 5 年后脱贫的客户。

资料来源：杜晓山，孙同，全张群. 公益性及商业性小额信贷社会绩效管理比较研究［J］. 现代经济探讨，2011（5）：42－47.

三、微型金融机构的社会责任和客户保护

社会责任与社会绩效既有区别又有联系。一些观点认为①，经济目的是企业唯一的目的，所有非财务和非经济的目的都被看作是获得目的的手段。企业在外部压力，如法律、社会期望、市场等逼迫下履行其社会责任，是一种社会事务性参与，表现为慈善捐赠等形式，没有纳入企业的战略范围，从而不纳入企业内控系统、考核评价、报表报告体系。企业目的是多元的，除了经济目的以外，企业也应当有社会目的和环境目的，应追求利益相关者的整体利益，而不仅仅是某个主体的利益。由此可以认为，社会责任是能够自愿、自觉履行的。但是在行动模式上仍然停留在社会事务参与的层级，并没有纳入企业日常管理活动中。

对于微型金融的认识，国内外学者有不同的认识，并且存在争议，但是有一点是明确的，就是微型金融市场是一个巨大的市场，其中的供给者或需求者，在这个市场上也是彼此竞争的。在这个过程当中，供给者有市场地位，作为需求者来讲也有市场地位。从目前来看，微型金融市场的供给仍然是一个卖方市场，在卖方市场存在的情况下，也就是说在供给存在巨大缺口的情况下，作为消费者、金融服务的需求者，就存在着消费者或者微型金融客户权益保护的问题。

为什么要对微型金融客户进行权益保护呢？他们为什么更需要保护呢？因为他们一般都是中低收入群体，甚至是贫困群体，他们金融知识都比较欠缺，更重要的是他们不了解金融产品的各种要素。在欠发达地区的客户和贫困地区的客户甚至没有接触过银行，不知道银行

① Clarkson M. A Stakeholder Frame work for Analyzing and Evaluating Corporate Social Performance, Academy of Manageme-nview, 1995, 20 (1).

是干什么的，更不知道贷款所包含的各种要素，以及在贷款过程当中应有的权利在哪里，更谈不上对自己权益的保护。同时，他们对债务负担的估计可能也不足，容易形成过度负债，这个问题也是存在的。

一般情况下微型金融产品的消费者都是最终消费者，出现权益被侵害时，申诉渠道较少。在基层来讲，很难找到一个有效的申诉渠道。微型金融客户权益的保护，是体现微型金融机构社会绩效的重要内容，这两者是联系起来的。微型金融社会绩效管理，可以做的方面很多，如像关注农业、关注农户、关注欠发达地区以及关注生态、有机食品安全等，都可以体现微型金融机构的社会绩效。但是，对微型金融客户权益的保护，还没有引起有关方面足够的关注。

针对微型金融需求者提供的金融产品，在营销过程当中很多方面是不利于微型金融客户的保护的。因为微型金融的供给者少，也就是垄断性的供给，有些理财产品出现了所谓的“霸王条款”，这种情况是存在的。另外，说明书定义模糊、晦涩、信息不全等问题造成投资者、消费者易被误导。微型金融服务在提供的时候是单方面制定条款，免责条款“打太极”。还有一个很重要的方面是，产品的收费出现陷阱。

从世界范围来看，即使是在微型金融服务的提供者比较多的情况下，也存在这种情况。微型金融要高利率，为什么呢？理由是高成本，所以要高利率。但是在借款、还款的方式上，也存在陷阱，特别是在分期还款、按周还款、按月还款，作为借款者来讲，实际成本与名义成本是不一致的，这里面存在一定的陷阱或者误导。但在这个过程当中还有其他一些方面也是侵害微型金融服务需求者权益的。例如，很多微型金融服务的提供者要求每周要强制储蓄，这实际上也是对微型金融储蓄服务者的权益侵害。即使消费者想要通过法律手段维护自身权益，也由于金融服务的提供者与消费者之间信息不对称、消费者举证困难等因素，导致金融机构与消费者的纠纷乃至诉讼中，胜者通常是金融机构。

分析案例

哈尔滨银行商业性小额信贷社会绩效管理实践

哈尔滨银行以“普惠金融，和谐共富”为经营理念，将发展战略定位于小额信贷，致力于建设“国内一流、国际知名小额信贷银行”。哈尔滨银行小额信贷产品多样，已经形成包括小企业贷款、微小企业贷款、下岗再就业小额担保贷款、农户贷款等在内的系列产品。

哈尔滨银行将市场定位为“立足中小、服务市民、办本土化的银行”，具体而言其小额信贷的目标市场是为中小企业、个体工商户、私营企业主、城市失业人员及农村（农场）的农户等，着力解决中小企业融资难的问题，满足农民和城市个体及私营业者创业、展业的资金需求。在区域分布上，哈尔滨银行建立了覆盖城市和农村的两个市场，形成了以哈尔滨为中心，向黑龙江省、东北地区和全国延伸的发展格局。依据亚洲开发银行统计数据，哈尔滨银行的小额信贷规模可以位居世界前10位。从战略的角度看哈尔滨银行对目标市场的界定是清晰的，符合其建设立足中小、服务市民、办本土化小额信贷银行的市场定位。

哈尔滨银行希望将社会绩效管理纳入战略考虑，并在其宗旨、战略、经营和成果等实践活动中显现出对社会绩效议题、利益相关者以及制度层面的思考，具体表现在经营理念、发展战略、市场定位、员工培训、绩效考核等均可以找到社会绩效因素或指标，尽管仍然处于一种探索阶段和初级阶段，为中国小额信贷社会绩效管理研究提出了有益的探索价值和意义。

客户是社会绩效管理的中心，哈尔滨银行虽然树立了以客户为中心的理念，而且很多金融服务也得到了客户的认可和好评，但还有进一步完善的潜力。可以在全行范围内进一步强化以客户为中心的管理理念，根据客户的需要提供普惠而完善的金融服务。

哈尔滨银行在管理过程中已经融入了社会绩效管理的某些元素，从培训、员工绩效考核和激励、针对客户的市场调查等管理行为均符合社会绩效管理的含义，但却是不自觉的，是初级的管理，对这些行为的认识还没有上升到社会绩效管理制度化建设的层面。哈尔滨银行能够提供储蓄、贷款、结算、理财、咨询等比较全面的金融服务，能够满足不同客户多样的金融服务需求，然而对于客户非金融服务方面的需求考虑得还不够。

尽管对“普惠金融，和谐共富”的经营理念，以及建设“国内一流、国际知名小额信贷银行”的发展战略，银行内部上下普遍认同，但对理念、战略内涵的认识深浅程度是存在差异的。

今后要做的是不断加强银行内部对社会绩效问题的沟通协调。畅通有效的沟通协调应涵盖上下级、同级、部门间所有应知应晓的工作和事项。争取全行上下把社会绩效管理弄懂弄通并在工作中积极主动地将其加以贯彻落实，将其真正作为企业文化的重要组成部分，对于哈尔滨银行实现其发展战略目标是必不可少的。

资料来源：中国新闻网，www. chinanews. com/fortune/2011/07 - 11/3171914. shtml

结论案例分析，目前我国商业性小额信贷和公益性小额信贷社会绩效管理现状、异同以及改进方向。

第三节　微型金融机构财务绩效管理

一、微型金融机构财务绩效管理的主要流程

微型金融机构财务绩效管理，是对微型金融机构在组织架构、经营绩效、抗风险能力等方面进行的，采用一系列指标、模型、过程、手段等支撑构成的，对微型金融机构进行财务绩效的综合评价体系。这个综合评价体系是微型金融机构实施业务运营、提升业绩的关键标准，为微型金融机构的管理层、监管部门提供有效的参考依据。目前，微型金融机构的财务绩效管理体系一直处于摸索阶段，一部分原因在于其长期的非盈利目标使得对外部资金的投入依赖性较强，缺乏评估规范、组织内部人员素质参差不齐等，使其在管理方面尤其是财务管理方面存在很多弊端。因此，若想使微型金融机构财务管理发挥最大功效，提高财务管理绩效，就必须建立一套完善的财务绩效管理体系。

参考传统金融机构的财务绩效管理体系，微型金融机构财务绩效管理的流程主要包括四个方面的内容：第一，财务绩效计划；第二，财务控制；第三，财务绩效评估；第四，绩效反馈。

1. 财务绩效计划。要进行有效的财务绩效管理，绩效计划是基础，而绩效计划的关键是建立财务绩效目标。对于微型金融机构来说，资源最优配置应成为财务绩效管理的目标。企业的财务主管在配置、开发利用与分配财务资源时应遵循公平与效率原则。为了便于管理，财务绩效管理目标可以作为一个体系设计，包括社会目标、经济目标。例如，公平与公正属于基本社会目标，“帕累托最优”属于基本经济目标。

2. 财务控制。财务控制是实现绩效计划的重要保证。财务绩效计划是在财务活动开展前作出的。由于影响财务活动的因素十分复杂，又是不断变化的，因此要保证绩效计划的实现，必须对绩效计划的执行过程进行财务控制。财务控制起始于财务计划的制定和执行，在财务计划的执行过程中，如果实际情况与相关指标数值有较大差异，就必须进行调查研究，并找出产生差异的具体原因。同时，采取有效措施对制约因素加以控制，以尽可能地使实际结果接近计划目标。财务控制主要包括对财务计划执行的监督，指标差异的发现、分析和纠正，以及对执行人员的奖励和处罚。

3. 财务绩效评估。财务绩效评估是微型金融机构绩效评估的重要组成部分，它主要用以评估组织目前财务状况、资金来源是否稳定、资金分配是否合理、预算成本超支情况以及对财务人员的考核，等等。财务绩效评估是对财务活动的效果作出准确评价，用以进一步改进操作流程，提高工作效率。完善绩效评估制度，必须落实风险责任制，具体包括以下几个方面：一是实现企业战略、风险控制与价值评价的有机衔接；二是综合运用风险调整指标；三是落实风险价值贡献与风险损失承担责任制，实现薪酬制度与业绩考评制度的紧密挂钩。财务绩效评估方法主要有财务指标法、平衡计分卡法、PROMETHEE 法。值得指出的是，微型金融机构绩效评估财务指标体系不同于企业，因此应根据其所具有的经营特点、管理特征等选择具体的财务指标体系。

4. 绩效反馈。绩效评估后，组织管理人员一定要把评估的结果对组织人员进行反馈，分析这一绩效期间完成计划任务的心得，未能完成计划任务的原因，如何改进等。绩效考评结果可直接与员工经济性激励措施如工资、奖金等挂钩，也可以直接与非经济激励措施如荣誉、工作条件的改善、提供发展机会等相联系。绩效反馈是绩效管理的最终环节，也是进行绩效管理的根本，评估不是目的，只有通过评估分析结果，巩固优势弥补劣势，才能确保管理落实到位。

二、微型金融机构财务绩效指标体系

（一）财务绩效评价指标设置的原则

绩效管理的过程是错综复杂的，做到了下面几个方面，可以使绩效管理充分发挥其有效性。

1. 绩效管理的三个关键因素是必须具备的：绩效管理流程是集成的、持续性的作业循环，不是独立的单一事件；绩效管理的架构，需要结合人员、流程、授权，予以支持；绩效管理的文化，需要建立兼顾责任和权利，从而形成独特的企业文化。

2. 考核指标设定，需要坚持四方面的原则：

有意义性：指标的确定有助于对其自身现有的安全、稳定及生存能力的理解。

可测量性：指标要求能够量化，必须选用或开发那些可确定、可量化、可计算的指标。

控制性：指标的设定和使用，要在人工、费用等方面可控制。

实用性：指标力求实用为主，是否能产生实质性效果。

（二）微型金融机构财务指标体系的构成

从目前来看，对于微型金融机构财务绩效评价已经开展和正在开展大量的工作，从相关研究来看，所涉及的评价指标是相当多的。但是，迄今为止，还没有一套标准的指标体系或者标准的绩效范围可以用来衡量微型金融机构财务绩效状况。乔安娜·雷格伍德（2000）在其所著的《小额金融信贷手册：金融业和公司运作的透视与展望》中，对机构绩效评价的指标进行了较全面的概述，通常认为，用以反映微型金融机构绩效的指标主要包括以下六类：贷款资产质量；生产率与效率；财务生存性：收益；杠杆率和资本充足状况；规模、范围和增长（见表8-1）。对于以上每一类指标而言，具体指标的选择又根据分析的目的和研究的对象有所不同。

表8-1　　微型金融机构财务绩效指标

指标类型	定义	具体指标举例
贷款资产质量	提供了有关为盈利资产的百分比	欠款率、风险贷款、贷款损失率等
生产率与效率	提供了有关机构获得收益与其成本费用间的比例关系	每个信贷人员负责的平均现行贷款数量、平均贷款资产；经营成本、单位货币借贷成本、每笔贷款成本
财务生存性	提供机构利用其赚取的收益来抵付其成本的能力	财务差率、经营性自足、财务性自足
收益	提供与其资产平衡表相关的净收入	资产收益率、商业收益、财产收益率
杠杆率和资本充足状况	杠杆率指相对于其财产数量机构所借贷资金的数量；资本充足状况指相对于其资产机构拥有的资本数量	财产债务比率资本与风险加权资产比率
规模、范围和增长	反映客户信息，包括经营活动的规模以及扩展范围的深度	客户和工作人员、接受服务的客户比例等；现有借款人数量、贷款规模、平均贷款期限、有效年利率等

资料来源：根据乔安娜·雷格伍德（2000）阐释小额金融的有关内容整理。

从实务界来看，国际上微型金融机构较常使用的财务绩效指标分为三类：风险水平指标、运营效率指标和盈利能力指标。

1. 风险水平指标。

（1）风险贷款率。风险贷款率是指在贷款余额中有风险的贷款所占的比重。其计算公式为：

风险贷款率 = 风险贷款额/各项贷款余额 ×100%

其中，小额信贷风险贷款 = 当期逾期贷款 + 该客户未到期贷款。

例如，若客户贷款 12 000 元，每月应还本金 1 000 元。该客户第 1 个月按时还款 1 000 元，但第 2 月到期未还，则拖欠额为 1 000 元，风险贷款为所有未还的 11 000 元。若用户第 3 个月仍然没还，则风险贷款账龄为 30 天。

由于时间越长还款可能越小，风险越大，小额信贷机构应该按照风险贷款账龄提取贷款损失准备金。例如，大于 30 天的风险贷款提取 30% 坏账准备，大于 60 天的提取 60%，大于 90 天的提取 100%。这是国外小额信贷机构的普遍做法。显然，风险贷款率是比逾期率更严格的风险控制指标，按照风险贷款提取坏账准备，成本更高。风险贷款指标可以督促小额信贷机构加强对客户的日常跟踪管理，及时发现问题加以解决，不能等到所有贷款到期时才采取措施。

（2）拖欠贷款率。贷款拖欠率指贷款拖欠额与其贷款总余额的比率，它是用来衡量贷款拖欠程度的一个指标。其计算公式为：

贷款拖欠率 =（贷款拖欠额/贷款总余额）×100%

可见，贷款拖欠率越高，贷款人的偿债能力就越低，从而小额信贷机构发放给贷款人的贷款风险程度就越高；反之，风险程度就越低。

（3）贷款损失率。贷款损失率指小额信贷机构发放出去的贷款中发生坏账损失占各项贷款平均余额的比重。它是反映小额信贷机构信贷部门工作质量的指标之一。贷款损失率的计算公式为：

贷款损失率 = 坏账损失/各项贷款平均余额 ×100%

（4）贷款损失准备金率。贷款损失准备金是预留应付坏账的款项。根据《关于小额贷款公司执行〈金融企业财务规则〉的通知》（2008）文件和《金融企业财务规则》的规定，小额贷款公司应按照有关规定，建立审慎规范的资产分类制度和拨备制度，准确进行资产分类，充分计提呆账准备金，确保资产损失准备充足率始终保持在 100% 以上，全面覆盖风险。

依据《金融企业准备金计提管理办法》（2012），金融企业应当计提的准备金包括资产减值准备和一般准备。其中资产减值准备是指金融企业应根据资产负债表对各项资产进行检查，分析判断资产是否发生减值，并根据谨慎性原则，计提资产减值准备。对发放贷款和垫款，至少应当按季进行分析，采取单项或组合的方式进行减值测试，计提贷款损失准备。一般风险准备是指金融企业应当于每年年度末对承担风险和损失的资产计提一般准备。金融企业应当根据自身实际情况，选择内部模型法或标准法对风险资产所面临的风险状况定量分析，确定潜在风险估计值。对于潜在风险估计值高于资产减值准备的差额，计提一般准备。当潜在风险估计值低于资产减值准备时，可不计提一般准备。一般准备余额原则上不得低于风险资产期末余额的 1.5%。

2. 运营效率指标。不同金融机构反映在资产负债表上的运营能力不同，这种个体差异使得投资者对这些金融机构的运营风险产生不同预期，并导致其面临不同的外部融资成本。金融机构自身人力资源、技术、过程管理等模式的选择及其金融服务质量、股权结构、成本和便利程度是影响金融机构运营能力的主要因素。

对于微型金融机构来说，金融服务质量和资本结构是衡量运营能力的两个主要指标。其中，金融服务质量选取运营自足率和多元化经营收入占比来衡量。其中，运营自足率是分析微观金融机构财务绩效常用的指标，其计算公式为：

运营自足率 = 营业收入/(营业费用 + 损失准备金)

从微型金融机构运营收益和成本的角度提供了微型金融机构投入和产出较为全面的信息，该指标小于1，说明考察期间内微型金融机构收益不足以覆盖成本，盈利能力较差。微型金融机构通过业务创新，开展以增加营业收入降低营业风险为目的多元化经营取得的收入能够有效降低贷款集中度，降低贷款风险，提高微型金融机构金融服务质量和运营效率。

多元化经营收入是微型金融机构开展中间业务所取得的收入，则：

多元化经营收入占比 = (总收入 − 贷款利息收入)/总收入

多元化经营收入占比为正，代表开展多元化经营有利于微型金融机构运营效率的提高，主要体现在微型金融机构多元化经营能够在增加机构运营收益的同时分散贷款业务的集中度，降低微型金融机构运营风险。

3. 盈利能力指标。一般地，提供市场资金的投资者追求收益最大化的要求会对微型金融机构的经营形成外在约束，促使微型金融机构降低成本，提高财务效率。而且，盈利能力高的微型金融机构会不断寻求新的客户群体，扩大其覆盖面，或提高妇女贷款者比例。所以，盈利能力水平提高，有助于提升微型金融机构财务绩效和社会绩效。当微型金融机构的收入可以覆盖各项成本，产生利润，这样才能够生存。衡量微型金融机构盈利能力的指标主要有资产收益率、资本收益率、利润率、成本收益比。其中，资产收益率用来衡量微型金融机构每单位资产所能够创造的净利润；资本收益率反映微型金融机构运用资本获得收益的能力；利润率反映微型金融机构一定时期利润水平的相对指标，可以用来考核微型金融机构利润计划的完成情况；成本收益比反映出微型金融机构每一单位的收入需要支出多少成本，如果该比率越低，说明微型金融机构收入的成本支出越低，获取收入的能力越强。

分析案例

村镇银行盈利能力有待提升

2016年12月16日，由中国县镇经济交流促进会、中国社科院农村发展研究所、中国人民银行金融研究所和中国村镇银行发展论坛组委会成立的课题组发布的《中国村镇银行发展报告2016》指出，2015年全国村镇银行80.63%能够实现盈利，但仍有19.37%处于亏损状态。截至2016年末，全国共组建村镇银行1 412家，其中开业1 371家，筹建41家。全国村镇银行资产总额10 810亿元，较2015年末增加795亿元。但是，村镇银行的盈利能力有待提升。截至2016年第一季度，全国村镇银行的资产利润率和资本利润率为1.11%和8.32%，均低于商业银行的1.19%和15.96%。

21世纪经济报道了解到，村镇银行所以亏损比重大，并不是因为贷款利率低，而是成本高，盈利能力低。因为村镇银行的客户对象不是大型企业，大型国有银行给大型国企贷款一个项目的成本，和村镇银行给一个小企业和农户贷款的成本，其实是差不多的。但国企还款能力要更强，资金回报率更高，这是一些大型国有银行都不太青睐农户和小微企业，进而撤出农村的原因之一。上述报告也指出，村镇银行盈利水平低的重要原因是融资成本过高。第一，由于村镇银行个体小、网点少，在当地的社会知名度较低，老百姓对村镇银行还较为陌生，办理储蓄贷款业务意愿不强。再加上各大银行的高利率理财产品推出以后，村镇银行客源流失明显。为了留住资源，村镇银行不得不支付高额利息，导致融资成本上升。第二，村镇银行面对的主要客户是农户和小微企业，单期贷款额度低，单位成本较高，影响了盈利水平。据统计，村镇银行的贷款余额中，三农和小微企业余额占比一直很高，主要放贷在本地。截至2015年末，村镇银行各项贷款中，农户与小微企业贷款余额合计5 067亿元，占比93%。

资料来源：21世纪经济报道，news.21so.com/2016/qqb21news_1217/45340.html

试分析：财务绩效管理对我国村镇银行的发展有何重要性？如何提升我国村镇银行的盈利能力？

【本章小结】

1. 从国际小额信贷的发展来看，其根本的宗旨始终如一，即运用创新的金融手段和制度为目标群体提供持续有效的金融服务。要向目标群体提供持续的金融服务，首先就需要机构本身具有可持续性，即在运作小额信贷业务时，小额信贷机构能够弥补成本进而可以获取合理利润。从许多成功的小额信贷实践来看，也证明了这一点。因此，对于小额信贷机构的绩效评价是小额信贷评价的一个重要内容。

2. 为低收入地区和低收入群体提供金融服务，以及持续地提供金融服务，是微型金融机构的社会拓展和财务持续双重目标，形成了福利主义和制度主义两类观点。福利主义强调社会拓展目标，认为实现这一目标需要大量的补贴资金（包括政府补贴、捐赠、低息贷款等）；而制度主义者偏重于财务持续目标，认为微型金融机构的目标是扩大覆盖面，追求盈利性甚至最终全面商业化是最好的方式。

3. 社会绩效是把微型金融机构的社会目标转化为社会实践的过程。小额信贷社会绩效评估指标体系可以从目标定位、内部治理结构与员工行为、产品和服务、客户满意程度、社会目标实现情况来细化衡量。

4. 反映微型金融机构绩效的指标主要包括贷款资产质量、生产率与效率、财务生存性、杠杆率和资本充足状况、规模、范围和增长等内容。

【思考题】

分析以下观点是否正确，并给出理由。

1. 监管对微型金融机构的社会绩效影响很小，但对微型金融机构的财务绩效具有显著推动作用，而政府的过度干预会显著降低微型金融机构实现可持续发展的能力。

2. 微型金融机构要想同时实现双重目标是有困难的。但在实践中，微型金融机构在提供微型金融项目时往往会在财务绩效最大化和完成社会目标之间进行权衡。

3. 小额信贷业务的调查成本相对更高，普惠性业务规模越大，越容易拉低经营效率，导致资产收益降低，影响财务绩效。

【综合训练】

我国小贷公司行业增速放缓　突破发展瓶颈需练好内功

2005 年我国启动小额贷款公司试点，当年小贷公司数量不足 10 家，到 2015 年末，行业快速发展到 8 910 家，从业人数超过 11 万人。平均注册资本不足 1 亿元，平均每家员工十几人，单户借贷金额几十万元，以“小”为鲜明特色的小贷公司的快速发展为缓解我国中小企业融资难、解决农户增收问题发挥了重要作用。《中国小额贷款公司发展报告(2005－2016)》显示，我国小额贷款公司 90% 以上为民营资本发起设立，支持小微“三农”的贷款占比约 60%，现有贷款存量户数约 110 万户，加上个人业务，贷款总户（人）数约 1 200 万家。

作为以小微企业、低收入人群和农户为主要服务对象的金融机构，我国小额贷款公司经历了前些年爆发式增长后，发展速度开始放缓。数据显示，到 2016 年末，全国共有小贷公司 8 673 家，比 2015 年末减少 237 家，贷款余额 9 273 亿元，减少 131 亿元。在我国经济下行压力加大、传统金融机构业务风险升高的背景下，小贷公司面临着更为严峻的挑战，机构数量、从业人员、实缴资本、贷款余额等多项指标出现下滑，信贷风险持续暴露。据了解，目前全国小贷公司贷款平均逾期率超过 20%，部分省份更为严重。除了宏观环境外，资金来源不足也是小贷公司遭遇发展瓶颈的原因之一。由于小额贷款公司不能吸收公众存款，再加上监管政策对其对外融资有着严格限制，小贷公司基本靠自有资金进行运营。报告称，全国小贷公司行业平均外源性融资杠杆率仅 10% 左右，只有极少数公司能获得比较稳定的外援性资金支持，但综合融资资金成本往往达到 8%～13% 甚至更高。

通常人们认为小额贷款公司的贷款利率高，但由于融入资金成本高、操作成本高等原因，小额贷款公司的经营成本要远高于商业银行等金融机构，这也是小额贷款公司难以实现商业可持续发展的重要原因之一。除了外部原因，由于在很大程度上脱胎于缺乏规范和透明的民间借贷，小额贷款公司自身的治理结构不规范、风控能力较弱、商业模式不成熟、客户定位不清晰等也是其生存困难的重要原因。

资料来源：新华网，news. xinhuanet. com/fortune/2017－02/28/c_1120544224. htm

1. 选择国内某家小额贷款公司，搜集其近年来的经营资料，分析其绩效情况。找出问题并提出改进建议。

2. 分组讨论，我国小额贷款公司肩负的社会目标和财务目标的内涵及权衡。如何实现小额贷款公司的可持续发展？形成分析报告。

第九章　微型金融的监管

▶▶导入案例

银广夏案件

银广夏公司全称为广夏（银川）实业股份有限公司，现证券简称为ST银广夏（000557）。1994年6月上市的银广夏公司，曾因其骄人的业绩和诱人的前景而被称为“中国第一蓝筹股”。2001年8月，《财经》杂志发表“银广夏陷阱”一文，银广夏虚构财务报表事件被曝光。专家意见认为，天津广夏出口德国诚信贸易公司的为“不可能的产量、不可能的价格、不可能的产品”。以天津广夏萃取设备的产能，即使通宵达旦运作，也生产不出所宣称的数量；天津广夏萃取产品出口价格高到近乎荒谬；对德出口合同中的某些产品，根本不能用二氧化碳超临界萃取设备提取。

资料来源：根据新闻资料整理。

思考：1. 怎么理解三个不可能下的中国第一蓝筹股？

2. 银广夏陷阱凸显了金融监管的缺失问题有哪些？

监管是一个永恒的话题，凡是涉及金融体制的活动，金融与监管必然是相连的。在微型金融领域，并没有形成专业的监管机构和特定的监管模式。世界银行、国际货币基金组织等机构对微型金融监管都有很多讨论，但是到目前为止并没有形成一个统一的规范的关于微型金融监管的定论。本章主要介绍：第一部分关于微型金融监管的基本原理，分析关于微型金融监管的特殊性和监管目标原则等；第二部分介绍微型金融监管的基本内容。

第一节　微型金融监管的基本原理

一、微型金融监管的特殊性

作为一种为低收入群体和微型企业提供的金融服务，微型金融具有区别于传统正规金融的运作特点，因而在对微型金融的监管中必须关注微型金融本身的特殊性。

（一）微型金融与传统银行的风险比较

1. 从负债业务范围看，微型金融机构可分为两类：存款类微型金融机构（像普通银行一样，这些机构除吸收来自会员的强制储蓄外，还吸收普通公众存款）和非存款类微型金融机构（这些机构不吸收存款或仅吸收少量会员储蓄，不吸收公众存款）。一般而言，对存款类微型金融机构可以实施类似银行那样的监管制度，而对非吸收存款类机构实施更加宽松的监管方案。

2. 从风险缓解方式看，微型金融具有不同于传统银行业务的担保方式。经典意义上的微型金融常常没有正式的担保（抵押、质押和保证），而是以其他创新方式（联保贷款、动态激励、分期还款等）作为替代性担保方式，因而其信贷资产具有特殊属性，在监管方面应予以特别关注。

3. 由于具有较小规模或特殊社会使命，微型金融机构的贷款在地域和部门分布上往往比较集中，其信贷资产组合面临较大的“协变风险”。如对于以农业贷款为主的微型金融机构而言，一旦所在地区发生较大的自然灾害，大量客户可能同时发生违约，这可能导致微型金融机构破产。

4. 国际上有许多非政府组织性质的微型金融机构，它们凭借捐助资金建立，机构的经营者和控制者并非最终产权的所有人，机构存在“所有者缺位”的问题，可能导致管理层面的低效率和经营者的道德风险行为。这在监管政策的某些方面也必须加以考虑。基于国际微型金融发展的实际情况，部分国际机构和微型金融专家已就微型金融监管问题提出许多建议，其中有代表性的是扶贫协商小组（Consultative Group to Assist the Poor，CGAP）2002 年 9 月通过的《微型金融监管指导原则》，该文献阐述了分别适用于不同类型微型金融机构的非审慎监管和审慎性监管的各个方面。

（二）微型金融监管的特殊性

1. 微型金融机构的复杂性。微型金融是一个较为宽泛的概念，其既包括正规金融开展的微型金融业务，也包括非正规金融机构和个人开展的微型金融服务；既包括商业化的以盈利为目标的微型金融，也包括非商业化的微型金融项目。根据资金来源的差异，微型金融机构包括非营利性的金融机构、吸收成员资金并专门服务于成员的微型机构、吸收公众资金并提供全面服务的微型金融中介机构等类型。非营利性机构主要利用捐赠资金来提供小额贷款，有些也利用成员的一部分储蓄以及少量的商业银行贷款。

针对微型金融机构的复杂结构，要求监管当局根据微型金融的属性实行差别化的监管，不能采取单一化的监管框架。

2. 微型金融风险的多样性。微型金融机构既面临着一些与传统金融形式相同的风险类型，也存在着一些自身特有的风险种类。而在传统金融形式共有的风险类型上，微型金融也表现出不同的特征。具体而言，微型金融所面临的风险除了上面所列举的几种之外，还涉及另外的风险，主要包括：

（1）公司治理风险。微型金融的服务对象主要是小微企业，很多小微企业或多或少地存在内部治理上的缺陷，制度不健全，财务松散等。同时微型金融机构本身也存在着制度设计上的诸多不足，导致治理不规范等一系列问题。

（2）新行业风险。微型金融机构的产生和发展是金融创新的结果，其业务模式和服务对象都是在传统金融原有的模式基础上经过创新得来的。伴随着一些微型金融机构的快速发展，新的业务模式、新的产品、新的贷款技术、新的组织形态等不断被引入，这些新兴事物的尝试往往会带来相应的风险。

此外，对于一些依赖补贴资金的微型金融机构来说，还存在着补贴依赖风险，当补贴终止的时候，此种风险会随之而来。

总之，微型金融机构面临着一系列特殊的风险，对于监管当局来说，如何通过改进监管，以使微型金融机构既不断增加提供服务的数量，又在此过程中不至于承受过度的风险，正日益成为所需要面对的一项挑战。

3. 微型金融服务对象和产品的特殊性。微型金融服务的对象是那些无法从正规金融机构获得服务的中低收入群体，他们的共同特点是缺乏常规的资产担保和较低的信用评级。微型金融机构给他们所提供的金融产品往往具有时间短、金额小、分散性等特点。

这种独特的服务对象和产品对于监管机构同样提出了特殊要求，例如，微型金融机构采用的是分散化的决策机制，贷款的决策较多的是由信贷经理直接作出，这就对信贷经理的素质培训、对信贷经理的激励约束和奖惩机制等都提出较高的要求。进而对于监管机构来说，监管的一项重要任务就是考察微型金融机构对信贷经理的培训是否有效、激励约束安排是否合理等。

二、微型金融监管的目标和原则

（一）监管目标分析

微型金融监管的最初目标在于保证金融系统的整体性和金融机构的偿付能力。一般可以概括为促进金融服务提供者的稳定发展、防范系统风险、建立竞争性市场、保护消费者和改善进入渠道。我们将从监管的共性目标和个性目标两个角度进行分析。监管行为取得的最终效果或达到的最终目标，是实现金融有效监管的前提和监管当局采取监管行动的依据。金融监管的目标可分为一般目标和具体目标。

世界各国都认为，一般目标应该是促成建立和维护一个稳定、健全和高效的金融体系，保证金融机构和金融市场健康的发展，从而保护金融活动各方特别是存款人的利益，推动经济和金融发展。世界大多数国家的具体监管目标体现在各国的银行法或证券法等金融法规上。目前各国无论采用哪一种监管组织体制，监管的目标基本是一致的，通常称作三大目标体系：第一，维护金融业的安全与稳定；第二，保护公众的利益；第三，维持金融业的运作秩序和公平竞争。

我国现阶段的微型金融监管目标可概括为：

1. 一般目标。

（1）防范和化解金融风险，维护金融体系的稳定与安全。

（2）保护公平竞争和金融效率的提高，保证中国金融业的稳健运行和货币政策的有效实施。

2. 具体目标。由于微型金融主要服务于低收入群体，因此推广普惠金融是微型金融监管的进一步目标。此目标增加了三类型的责任和风险导向：新的服务提供者、新顾客、新的产品流通方法。为了制定合理有效的监管措施，监管者必须了解微型金融的特点和风险、客户的特殊需求、产品和服务的供给渠道等。在此基础上微型金融监管的特殊目标可以概括为：经营的安全性、竞争的公平性和政策的一致性。

（1）经营的安全性包括两个方面：保护存款人和其他债权人的合法权益；规范微型金融机构的行为，提高信贷资产质量。

（2）竞争的公平性是指通过中央银行的监管，创造一个平等合作、有序竞争的金融环境，保证微型金融机构之间的适度竞争。

（3）政策的一致性是指通过监管，使微型金融机构的经营行为与中央银行的货币政策目标保持一致。通过微型金融监管，促进和保证整个金融业和社会主义市场经济的健康发展。

（二）监管原则分析

1. 金融监管的基本原则。由于经济、法律、历史、传统乃至体制的不同，各国在金融监管的诸多具体方面存在着不少差异。但有些一般性的基本原则却贯穿于各国金融监管的各个环节与整个过程。

（1）依法管理原则。一是对金融机构进行监督管理，必须有法律、法规为据；二是金融机构对法律、法规所规定的监管要求必须接受，不能有例外；三是金融管理当局实施监管必须依法行事。只有依法，才能保持监管的权威性、严肃性、强制性和一贯性，才能保证监管的有效性。

（2）合理、适度竞争原则。竞争是市场经济条件下的一条基本规律。金融监管当局的监管重心应放在保护、维持、培育、创造一个公平、高效、适度、有序的竞争环境上：既要避免造成金融高度垄断，排斥竞争，从而丧失效率与活力；又要防止出现过度竞争、破坏竞争，从而波及金融业的安全和稳定。

（3）自我约束和外部强制相结合的原则。外部强制管理再缜密严格，其作用也是有限的。如果管理对象不配合、不愿自我约束，而是千方百计设法逃避、应付、对抗，那么外部强制监管也难以收到预期效果。如果将全部希望寄托在金融机构本身自觉自愿的自我约束上，则不可能有效地避免种种不负责任的冒险经营行为与道德风险的发生。

（4）安全稳定与经济效率相结合的原则。要求金融机构安全稳健地经营业务，历来都是金融监管的中心目的。为此所设置的金融法规和一系列指标体系都是着眼于金融业的安全稳健及风险防范。但社会经济发展要求金融业必须有相应的发展，而追求发展就必须讲求效率。因此，金融监管不应是消极地单纯防范风险，而应是积极地把防范风险同提高金融效率这个最基本的要求协调起来。

此外，金融监管还应该注意如何顺应变化了的市场环境，对过时的监管内容、方式、手段等及时进行调整。进入 20 世纪 90 年代以来，金融自由化浪潮一浪高过一浪，金融衍生工具风险、金融业间的收购兼并风潮、风险的国际扩散等，已经成为金融监管当局高度关注的问题。监管力度的松紧搭配，管理更需审慎、强化等，已经上升为基本原则的一个重要延伸部分。

2. 微型金融监管的特殊原则。监管机构目前缺乏监管微型金融机构的经验，必须随着微型金融实践的深化而不断加以探索和总结。对微型金融机构的监管要求和普通商业银行是不同的，一方面是因为微型金融行业不同于商业银行的业务和风险特征；另一方面是因为这个行业还处于成长之中。综观全球微型金融的发展及各国对微型金融机构的发展模式和监管框架，凡是微型金融发展较好的国家，一般具备比较清晰的监管思路和法律框架，而且在政府的监管框架中，特别强调微型金融机构的灵活性和创新性；凡是微型金融发展不好的国家，一般而言不具备对微型金融机构有明确的法律框架，微型金融机构受到过多的政府干预和行政性控制，过度的金融抑制措施使得机构的发展空间受到限制。国际微型金融发展的经验表明，微型金融监管框架的设计必须符合以下几个基本原则：

（1）灵活性原则。监管框架的设计必须适应微型金融机构运行机制的特征（如贷款合约文件简单、信用评估体系简便、金融产品设计灵活），采取比较灵活的更具弹性的措施，而不是比照正式金融机构的运行特征对微型金融行业进行过于僵硬的监管。

（2）激励兼容的原则。监管框架的设计必须有利于调动机构、投资人、捐赠人和其他批发性贷款者的积极性，激励他们更多地投入到这个“低收入人群的金融行业”的发展中，而不是通过法律框架遏制这种投入。例如，监管当局应该设法使那些运行良好的微型金融机构最终能够以某种形式获得储蓄资金，或者获得某个批发机构的转贷资金。监管当局的职责是在控制和防范机构个体金融风险和系统性金融风险的同时，必须选择适合的具有“正向激励效果”的发展规则，使得那些经营较好，诚信记录良好的机构可以遵循这一规则，逐步扩大其融资来源。

（3）成本收益原则。监管框架的设计必须考虑到监管行为和被监管行为本身给监管者和被监管者可能造成的成本以及可能获得的收益。这就意味着，监管框架的设计首先必须考虑到微型金融机构所付出的成本，如各种信息披露文件的整理和报送的成本；其次还要考虑到监管者的监管成本，即监管者对大量的微型金融机构必须付出很多的人力、物力和财力。经验表明，在一些国家，对于那些资金规模可能只占很小比例，但数量众多而规模很小的金融机构，政府可能要花费它们监管资源的25%～50%。监管成本高昂可能导致对这些小机构监管不力。如果监管框架的设计过于烦琐，既超过了被监管者的承受能力，也超过了监管者的监管能力，那么这样的监管框架或者形同虚设，或者最终归于失败。

（4）适应性原则。监管框架的设计必须与现有各类微型金融机构的实际性质和类别相适应。现有的机构，种类繁多，经营方式和资金来源都有很大的区别，因此必须针对不同的机构进行不同的监管，其监管模式和监管内容都应该有所区别。

（5）基于风险的自我监管原则。必须在监管框架中更多地鼓励微型金融机构自我监管，使其有动力在内部风险管理的基础上进行自我监督，有效进行预防性内部监管。

（6）行业自律原则。控制监管成本，应尽量鼓励行业性的自律组织的建立，利用这些行业自律组织对微型金融机构进行信用评级、资产评级、业务监管和信息披露。行业自律对于非正式的非银行类机构极为有效。

拓展阅读

有效银行监管的核心原则

进入20世纪90年代，特别是90年代中期以来，许多国家银行体系的弱点逐渐暴露：银行系统的巨额坏账、造成银行损失的违规操作、倒闭乃至连锁的破坏性反应等，严重威胁到各国和全世界的金融稳定。严格银行监管，强化各国金融体系，成为国际上高度关注的焦点。也正是在这一背景下，导致《有效银行监管的核心原则》的诞生。

1997 年 9 月，巴塞尔银行监管委员会正式通过了《有效银行监管的核心原则》，为规范银行监管提出国际统一的原则。这个原则涉及面广，确定了一个有效监管体系所必须具备的 25 项基本原则，共分 7 大类：(1) 有效银行监管的先决条件；(2) 发照和结构；(3) 审慎法规和要求；(4) 持续性银行监管手段；(5) 信息要求；(6) 正式监管权力；(7) 跨国银行业。

核心原则的主要内容，概括而言有：

——必须具备适当的银行监管法律、法规；监管机构要有明确的责任、目标和自主权等。

——必须明确界定金融机构的业务范围，严格银行审批程序；对银行股权转让、重大收购及投资等，监管者有权审查、拒绝及订立相关标准。

——重申《巴塞尔协议》关于资本充足率的规定；强调监管者应建立起对银行各种风险进行独立评估、监测、管理等一系列政策和程序，并必须要求银行建立起风险防范及全面风险管理体系和程序，以及要求银行规范内部控制等。

必须建立和完善持续监控手段，监管者有权在银行未能满足审慎要求或存款人安全受到威胁时采取及时的纠正措施，直至撤销银行执照。

——对跨国银行业的监管，母国监管当局与东道国监管当局必须建立联系，交换信息，密切配合；东道国监管者应确保外国银行按其国内机构所同样遵循的高标准从事当地业务。

巴塞尔委员会认为，达到核心原则的各项要求将是改善一国及国际金融稳定的一个重要步骤。但各国实现这一目标的时间会不尽相同。另外，核心原则只是最低要求，各国需要针对其金融体系的具体情况与风险加以强化或补充。

三、微型金融监管的方法

（一）公告监管

公告监管是指政府对金融业的经营不作直接监督，只规定各金融企业必须依照政府金融监管规定的格式及内容定期将营业结果呈报政府的主管机关并予以公告，至于金融业的组织形式、金融企业的规范、金融资金的运用，都由金融企业自我管理，政府不对其多加干预。

公告监管的内容包括：公告财务报表、最低资本金与保证金规定、偿付能力标准规定。在公告监管下金融企业经营的好坏由其自身及一般大众自行判断，这种将政府和大众结合起来的监管方式，有利于金融机构在较为宽松的市场环境中自由发展。

但是由于信息不对称，作为金融企业和公众很难评判金融企业经营的优劣，对金融企业的不正当经营也无能为力。因此公告监管是金融监管中最宽松的监管方式。

（二）规范监管

规范监管又称准则监管，是指国家对金融业的经营制定一定的准则，要求其遵守的一种监管方式。在规范监管下，政府对金融企业经营的若干重大事项，如金融企业最低资本金、资产负债表的审核、资本金的运用、违反法律的处罚等，都有明确的规范，但对金融企业的业务经营、财务管理、人事等方面不加干预。

这种监管方式强调金融企业经营形式上的合法性，比公告监管方式具有较大的可操作性，但由于未触及金融企业经营的实体，仅一些基本准则，故难以起到严格有效的监管作用。

（三）实体监管

实体监管是指国家订立完善的金融监督管理规则，金融监管机构根据法律赋予的权力，对金融市场，尤其是金融企业进行全方位、全过程有效的监督和管理。

实体监管过程分为三个阶段：

第一阶段是金融业设立时的监管，即金融许可证监管；

第二阶段是金融业经营期间的监管，这是实体监管的核心；

第三阶段是金融企业破产和清算的监管。

实体监管是国家在立法的基础上通过行政手段对金融企业进行强有力的管理，比公告监管和规范监管更为严格、具体和有效。

第二节 微型金融监管的范畴

一、微型金融监管的内容

（一）市场准入和退出管理——审慎性监管

市场准入管理包括两方面内容：一是对新设微型金融机构从业资格的规定和审批，如最低注册资本要求、金融服务基础设施、管理者的任职资格等；二是对申请者进入市场程度的规定和审批，即规定业务范围。市场退出管理是通过制定破产标准，让经营失败的微型金融机构依法得到清理，退出市场竞争，以保证金融业的正常秩序和效率。

审慎性监管的具体内容包括：（1）最小资本要求；（2）资本充足率；（3）存款准备金；（4）内部治理；（5）贷款合同和相关文件；（6）机构限制；（7）担保限制。

（二）价格限制

为了防止微型金融机构之间出现恶性的价格竞争，许多国家都曾规定过最高存款利率、最低贷款利率和最低手续费率。

（三）资产流动性管理

为防止金融机构资金周转失灵而出现支付危机，各国金融当局都对金融机构的流动性资产占总资产的比例或流动性资产与流动性负债的匹配比例作出规定。

（四）资本充足度管理

自有资本是金融机构信誉的基础，是抵御经营中潜在风险的重要保障，因此，金融当局要求金融机构必须保持充足的资本比率。为了统一各国商业银行资本充足度的衡量要求，国际清算银行于 1988 年 7 月在瑞士巴塞尔召开由美、英、法等 12 国中央银行行长参加的会议，通过了《关于统一国际银行的资本计算和资本标准的协议》，即《巴塞尔协议》。《巴塞尔协议》要求签约国银行的资本对经过加权计算的风险资产的比率不小于 8%。

（五）行为方式管理

为约束金融在追求利润最大化过程中的信用过度扩张行为，许多国家的金融当局对金融机构的业务活动作出限制性规定，如规定银行的某一行业或单一客户的贷款规模，限制银行向关联企业、银行董事、经理和职员等各种“内部贷款”，要求银行对有问题贷款提取准备金，对银行涉足证券投资、外汇交易的种类和数额做出限制性规定等。

（六）保护性管理

金融监管除了对监管对象的市场准入、业务范围、行为方式等作出种种限制，以预防金融风险的发生，还包括在监管对象即将或已经发生风险的情况下，采取保护性管理措施。保护性管理主要包括中央银行最后贷款人制度和存款保险制度。前者是指在商业银行面对存款人和其他债权人集中的支付要求，而其自身的短期筹资能力有限，清偿能力发生较大困难时，中央银行负责向商业银行提供紧急资金援助，帮助其渡过危机。后者是指建立存款保险公司或存款保险基金，凡参加存款保险体系的投保商业银行，在资金周转出现严重困难时均可得到保险基金的资金援助，在银行发生倒闭时，可由保险公司安排或直接接管，以保证存款人的利益受到最大限度的保护。由于存款保险制度关系到大中小银行的利益关系调整，各国在实行这一制度时常常都具有各自的特点，有些国家实行局部的强制存款保险制度，有些国家和地区则始终没有法定的存款保险制度，而由银行业自发组织存款保险基金。

二、微型金融监管基本模式与框架

（一）监管模式

对微型金融机构的监管模式因资金来源不同而异：

1. 对于资金全部来源于个人投资或机构捐赠的微型金融机构，由出资人、捐赠方委托的第三方负责监督，一般情况下政府不直接进行监管，但可通过银行监管部门了解此类机构的业务规模，通过司法部门惩治金融犯罪。

2. 对资金全部来源于内部成员的互助型机构，由银行监管当局负责，并适用于相对简化的审慎监管框架，如通过设定并监控业务范围、限制贷款期限、设立利率上限等控制风险。

3. 对于资金主要来源于公众存款的机构，纳入银行监管框架。

（二）监管框架

对微型金融机构实施有效的监管有利其健康发展。理论上，可以存在三种框架，即银行法框架下的监管、特定微型金融法律框架下的监管以及自我监管三种。

1. 在银行法框架下进行监管。建立在微型金融机构从事的银行业务的前提下，即微型金融机构也是在吸收个人存款并发放贷款，所以应该将其纳入现有的银行监管体系中来。这种监管方式既包括现场监管，也包括日常监管。通常由政府的专业银行监管机构负责进行监管，但在一些情况下也可能是由一个或多个独立的私人监管机构完成这项任务。但若同时使一个机构肩负监管金融机构以及为金融机构的行为负责的双重任务的话，将很可能引发监管机构的机会主义行为。这种监管方式的一个好处是，政府可以动用大量的金融资源，并且享有很高的信用度。例如，在金融机构出现了现金流危机的时候，政府可以发行货币进行补充。在很多国家，对于不同类型的金融机构，如商业银行、共同银行和金融公司，有着不同的监管规定。而寻求正式身份的微型金融机构可以从中挑选最适宜自己的需要和能力的法律框架。

2. 在特定的微型金融法律框架下进行监管。当前，一些国家已经采用了微型金融特殊法律，提出全新的金融机构监管类别。在特定的微型金融法律框架下进行监管的前提条件是，一方面，监管者意识到微型金融机构的重要性；另一方面，微型金融机构也发展成熟到能够适应法律监管的地步。由于监管者和机构都对专项监管缺乏经验，我们可以预见这一法律框架应该是一个长期内共同协调从经验中学习的过程，并且法律条款的几番修改也是在所难免。监管方可以是现有金融监管机构的新增内设部门，也可以设立一个完全独立的新机构。另外还可以在中央监管机构以外单独设立一个地方性的执行机构负责对微型金融的专项监管。同样，对于微型金融有丰富经验的私人咨询公司也可以担负监管的责任。

3. 自我监管的框架。由于对微型金融缺乏兴趣、监管能力不足或是缺少对微型金融的了解，政府部门极少介入微型金融机构的监管活动，从而使其在自我监管的框架下运行。实行自我监管的动力在于向外界（包括捐款者、商业投资者和存款者）发送一种“成功信号”，从而降低它们的融资成本或是获得新的融资途径。在这种监管方式下，一个旨在披露信息的机构取代了政府监管的地位，自我监管演变成了金融机构的评级系统。但是自我监管不能仅为了保护投资者的利益，同时它还必须兼顾消费者的利益保护，因而监管的威慑作用必不可少。

总之，传统监管制度的基本原则是保护存款者和维护金融系统的稳定性，而现在应该考虑将增加低收入人群和微小企业对金融服务的获取途径与监管制度相结合。实现普惠金融的愿景需要把金融服务的获取途径问题融入整个金融业，同时强调监管框架对于金融服务获得程度的重要性。

（三）我国微型金融监管格局

20 世纪 80 年代之后，尤其是 2005 年以来，在推动农村信贷市场开放、促进农村金融组织和产品创新、培育多种形式微型金融的政策背景下，我国已经初步形成多种所有制和多种法人属性微型金融组织共同发展的基本格局。

1. 我国微型金融机构可分为如下两类：

（1）兼业微型金融组织：主要指商业银行和农村合作金融机构（含农村信用社、农村合作银行和农村商业银行）等正规金融机构，这些组织通过其特殊的业务窗口向城镇和农村的微型经济活动主体提供消费信贷和各类生产性贷款。

（2）专业微型金融机构：主要指包括村镇银行、贷款公司（商业银行或农村合作银行全资设立）和农村资金互助社等新型农村金融机构，以及小额贷款公司和非政府组织微型金融机构在内的微型金融专业机构，这些组织也在城镇和农村微型金融市场中发挥着积极作用。

2. 我国微型金融监管制度的基本特征。我国微型金融监管制度的基本特征是：监管主体按照机构划分且监管主体并不与机构法律属性保持一致，而是遵循“谁审批，谁监管”的原则，整体上具有明显的过渡属性，具体特征如下：

（1）商业银行和农村合作金融机构等兼业机构的微型金融业务仅是其整体银行业务的一个组成部门，这些机构及其业务的监管由中国银监会负责；

（2）村镇银行、贷款公司和农民资金互助社等银行或非银行机构由中国银监会审批设立，也由中国银监会持续监管；

（3）小额贷款公司由地方政府审批设立，也由地方政府监管；

（4）非政府组织微型金融机构一般由专门的试点单位牵头，以试点项目形式存在，没有统一的监管机构（其中，贫困村村级互助资金主要由国务院扶贫办、财政部等部门管理，还有许多贫困村互助资金由地方政府直接主导）。

3. 我国微型金融机构的监管实践。

（1）商业银行、农村合作金融机构的监管制度。商业银行和农村合作金融机构等正规金融机构将微型金融当作一个特殊业务种类来开展。这些机构都由银保监会依据相关法律规范对业务进行监管，监管方式主要是通过各级银行业监督管理部门开展日常监测和检查，监管内容主要包括业务资格资质审批、业务运作规范性监督管理和金融风险防范等。

（2）村镇银行、贷款公司和农民资金互助社新型农村金融机构的监管框架。自2007年以来，村镇银行、贷款公司和农民资金互助社等新型农村金融机构按照“低门槛、严监管”原则开始试点，其设立初衷为鼓励各类资本回流农村，促进农村地区形成投资多元、种类多样、覆盖全面、治理灵活、服务高效的银行业金融服务体系。这三类新型农村金融机构试点监管框架如图9－1所示。

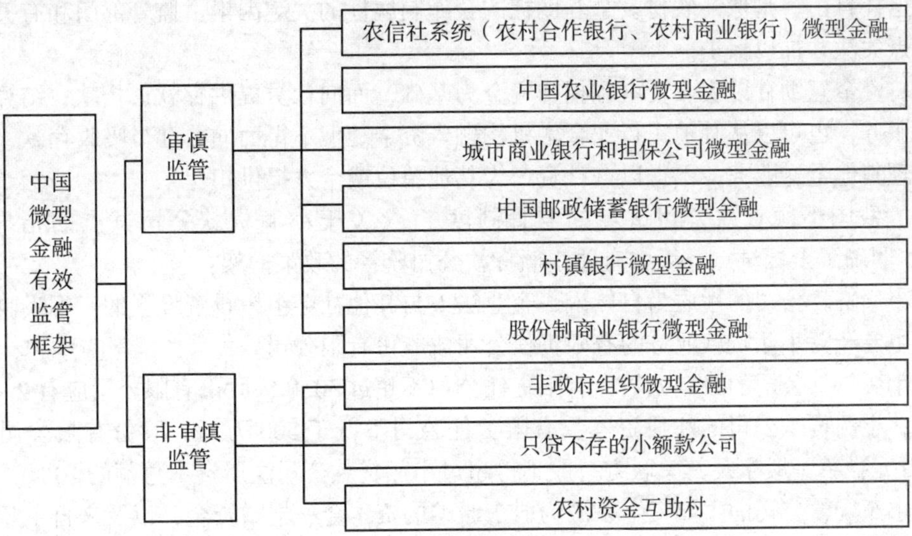

图9－1　监管框架

①村镇银行。村镇银行由境内外金融机构、境内非金融机构企业法人或者境内自然人出资并在县（市）、乡（镇）两级设立，只能在县（市）级以下开展业务。村镇银行的发起、设立和股权安排应由某一银行业金融机构主导，并遵循权利适度分散的原则，最大银行业金融机构持股比例不低于20%，同时其他单一股东持股比例不高于10%。

按照“低门槛”标准，放宽对投资资本性质与注册资本额度的要求，在县（市）设立村镇银行，注册资本不得低于人民币 300 万元，在乡（镇）设立的，注册资本不得低于人民币 100 万元。

村镇银行是要面向农村地区，为贫困和低收入群体以及微型和小型企业提供储蓄、贷款、结算、贴现、银行卡、代理以及同业拆借等金融服务。

②贷款公司。贷款公司由商业银行或农村合作银行全额出资，在县（市）及以下地区设立，注册资本不得低于 50 万元。

贷款公司以其投资人投入的实收资本和投资人提供的借款开展以贷款为主，包括票据贴现、资产转让和结算等在内的金融业务，不得吸收公众存款。各项金融服务应坚持“小额、分散”原则，坚持为农村小型和微型企业、中低收入居民和贫困居民服务的发展方向。

③农村资金互助社。农村资金互助社是农民和农村小企业按照自愿原则，在乡（镇）或行政村发起设立的，为入股社员服务、谋求社员共同利益、实行社员民主管理的社区互助性信用合作组织。

农村资金互助社由农民自主发起设立，资本金要求较低，股权结构既不宜过度分散，也不应过度集中。在乡（镇）设立农村资金互助社，注册资本不得低于 30 万元，在行政村设立的，注册资本不得低于 10 万元。

农村资金互助社应建立科学有效的法人治理结构，可设社员大会（较大的还可以设社员代表大会）、监事会和经理，必要时也可设理事会。社员（代表）大会原则上实行“一人一票”的民主表决程序，出资额较大的社员可享受不超过该社社员基本表决权总票数 20% 的附加表决权。农村资金互助社的社员，在一定条件下享有退股和退社自由。民主表决程序和社员退社自由，是保证农村资金互助社的合作制属性的关键因素，监管部门和有关法规应予以重点关注并加以保护。

农村资金互助社以实收资本和捐赠资金为基础，面向社员提供存款、贷款、结算和代理等金融服务，也可以从其他银行业金融机构融入资金。但不得面向非社员吸收存款、发放贷款及办理其他金融业务，不得以该社资产为其他单位或个人提供担保。

（3）我国小额贷款公司试点的监管制度。《关于小额贷款公司试点的指导意见》（2008）明确了全国试点政策中有关小额贷款公司监管的政策框架：

①小额贷款公司的性质为自然人、企业法人与其他社会组织投资设立的，不吸收公众存款的，主要经营小额贷款业务的有限责任公司或股份有限公司。

②小额贷款公司的股东人数，有限责任公司不超过 50 个，股份有限公司应有 2 ~ 200 名发起人；小额贷款公司的注册资本，有限责任公司不低于 500 万元，股份有限公司不低于 1 000 万元；单一股东及其关联方持股不得超过小额贷款公司注册资本总额的 10%。

③小额贷款公司的主要资金来源为股东缴纳的资本金、捐赠资金，以及来自不超过两个银行业金融机构的融入资金；融入资金的余额不得超过资本净额的 50%。

④小额贷款公司自主选择贷款对象，贷款利率在法定范围内放开。

⑤符合条件的小额贷款公司，可按《村镇银行组建审批工作指引》和《村镇银行管理暂行规定》规范改造为村镇银行。

⑥关于小额贷款公司的监督管理制度，《关于小额贷款公司试点的指导意见》规定，“凡是省级政府能明确一个主管部门（金融办或相关机构）负责对小额贷款公司的监督管

理，并愿意承担小额贷款公司风险处置责任的，方可在本省（自治区、直辖市）的县域范围内开展组建小额贷款公司试点”。这实际上明确了地方政府在承担监管和风险处置责任的前提下，可以自愿参与试点的基本原则；或者反过来说，一个地方政府能否开展试点的前提，取决于其是否能够明确一个主管部门并承担风险处置责任。

从全国试点情况来看，各地区小额贷款公司试点方案在最重要的监管制度、融资限制、利率政策等方面，均严格遵守《关于小额贷款公司试点的指导意见》有关规定。而在注册资本、股权结构、经营区域等方面则作出了许多因地制宜的不同规定。

（4）非政府组织微型金融机构的监管情况。尽管所有从事微型金融业务的非政府组织、微型金融机构都在当地民政部门登记，有些甚至获得了中国人民银行有关部门同意开展小额信贷扶贫试验的批件，但目前仍主要由其试点单位牵头，以试点项目形式存在，没有统一的监管机构（其中，贫困村村级互助资金主要由国务院扶贫办、财政部等部门管理，还有许多贫困村互助资金由地方政府直接主导）。

（5）政府微型金融项目。政府微型金融项目早期主要以各种名称建立的地方政府或准政府机构操作的微型金融组织出现，并未纳入国家金融监管部门的监管之下。目前，这类政府机构大多数只作为扶贫职能部门而存在，小额信贷业务一般委托政策性金融机构代为实施，监管主体是相关政府主管部门或资金受托方，监管方式和手段缺乏明确、统一的标准和规范。

（四）完善我国微型金融监管体制的基本构想

借鉴国际成功经验，针对微型金融机构的风险特征及目标客户特点，采用差别化的监管方式及监管规则，应是我国微型金融监管安排的所要坚持的基本要点。为提高微型金融监管的有效性，结合中国微型金融机构的特点和微型金融发展格局，探索建立分层监管、分类监管体制，已成为一种迫切的需要。

1. 逐步向专门微型金融立法下的监管模式转型。在微型金融监管模式上，我国应采取“渐进式”的途径（王婷婷等，2010）。近期内，鉴于微型金融立法可能耗时较长的现实，我国宜主要选择基于现有银行立法的监管模式，根据形势发展的需要及时在银行法的原则规定下设置一定的例外，细化现有的规章制度，增强其科学性。但从长期的角度来看，由于我国存在众多的小微企业及大量弱势群体，且现有不合理的金融结构亟待改变，因而微型金融在我国有着很大的发展潜力和发展空间。随着不同组织形式、不同业务创新程度、不同管理水平的微型金融机构在未来的不断涌现，基于统一银行法的监管将愈发难以确保这些机构的健康发展。为此，我国应注重加快微型金融的专门立法，在监管模式上逐步向基于微型金融立法的监管过渡，以保证市场空间广阔的微型金融行业更加有条不紊地运行。

在优化政府监管的同时，还应重视发挥行业自律管理和社会监督的积极作用。自律是基于行业整体利益而实施的自我管理和规范，具体表现在组织制定行业标准与业务规范，制定从业人员道德和行为准则，组织会员签订自律公约等。由微型金融机构自己组建的行业自律组织对本行业的动态较为了解，由其所进行的相关管理往往较具针对性。受政府监管资源的限制，在对微型金融的监管中也应重视利用社会监督的力量。如由社会审计服务组织对微型金融机构的财务状况、会计报表及内部控制系统进行审核，以增强监管机构非现场监管的有效性；也可实施由资信评估机构对微型金融机构作出评级并将评级结果向社会公布，以强化这类机构经营中的自我约束。

2. 实行微型金融的分类监管。按照微型金融机构的性质不同实施分类监管已基本成为国际上的共识。通常认为，吸收公众存款的微型金融机构应该接受审慎监管（pru-dential regulation and supervision），对于不吸收公众存款、外部效应放大较小的微型金融机构，仅需接受非审慎监管（Christen 等，2011；焦瑾璞，2009；何光辉、杨咸月，2007）。审慎监管要求监管部门制定一系列金融机构必须遵守的周密而谨慎的经营规则（通常包括资本充足率、风险管理、内部控制、资产质量、损失准备、风险集中、关联交易、流动性管理等方面的审慎经营规则），客观评价金融机构的风险状况，并及时进行风险监测、预警和控制。审慎监管的目的是为了保护储户的安全性和金融机构的整体稳定性。而非审慎监管主要关注消费者保护、防止欺诈和金融犯罪、确定税收和会计问题等，一般不对金融机构本身的财务稳定性进行监管。审慎监管通常比大多数非审慎监管复杂、困难，且要求有专门的金融权力机构来从事这项工作，一些非审慎监管则可放在一般商业法规下进行，由执行这些法律的政府部门来完成。

从我国的情况来看，对于从事吸收社会公众储蓄业务的村镇银行等微型金融机构，应坚持审慎监管，对于“只贷不存”的小额贷款公司以及主要依靠捐赠与援助资金的金融 NGO 等微型金融组织，可采取非审慎性监管。此外，对于交易金额、地域范围和参与人数等较小的民间金融形式的微型金融交易，可推行自由登记制度，而对于交易规模较大、参与者较多、资金逐利目的明显的民间金融形式的微型金融交易，应将其规范为公开注册的微型金融组织，接受金融监管。

3. 探索实施微型金融的分层监管。我国地域辽阔，各地经济发展特点迥异，对微型金融服务的需求呈现出差异性，不同地域微型金融的结构安排及发展路径应有所不同。因而，由中央政府统一集中的方式对大多分布于基层的、作为草根金融的微型金融机构实施监管，是不完全妥当的。随着微型金融机构与业务在各地的广泛兴起，可探索建立中央和地方政府分别负责的微型金融二元监管体系。具体的框架可以是：中央政府负责制定基本的监管指导原则及业务指导、协调和风险预警等，在此基础上赋予地方政府对微型金融的监管地位和一部分监管权力，参与微型金融组织从市场准入、业务经营及市场退出的监管，并承担相应的风险化解责任。中央和地方政府分层负责的监管格局，将利于推动微型金融的创新，增强微型金融机构的金融服务能力，发挥地方政府所拥有的独特的监管手段，降低监管成本，促进地方金融与地方经济的协调发展。为实现分层监管框架的有效运作，应当注重中央与地方政府之间的信息交流，并在微型金融的风险化解方面加强协调行动。

4. 建立差别化的微型金融监管标准与要求。微型金融具有特殊的风险表现和客户群体，简单依照传统金融的监管标准对微型金融机构进行监管是不合适的，构建差别化的监管指标和措施实属必要。在资本充足率方面，鉴于微型金融机构存在较高的管理风险和管理成本，且其股东在需要补充资本时追加资本的能力一般较弱，对微型金融机构的资本充足要求宜采取较巴塞尔协议对传统银行设置的标准更为严厉；在流动性要求方面，由于获取外部短期流动性支持的渠道一般较为有限，对微型金融机构除规定按存款的一定比例提取准备金等之外，还可要求提留利润来积累准备基金（何光辉、杨咸月，2007）。在贷款风险控制上，宜适当降低微型金融贷款中的抵质押要求，允许保证担保的广泛运用。在贷款损失准备计提与坏账冲销上，考虑到微型金融机构贷款资产质量的高波动性及贷款期限的短周期性，对微型金融机构的损失准备计提和坏账核销规定宜较传统金融机构更为保守。并且，鉴于微型金融的发展变化较快，我国还应根据微型金融本身的发展水平及外部市场环境的变化，动态地对相关监管标准与指标作科学调整。

5. 放松对微型金融的利率管制。为低收入者和小微企业提供的贷款具有额度小、笔数多、单位成本较高等特点，如果贷款利率不能反映市场供求均衡下的资本价格，而是采用行政定价，微型金融机构就不能用利率覆盖成本与风险升水，难免会造成这些机构普遍性的财务不可持续问题。因而，实行灵活的市场化利率是微型金融组织正常生存的必要土壤。应赋予微型金融机构较大的贷款利率定价权，使其能够获得合理的收益，维持机构的正常运营，并提升信贷成本的透明度。同时，微型金融组织机构小、缺乏市场认知度，导致在获取存款等外部资金上处于弱势。故也有需要在微型金融行业内试点推进存款利率浮动，以利于其扩大资金来源，拓展小额信贷服务。

三、微型金融监管的指标体系

银行监管指标体系设计以风险监管为新核心，以法人机构为主体，兼顾分支机构，形成分类、分级检测体系，并具有准确性、可比性、及时性、持续性和保密性原则。《商业银行风险监管核心指标（试行）》规定，风险监管核心指标包括风险水平、风险迁徙和风险抵补三类。

（一）风险水平

风险水平指标衡量商业银行主要风险种类的严重程度，是一系列静止性指标，具体包括：

（1）流动性风险指标：流动性比例、超额备付金比率、核心负债比率、流动性缺口率；经调整资产流动性比例、存贷款比例、最大10户存款比例；营运资金作为生息资产的比例、境内外汇存款与外汇总资产比例。

（2）信用风险指标：不良资产率和不良贷款率、预期损失率、单一客户授信集中度、贷款损失准备金率、不良贷款拨备覆盖率。

（3）操作风险指标：操作风险损失率。

（4）市场风险指标：累计外汇敞口头寸比率、市值敏感性比率。

（二）风险迁徙

风险迁徙指标衡量商业银行各类资产持续恶化的速度和程度，也就是指银行风险的协同效应和传染效应。风险迁徙指标表示为资产质量从前期到本期变化的比率，属于动态指标，具体包括：

（1）正常类贷款迁徙率；

（2）关注类贷款迁徙率；

（3）次级贷款迁徙率；

（4）可疑贷款迁徙率。

（三）风险抵补

风险抵补指标衡量商业银行以资本和盈利弥补风险的能力，具体包括：

（1）盈利能力指标：资本金收益率、资产收益率、净资产收益率、净利息收入率、非利息收入率；

（2）准备金充足程度指标：信贷资产准备充足率、非信贷资产准备充足率；

（3）资本充足程度指标：核心资本充足率、资本充足率。

【本章小结】

1. 金融监管是金融监督和金融管理的复合词。金融监管有狭义和广义之分。狭义的金融监管是指金融主管当局依据国家法律法规的授权对金融业（包括金融机构以及它们在金融市场上的业务活动）实施监督、约束、管制，使它们依法稳健运行的行为总称。广义的金融监管除主管当局的监管之外，还包括金融机构的内部控制与稽核、行业自律性组织的监督以及社会中介组织的监督等；是指政府通过特定的机构（如中央银行）对金融交易行为主体进行的某种限制或规定，本质上是一种具有特定内涵和特征的政府规制行为。

2. 微型金融监管具有一定的特殊性，主要表现在：微型金融机构的复杂性、微型金融风险的多样性、微型金融服务对象和产品的特殊性。从而决定了微型金融监管必须在常规金融监管的基础上增加一些特殊原则和目标。

3. 微型金融监管的主要内容包括：市场准入和退出管理——审慎性监管、价格限制、资产流动性管理、资本充足度管理、行为方式管理、保护性管理等。

4. 银行监管指标体系设计以风险监管为新核心，以法人机构为主体，兼顾分支机构，形成分类、分级检测体系，并具有准确性、可比性、及时性、持续性和保密性原则。《商业银行风险监管核心指标（试行）》规定，风险监管核心指标包括风险水平、风险迁徙和风险抵补三类。

【思考题】

1. 不同的金融监管理论在论证金融监管的必要性时，既有各自不同的侧重点，又有交叉之处，试分析比较。

2. 结合中国微型金融监管的现状和未来发展，想一想我国应当如何解决降低监管成本和避免监管失灵的问题。

3. 我国的微型金融监管体制与历史文化传统、政治体制、经济发展水平和法制建设等方面存在怎样的联系？

4. 监管当局的监管、行业自律和金融业的内部管理，这三者之间的相互关系应该怎样理解？

5. 就金融国际化论证对金融监管国际协调的必要性。

6. 从《巴塞尔协议》到《新巴塞尔资本协议》，说明在国际金融监管中发生了哪些变化？这些变化所产生的背景是什么？

【综合训练】

(2013 年) 时报7月1日讯 (记者翁利丹) 近日，长清区某小额贷款公司被骗贷案在区人民法院审理。据悉，这是国内第二起、山东首起判决的小额贷款公司被骗贷案。平阴男子王某和胡某因骗贷分别被判处有期徒刑2年、1年。

去年10月18日，长清区公安分局机关民警和城关派出所民警到辖区走访，与某小额贷款公司经理李某交谈时得知：2010年11月，平阴男子王某以公司需要流动资金为名，以胡某等三人为担保人，伪造房产证作为抵押，从该公司贷款200万元，贷款到期后一直未偿还本金及利息。

警方迅速展开侦查，多次赴平阴调查相关证据，并先后两次南下湖南，创下6天内辗转三省七市抓捕逃犯的纪录。

在案件移送起诉过程中，因国内仅有上海审判一起同类案件的先例，而上海对贷款公司的管理规范程度远超国内其他地区，故在小额贷款公司是否为金融机构、该公司向长清区外企业提供贷款是否合法等多个问题上，长清公、检双方存有争议。

长清警方认为，小额贷款公司应定性为金融机构，虽然其向平阴县企业提供贷款，但其业务总额的90%以上都在长清本地，符合相关规定，故王某等人应被追究刑事责任。为证明自己的主张，警方多次赴省金融办等部门记录笔录、调取资料，检方最终认同了公安机关对案件的看法，并向法院提起公诉。

法院审理认为，王某和胡某伙同他人，以欺骗手段取得金融机构贷款，给金融机构造成重大损失；同时该小额贷款公司违反规定向区域外企业发放贷款，不能成为被告人骗取贷款的借口，故公诉机关指控的骗取贷款罪成立。

据了解，近年来，小额贷款公司在金融体系中的作用不断凸显，已成为解决小微企业融资难的有效渠道。但小额贷款公司“身份未定”，成为困扰其发展的瓶颈。在目前的法律框架下，小额贷款公司虽然从事的是金融服务业务，却被认定为一般工商企业，法律诉讼、税收征缴、对外融资等方面难以享受和银行等正规金融机构同等的待遇，与其相关的贷款纠纷案件往往依据《合同法》等民事法律规定处理，法律保证力度有限。该案的成功侦破和判决，突破了小额贷款公司法律适用瓶颈，填补了省内相关司法实践的空白。

1. 登录中国人民银行网站，了解国内小额贷款公司的监管条例，并跟踪近年来的监管变化。

2. 分组讨论，目前我国小额贷款公司的监管漏洞与风险有哪些？存在原因是什么？如何深化微型金融机构的监管？形成分析报告。

第四篇

微型金融发展与创新

第十章　微型金融的发展

▶▶导入案例

20世纪90年代末，中国政府和中国农业发展银行主导的“政策性小额信贷扶贫”项目的实施标志着微型金融在我国的正式发展。2005年，中国人民银行在5个省开展了7家小额贷款公司试点，开启了小额信贷在中国发展的新阶段。2006年年底，银监会调整放宽农村地区银行业金融机构准入政策，推动发展村镇银行、贷款公司、农村资金互助社等新型农村金融机构。2008年5月，银监会、中国人民银行又联合发布《关于小额贷款公司试点的指导意见》，小额贷款公司试点进一步在各地展开。目前，我国微型金融的发展已呈现出机构种类趋于增多、机构数量不断增加的态势。截至2011年6月末，全国共有小额贷款公司3 366家，贷款余额2 875亿元；截至2010年年底，全国共有村镇银行349家，贷款公司9家，农村资金互助社37家。

中国人民银行公布的2017年小额贷款公司（以下简称“小贷公司”）统计数据报告显示，截至2017年12月31日，全国共有小贷公司8 551家，从业人数103 988人，实收资本8 270.33亿元，环比增长11.1亿元，同比增长36.43亿元；贷款余额9 799.49亿元，环比增长95.33亿元，同比增长526.69亿元。

资料来源：编者根据相关资料整理。

请思考：1. 小贷公司数量激增所带来的影响？

2. 未来微型金融机构的发展方向是怎样的？

第一节　影响微型金融发展的关键因素

微型金融的发展会受到诸多因素的影响，既有来自需求方面的影响，也有来自供给方面的影响，其发展既受制于自身发展因素，也会受到来自外部环境改变的影响。从影响微型金融发展的外部环境来看，以下四个因素可谓是非常重要的，它们分别是信息技术、政府政策、微型金融的新参与者和国际法规。

一、信息技术

信息技术的普遍应用能显著降低交易成本，即使极度贫穷和偏远的客户也能随时随地获得服务。信息技术在金融领域的应用使得电子银行得到长足发展。电子银行业务是指银行通过面向社会公众开放的通信通道或开放型公众网络，以及特定自助服务设施等，向客户提供的离柜金融服务，主要包括网上银行、手机银行、自助银行以及其他离柜业务。除手机银行外，网上银行、自助银行以及其他离柜业务如POS机等和微型金融业务联系并不紧密。

（一）手机银行的发展

手机银行是通过金融机构与移动通信运营商之间通过跨行业合作，借助移动互联网络平台，以手机作为终端向客户提供银行服务的一种金融服务方式。

对手机银行而言，又分为两种商业模式：一是银行主导型模式。客户属于正规金融机构，但是客户可以自由地在相关的零售代理点进行交易。二是非银行主导型模式。客户拥有的是手机银行的虚拟账户，也就是手机钱包，可以在任意第三方中介使用账户。手机钱包的账户记录在电信运营商的系统中，电信运营商只在银行开设一个账户管理所有的虚拟账户存款。

根据相关资料显示，工商银行、建设银行、农业银行等国有大行手机银行客户数持续增长，均超过2亿户；股份制银行步伐更大，手机银行客户数增长率普遍在30%以上；城商行、农商行更是奋起直追，加大对手机银行的投入和推广。2017年，我国手机银行客户数量进一步增长。其中，个人客户达15.02亿户，同比增长28.28%；企业客户达0.05亿户，同比增长57.52%。

截至2017年底，工、农、中、建、交这五家国有大行手机银行用户数量已合计超过9亿户，在市场中牢牢占据主流地位。其中，工商银行、建设银行、农业银行位列市场前三强，依次达到2.82亿户、2.66亿户、2.06亿户，分别同比增长12.8%、19.3%、21.9%。而中国银行已将手机银行作为载体打造综合金融移动门户写进发展战略，在22.17%的加速增长下，该行2017年底手机银行客户数量已从上一年的9 440万户升至1.15亿户，首次实现了亿级突破。交通银行年报则显示，该行2017年对手机银行保持两周左右一次的快速迭代更新，全年共进行31次版本更新投产，完成820余项功能新增或优化。截至2017年末，该行手机银行客户数达到了6 106万户，同比增长21.73%。值得一提的是，全国性股份制商业银行手机银行业务虽然在客户数量上与国有大行差距较大，但在发展速度上却表现出了更为强劲的上升势头。年报数据显示，招商银行、平安银行、光大银行、中信银行2017年手机银行客户数量分别为5 579万户、4 172万户、3 535万户、2 733万户，同比增速均达到了30%以上。在全国性股份制银行中，2017年用户数量增长最快的是正在打造智能化零售银行的平安银行。2017年，平安银行整合原有数个App推出了全新一站式管理口袋银行App 4.0，以此承载该行零售业务的全产品及服务。在客户迁徙和功能整合下，该行App用户数量也由此从上一年的2 610万户升至4 172万户，猛增近六成。同样重视零售业务的招商银行也在大力推进“移动优先”的发展策略，将手机银行作为该行重要的零售经营阵地，截至2017年末，其App已经发展到了6.0版本。值得一提的是，一些区域性的城商行和农商行也愈发重视互联网金融。例如，2017年重庆农商行将手机银行业务着重向县域拓展，用户增长27.92%至681.58万户；常熟银行手机银行用户增长86%，活跃用户数量增长2.2倍；宁波银行全年手机银行的使用量已超过网上银行，成为该行客户首选的服务渠道。2018年3月15日，中国银行业协会发布《2017年中国银行业服务报告》指出，在电子渠道深化创新下，2017 年我国手机银行业务快速增长。其中，手机银行个人客户已达 15.02 亿户，同比增长 28.28%；企业客户达 0.05 亿户，同比增长 57.52%。对于商业银行大力推动手机银行用户规模增长，盘古智库高级研究员吴琦表示，手机银行相对于柜台和 ATM 来说交易成本较低，有助于实现低成本的扩张，提高核心竞争力。另外，手机银行还能提供更快捷更便利的金融服务，手机银行可以使客户在任何时间、任何地点处理各种金融业务，日趋丰富的服务内容也极大地丰富了银行服务的内涵，成为提升客户服务质量和水平的重要途径，有利于提高客户黏性和忠诚度。

有市场分析报告指出，各大银行通过推广手机客户端，能够弥补营业网点覆盖密度低的缺陷，为客户创造便捷条件，同时削减自身客服成本，为市场竞争创造更多的可能性。同时，手机银行中沉淀的数据，则为银行营销提供了精准用户画像，用户价值得以提升。

年报显示，手机银行客户数量最多的工商银行 2017 年在“大零售”战略下，推进零售银行智慧化转型升级，全年个人客户净增近 3 800 万户，为近年来之最。截至 2017 年 10 月末，工商银行手机银行月活跃客户突破 4 000 万户，年活跃客户近 1 亿户，每 3 笔业务中就有 1 笔来自移动端。推进零售业务优先战略的建设银行则在手机银行中为客户提供千人千面的服务推送、个性化的投融资建议以及高效便捷的用户体验，其通过手机和网上电子渠道提供的“快贷”个人自助贷款 2017 年底余额达 1 563.39 亿元，新增 1 274.64 亿元。招商银行 2017 年也通过 App 销售 4.43 万亿元理财产品，占全行理财销售金额的 43.17%。平安银行新一代口袋银行 App 可以根据客户的交易记录与风险偏好主动推送个性化的产品投资组合方案，成为该行深挖零售市场的重要端口。年报显示，App 是该行一站式自助消费贷款平台之一，而截至 2017 年底，该行零售贷款（含信用卡）余额 8 490 亿元，较上年末增长 57%。整体来看，2017 年，平安银行的零售业务净利润同比增长 68% 至 156.79 亿元，在全行净利润中占比高达近七成。易观千帆监测数据显示，2018 年 1 月，平安口袋银行活跃用户为 1 606.6 万户，同比增长 304%，同比增速远超其他手机银行 App。

对于所有银行尤其是做零售的银行而言，手机银行是必经之路，相当于为这些银行再造的银行。以前的零售银行是分布式的，各个网点自主经营，甚至每个省份产品可能都不一样，效率是很低的。而手机银行其实是把所有产品、流程和服务从一个分散式的管理变成一个集中式管理，从而带领整个零售银行转型。手机银行在成本、获客、服务方面的优势将为零售业务发展提供助力，但是在发展过程中，需首先保证手机银行使用的安全性。互联网具有风险属性，资金和货币的电子化在转账、交易、支付等环节均存在风险隐患，因此需要特别防控终端安全风险、平台安全风险、网络安全风险等，确保用户资金安全。

（二）无网点银行

根据无网点银行对金融服务的增进作用，可分为改良型模式和变革型模式。前者是指仅对主流金融机构已存在客户，增加其金融服务获取渠道、选择空间或便利性。后者是指能够将金融服务扩展到之前银行网点覆盖不到的区域和人群。无网点银行业务潜力巨大，可以使传统的银行网点无法覆盖的低收入人群获得金融服务；可降低提供服务的成本，包括银行建立和维持服务渠道的成本，以及顾客使用服务的成本，如路途往返和排队时间等。近年来，许多发展中国家（如肯尼亚、泰国、菲律宾、乌干达等）都借助信息通信技术成功地开展了无网点银行创新。

无网点银行业务主要有以下特征：使用支付卡或手机技术识别客户，用电子方式记录交易，有时客户可以进行远距离交易；使用第三方销售点（专属或非专属），如邮局和小零售商作为金融服务供应商的代理，使客户可以完成需要本人亲自到场的业务，如现金存取，银行开户所需的客户尽职调查等；在交易性或支付服务业务外，至少可以提供基本的现金存取服务；有政府认可的、经营储蓄业务的机构如有正式经营牌照的银行的支持。

无网点银行可以在零售层面实现从集中向分散转移，将分销网点遍布尽可能多的地区，减少低收入人群和居住在偏远地区的人们获取金融服务的成本，并保证获得提供金融服务的可持续性，特别是适合偏远山区和成本偏高的地区，能在很大程度上帮助发展中国家扩大微型金融服务的覆盖面。虽然大多数国家的监管政策继续限制无网点银行业务的发展，但决策者与监管者对这一业务都已表现出极大的关注。在监管规定允许的情况下，市场的许多参与者都在制定无网点银行业务新方案。

（三）无人银行

1. 传统的无人银行也称自助银行：是指不需要银行职员帮助、顾客通过电子计算机设备实现自我服务的银行。一般分为三种：（1）“大堂式”，电子计算机设在各办事处的大堂内，客户进入银行营业大厅内自行操作；（2）“入墙式”，把电子计算机装在公共场所或交通枢纽处的街墙内；（3）“驾驶者式”，客户在室外，或驾车驶近银行电脑设施前边，从汽车窗口伸出手即可操作。

当前自助银行主要有两种形式，一种是混合式自助银行，一种是隔离式自助银行。所谓的混合式自助银行，指的是在现有的银行分支机构的营业大厅内划分出一个区域，放置各种自助式电子设备，提供24小时的自助银行服务。该区域在日常营业时间内与营业大厅相连通，能够分担网点的部分银行业务，缓解柜台压力。在柜台营业时间外，营业大厅关门，该区域被人为地与营业大厅隔离，又变成了独立的自助银行。隔离式自动银行又称全自动自助银行，这种形式的自助银行与银行分支机构和营业网点完全独立，一般是设立在商业中心、人口密集区或高级住宅区内，也是全天候开放。

自助银行的功能有很多。其中，最让人们熟悉的有取款（ATM）、现金存款（CDM）、存折补登机、夜间金库（现金、票据、贵重物品保管）、外币兑换、自助客户信息打印机、信息查询终端、银行业及金融信息查询等。据调查，每一家银行新开设的营业网点都趋向同时开张一间24小自助银行。

20世纪六七十年代，自助银行首先在国外得到应用。应用的原因很简单，银行柜台客户流量大，不少人排长队仅仅是为了办理小额存取款及查询等简单的业务，使得柜台人员疲于应付，因而降低了对优质、高含金量客户服务的能力。如果依靠扩大营业网点，增加人员来解决这些问题，又势必大幅度提高成本开支。基于这一情况，银行为了分流简单业务客户，减少柜台工作量，产生了引入自助取款机设备的念头，并得到了技术供应商的响应。于是，自助取款机便应运而生，接着又扩展到自助存款机、外币兑换机、夜间金库、自助保管箱、IC卡圈存机、存折补登机、对账单打印机、信息查询机等一系列自助银行设备。这些设备的出现，从时间和空间上延伸了银行的服务，很快便得到了客户的拥戴，于是便迅速从银行营业网点中走到公共场所，从室内走到室外，风靡全球。

自助银行是在80年代初登陆中国市场，中国银行香港中银集团电脑中心首先开发出ATM机应用系统并投入使用，1988年中国银行深圳分行推出国内第一台联机服务的ATM机，1994年中国银行又在广东、湖南、福建等地开通了“中国通—银联”网，海内外客户开始在华南地区的ATM机上办理取款及查询业务。然而自助银行在中国的发展却颇具中国特色，其应用初衷并非像国外那样是为了分流客户，而是为了树立银行高科技、现代化的崭新形象。因此，一开始中国的自助银行设备多数是安装在网点的内部。国内银行的竞争在当时也才刚刚开始，多数居民还不知道银行卡为何物，已办卡的也多停留在“贵族卡”“身份卡”的阶段，同时，国内各家银行自成系统，各发各的卡，各用各的设备。加上当时居民的时间价值低以及心理习惯等方面的原因，多数人宁愿排长队等候服务也不愿享受机器提供的方便自助服务，甚至许多人还不懂使用这些机器。因此，自助银行设备的利用效果很不理想。

进入90年代，几大国有银行向商业银行运行机制转轨，各种体制如股份制银行之间的竞争加剧，纷纷抢滩市场，使得国内银行之间的竞争加剧。同时，国家严格控制银行新设网点，为了开辟新利润的来源，不少银行这时开始把发展转向以银行卡为首的个人金融业务，特别是国家从政策上积极为全国“银联”卡创造条件，各家专业银行开始把自助银行作为扩大规模、提高吸储能力、不断强化和改善现有的服务手段的有效工具。

进入2000年以后，金融创新成为各家银行关注的焦点，自助银行的发展势头更加迅猛。银行嗅到了在ATM以及相关自助产品上开展中间业务，成为银行新的利润增长点，而且发展空间很大。而互联网技术的高速扩张，进一步拓宽了自助银行的发展空间，互联网技术的发展改变着消费者的消费行为，而且给金融工具的高效、安全提供了技术保障。

2. 升级版的无人银行：2018年4月9日，中国建设银行在上海正式开了一家占地面积165平方米的“无人银行”，全行办理业务全由机器包办，只有1名大堂经理和3名保安维持秩序。“无人银行”目前处于试运营时期，正式运营使用后将不需要再投入银行员工，将成为真正意义上的“无人银行”。而且，今后将24小时开放，用户任何时候来，都可以自助体验和办理各类业务。券商中国记者了解到，“无人银行”的原址是建行的一个两层楼的支行，包含2个人工办理柜面业务窗口和5台ATM机器。经过4个月的改建，柜台窗口改成了无人银行入口处，ATM机器改成了无人银行展示厅。

就目前而言，无人银行的诞生将产生重大的“核反应堆”：首先，充分展示和运用了生物识别、语音识别、数据挖掘等最新金融智能科技成果，并整合融入当前炙手可热的机器人、VR、AR、人脸识别、语音导航、全息投影等科技元素，这还仅仅只是一个开始，很快这些技术将在银行领域里普及，这对倒逼传统银行加快科技布局与更新将起到重要推动作用，从整体上加速无人银行的全面、快速到来。其次，这给银行业本身带来巨大的实惠，可节约大量人工成本，有效降低银行运营成本，也可大大解放原有员工从事的简单、枯燥、重复的劳动，有效节约劳动力，促进银行业务无纸化、数字化，以及人脸数据库等基础设施的补充和建设，大大推进银行业务智能化。

无线通信和网络技术的快速发展与广泛运用是影响微型金融发展的一个重要因素。微型金融机构与电信及网络运营商的合作是一个双赢或多赢的过程，微型金融机构目前的手机银行、无网点银行服务、无人银行等还处于上升阶段，未来的发展空间将会很大。

二、政府政策

政府部门对于微型金融行业的持续发展负有重要责任。微型金融相关政策取向是宽松还是严格，微型金融行业的政策是否具有灵活性，能否针对不同的形势和条件作出调整等都对微型金融的发展产生影响。就对于微型金融领域内政府政策的看法而言，微型金融界多数人认为政府最好的角色是为微型金融服务创造良好的政策环境，而不是直接提供服务，尤其是直接提供信贷服务。然而在金砖四国（BRICs）及更多的平民主义政府国家内，政府向低收入人群直接提供金融服务的现象愈来愈多。在 BRICs 国家，大型国有商业银行和其他国有信贷机构一直是重要的金融服务支持者，政府更倾向于利用自己能掌控的零售机构作为实现更广泛的金融普惠的手段。

以下一些关于政府政策的观点可能会对今后微型金融的发展起到积极作用。

1. 政府制定适当的货币政策和财政政策，保证宏观经济环境稳定。剧烈的通货膨胀破坏微型金融机构的正常发展，同时也影响客户的信心。政府应该致力于微型金融机构监管能力的培养，在很多国家，监管部门对银行业金融机构监管能力非常有限，面对种类、数量繁多的微型金融机构监管的效果也不尽如人意，在这种情况下对非银行微型金融机构颁发牌照是没有意义的。

2. 政府应该为微型金融业的市场准入和竞争引入法律和监管环境。要做到这一点，主管金融业的国家部委、中央银行和其他政府组织应该承认微型金融业作为整个金融体系一部分的合法地位，而不是视为边缘产业或者资源转移机制。

3. 政府不应制定利率上限的政策。大多数发展中国家都没有完善发达的金融市场，利率并非由市场形成。作为借贷资金的价格，利率上限的规定在起到稳定市场的同时，也降低了微型金融机构覆盖其经营成本的能力，最终影响新的微型金融机构的出现，使已有的微型金融机构陷入困境，从而最终损害贫困人口的利益。由于利率上限的存在，很多微型金融机构退出市场，增长缓慢、降低其贷款所收费用的透明度，或是缩减其在偏远农村市场的业务。

4. 政府部门不应直接放贷或参与微型金融机构的管理。政府通常不具备管理小额信贷的技能，补贴性的贷款通常导致高拖欠率，从而扭曲金融市场，阻碍微型金融机构的健康发展。

各国政府为了更好地推动本国微型金融事业的发展，使更多低收入者及弱势群体享受到金融服务，还应积极推动以下各方面工作，如建立本国或本地区的信息共享系统，包括监管信息、征信信息、服务信息等配合政策，并起好引导作用。

三、微型金融的新参与者

微型金融机构参与者通过不同的融资渠道如储蓄、无担保债务、有担保债务、次级债等多种形式参与微型金融活动。不同参与者会对微型金融价格的制定、经营决策产生重大影响。最近，微型金融领域出现新的变化，一些机构和个人通过融资交易（包括资产证券化、风险投资微型金融机构以及股票首次公开上市等）参与微型金融活动。此外，在法律架构允许的情况下，许多微型金融机构还进行了大规模的储蓄动员活动，并将其作为一个核心的融资策略。众多的新参与者，一方面通过资金为微型金融机构的发展注入活力；另一方面通过投入的资金调整和改变微型金融机构资本结构影响微型金融机构的发展。

（一）批发机构资金

批发机构是由若干基金汇集而成，专门为小额金融机构提供资金，然后再由小额金融机构发放给低收入客户。批发机构的融资来源是本国政府提供的公共资金或发达国家的捐助者提供的资金。大多数批发机构的融资中既有来自国际公共融资机构［大多数是双边和多边机构以及发展金融机构（DFIs）］的资金，也有政府提供的资金。为批发机构融资最多的5个捐赠者分别是德国复兴信贷银行（KFW）、世界银行、美洲开发银行（IDB）、国际农业发展基金（IFAD）以及欧盟。

国际融资机构和各国政府对批发机构十分关注，它们都认为批发机构是增加低收入人群获得贷款机会，帮助低收入人群改善经济状况和生活质量的一个途径。对政府而言，支持批发机构既可以表明政府对普惠金融的承诺，也可借助这种方式向许多通常被银行和商业投资者所忽视的微型金融机构注入大量资金。

小额信贷批发基金已被证实为一种有效的工具，并且在某些情况下促进了小额信贷市场的发展，尤其是发展的初期和割裂的市场中更是如此。在阿富汗、孟加拉国、波斯尼亚和巴基斯坦都有建立小额信贷批发基金的成功案例。在中国，中国农业银行和国家开发银行近年已向微型金融机构发放了一些批发贷款，并且为促进小额信贷行业批发贷款的各种计划目前也在制定当中。

（二）股权投资

金融危机发生以后，很多机构和研究者认为，股权投资会在危机之后迅速减少，而实际的情况却恰恰相反。2008年之后股权投资总额出现了高速增长的势头，尽管一些以公益为主的国际参与者在减少，私募性质的基金发展却非常迅速。从世界范围来看，股权投资主要在拉美及加勒比海地区占比较大，几乎占据了一半的份额。

（三）跨境投资

跨境资金的提供者的行为对国内市场发展可能会产生影响。出资者除了追求商业目的，还可能将目标定位于帮助微型金融机构发展壮大，这在某种程度上有助于建立一个能为贫困群体服务的综合金融体系。

四、国际法规

过去的20年间，为了推动全球微型金融的发展，世界银行扶贫协商小组（CGAP）、国际金融公司（IFC）、微型金融联盟等国际组织制定出台了一系列的标准和政策。在这些标准中客户保护原则、绩效指引、社会绩效管理通用标准等对微型金融机构起到了规范行动、促进发展的作用，使得能够获得正规金融服务的低收入者数量急剧增加。但我们也应注意到现存的一些国际法规的实施影响了微型金融的发展，如反洗钱和反恐（AML/CFT）的相关规定。反洗钱及打击恐怖主义相关规定的实施却让微型金融发展的脚步慢了下来。这些标准虽然有效地降低了犯罪的发生，但也使数百万的低收入者不能获得微型金融服务。

不断增多的国际标准和法规影响着发展中国家的金融体系，对已纳入全球贸易体系的国家影响更大。发展中国家在制定这些标准的国际组织里基本上没有发言权，而这些标准中又很少涉及金融可获得性问题。如反洗钱和反恐（AML/CFT）的相关规定、海外资产监管局颁发的证书及《巴塞尔协议》等，其目的是为了在全球建立金融体系稳定的框架结构，这些规定得到广泛认可，不遵循这些规定的国家将被限制在国际金融体系之外。理解客户原则要求金融机构收集并报告所有客户的信息，这种规定会让遵循这样原则的微型金融机构付出巨大代价，除非被豁免于要求之外，否则一些从事小额交易和小额账户业务的机构根本做不到这一点。

这些规则也限制了那些有能力提供服务的机构。世界信贷联盟理事会已经不得不将其业务从发展中国家的现行资金营运商转移到美国营运商那里，以满足报告的需要。如果被指责与洗钱或恐怖主义活动有关，境外资金的流入会受到严格审查，从而使微型金融机构设立及业务发展受到巨大影响。在实践中，发展中国家通常要承受巨大的压力去接受和执行那些由发达国家制定并适用于发达国家的条款。实际上，有些规则和标准的实施通常与控制防范风险有关，政府可根据其所处的当地环境灵活适用，平衡金融安全和可获得性之间的关系。

如何才能将贫穷和可获得性与国际安全和金融稳定统一起来，而不是让它们继续发生冲突呢？鉴于国际规则的主要制定者是发达国家的事实，目前最好的办法是通过对话和协商来解决，或是通过来自发达国家的捐赠者的影响力尽可能影响规则，协调安全性和可获得性之间的矛盾。一些组织如 CGAP 指出了这样的问题并作了大量研究，我们有理由相信在微型金融发展的道路上安全性和金融可获得性间的冲突是能很好解决的。

除了上述四种因素外，过度负债及数据信息的共享也能在一定程度上影响微型金融的发展。

1. 过度负债是指个人或家庭长期无力准时偿还金融机构所有债务，客户过度负债程度可通过对比周期性债务与周期性家庭净收入衡量。2010 年印度的小额信贷危机以后，微型金融的过度负债问题被彻底暴露。研究人员从微型金融机构发展中的风险角度、行业的可持续发展角度、利率市场化和政府角色定位等不同角度对该问题进行了研究。客户获取适度金融服务或信贷能平滑其收入，提高家庭生活质量，但在客户收入偏低、缺乏抵押品、风险抵御能力差情况下，过度负债会带来财务压力，甚至会影响微型金融机构的可持续发展。

过度负债的原因来自两方面，一是由于无法从正规金融机构获取信用，只好求助于其他渠道，承担较高的利率，造成过度负债；二是由于客户从一个或多个来源同时获得两笔或更多贷款，多头贷款造成了过度负债。客户承受过高的利率获得资金可能与微型金融机构所在国家和地区金融市场的不完善有关，或者与市场形成利率机制不健全及政府部门监管太差有关。

2. 数据的收集与共享。微型金融行业相关数据的缺乏是影响微型金融机构为低收入家庭和微小企业提供服务的一大障碍。近些年一些组织如 G20 在这个问题上作了很多努力，已经取得很大的进步。2004 年 6 月，8 国集团签署了微型金融主要原则，2009 年匹兹堡 G20 峰会上各国领导人达成了为贫困家庭提供金融服务的协定，并在以后各届峰会上不断强调。2011 年 11 月的 G20 峰会建立了全球普惠金融合作伙伴（GPFI）组织，执行进入行动计划。

GPFI 的中心主题就是数据的收集和测度，识别微型金融数据的现状、面板数据及开发主要的绩效指标，各国政府已行动起来，委托做需求方调查以设立国家的普惠金融的目标，建立跨境机构解决问题。G20 也把收集微型金融数据作为一项重点内容，GPFI 正在积极扩展数据作为执行政策的基础。2012 年最成功的就是建立在 GPFI 基础上的普惠金融指标集。

第二节 微型金融的发展方向

我国微型金融组织目前主要包括村镇银行、小额贷款公司、融资性担保公司等，为缓解“三农”和小微企业融资问题发挥了重要作用，但也存在法律地位不够明晰，放贷活动缺乏行为规范，缺乏完善的内部管理、风险控制制度等问题。发展微型金融是当前和今后一个时期中国金融工作的重点，鼓励多种机构、多种业态的微型金融组织发展，实现监管方式从“严准入 + 松监管 + 无退出”向“公平准入 + 适度监管 + 市场化退出”的转变，促进金融普惠。

一、我国未来微型金融发展需求分析

微型金融在中国的发展历程已有 30 多年历史。早在改革开放初期，国外就有一些非政府机构在我国云南、贵州、青海等省份进行小额信贷项目的试验，这个过程一直延续到 1997 年亚洲金融危机爆发为止。这是我国微型金融发展的第一阶层。事实上，在 20 世纪 90 年代，我国金融改革就开始发生巨大变化。1994 年我国政府出台了两项重要规定，一是关于深化金融体制改革的决定，二是关于外汇管理体制和人民币汇率并轨。上述两项规定促使大型商业银行更加注重经营管理，逐步撤并了一些在县、乡、镇设立的金融机构网点，同时原来依附于农业银行的农村信用社实现“行社分离”，另外还成立了三家政策性银行。总的来说，20 世纪 90 年代我国金融发展的重点在城市，而县、乡、镇的金融发展处于收缩状态。

我国微型金融发展的第二阶段始于 1998 年。1999 ~ 2000 年，我国政府开始高度重视对小微企业、农民个体户等微型主体的放贷问题。1999 年，中国人民银行专门出台文件，明确由国家正规金融机构承担相关贷款，主要是两个贷款项目：一是个人信用贷款，二是联保贷款。这两项贷款最多的时候，大概覆盖了 8 000 万农户，约占 2. 4 亿农户的 1/3，这是很了不起的成绩。在 1998 ~ 2005 年，国家正规金融机构开始介入微型金融，这具有特殊意义，其中主要以农村信用社为主，农业发展银行也有一部分，但是比重很少。第三阶段是 2005 年至今。在我国经济金融改革不断推进的大背景下，考虑到四家国有大型商业银行要股改上市，基本无暇顾及微型金融，因此从 2004 年开始，我国正式提出要积极培育和发展小额信贷，2005 年进一步提出要发展小额信贷机构。2005 年 12 月，国内五省份 7 家小额贷款公司成立，标志着比较符合微型金融概念的小微金融机构正式出现。2006 年 12 月，银监会批准成立农村金融“新三类”机构，即村镇银行、贷款公司、农村资金互助社，这些都属于较为正规的小微金融机构。

近年来，我国微型金融发展又出现了一些新情况。农业银行、民生银行、招商银行等专

门成立了农村金融事业部或者微型金融业务线，还有一些商业银行单独出资或者合股成立村镇银行，这些都是带有银行牌照的微型金融机构。客观地讲，这几年我国微型金融发展成果非常丰硕。据统计，截至2013年9月底，我国有7 398家小额贷款公司，贷款余额7 600亿元，相当于一家中型银行的贷款规模；另外，还有800家村镇银行、337家农村商业银行、100多家农村合作银行。截至2018年末，全国共有小额贷款公司8 133家，贷款余额9 550亿元。截至2016年底，全国已组建村镇银行1 519家，其中已开业1 443家，资产规模达1.24万亿元。截至2017年，全国已开业村镇银行达到1 562家；2018年，达到1 605家，已开业村镇银行资产总额达到1.4万亿元。

目前，这些小微金融机构总资产已超过2万亿元，微型金融机构已经呈现出蓬勃发展的态势。我国微型金融发展历程，是一个社会认知水平不断提高、国家政策配套不断跟进的过程。20世纪80年代初期，微型金融还只是停留在引进国外非政府机构项目的阶段，而到了2000年前后，国家已经认识到微型金融，特别是小微信贷在解决扶贫方面的重要作用，开始推行正规的金融支持。从小额信贷到微型金融，再到普惠金融，存在一个理论和政策的延续。如2006年前的官方文件都使用“小额信贷”这一说法，2006年，《中共中央国务院关于推进社会主义新农村建设的若干意见》首次官方提出“微型金融”概念。2013年中国人民银行行长周小川在《求是》杂志发表文章提出金融包容性发展，倡导推动微型金融向普惠金融或者包容性金融迈进。

（一）我国微型金融发展的政策环境

进入21世纪以来，我国国民经济始终健康、快速发展，2017年全年国内生产总值827 122亿元，比上年增长6.9%。其中，第一产业增加值65 468亿元，增长3.9%；第二产业增加值334 623亿元，增长6.1%；第三产业增加值427 032亿元，增长8.0%。第一产业增加值占国内生产总值的比重为7.9%，第二产业增加值比重为40.5%，第三产业增加值比重为51.6%。同时，我国微型金融业迅速发展，供给主体多层次、多元化趋势明显，金融服务更为完善。微型金融的发展在很大程度上得益于国家陆续出台了一些关于农村金融、小微企业融资方面的规定，得益于适于小额信贷（微型金融）行业发展的稳定的宏观经济状况和政策环境。

1. 中央政府、有关部门制定了一系列促进小额信贷发展的政策措施和办法。党的十七届三中全会在《中共中央关于推进农村改革发展若干重大问题的决定》中，将建设现代农村金融制度列为实现农村发展战略目标的六项制度创新之一。2010年，《中共中央国务院关于加大统筹城乡发展力度、进一步夯实农业农村发展基础的若干意见》提出积极推广农村小额信用贷款，针对农业农村特点创新金融产品和服务方式；在多元化机构体系方面，要求加快培育村镇银行、贷款公司、农村资金互助社，有序发展小额贷款组织，引导社会资金投资设立适应“三农”需要的各类新型金融组织。

2008年5月，中国银监会和中国人民银行联合发布《关于小额贷款公司试点的指导意见》，将2005年五省小额贷款公司试点扩大到全国范围，同时进一步明确了试点政策框架。中国银监会2008年12月1日印发《关于银行建立小企业金融服务专营机构的指导意见》，引导各银行业金融机构改进小企业金融服务。2009年10月10日发布《关于开展工会创业小额贷款试点工作的通知》，开始在黑龙江、辽宁、河北、山东、河南、四川、江苏、湖北、广东九个省的20个城市开展工会创业小额贷款试点工作。

2011年10月12日国务院常务会议出台关于支持小微企业的“国九条”。此后，中国银行、建设银行、农业银行等陆续作出承诺，保证小企业贷款增速要高于贷款平均增速，并公布了具体的操作方法。10月24日，中国银监会出台了《关于支持商业银行进一步改进小型微型企业金融服务的补充通知》，将银行小微企业的信贷开展情况直接与其机构扩张挂钩，还提出允许商业银行发行专项用于小微企业贷款的金融债，以解决银行资金来源问题。中国银监会颁布的《农户贷款管理办法》自2013年1月1日起施行。2014年9月17日《国务院出台六项政策扶持小微企业》，2016年1月15日，国务院发布《关于印发推进普惠金融发展规划（2016-2020年）的通知》，重点指出：一是坚持借鉴国际经验与体现中国特色相结合、政府引导与市场主导相结合、完善基础金融服务与改进重点领域金融服务相结合，不断提高金融服务的覆盖率、可得性和满意度。二是健全机制、持续发展；机会平等、惠及民生；市场主导、政府引导；防范风险、推进创新；统筹规划、因地制宜。三是到2020年，建立与全面建成小康社会相适应的普惠金融服务和保障体系，提高金融服务覆盖率。要基本实现乡乡有机构，村村有服务，乡镇一级基本实现银行物理网点和保险服务全覆盖，巩固助农取款服务村级覆盖网络，提高利用效率，推动行政村一级实现更多基础金融服务全覆盖；大幅改善对城镇低收入人群、困难人群以及农村贫困人口、创业农民、创业大中专学生、残疾劳动者等初始创业者的金融支持，完善对特殊群体的无障碍金融服务。提高小微企业信用保险和贷款保证保险覆盖率，力争使农业保险参保农户覆盖率提升至95%以上；提高金融服务满意度。有效提高各类金融工具的使用效率。四是健全多元化广覆盖的机构体系，包括发挥各类银行机构的作用，推动省联社加快职能转换，提高农村商业银行、农村合作银行、农村信用联社服务小微企业和“三农”的能力；规范发展各类新型机构，拓宽小额贷款公司和典当行融资渠道，加快接入征信系统，研究建立风险补偿机制和激励机制，努力提升小微企业融资服务水平。积极探索新型农村合作金融发展的有效途径，稳妥开展农民合作社内部资金互助试点。大力发展一批以政府出资为主的融资担保机构或基金，推进建立重点支持小微企业和“三农”的省级再担保机构，研究论证设立国家融资担保基金。五是创新金融产品和服务手段。推广创新针对小微企业、高校毕业生、农户、特殊群体以及精准扶贫对象的小额贷款。开展动产质押贷款业务，建立以互联网为基础的集中统一的自助式动产、权利抵质押登记平台；在全国中小企业股份转让系统增加适合小微企业的融资品种等；鼓励地方各级人民政府建立小微企业信用保证保险基金，用于小微企业信用保证保险的保费补贴和贷款本金损失补偿。

2. 地方政府结合当地实际，不断推出与小额信贷相关政策

天津市为了奖励向小型微型企业放贷的融资机构，2012年8月发布《关于落实融资机构向我市小型微型企业提供融资服务财政奖励政策的通知》，该通知指出从2012年起3年内，对融资机构向天津市小型微型企业发放的本外币贷款（含票据贴现）以及提供的融资租赁额、保理额、融资的保险额，由市财政按当年末余额比上年末增加部分给予奖励，每增加1亿元奖励30万元。若上年末余额低于2011年末余额，则按超过2011年末余额计算增加额。

重庆市在2012年6月颁布的《重庆市人民政府关于大力发展民营经济的意见》中指出，小贷公司可以通过金融资产交易平台（成员包括银行机构、资产管理公司、信托投资

公司和专门从事金融资产交易的机构等），开展回购方式的资产转让业务。浙江省2012年2月颁布《关于深入推进小额贷款公司改革发展的若干意见》，对小贷公司准入条件、资金来源渠道、服务模式创新等方面作了大幅度政策松绑，但仍要求融资上限“不得突破注册资本净额”。

2011年6月，工业和信息化部、国家统计局、国家发展和改革委员会、财政部联合发布《关于印发中小企业划型标准规定的通知》，首次将中小企业细分为中型、小型、微型三类。从小型企业中进一步细分出微型企业后，有利于更详尽具体地考察各行业企业规模的变化情况，有利于对国家各类经济体的运行进行分类指导，有利于微型金融机构更为准确地选择微小企业作为服务对象，推动微型金融的发展。我国宏观经济状况和政策环境基本上是有利于微型金融发展的。

（二）我国微型金融需求分析

1. 微型金融需求主体具有多样性和多层次性。我国微型金融的需求主体包括小微企业、农户、贫困人口、创业和城市失业人群等。金融服务需求是多种多样的，既有信贷需求，也有储蓄、保险、投资等的需求。在所有金融服务需求中，从满足需求的难易程度角度分析，信贷需求是首要的需求。需求主体的信贷能力具有鲜明的层次性特征，不同的主体其资金需求的数量和满足方式及渠道也各不相同。

小微企业已成为微型金融需求的主体，这一点与国际上小微企业已成为一个重要需求主体的趋势是一致的，从国际范围来看，微型金融机构为小企业提供服务的主要原因在于其更好的商业成长机会。

2. 需求主体的数量界定。

（1）小微企业。截至2010年末，我国小微企业工商登记有1 030万家，约占我国企业总数的90%，创造的生产总值约占国内生产总值60%以上，为社会提供了75%以上的就业岗位，若加上个体工商户，这一群体超过4 000万家。2011年下半年国家统计局抽样调查的3.8万家小微工业企业经营状况显示，仅有15.5%的小微工业企业能够获得银行贷款，据此看来我国需要微型金融服务的小微企业数量异常庞大。截至2013年3月底，我国实有小微企业1 169.87万家，占企业总数的76.57%。截至2017年，有4 000万家，占企业总数的99%，贡献了中国60%的GDP、50%的税收和80%的城镇就业。

（2）农村贫困人口。自20世纪80年代以来中国农村贫困人口处于不断减少的趋势。确定贫困人口的一个重要标准是贫困线，依据当时划定的贫困线，农村贫困人口从80年代初的1.5亿人减少到2007年的1 600万人。自《中国农村扶贫开发纲要（2001－2010年）》实施以来，农村贫困人口由2000年的9 422万人下降至2010年的2 688万人，贫困人口年均减少673万人，年均下降11.80%。10年间，共有6 734万人实现脱贫，贫困发生率从10.20%下降到2.80%。2011年，我国政府再次将贫困线提高，从1 360元（年/人）提高到2 300元（年/人），在新贫困线下，农村贫困人口的数量会增加到1.3亿人。2016年我国农村贫困人口为4 335万人，2017年末，全国农村贫困人口3 046万人，2018年末，全国农村贫困人口1 660万人，比上年末减少1 386万人。

虽然贫困人口数量在逐年递减，但是还有千万人口，包含贫困人口在内的普通农户也是微型金融潜在的客户群体，他们需要存贷款、支付、小额保险在内的各种微型金融服务。

（3）城镇贫困群体。在城镇，小额信贷的需求主体主要是下岗失业人员和贫困大学生。我国城镇登记失业主要包括以下三类人员。一是国有企业、集体企业改革过程中产生的下岗失业人员；二是高校毕业等待就业的大学生；三是残疾人员、复员转业军人等。城镇下岗职工中很多属于城镇贫困人口，微型金融的发展为我国城镇贫困人口带来了脱贫的希望。2002年12月，中国人民银行等四部委共同制定并下发了《下岗失业人员小额担保贷款的管理办法》，具备一定条件的人员可以向商业银行或其分支机构申请小额担保贷款。我国近年来的城镇失业人数基本保持稳定，但数量依然很庞大。截至2012年6月末，我国登记的城镇失业人数为918万人；2013年城镇登记失业人数926万人；2014年城镇登记失业人数952万人；2015年城镇登记失业人数966万人；2016年全国共有982万城镇失业人口；2017年失业人数开始下降，全年末城镇登记失业人数为972万人；近千万的失业人口构成微型金融服务的主要需求对象。

另外，贫困大学生也对小额信贷构成了大量的需求。下岗失业人员和贫困大学生是城镇小额信贷的需求主体，目前的状况是大量需求得不到满足，小额信贷产品供给不足是主要问题。

3. 潜在微型金融市场空间。

（1）农村有较大的信贷市场空间。在我国农村，贫困人口、普通农户、微企业都是微型金融市场潜在的客户，只是他们的金融需求种类和数量存在差异。就贫困人口而言，2010年我国西部地区农村贫困人口为1 751万人，中部地区农村贫困人口为813万人，东部地区农村贫困人口为124万人（农村贫困监测报告，2010）。这一类人群缺乏最基本的金融服务，资金需求数量额度较小，可以由公益性小额信贷组织为其提供小额信贷。2011年末，中国乡村人口为65 656万人，户数接近1.8亿户，中国农村居民人均纯收入6 977元。我国农村金融服务覆盖面较低，能享受金融服务的人数比例估计不会超过50%，留给微型金融发展的潜在农户的数量还是相当大的。孙嵩和李凌云（2011）通过层次分析法对我国农村金融服务覆盖面的整体状况进行了分析，研究发现我国农村金融服务中与贷款相关的金融服务所占权重值较大，基础设施建设和存款相关业务次之，其他业务权重较低。张世春（2010）基于对广东、江西两省农村信用社小额信贷的实地调查，发现农村信用社小额信贷明显偏向农村中高收入阶层，商业性金融机构难以坚持扶贫是目标偏离的主要原因之一。

（2）中小企业、微型企业将成为商业银行贷款的重要组成部分。

2017年，我国银行业金融机构涉农贷款（不含票据融资）余额31万亿元，同比增长10.5%；用于小微企业的贷款（包括小微型企业贷款、个体工商户贷款和小微企业主贷款）余额30万亿元，同比增长15.7%。2018年，我国银行业金融机构涉农贷款（不含票据融资）余额33万亿元，同比增长6.6%。用于小微企业的贷款（包括小微型企业贷款、个体工商户贷款和小微企业主贷款）余额33万亿元。

从上面数据可以看出，小微企业的贷款余额在逐年增长，成为商业银行贷款的重要部分。

（三）微型金融市场供给主体分析

1. 目前的供给状况。作为微型金融的一项主要服务内容的小额信贷是一种向中小客户、微型客户提供的金融服务，其中主要的是向客户提供贷款。在我国，不论是大型金融机构还是小型金融机构、不论商业性质的小额贷款公司还是公益性质的小额贷款组织都可以提供这样的服务。我国微型金融市场供给主体呈现多样化的局面（见图 10－1）。

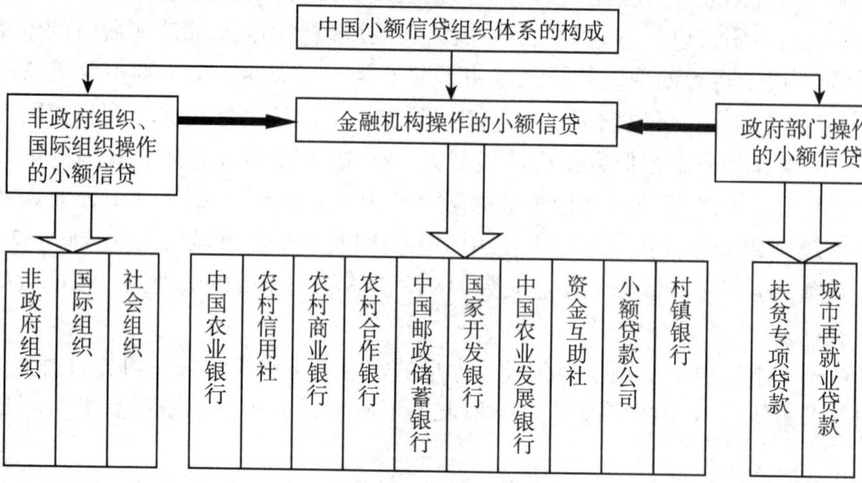

图 10－1　中国微型金融市场主要供给主体构成

资料来源：吴晓灵，焦瑾璞等. 中国小额信贷蓝皮书（2009/2010）［M］. 北京：经济科学出版社，2011.

上述微型金融供给主体又可按照机构（组织类型）划分为两大类：一类是正规金融机构，如开展小额信贷业务和农户联保贷款的农村信用社、开展农户和小微企业贷款的中国农业银行和中国邮政储蓄银行、国家开发银行、部分城市商业银行以及农村新型金融机构。另一类是商业性的小额贷款公司及公益性及半公益性的小额信贷组织（如中和农信公司、扶贫社及其他非政府组织支持的小贷项目）。

2. 供给能力。

（1）大型商业银行。国家开发银行主要是通过批发贷款形式和设立村镇银行的方式参与小额贷款活动。国家开发银行与中国扶贫基金会、全国工商联签署协议，参与小额贷款业务。2011 年第三季度末，国家开发银行旗下的村镇银行累计发放涉农贷款 34. 33 亿元，受益农户近 5 万户。国家开发银行还不断加大对小微企业的贷款支持，截至 2012 年 9 月末，该行小微企业贷款余额 7 681 亿元，累计创造就业岗位 485 万个，支持了制造业、农、林、牧、渔等近 20 个行业。

其他大型银行金融机构如中国建设银行也通过各种方式参与小额贷款活动。截至 2012 年 9 月末，由中国建设银行主发起设立的村镇银行已达 22 家；21 家已开业村镇银行贷款余额共计 60. 76 亿元，涉农贷款占比 90%，不良贷款率平均为 0. 01%；开业满 1 年的 12 家村镇银行均已实现盈利，支持“三农”初显成效。2010 年末，全国农村信用社农户贷款余额达到 2 万亿元，其中，农户小额信用贷款和联保贷款余额约为 6 500 亿元，约占农户贷款余额的 33%。截至 2012 年 2 月 25 日，中国邮政储蓄银行农户小额贷款累计投放超过 2 200 亿元，小微企业贷款累计投放超过 8 800 亿元，惠及农户、商户、小微企业超过 530 万家。

（2）股份制银行。截至 2012 年 11 月，民生银行小微贷款余额突破 3 000 亿元，3 年来，累计为小微企业发放贷款超 6 000 亿元，服务小商户 80 万户。截至 2012 年 9 月，浦发银行专营体系下的中小企业贷款余额已突破 2 000 亿元，不良率则控制在 0. 87% 的低水平。浦发银行已在全国发起设立了13家村镇银行，至2012年6月末，总资产达到146亿元，各项贷款余额92亿元，其中涉农、小微贷款占比超过75%，不良贷款率为零。截至2012年9月末，招商银行境内机构发放的小微贷款余额为4 172.12亿元，比上年末增加921.42亿元。

（3）公益性小额信贷机构。作为中国最大的公益性小额信贷机构，中和农信具有近20年农村小额信贷经验，是中国最早开始农村小额信贷实践的机构之一。截至2012年末，中和农信拥有63家分支公司，累计发放小额信用贷款36.83亿元，贷款余额为8.56亿元，覆盖770.6万客户。2012年10月，国家开发银行与中国扶贫基金会签订微小贷款扶贫试点合作协议。该协议总金额10亿元，是目前国内小额信贷领域最大的一笔贷款协议。2017年，该公司共发放贷款41.15万笔，合计86.23亿元，放款量增长29.68%。平均单笔贷款额度约为2.10万元，86%的贷款额度在3万元以内。截至2017年底，中和农信共有在贷客户38.2万户，贷款余额59.41亿元，增长36.41%。

（4）小额贷款公司。自2008年5月中国人民银行和银监会发布《关于小额信贷公司试点的指导意见》以来，中国的小额贷款公司发展迅速，公司数量由2008年底的不到500家，发展到2016年6月末的8 810家，从业人员规模达到115 199人。2015年中国小额贷款公司数量达到顶峰，共计8 910家。

但2015年以来，由于受到整体经济形势影响，以及国家去库存、去杠杆和供给侧改革政策导向的影响，贷款余额略微下降。人民银行小额贷款公司统计数据显示，截至2015年二季度小额贷款余额为9 594.16亿元，2015年三季度余额为9 507.95亿元，2015年底余额为9 411.51亿元，2016年一季度为9 380.1亿元，2016年二季度余额为9 364亿元。小额贷款余额已经连续4个季度下滑。近4个季度小额贷款余额下滑情况环比为：0.9%、1.01%、0.33%、0.17%，小额贷款机构数量和从业人员数量也呈现小幅下跌。截至2016年6月底，小额贷款公司贷款余额达9 364亿元。2017年中国小额贷款公司8 551家，比上年减少122家。截至2018年末，全国共有小额贷款公司8 471家。

分析案例

摩洛哥微型金融发展的教训

1999年以来，在摩洛哥政府基金、国际援助机构及国内商业银行的支持下，摩洛哥微型金融快速发展起来，但由于过快的发展，摩洛哥微型金融在2008年陷入巨大的危机，资产不良急剧上升，净资产回报大幅下降。

反思摩洛哥微型金融危机，最直接的原因表现在：一是贷款过分集中在少数大城市，在农村也多集中在少数相对优质的客户；二是信贷政策的变化，具体表现为向个人客户迁移，贷款额度增加，按周还款调整为按月还款。从危机处置的效果来看，摩洛哥微型金融有效避免了危机传染，总结起来，有两个方面的经验值得借鉴：一是政府的支持与干预，危机发生后，摩洛哥政府在资金和技术方面给予针对性的支持，以加强应用系统和内部控制；建立信息共享平台，避免多头授信。二是微型金融机构和银行之间的合作，不仅可以获得技术支持，更重要的是可以确保流动性，尤其是在困难时期。

试分析：摩洛哥微型金融发展经验对我国的借鉴意义。

二、我国微型金融发展的基础设施和环境

（一）征信环境

1. 征信法制建设。征信条例立法起始于2002年，当时由中国人民银行牵头、十几个部委参与建立了征信工作小组，开始研究提出《征信业管理条例》草案。2012年12月26日国务院第228次常务会议通过《征信业管理条例》，并于2013年3月15日起施行。

2. 征信系统建设。从2004年起，中国人民银行开始加快建设企业和个人征信系统，于2004年12月中旬实现15家全国性商业银行和8家城市商业银行在全国7个城市的联网试运行；2005年8月末，中国人民银行完成与全国所有商业银行和部分有条件的农村信用社的联网运行，经过试运行后于2006年1月正式运行。截至2012年9月末，企业征信系统收录企业及其他组织1 800多万户，小微企业占比为80%。截至2018年，收录企业信用信息数量达到1.4亿条。截至2015年，该数据库收录自然人数共计8.7亿人，其中3.7亿人有信贷记录。

3. 小额贷款公司接入征信系统情况。小额贷款公司是社会融资体系中不可或缺的一部分，将小额贷款公司接入企业和个人征信系统是中国人民银行服务微型金融机构的一项重要制度安排。2008年4月，中国人民银行等在《关于村镇银行、贷款公司、农村资金互助社、小额贷款公司有关政策的通知》中明确提出，具备条件的四类公司可以按规定申请加入企业和个人信用信息基础数据库。2011年初，中国人民银行发布了《关于小额贷款公司接入人民银行征信系统及相关管理工作的通知》，在征信系统接入、系统信息使用、征信业务管理等方面给予充分的政策支持和明确规定。

4. 商业化征信服务。自1992年我国第一家专业征信公司成立以来，目前全国已经有几百家征信公司，大多数是企业征信机构，从事个人征信的非常少。企业征信机构围绕中小企业融资提供了征信调查、信用评估、信用管理咨询等多项服务，并在中小企业贷款服务中发挥了一定作用。

（二）信用评级服务

开展中小企业信用评级意义重大。对中小企业的偿债能力和还款意愿进行公正合理的评价是中小企业信贷风险的外部揭示。通过信用评级获取企业征信数据，提供征信增值服务，有利于解决其融资难问题。从事小额信贷业务的信贷机构对专业信用评估机构的个人、企业信用评估服务有很大需求。

1. 评级机构。我国的企业信用评级行业历经十多年的发展，已经涌现出一批具有一定经验和专业评估能力的企业评级机构，如大公国际资信评估有限公司、联合信用管理有限公司、上海新世纪资信评估投资服务有限公司、上海远东资信评估有限公司等，它们都能够提供高质量的中小企业信用评级报告服务。中国人民银行在其网站公布了可以在信贷市场使用的评级机构名单。

2. 评级结果。专业信用评估机构大多数以提供企业信用评级报告服务为主，在小微企业和个人信用评估模型和系统方面还没有形成成熟、有效的产品，对小额信贷评估技术、方

法和应用系统的研究与实践也非常少。目前，开展小额贷款业务的信贷机构还主要依靠信贷员进行实地调查、手工处理和分析相关信息、凭经验进行风险评估和判断的方式进行信贷决策。个人评分产品都是由国外相关机构开发并引入中国的，如信用卡个人信用评分系统。一些开展小额信贷业务的商业银行，正在试验将其信用卡部门使用的个人信用评估体系和评分模型经过改造后应用于小额信贷业务。

3. 推动小额贷款公司、融资性担保公司评级。中国人民银行将推动这两类机构开展评级工作，为商业银行提供决策参考，防范银行及两类机构相关业务的顺周期波动风险，建立两类机构发展的正向激励机制。商业银行要科学合理地运用评级结果开展相关业务。

（三）担保服务

从事小额贷款业务的信贷机构往往会在借款人信用状况不明、抵押和质押品不足情况下，为了有效控制贷款风险而需要引入第三方担保，包括自然人担保、关联机构担保和专业信用担保机构承担代偿责任的担保。自 1993 年 10 月全国信用担保机构试点工作启动以来，担保行业快速发展，担保机构数量增长很快。从担保机构的性质来看，政策性担保机构、商业性担保机构、互助性担保机构呈现并存的局面。

2015 年 8 月，国务院印发《关于促进融资担保行业加快发展的意见》，指出发挥政府支持作用，提高融资担保机构服务能力；发挥政府主导作用，推进再担保体系建设；政银担三方共同参与，构建可持续银担商业合作模式。2016 年以来，全国各省（自治区、直辖市）政府陆续出台关于促进融资担保行业发展的实施方案，将大力发展政策性融资担保和再担保机构，把构建省级统一的政策性担保体系作为地方政府的重要工作。2017 年 8 月，国务院公布《融资担保公司监督管理条例》，在国家层面明确了融资担保行业服务小微和“三农”融资的重要作用，以及政策扶持对于发展政策性融资担保业务的必要性。

由此，虽然担保机构参与小额信贷业务的程度要高于征信机构和评级机构，但担保机构全面、系统地介入小额信贷业务市场还存在诸多问题，其中最显著的制约因素就是风险与收益的不均衡性。如何形成一个有效的、多方共赢的小额信贷行业担保服务模式是政府相关部门、金融机构和各类小额信贷机构正在研究和探索的一个问题。

（四）信息化服务

目前我国在全国和机构两个层面的信息化建设取得一定进展，有效地推动了微型金融的发展。

1. 中国小额信贷信息交流平台（CMIX）。中国小额信贷信息交流平台是由花旗基金会出资、与国际小额信贷交流平台（MIX）合作，于 2012 年 11 月 3 日由中国小额信贷联盟执行、江苏省金农信息股份有限公司开发推出的。通过 CMIX 项目，中国小额信贷联盟开发与建立了中国小额信贷信息库和信息交流平台，以收集中国小额信贷机构的财务和社会绩效信息，将在此基础上完善中国小额信贷行业绩效基准，并编制出版小额信贷行业评估报告。

2. 小额信贷机构信息化建设。小额信贷机构的信息化建设水平差异比较大，大致可以划分为三种情形：（1）外资主导的小额信贷机构一般都配备有良好的信息化基础设施，并直接使用国外的信息化业务系统。（2）银行业金融机构作为审慎性监管下的正规金融机构，具备良好的信息化基础设施和相对完善的 IT 服务平台。但在原有的信贷系统之上改造、升级小额信贷业务系统存在一定的困难。部分城市商业银行在国外小额信贷咨询公司的帮助下，正在开发建设独立的小额信贷业务系统。(3) 试点小额贷款公司受地区、经济和社会发展水平、人员素质以及自身资金来源和业务实力等诸多因素的影响，信息化水平参差不齐。

(五) 行业协会及研究机构

1. 中国小额信贷机构联席会。目前，我国各省级地区基本上相继成立了小额信贷协会，但尚无全国性小额信贷协会。中国小额信贷机构联席会是一个全国性的小额信贷机构自律组织，于2011年1月6日成立。联席会得到各省（自治区、直辖市）金融办、小额信贷协会、小额贷款公司的大力支持，通过举办年会及创新论坛，不断增强在小额信贷行业的影响力。中国小额信贷机构联席会为会员机构搭建业务交流平台，实现机构间的协作，组织研讨行业最新课题，为引导小额信贷行业规范、可持续发展，为中国的普惠金融乃至整个社会的发展贡献力量。

2. 中国小额信贷联盟。中国小额信贷联盟前身为中国小额信贷发展促进网络，是由国内小额信贷机构以及国内外支持小额信贷事业的机构组成的行业协会性质的组织，目前有NGO机构、城市商业银行、农村信用社、村镇银行、小额贷款公司、村级资金互助组织、P2P小额信贷机构及中介服务机构等在内的正式会员117家。联盟的宗旨是为会员提供服务，促进小额信贷和普惠金融在中国的发展。

3. 中国小微金融研究院。中国小微金融研究院隶属于中国小额信贷机构联席会，是整合中国小微金融60人论坛、中国小额贷款公司评级指数系统、中国小额贷款公司100强研究组等元素，由国内外几十位资深专家和多家权威学术机构共建的全方位服务于中国小微金融领域的研究机构。

拓展阅读

我国微型金融发展历程

20世纪90年代，外国微型金融成功经验被介绍到中国，经过10多年的改革和发展，微型金融对于我国的扶贫事业和农村经济的发展起到了十分重要的推动作用。大体上，我国微型金融的发展经历了以下四个阶段：

1. 实验阶段（1993年~1996年10月）。我国的微型金融实践开端于1993年由中国社会科学院农村发展研究所成立的"扶贫经济合作社"。通过对成功的孟加拉国"乡村银行（GB）"小额信贷模式的引进与学习，我国先后在河北省易县、河南省虞城县和南召县、陕西省丹凤县这些经济欠发达地区进行了扶贫试点。而后，由同样是非政府组织中国国际经济技术交流中心开展的扶贫计划经过两年的发展，也在我国17个省的48个县（市）得到推行。

2. 扩展阶段（1996年10月~2000年）。微型金融的运行主体转向政府，自1996年开始，中央多次召开会议，言明要积极稳妥地推行小额信贷项目，使得小额信贷扶贫项目显著发展。这一阶段，我国在继续借助国际组织的援助资金之外，将国家财政和扶贫贴息贷款作为项目资金的主要来源。

3. 全面实行及推广阶段（2000~2005年）。我国微型金融发展出现重要转折点，作为正规金融机构的农村信用社在中国人民银行的支持下，对日益增加的农村信贷需求推行小额信贷活动，逐渐在农村市场形成垄断地位。

4. 探索阶段（2005年至今）。随着我国农村金融机构准入标准的放宽，民间资本和一些外国资本，逐渐进入我国的微型金融市场。探索新型微型金融发展模式以及深入推进金融体制改革成为当前新形势下的新任务。

资料来源：黄佳怡. 浅析我国微型金融发展中的问题及其对策建议［J］. 财经界·学术版，2014（14）.

请思考：结合以上材料，总结我国微型金融的发展规律，试分析我国微型金融未来的发展趋势？

三、我国微型金融发展趋势预测

（一）我国微型金融发展所面临的突出问题

2005年以来，我国微型金融进入了新的发展阶段，虽然政府高度重视，积极引导和支持，但是微型金融发展依然面临着许多突出的问题。

这些问题既有宏观上的立法和监管问题，也有微观上的贷款技术设计问题，还有微型金融机构发展所面临的突出难题。

立法和监管问题。我国微型金融机构种类比较多，有些机构如农村信用社、中国邮政储蓄银行等都具有完全的法律地位和明确的监管方式。但是各类NGO小额信贷机构、新型微型金融机构的法律地位和对它们的监管体系还存在许多问题。

（1）立法和监管现状。近些年来，我国的微型金融服务发展到一个新的阶段，微型金融机构的多元化一方面在农村金融市场上初步形成了一种竞争的局面，另一方面微型金融机构本身的多元化，使得微型金融机构和业务的监管成为亟待解决的问题。微型金融机构和业务的监管框架迄今依然没有形成。除了农村信用社和新建立的中国邮政储蓄银行之外，各类非政府组织的小额信贷机构和项目没有获得完全合法的地位，各类新型微型金融机构的立法和监管也处于试点阶段，只是一种临时性的制度安排，其法律地位依然不稳定。这种法律地位的不稳定造成了这些机构对未来预期的不稳定。一是造成这些微型金融机构的短视行为，表现在经营上难以采取长远策略，追求其长远利益，而仅仅局限于短期收益，开展一些短期业务。二是导致对微型金融机构进行投资和捐助的法人和自然人减少，不利于微型金融机构自身的生存。同时法律地位的不稳定容易造成地方政府部门、地方金融和工商部门对微型金融机构进行不适宜的甚至粗暴的干预，因为微型金融组织小额信贷业务的开展对地方农村信用社相关业务是一大蚕食，是对农村信用社在农村金融市场上垄断地位的挑战，难免不会出现既得利益者游说当地政府对其进行不必要的干预。因此，法律地位的不稳定，地方政府的不支持，将会给这些微型金融机构的生存和发展带来很大的影响。

（2）谁来监管的问题。微型金融服务的非银行类金融机构到底应该由谁来监管，开展小额信贷的非政府组织应该由谁来监管，这些都还存在着一些问题。目前各类新型微型金融组织一般指定了外部监管机构，但是如何清晰地划分政府各个部门在监管小额信贷组织方面的职能依然是个重要问题。

作为临时的制度安排，中国人民银行以及当地的分支机构主导其日常的监管，然而中国人民银行的主要职能是依法制定和执行货币政策、起草有关法律和行政法规、完善有关金融机构运行规则、发布与履行职责有关的命令和规章。从目前我国金融体系的监管模式看，中国人民银行只具有监督管理银行间同业拆借市场和银行间债券市场、外汇市场、黄金市场的权利。因此，中国人民银行也不宜过深地对微型金融机构及其业务的监管。

（二）微型金融的发展预测

1. 微型金融行业发展方向上注重社会责任。近年来，国际上开始对责任金融进行深入探索，制定了行为准则和各种工具，以便对微型金融机构社会绩效进行更好地评估、管理和改进，更好地保护客户。我国的微型金融行业的发展将越来越重视客户保护和社会绩效管理。微型金融如果丢掉了社会绩效的考核，失去了社会责任，那其本身也就失去了存在的意义。政府部门逐渐重视金融消费保护的问题，行业内已发布中国小额信贷机构客户保护原则自律公约，以负责任的态度向贫困和低收入客户提供可持续的、负责任的金融服务。小额信贷机构联席会也多次举办以责任金融为主题的会议、研讨论坛，对责任金融的认识逐渐提高。作为我国微型金融机构主体的小额贷款公司，将会更重视提升履行社会责任的能力，注重服务弱势群体客户的服务深度与广度，遵循客户保护原则，这也是我国微型金融发展的方向所在。

2. 微型金融行业发展与现代信息技术条件相适应。现代通信、信息技术的飞速发展，为微型金融的发展提供了条件，同时也要求微型金融行业发展要与其相适应。截至 2012 年 11 月末，我国手机银行资金处理规模已达到 8 000 亿元，到 2017 年，我国手机银行客户数量进一步增长。其中，个人客户达 15.02 亿户，同比增长 28.28%；企业客户达 0.05 亿户，同比增长 57.52%。随着越来越多的客户采用移动设备，金融机构已开始把发展与之相关应用程序的功能作为其长期战略的重要部分。手机银行业务在一些发展中国家微型金融的成功推广对我国也将起到示范作用，在我国幅员辽阔的中西部地区，手机银行可能成为对最弱势贫困群体提供金融服务的一种新的模式。

目前，技术、硬件方面条件已经成熟，真正的难点可能在于消费者的观念。此外，网络的普及使得微型金融领域每一个环节的效率都大大提高，微型金融的监管、经营、信息的收集等都应引入先进的信息管理系统和网络平台，将来会有更多的省份统一使用小额信贷管理系统、信息上报系统等。总之，从自身利益出发，微型金融机构在经营模式的选择、业务产品、风险控制体系的设计等问题上，会与现代技术的发展相适应。

3. 微型金融机构的多元化和发展方向。目前，我国已基本形成了以小额贷款公司为主的多种类微型金融服务提供主体并存的局面。多元化的微型金融机构体系本身也存在包容性的问题，各类微型金融服务提供主体之间将更为包容、加强合作、协同发展。对于绝大多数商业化经营的小额贷款公司，其自身实力较弱，抵抗风险能力差，继续壮大个体实力，不仅关系到自身的生存，同时也关乎整个行业的发展。小额贷款公司转制村镇银行可能效果依然不佳，其发展方向可能是小贷机构集团化，可能走连锁加盟之路，可能是产业链金融链条上的纵向联合。做大做强小额贷款公司是行业发展的必然要求，在此过程中，出现一批小额贷款公司退出市场或是出现行业内部的机构重新组合兼并的现象均属正常。

4. 从微型金融到普惠金融的路还很长，机遇与挑战并存。我国微型金融发展的最终目标是构建有中国特色的普惠金融体系。客观地说，我国微型金融的发展还处于初始阶段，所提供的金融服务以小额贷款为主，且微型金融机构所提供的贷款数量与正规金融机构相比差距很大，小额保险、支付结算等金融服务刚刚起步。微型金融机构抵御风险的能力很弱，市场波动对微型金融行业影响可能很大。我国微型金融发展道路依旧漫长，发展路上的风险很多，需要利益相关者多方努力。在城镇化的大背景下，农村富余劳动力从农业生产转移到边际生产率较高的现代制造业和服务业，人口的流动和结构的变化对我国微型金融业的发展而言，是机遇也是挑战。

四、微型金融发展方向

（一）经营理念发生转变，“社会福利性”向商业化转变

早期，微型金融被看作扶贫和开发性质的社会福利性运动。由于存在政府和捐赠机构的资金支持，服务低收入群体的微型金融机构向贫困人群发放低于市场利率的贷款，经营可持续性无法得到长期保障。以孟加拉格莱珉银行为例，其客户偿贷率很高，仍需外部资金给予支持。此外“道德风险”也是很大问题。在印度，捐赠和政府支持的开发性银行成为滋生腐败的温床，部分优惠利率贷款被村庄权势人物挪作他用，真正需要支持的贫困人群得不到贷款。大量失败案例让国际形成共识：微型金融业不能单纯依靠外部补贴，应该走商业化道路，实现自我经营的可持续化。目前，大多数服务低收入群体的微型金融机构都开始遵从商业化发展模式，经营可持续化水平持续提高。

（二）覆盖区域、贷款投向和模式发生转变

微型金融从孟加拉国开始兴起，经营理念逐渐被全球发展中国家接受，目前已推广至拉美、东欧和中亚等地区，并且呈现后来居上之势。例如，拉美和东欧地区的微型金融机构平均贷款额度都要普遍高于其他地区，而南亚地区的资产规模也要大于其他地区。贷款不再仅限于农村地区和低收入群体，开始扩大至城镇地区和较高收入群体，传统的小组贷款模式转向个人贷款模式。在城镇地区，传统的小组贷款模式难以实现，高收入群体更倾向采用个人贷款模式，农村地区个人贷款的比重也在扩大。在微型金融业发展最成熟的拉美和东欧地区，个人贷款已成为主流。

（三）机构设置和组织形式发生转变，通过转型升级或业务下沉开展微型金融业务

一是非政府组织向正规金融机构转型，融资和经营管理能力大幅提高。例如，玻利维亚的阳光银行就是在1992年摆脱政府补贴，由非政府组织成功转型升级为商业银行，从单一小额信贷业务向多元化金融服务转变，通过不断开拓新业务实现了可持续发展。二是国际开发性机构采取“加盟店”形式，批发设立拥有银行牌照的“绿地银行”（Greenfield Bank），专业从事微型金融业务，类似于我国商业银行发起设立的村镇银行。例如，德国开发性机构IPC成立的Procredit公司，到2010年在全球共建立19家“绿地银行”。三是商业银行通过设立微型金融事业部实现业务下沉。例如，厄瓜多尔Pichincha银行是该国最大的银行，从2006年起从事微型金融业务，到2010年发放的贷款中有49.5%为小额信贷。

（四）融资结构发生转变，国际资本持续增加，从依靠捐赠拓展到债务融资、股权融资和吸收存款

债务融资已成为最重要的融资方式，行业杠杆率不断增加。根据国际扶贫咨询协商组织（CGAP）数据，到2010年全球微型金融机构债务融资规模接近100亿美元，在融资总规模中占比达到40%，位列第一。其中，非银行金融机构的杠杆率增加最为明显，2002～2010年间猛增200%。捐赠近年来显著下降，最明显的是非银行金融机构，捐赠的占比从2002年的10%下降到2010年的不足1%。股权融资总体规模较小，但近两年快速增长，2011年股权融资规模比2009年提高12%，达到25亿美元。此外，一些国家制定新的微型金融机构监管法规，允许合规的非银行金融机构从事存款业务。过去10年，微型金融获得的国际资本投资，包括债务和股权投资也是只增不减，2005～2007年，国际资本投资增长了5倍。2011年全球微型金融的国际资本投资总规模已达到250亿美元，其来源包括国际开发机构等公共部门和私营机构。

拓展阅读

金融高管谈微型金融

2016年8月25日，中国人民银行副行长陈雨露在中国—拉美微型金融高峰论坛上表示，微型金融具有小额分散的特点，但同时点多面广。若风险因素过度积累和无序扩散，也可能会系统性地影响金融稳定，因此有必要加强对微型金融的宏观审慎管理和微观审慎监管。近年来，中国人民银行按照广覆盖、低成本、可持续的原则，积极引导金融机构向微型金融和普惠金融领域倾斜。数据显示，截至今年6月底，人民币小微企业贷款达19万亿元，是2010年同期的3倍；本外币农村贷款余额达22万亿元，是2010年同期的2.5倍。

陈雨露认为，微型金融与一般性商业金融在服务对象、经营管理方面的确存在很大差异，对于微型金融的管理和要求显然不宜照搬当前商业金融的做法，需要保持一定的弹性和适当性。同时，要根据不同微型金融的性质和业务特点，综合考虑从业机构风险的外部性大小和商业化程度的高低等诸多因素，实施分类监管，提升监管的有效性。

陈雨露称，面向未来，中国人民银行将把促进微型金融和普惠金融的发展作为金融服务供给侧结构性改革的重要内容，更好地发挥政策引导和正向激励作用。引导更多金融机构投身微型金融和普惠金融事业，让金融改革发展的成果更多惠及普通民众。

陈雨露表示，一是发挥好货币信贷政策工具的正向激励作用。继续实施稳健货币政策，引导货币信贷和社会融资规模的合理增长，为微型金融和普惠金融的持续健康发展营造适宜的货币金融环境。同时，充分发挥好差别存款准备金率、支农支小再贷款、扶贫再贷款、再贴现、宏观审慎政策、信贷政策导向评估等工具的正向激励作用，引导金融机构更多地将金融资源配置到“三农”、小微企业和精准扶贫等经济社会发展重点领域和薄弱环节。

二是完善多元化、广覆盖的微型金融和普惠金融组织体系。推动形成商业性、政策性、开发性、合作性等金融机构共同参与微型金融和普惠金融发展的工作大格局，引导金融机构在机构设置、资源配置、内部授权、绩效评价等方面采取倾斜政策，深化农村信用社改革，支持民营银行、村镇银行等中小金融机构稳健发展，规范发展互联网金融，更好地满足特殊群体差异化、个性化的金融服务需求。

三是创新针对微型金融和普惠金融重点服务对象的金融产品和服务。引导各金融机构在有效防范金融风险的前提下，有效拓宽合格抵押品的范围，完善扶贫小额信贷、创业担保贷款、助学贷款等政策框架。鼓励金融机构运用互联网、大数据、云计算等新兴的数字技术，降低金融交易成本、延伸服务半径，让更多的人享受到账户开立、存取款支付结算等基础性的金融服务。创新银行间债券市场的债务融资工具，拓宽涉农企业和小微企业直接融资的通道。

四是优化微型金融和普惠金融的发展生态。扩大支付清算网络的覆盖面，积极推广网络支付、手机支付等新型支付的方式。深化银行卡助农取款和农民工银行卡特色服务，加快农村信用体系和中小企业信用体系的建设，提高小微企业和农户融资的可获得性和便利性。加强金融知识的宣传普及、提高金融消费者的素养和风险识别能力，维护金融消费者的合法权益。

资料来源：编者根据相关资料整理。

【本章小结】

1. 微型金融的发展会受到诸多因素的影响，既有来自需求方面的影响，也有来自供给方面的影响，其发展既受制于自身发展因素，也会受到来自外部环境改变的影响。从影响微型金融发展的外部环境来看，主要有信息技术、政府政策、微型金融的新参与者和国际法规。

2. 我国微型金融组织目前包括村镇银行、小额贷款公司、融资性担保公司等。发展微型金融是当前和今后一个时期中国金融工作的重点，鼓励多种机构、多种业态的微型金融组织发展，实现监管方式从“严准入＋松监管＋无退出”向“公平准入＋适度监管＋市场化退出”的转变，促进金融普惠。

【思考题】

1. 如何理解信息技术的发展对微型金融发展的正反面作用？
2. 第三方快捷支付的迅速发展对微型金融的发展具有什么作用？
3. 中国如何通过微型金融的发展促进普惠金融的实现？

【综合训练】

根据运营目标的差别，微型金融的制度模式主要有制度主义、福利主义和混合主义。制度主义模式以印度尼西亚人民银行乡村信贷部（BRI－UD）为主要代表。其理论基础是基于制度分析的规则公平的价值观，其最重要的原则是非歧视原则，即通过非歧视规则对个体行为加以约束，在保障个体自由的基础上实现过程公平。根据该理论，规则公平先于结果公平，对分配正义的追求并不在基本价值上优先于自由和平等，致力于缩小结果和起点不公平的责任主体应是政府而非民间机构。因此，以BRI－UD为代表的制度主义微型金融机构大多通过市场价格机制运作，通过自身加强管理实现收支平衡进而获取利润。此类模式特别强调微型金融机构在操作上和经济上的可持续性，认为只有依赖深度和广度拓展实现微型金融机构的可持续性，才能确保有不断满足需要的资金被导入贫困群体中。其缺点包括：一是在社会分化约束下，资源分配规则不能消弭主体差别，而资源在主体间的分布失衡可能加剧社会分化；二是对商业利益的追逐可能使微型金融机构出现“使命漂移现象”，即微型金融组织为确保自身的持续性和经济利益，促使资金安排追逐中高收入阶层。

福利主义微型金融模式以孟加拉乡村银行（GB）为代表。其理论基础为平等的福利权益价值观，即每个公民不因其主体差异而享有差别性福利权益。福利主义追求的社会公正不仅是规则公平，更多是通过为社会不同个体提供必要和及时的生活和发展支持来减少贫困、消除差距，充分体现了经济社会发展观和人本思想的内在统一。福利主义微型金融机构的资金主要来源于政府和国际机构，资金成本低，以相对合理的低利率就可实现机构在经济上和操作上的可持续。在GB的运行中，低收入人群贷款不需提供任何抵押品，贷款给予个人，但小组成员对全体成员的贷款负有责任，这种集体责任可看作是对贷款的担保。在这种模式下，对金融服务深度的追求优先于广度。因此，福利主义微型金融机构的发展关心广大贫困人口的存款和贷款，强调改善其社会和经济地位，认为社会扶贫比商业化演进和可持续性发展更为重要，从而将保持机构的持续性归于次要地位。这种模式的主要缺点在于缺乏具体的激励主体，微型金融产品创新、运营方式创新和组织模式创新动力不足。

混合主义微型金融模式可看成是制度主义模式和福利主义模式的有机结合，发展到目前基本演变为普惠性金融制度安排。它以福利主义为宗旨、以制度主义为手段，其价值观在于确立社会个体享受金融服务的基本平等权利，强调要能有效、全方位地为社会所有阶层和群体提供服务，尤其要为目前金融体系还没有覆盖的社会人群提供服务。该模式认为，只有将贫困群体融入金融体系的各个层面，才能根本改变其被排斥于金融服务之外的现实。因此，贫困人口在服务主体中应处于中心地位，微型金融服务要能在规模上提供高质量的金融服务，满足大范围贫困人口的金融需求，同时能以更高效率将金融服务向最需要金融支持的极端贫困人群延伸。

就我国微型金融的发展而言，2000年以前处于初期的小额信贷尝试和经验借鉴扩展阶段，2000年以后，政府主导下全面试行并推广微型金融活动，管理部门开始鼓励民营和海外资本进入，试行商业性微型金融业务，拉开了我国微型金融创新发展的大幕。到目前为止，基本形成了以农村信用社为主体、辅以近期发展起来的邮政储蓄银行、村镇银行、贷款公司、农村资金互助社、小额贷款公司等新型农村金融机构的发展格局。

在发展模式上，我国微型金融发展以政府推动为主，同时积极引入民间资本，将改善贫困人口经济和社会福利的作用与强调商业的可持续并举，属于普惠金融体系范畴。但从发展现实上看也存在一些问题：受农村经济发展滞后和人员素质较低制约，向贫困人群提供金融服务的成本高、风险大，微型金融产品单一，资金来源渠道较狭窄，微型金融供需矛盾突出，微型金融机构法律地位不明确，内部治理良莠不齐等。

请思考：

1. 制度主义、混合主义和福利主义三种模式对我国微型金融发展的借鉴意义在哪里？

2. 我国微型金融发展中凸显的问题存在的根本原因是什么？

第十一章　微型金融与互联网金融的共赢与创新

▶▶导入案例

乐童音乐——玩的是音乐众筹

乐童音乐是国内为数不多的音乐垂直类众筹网站之一。看到太多乐队、音乐人为梦想在苦苦坚持，受众筹平台Kickstarter的启发，作为资深乐迷，乐童音乐创始人马客作出了他人看来很疯狂的举动——卖掉上一个创业公司，拿钱创办乐童音乐，为音乐人搭建一个互联网平台，整合一切可能需要的资源。

2013年12月25日，“音乐天堂全媒体”发布了“音乐天堂SOLO音箱”，并通过乐童音乐提供的众筹平台接受预定获得启动资金。众人拾柴火焰高，项目上线仅13个小时即完成原定38 888元的目标，历经2个月，共有315名支持者，“音乐天堂SOLO音箱”在乐童音乐平台上筹得165 062元，以425%的高比例超募成功。

通过众筹预售的形式，“音乐天堂全媒体”不但筹集到了开发生产音箱所需要的资金，也将大批想帮助《音乐天堂》完成项目目标的老读者汇聚在一起，为同一个梦想共同努力。对于这样一个远远超出预期的结果，“音乐天堂全媒体”表示：“这是将读者当年的热爱、激情、梦想、怀念在互联网时代转化为生产力的最佳方式，对高品质高格调音乐的热爱几十年如一日的支持者，让《音乐天堂》开始了新的征途和大家一起拥抱音乐梦想!”

资料来源：魏来，郑清. 玩转众筹［M］. 北京：机械工业出版社，2014.

【案例导学】

互联网金融已经深入经济社会的方方面面，成为我国经济体系的重要组成部分。什么是互联网金融？微型金融体系中的互联网业务有哪些创新？本章将介绍互联网金融的基本理论，从P2P、众筹及互联网银行三个方面解答上述问题，方便读者学习思考。

第一节　互联网金融的发展

一、理解互联网金融内涵

（一）什么是互联网金融

互联网金融是传统金融机构与互联网企业（以下统称“从业机构”）利用互联网技术和

信息通信技术实现资金融通、支付、投资和信息中介服务的新型金融业务模式。互联网金融是一种基于互联网、大数据、云计算、移动通信、社交平台及搜索引擎等信息技术，实现资金融通、支付、结算等金融相关服务的金融业态。互联网金融的主要业态包括互联网支付、网络借贷、股权众筹融资、互联网基金销售、互联网保险、互联网信托和互联网消费金融等。

互联网金融的内涵不是互联网与金融业的简单结合，而是以互联网时代的技术为基础，为适应新的需求而产生的新模式及新业务，是传统金融行业与互联网相结合的新兴领域。互联网金融与传统金融的区别除了金融业务所采用的媒介不同，更重要的是金融参与者深谙互联网开放、平等、协作、分享的精髓，互联网与金融深度融合是大势所趋，将对金融产品、业务、组织和服务等方面产生更加深刻的影响。促进互联网金融健康发展，有利于提升金融服务质量和效率，深化金融改革，促进金融创新发展，扩大金融业对内对外开放，构建多层次金融体系。

（二）互联网金融的特点

1. 成本低。互联网金融模式下，资金供求双方可以通过网络平台自行完成信息甄别、匹配、定价和交易，无传统中介、无交易成本、无垄断利润。一方面，金融机构可以避免开设营业网点的资金投入和运营成本；另一方面，消费者可以在开放透明的平台上快速找到适合自己的金融产品，削弱了信息不对称程度，更省时省力。

2. 效率高。互联网金融业务主要由计算机处理，操作流程完全标准化，客户不需要排队等候，业务处理速度更快，用户体验更好。如阿里小贷依托电商积累的信用数据库，经过数据挖掘和分析，引入风险分析和资信调查模型，商户从申请贷款到发放只需要几秒钟，日均可以完成贷款 1 万笔，成为真正的“信贷工厂”。

3. 覆盖广。互联网金融模式下，客户能够突破时间和地域的约束，在互联网上寻找需要的金融资源，金融服务更直接，客户基础更广泛。此外，互联网金融的客户以小微企业为主，覆盖了部分传统金融业的金融服务盲区，有利于提升资源配置效率，促进实体经济发展。

4. 发展快。依托于大数据和电子商务的发展，互联网金融得到了快速增长。以余额宝为例，余额宝上线 18 天，累计用户数达到 250 多万，累计转入资金达到 66 亿元。据报道，余额宝规模 500 亿元，成为规模最大的公募基金。

5. 管理弱。一是风控弱。互联网金融还没有接入人民银行征信系统，也不存在信用信息共享机制，不具备类似银行的风控、合规和清收机制，容易发生各类风险问题，已有众贷网、网赢天下等 P2P 网贷平台宣布破产或停止服务。二是监管弱。互联网金融在中国处于起步阶段，还没有监管和法律约束，缺乏准入门槛和行业规范，整个行业面临诸多政策和法律风险。

6. 风险大。一是信用风险大。现阶段中国信用体系尚不完善，互联网金融的相关法律还有待配套，互联网金融违约成本较低，容易诱发恶意骗贷、卷款跑路等风险问题。特别是 P2P 网贷平台由于准入门槛低和缺乏监管，成为不法分子从事非法集资和诈骗等犯罪活动的温床。2012 年以来，淘金贷、优易网、安泰卓越等 P2P 网贷平台先后曝出

"跑路"事件。二是网络安全风险大。中国互联网安全问题突出，网络金融犯罪问题不容忽视。一旦遭遇黑客攻击，互联网金融的正常运作会受到影响，危及消费者的资金安全和个人信息安全。

（三）互联网金融的功能

从目前的发展情况看，互联网金融的功能主要体现在提供金融活动平台、优化资源配置、提升支付效率、提供价格信息、分散风险等方面。

1. 提供金融活动平台。互联网金融通过网络为客户提供了便捷快速的平台，客户可随时选择金融产品，足不出户就能完成支付、理财、贷款等金融服务。互联网金融平台充分发挥平台的集群效应，利用网络技术撮合金融产品供需双方进行交易，在克服时间和空间限制的基础上，加快资金周转速度，最大限度地保证双方尤其是资金接收方的利益。

2. 优化资源配置。互联网金融实质上是一种直接融资方式，其核心是资金的供给方通过金融市场将资金的使用权让渡给资金需求方的过程。互联网可以有效识别信用风险，并且还有效降低了市场中的信息不对称，因此，基于网络平台的金融明显更有利于金融资源配置功能的实现。

3. 提升支付效率。传统的支付渠道主要是商业银行。在互联网金融模式下，可以进一步改善现行的商业银行为主的支付体系，更可以方便快捷地提供支付清算服务，大幅提升金融的支付清算效率。互联网金融平台汇总支付清算交易笔数而后进行轧查清算，降低了银行的清算成本，而其平台沉淀资金的变相垫资加快了某些支付清算行为的速度，是对当前支付清算体系的完善和补充。但是，在肯定互联网金融支付清算服务的同时，也应当重视其对支付清算体系的冲击以及带来的风险。

4. 提供价格信息。互联网金融使价格信息更加准确、及时、丰富。互联网平台的引入，最大限度地提高了资金动员的能力和资金的使用效率，加快资金周转率，促进金融体系发展，尤其是与传统商业银行的竞争，使得资金的利率更加及时、准确地反映资金的供给和需求，进而引导资金合理流动。在互联网所创造出来的无边界交易平台下，厂商与消费者、厂商与厂商、消费者与消费者之间的竞价机制得到了极大的改善。在这里，价格不是由外部力量约束，所有价格都是彼此之间竞价的结果。

5. 分散风险。金融市场应该形成风险共担机制，金融机构的风险防控就是对交易定价中的风险进行分散和转移。因为市场中存在信息不对称，如果不能对社会风险进行有效的防控，则经济运行模式将无法正常运行。互联网金融在这方面强于传统金融，互联网金融的开放平台更方便实现资源共享，大大地解决了市场上信息不对称的问题，从而降低了交易成本，分散了风险。网络金融利用其特殊的平台，收集并分析各企业用户的日常交易行为，判断他们的业务经营状况、经营信用情况、资金需求状况以及行业发展导向，解决了因无法掌握制度不健全的小企业的真实情况造成的信息不对称问题，在一定程度上降低和分散了道德风险和信用风险。

二、互联网金融兴起与发展

（一）我国互联网金融的发展历程

中国互联网金融发展历程要远短于美欧等发达经济体。截至目前，中国互联网金融大致可以分为三个发展阶段：第一个阶段是1990～2005年左右的传统金融行业互联网化阶段；第二个阶段是2005～2011年前后的第三方支付蓬勃发展阶段；而第三个阶段是2011年以来至今的互联网实质性金融业务发展阶段。在互联网金融发展的过程中，国内互联网金融呈现出多种多样的业务模式和运行机制。

（二）互联网金融兴起的原因

1. 互联网普及及技术支持。根据中国互联网络信息中心发布的《第39次中国互联网发展状况统计报告》显示，截至2016年12月底，中国网民规模已经达到7.31亿人，互联网普及率达到53.2%，超过全球平均水平3.1个百分点，超过亚洲平均水平7.6个百分点。随着移动网络的大范围覆盖及智能手机价格的持续下降，手机网民的增长速度远远大于总的网民数增长速度，成为目前互联网用户增长的主要来源。以移动互联网为首的互联网，普及范围越来越广，为互联网金融的发展奠定了用户基础。

随着互联网的普及，互联网技术也在不断发展，社交网络、搜索引擎把人类社会带入了一个庞大的机构化与非机构数据信息的新时代。互联网数据的产生、发送速度和频率飞速增长，数据源的数目和种类不断增加，海量的数据资源使得大数据被越来越多的企业重视。互联网每天产生的内容可以刻满1.68亿张DVD，仅仅"Facebook"一家社交网络公司每分钟的浏览量就高达600万次，可见互联网时代的数据信息呈现几何级数增长。全球市场化中，Google、Facebook、Amazon三家网络巨头积累了海量的数据资产。Google为全世界公开网页建立了庞大的索引；Facebook凭借其社交网络地位，累积了海量的人际关系数据；Amazon沉淀了巨大的商品信息，建立了全球最大的商品数据库。这些互联网巨头凭借不同的数据资产，选择符合自身的发展战略和商业模式，在各自的领域中引领行业的发展方向。从中我们可以看出，拥有庞大且独一无二的数据资产的企业，将会得到飞速的发展，越来越多的企业注意到大数据资产的重要性，大数据也成为互联网金融的重要工具。

在互联网金融中，云计算和大数据集合的模式能够获取大量的客户信用数据和交易数据，使得互联网金融的交易成本和摩擦成本都大幅下降。以阿里金融为例，基于阿里巴巴B2B、淘宝、天猫等电子商务平台的阿里金融，专门为小微企业、个人创业者提供小额信贷等业务。截至2014年2月，阿里金融该服务的小微企业已超过70万家，小微型企业大量数据的运算就是依赖互联网的云计算技术。阿里小贷的微贷技术包含了大量数据模型，通过大规模集成计算，确定买家和卖家之间的交易风险概率、交易集中度等。将互联网技术融入放贷过程中，对于缓解信息不对称造成的高信用风险、高贷款成本和贷后风险控制等具有积极作用，不仅保证其安全、高效，也降低阿里小贷的运营成本。阿里金融的成功运作，充分体现了大数据和云计算对互联网金融的发展起着重要的推动作用，并且实现了互联网金融的关键技术支持。

2. 新兴商业模式带来新金融服务需求。从最初简单的信息浏览、电子邮件，到信息搜索、远程办公、视频会议、电子银行、影音娱乐、购物、社交等，用户的行为习惯越来越“互联网化”。在生产生活中，越来越多的信息流和资金流通过互联网应用来完成。放眼全球，以 Amazon、eBay、阿里巴巴为代表的全球电子商务的快速发展，带来了大量互联网支付、跨境支付以及第三方支付，以 Facebook 为代表的社区网络的发展，催生社区网络间的融资需求；移动商务的快速发展使得手机支付、二维码支付等移动支付需求爆发。这些新兴商业模式带来了基于互联网的新金融服务需求，并引领着全球互联网应用和商务活动的发展。用户习惯的“互联网化”促使互联网及相关技术必须加快与商业、金融业的结合，使金融企业更好地满足用户需求。此外，互联网行业强大的链接功能，摆脱了时空、地域限制，开启以融合为特征的产业革命，产业技术和产品服务之间的交叉渗透模糊了原有的产业界限，一种产品往往是多个产业成果结合所生成的金融创新产品。这些都表明，科学技术的发展颠覆了原有的产业格局和商业模式，为满足消费者需求、增强客户体检，新的金融产品和服务应运而生。

同时，面对互联网浪潮所带来的新兴商业模式的冲击，在传统金融体系中没有得到满足的金融需求会在互联网中爆发。长期以来，政府部门对于金融领域采取极为严格的管制政策，从而产生了严重的金融压抑和金融资源垄断现象。金融市场流动性弱，金融资源成为只有少数人才能触及的东西，其覆盖的企业或人群均处于经济结构的上层，而处于金字塔底端的广大中小企业能享受到的金融资源极为有限，大量的理财需求无法得到满足。如今，中小微融资需求、个人小额融资理财需求，通过互联网实现点对点配对，进而实现资金供求平衡，并逐步摆脱传统金融中介，成为互联网金融的主要拥护者。尽管碎片化金融需求单体薄弱，但根据互联网中“长尾理论”可以得出，庞大的用户群体可以产生规模巨大的金融需求。非金融企业看重这一良好契机，陆续涉入互联网金融业务并不断推动互联网金融发展，使得金融业更加完善。同时，传统金融企业为谋求生存，也不得不进行变革，不断进行金融产品创新。这样以非金融企业的主动涉入与传统金融企业的被迫改变，使得互联网金融的发展不断扩大。

知识链接

长尾理论

小额长尾理论是网络时代兴起的一种新理论，由于成本和效率的因素，当商品储存、流通、展示的场地和渠道足够宽广，商品生产成本急剧下降以至于个人都可以进行生产，并且商品的销售成本急剧降低时，几乎任何以前看似需求极低的产品，只要有卖，都会有人买。这些需求和销量不高的产品所占据的共同市场份额，可以和主流产品的市场份额相当，甚至更大。

我们都知道“二八法则”——20% 的人口占据了社会上 80% 的财富，当然随着贫富差距的进一步拉大，两极分化会更加严重。由于“二八法则”的共通性，所以商家普遍注意那些占据 80% 销售量的热门商品——哪怕那剩余 20% 的销售量也可能会贡献 50% 的利润。这在传统行业中尤其是制造业中是可以被接受的。因为生产的复杂性、库存的货架有限，因此制造和销售热门商品，就可以利用有限的资源去创造最大化的利润。例如，生产一个热门型号的手机和生产小众的手机，在模具设计、材料准备、人力投入等方面，往往有着非常相似的支出，但是在回报上，销售量达到 1 000 万台的单品型号和销售量只有10万台的型号获得的回报将会完全不同。相同的百货大楼，卖热门商品和卖小众商品，从地面租金到运营成本都是一样的。但是如果卖的是小众商品，因为货架有限，单个商品击中用户的概率又低，订单肯定不足，必然会导致倒闭的风险。

互联网行业和传统行业的区别恰好在于此。对于互联网产品来说，内容和价值的生产，成本是非常低的；而货架的问题更是得到完美解决——虚拟货架可以摆放所有的商品，对于货架来说，摆放一部手机和摆放一百部手机是一样的。如淘宝，在网站上有一个商家和一万个商家，本质上不会存在多大的区别。由于用户和商品越多，单个用户和商品均摊到的成本就越少，最后边际成本趋于零。因此，互联网自然希望更多的用户、更多的商品、更多的服务出现在平台上。在海量用户和产品的前提下，互联网公司就可以先免费提供基本服务，再通过交叉补贴的方法盈利。

美国《连线》杂志主编克里斯·安德森（经典著作《免费：商业的未来》的作者，也就是《长尾理论》一书的作者）在研究了大量的互联网案例之后，得出了一个结论：互联网行业一定是要达到垄断才能获得最大利润，而这个垄断一定是伴随着长尾理论的实践。例如，淘宝就是依靠商品的长尾获得了成功。用户使用淘宝，并不是因为价格便宜——当然，由于流通成本的降低，互联网确实能够让商品变得便宜，但是我们并不仅仅因为便宜才使用它。淘宝可以让用户找到海量的商品，只要我们能想到的商品，淘宝都能找到相对应的卖家，因此我们后来都称之为“万能的淘宝”，而这些形形色色的商品和卖家，就是海量的长尾。

资料来源：http://baike.baidu.com/link?url=WwwfFIaXZ7V1w2d6O0FSTQ2X21_bstuYInMEwZHEJStpb4qbVl-wgKADAxccoowcwGX6jdvsfuaC3Pjf9wNNeCg2jW8l3-96jVrz-FDdCQDV2OZfFfykGXlr3Tof2kiCo

分析案例

2016年全国两会胜利闭幕。“互联网金融”又一次成为全国两会热词。2016年两会上的互联网金融，一半海水一半火焰，最终走向何处，取决于行业和监管的博弈与合作效果。

回顾互联网金融纳入全国两会政府工作报告的几年。2014年互联网金融首次写入政府工作报告。报告在金融改革部分提道：促进互联网金融健康发展，完善金融监管协调机制，密切监测跨境资本流动，守住不发生系统性和区域性金融风险的底线。让金融成为一池活水，更好地浇灌小微企业、“三农”等实体经济之树。被中央政府首度正式认可与支持，互联网金融行业获得前所未有的信息，开启了互联网金融高速发展的大幕，却也由于监管没能及时跟上而种下了野蛮生长的种子。

2015年互联网金融再度写入政府工作报告，并两度被提及。政府工作报告开篇盛赞“互联网金融异军突起”。并在“互联网+”行动部分提道：“制定‘互联网+’行动计划，推动移动互联网、云计算、大数据、物联网等与现代制造业结合，促进电子商务、工业互联网和互联网金融健康发展，引导互联网企业拓展国际市场。”但是，在此次的两会上，已经有民主党派中央提案，要求对互联网金融开展监管。事实证明这种思路是极富预见性的，在2015年下半年开始大规模出现的P2P平台停运等问题，就是野蛮生长但监管缺位至少是滞后带来的负面影响。

2016 年，政府工作报告中指出："规范发展互联网金融，大力发展普惠金融和绿色金融。加强全口径外债宏观审慎管理。扎紧制度笼子，整顿规范金融秩序，严厉打击金融诈骗、非法集资和证券期货领域的违法犯罪活动，坚决守住不发生系统性区域性风险的底线。"政府工作报告的政策态度，基本决定了网络金融行业的发展基调。

资料来源：http：//www. askci. com/news/2016/03/17/105914qakc. shtml

试分析：互联网金融受到关注的根本原因是什么，互联网金融给我们的生活带来了哪些改变？

第二节　互联网金融与微型金融的相容相生

一、互联网金融带给微型金融发展的力量

互联网金融的发展已经改变了微型金融发展的前景，它使微型金融客户获取低成本的金融服务和独特的金融服务成为可能，在一定程度上拓展了微型金融市场，对于实现微型金融的可持续发展，为低收入人群提供更为充分的金融服务，具有重要的作用。

作为传统物理网点服务渠道的有力补充和替代。互联网金融服务解决了小微客户获取金融服务的两大障碍：可支付和物理距离。与传统银行相比较，电子银行处理小额交易并不会带来高的交易费用。微型金融机构通过互联网发挥的现代科技优势，如使用信息基础设施，能够在网上以较低成本为偏远的农村地区的低收入人群提供金融服务。

互联网金融对促进微型金融发展发挥了现有金融机构难以替代的积极作用。相比传统金融，互联网金融在服务小微客户方面具有独特的优势。具体体现在：

其一，互联网金融突破了空间及物理网点的限制，使得居民在没有金融机构的偏远山区也可以通过电脑、手机上网享受到金融服务。

其二，互联网金融通过网络生成和信息传播，通过搜索引擎对信息进行组织、排序和检索，通过云计算处理信息，整个交易过程都在网络上完成，交易成本极低；同时由于互联网金融企业不需要设立众多分支机构、雇用大量人员，大幅降低了经营成本。金融机构从事小微业务原本缺乏盈利前景，而互联网金融模式下综合成本的显著下降扭转了这一局势，使得服务小微客户变得有利可图。

其三，借助现代信息技术，互联网金融能够将大量、杂乱无章、没有头绪的信息迅速搜集、处理并运用于信用评估，大大减少了信息不对称，使得符合条件但缺乏信用记录和抵押担保品的小微企业也能获得贷款。

互联网金融的市场定位主要在于被传统金融忽视的小微客户。虽然单笔业务金额较小，但由于海量的交易笔数，互联网金融得以聚沙成塔，在传统金融不能顾盼的领域大放异彩，使弱势群体的金融诉求得到满足，弥补了传统金融的缺口，提高了金融服务的包容性。例如，农村信贷市场信息不对称，农村中小企业会计制度也不健全，农村缺乏传统意义上的可广泛使用的抵押品，以上这些特点决定了不能用发展城市金融的办法来发展农村金融。要建立一个符合农业特点、农村实际和农民需求的金融服务体系，才能真正有效破解农民融资难

的问题。其中，互联网＋微型金融，可以丰富农村金融供给的主体，成为中国农村普惠金融体系一个重要的参与者和有益的补充。

二、微型金融为互联网金融带来的发展契机

随着互联网高速发展，金融企业对经济的推动作用越来越大，互联网金融企业从一定程度上来说是经济信息或者资本，且与小微客户相互依存。小微客户和互联网金融存在着相似之处，小微客户质参量由传统制造商来描述，由产品、资本和服务构成，互联网金融的质参量比小微客户多了信息。随着发展，因为受到体制机制、自身资信等诸多因素的影响，常规的资本积累已经不能满足小微客户发展需要，但资金需求却长时间得不到解决，而市场的机会转瞬即逝，小微客户在这种形势下很容易错失成功壮大的机会。互联网金融就是随着互联网发展，以满足实现小微客户、个人客户的需求而产生的，两者相互依存。

一方面，小微客户信贷需求促进了互联网金融不断发展创新。小微客户具有典型草根经济特征：规模小、活力大、资产少、风险高。一直以来，小微客户因自身特点很难从商业银行机构取得信贷资格，而在其发展过程中对资金的需求又比较普遍和迫切，对融资资金要求为快速、小额，而互联网金融正好能够提供满足小微客户资金需求的服务。目前互联网金融市场上能够为小微客户提供更优质、更透明、更低廉、更便捷、更安全的金融服务，必然会成为广大小微客户选择的对象。这也已经成为互联网金融企业与电商平台不断发展创新的动力，小微客户信贷需求是促进互联网金融不断发展创新的重要原因。

另一方面，互联网金融为小微客户提供相关金融服务，可以进一步降低自身交易成本。随着大数据和云计算技术的发展，我国互联网用户数量已经成为全球第一，包括小微客户在内的我国互联网用户所积累的大量的资金信息、经营信息、电子支付信息等数据都已成为重要的客户信息资料，互联网金融机构可以极低成本获取上述信息，通过整体分析，进一步掌握小微客户真实的资金、技术信息与经营状况，有针对性地提供金融服务，降低风险。同时，由于互联网金融基于高效电子化数据处理系统，不需要传统金融巨大的固定资产投资，实现信贷双方无纸化对接，可以大大降低开设营业网点的资金投入和运营成本。互联网金融通过为大量小微客户提供金融服务，其低廉的运营边际成本是传统金融机构所无法比拟的。

互联网金融和小微客户相互促进。互联网金融企业为小微客户提供金融服务，小微客户可以很快速获得资金，抓住机遇改进技术，创新生产工艺与流程，生产高附加值的产品，从而实现更大的经济效益。互联网金融企业通过掌握小微客户真实技术、资金与经营状况，对优质创新型小微客户提供针对性金融服务，从中获得更高收益。互联网金融与小微客户的合作基于共同的利润目标而相互促进发展，整个过程中，互联网金融和小微客户的质参量信息和服务进行了交换，互联网金融根据小微客户的这些信息，获得高额利润。就经济意义角度，相互依存、相互促进就是互联网金融和小微客户之间的联系。

三、互联网金融与微型金融联合实现资源更优配置

大数据背景下，互联网金融利用云计算等技术来弥补微型金融在信息方面的缺陷，不但使得互联网金融的信息成本降低，而且有效地满足了小微客户在资金方面的需求，二者在信

息和技术方面互相配合，产生了共同经济社会效益，实现更优质资源分配目的。其原因有：第一，互联网金融可以提高微型金融防范金融风险水平。互联网金融较之传统金融在风险控制理念和手段上存在差异，互联网金融具有极强的金融数据处理和分析能力，可以让小微客户快速准确地选择、甄别、监督客户，减少不必要的风险。第二，互联网金融企业服务的同时降低了交易成本。中国互联网用户数量在全球排名第一，网络终端的推广使互联网拥有了很多的客户信息、支付信息等，如电子商务、第三方支付等，这些数据都具有共同的特点：长期性、普遍性。这些可体现出互联网用户状况的特点，尤其是小微参与者的偏好和经营状况，为互联网金融带来了成本极低的数据。当然，互联网金融的优势不仅仅是这些，和传统金融比较，其节省了前期较高的投资成本，电子技术的应用解决了成本消耗的问题，大幅提高了效率。

分析案例

GCash：手机里的银行

卡伦·马克迈克（Cairon Macmac），是菲律宾首都马尼拉绿山购物中心珍珠饰品店的老板，曾经既幸福又烦恼。让她幸福的是，她店里的饰品设计独特很受欢迎，但天天去银行存款让她烦透了，而且家人住在偏远的棉兰老岛（Mindanao），没有银行，无法把钱汇过去。

最近，卡伦终于展开笑颜，一种通过手机收款和汇款的方式解决了她的难题。通过GCash与菲律宾乡村银行家协会的合作，绿山购物中心的商户们可以通过GCash收款和向银行账户转账，更重要的是，Macmac可以通过手机给家人寄钱了，而且这些都是实时到账的。“不再需要总是去银行跑腿了。只要顾客通过GCash付款给我，我就可以立刻把钱转到银行；也可以把钱寄给家人，而且还能用GCash付账单，再也不用排几个小时队了。”卡伦说。

卡伦提到的GCash是一种手机银行业务，由菲律宾电话运营商Globe Telecom的全资子公司G-Xchange. Inc.（GXI）2004年推出。只要通过手机发送短信就可以注册成为GCash用户，可以向GCash账户存款，以及转账、汇款、取款、支付账单、接受汇款、购物、话费充值、领取工资和补助、偿还小额贷款等。目前，GCash在菲律宾已经有120万活跃用户。2009年，GCash的资金流通量为600亿比索（100菲律宾比索约为人民币14.61元）。

GCash不仅为Macmac这样住在城里的菲律宾人带来便利，更有意义的是，它可以为大量地处偏远、不被金融机构所覆盖的低收入人群服务。菲律宾是个多山岛国，有着规模巨大的没有银行账户的人群。全球移动通信协会（GSMA）的一项统计数据显示，菲律宾的金融覆盖率仅为26%。但菲律宾手机普及率很高，GSMA统计发现，该国的手机使用率超过87%。这意味着超过50%的菲律宾人拥有手机，但却无法得到基本的金融服务。这些人群并非不想得到金融服务。麦肯锡的一项调查显示，在菲律宾，近60%未开设银行账户的手机用户有某种形式的储蓄，他们或将钱放在家里，或者存入某种形式的互助组，结余数的中位数为40美元，约为日均收入的15倍，有近55%的低收入家庭对储蓄产品感兴趣。

传统银行在偏远的农村地区覆盖，需要承担网点铺设成本和频繁的小额交易成本。而通过引入第三方代理商，手机银行能节约大量硬件成本，同时覆盖几乎全部农村地区。

在手续费上，手机银行也大大低于传统银行。据 CGAP（世界银行扶贫小组）介绍，菲律宾银行渠道转账的平均成本 2.5 美元，而手机银行的平均成本是 0.5 美元。通过与当地运营商或电信企业合作，GCash 还推出了跨国汇款业务，不仅费用低廉，而且到账迅速。举例说，一名在日本工作的菲律宾人要汇款 17 000 日元（100 日元约为人民币 8.15 日元）给在菲律宾的家人，如果通过花旗银行（Citibank）、日本邮政银行（Japan Post Bank）等，手续费为 2 000 ~ 3 500 日元，3 ~ 5 日到账；或者通过西联汇款（Western Union）等汇款机构，手续费为 1 000 ~ 1 500 日元，通常隔日到账。而如果她通过 GCash，手续费只需 700 日元，而且实时到账。这一点非常重要，因为大约 8% 的菲律宾人在海外工作，2008 年海外劳工共往菲律宾国内汇入 180 亿美元，相当于该国 GDP 的 11%。而很多劳工的家人住在偏远地区，那里没有银行没有 ATM 机，邮局也很少见，每一次汇款都意味着一次家人的长途跋涉和不少的汇费支出。

资料来源：作者范璟. 二十一世纪经济报道，2011 - 12 - 16.

试分析：互联网金融的发展给微型金融带来的影响是什么？

第三节　微型金融体系中的互联网业务创新

一、P2P 网贷

（一）什么是 P2P

P2P 是 peer-to-peer 或 person-to-person 的缩写，意思是：个人对个人。P2P 网络，又称 P2P 网络借贷，是指个人与个人间的小额借贷交易，一般需要借助电子商务专业网络平台帮助借贷双方确立借贷关系并完成相关交易手续。借款人可自行发布借款信息，包括金额、利息、还款方式和时间，实现自助式借款；出借人根据借款人发布的信息，自行决定借出金额，实现自助式借款。

P2P 网贷包括三个核心的主题：网贷平台、借款人和出借人。除此之外，还涉及第三方支付、征信系统等。借款人发布自己的借款需求（包括金额、利率、期限、用途等），待网贷平台审核后在网贷平台上予以发布（即发标）。而出借人可以自行判断，并进行投标（投标前要先通过第三方支付，将款项打入平台指定账户）。资金筹集完成后，该借款标募集结束。资金从出借人账户转出，转入到借款人账户，然后借款人将资金从平台提出使用，同时生成电子的借贷合同。之后，借款人按照约定的时间进行还本付息，出借人得到相应的利息、本金获得收益。

（二）P2P 网贷的国内外的发展

1. 国外发展的典型代表。

（1）Zopa。P2P 网贷模型的雏形，是英国人理查德 · 杜瓦、詹姆斯 · 亚历山大、萨拉 ·

马修斯和大卫·尼克尔森四位年轻人共同创造的。2005 年 3 月，他们创办的全球第一家 P2P 网贷平台 Zopa 在伦敦上线运营。

Zopa 提供的是 P2P 社区贷款服务。Zopa 提供的是比较小的贷款，在 1 000 美元和 25 000 美元之间，它们运用信用评分的方式来选择借款人，然后出借人可以根据借款人的信用等级、借款金额和借款时限提供贷款，同时，借款人也可以相应地选择能够接受的贷款利率。Zopa 在整个交易中代替银行成为中间人，责任包括借贷双方交易中所有有关借款的所有事物、完成法律文件、执行借款人的信用认证、雇用代理机构为出借人追讨欠账等。

Zopa 的收入来源于收取借款人每笔 0.5% 的服务费。Zopa 的模式获得了业界的认可，在 2007 年分别获得了威比奖（Webby Award）的"最佳金融/支付网站"奖和银行家奖（Banker Award）的"最佳在线项目"奖。如今，Zopa 是英国最大的 P2P 网络贷款公司，自成立以来共进行 4 轮融资用于公司发展，总计 7 160 万英镑。主要的三种借款用途为：汽车贷款、偿还信用卡贷款、购买家庭必需品消费贷款。

Zopa 模式的特点在于分散贷款、划分信用等级、强制按月还款，网站担负了较多工作，较好地控制了风险。

（2）Lending Club。Lending Club 成立于 2006 年，是第一家注册为按照美国证券交易委员会（SEC）的安全标准向个人提供贷款的公司。Lending Club 使用 Facebook 应用平台和其他社区网络及在线社区将出借人和借款人聚合，借款人在进行贷款交易前必须要经过严格的信用认证和 A1 ~ G5 分析。出借人可以浏览借款人的资料，并根据自己能够承受的风险等级，或是否是自己的朋友来进行借款交易。Lending Club 不采取竞标方式，而是根据不同的借款人的信用等级有不同的固定利率。借款人可以在 Lending Club Facebook 应用中发出借款请求，因为 Facebook 中多为认识多时的朋友或同学，所以大多数借款人都觉得将借款请求在此公布会增加成功的可能性，同时也不必将自己的信用历史公布，增强了私密性。

Lending Club 的平均贷款额为 5 500 美元，最低 1 000 美元，最高 25 000 美元。其利润主要来自对借款人收取的手续费和对投资者的管理费。前者会因为借款人个人条件的不同而有所起伏，一般为借款总额的 1.1% ~5%；后者则是统一对出借人收取 1% 的管理费。2012 年 11 月，Lending Club 总贷款额度超过 10 亿美元大关，同期，现金流的流入大于流出，实现盈利。2014 年 12 月 12 日，Lending Club 于纽约证券交易所上市，市值近 90 亿美元。

Lending Club 的商业模式具有以下特点：其一，在整个交易中，Lending Club 扮演的是一个信息媒介的角色，为借贷双方比配供需，但不会提供除与资金保障有关的其他服务；其二，Lending Club 对借贷人有非常严格的标准，包括借贷人最低的信用级别 FICO 评分要在 660 之上，负债/收入比低于 40%（不包括房贷），至少 3 年的信用历史等；其三，Lending Club 有一套自己的系统以给借贷人评分，从 A1 到 G5 一共有 35 个评级，平台制定还款利率，这取决于借款者的信用记录和目前的还款额能力，以及贷款意向。

（3）Prosper。2006 年 2 月 Prosper 在美国成立并运营。Prosper 网站帮助借贷双方找到自己的需要，实现自己的愿望，同时网站靠收取手续费盈利。像拍卖一样，出借人开始通过降低利息率进行竞拍，拍卖结束后，Prosper 将最低利率的出借人组合成一个简单的贷款交给借款人。Prosper 负责交易过程中的所有环节，包括贷款支付和收集符合借款双方要求的借款人和出借人，属于典型的单纯中介型 P2P 网络借贷平台。

从 2006 年 2 月至 2008 年 1 月，Prosper 促成 1.17 亿美元的贷款交易，在美国境内的注册会员达58万人，2011年开始业务范由美国扩展到意大利、日本等地。

Prosper的商业模式具有以下特点：其一，借贷双方在网络平台上完全自主交易，Prosper不会干预交易过程。其二，出借人根据借款人的个人经历、朋友评价和社会机构的从属关系来进行审查。其三，为控制信用风险，Prosper对所有借款人进行信用评级并据此确定其借款利率，信用等级由高到低依次为AA、A、B、C、D、E和HR（high risk）。

（4）Kiva。Kiva成立于2005年，是一家以消除贫困为宗旨，主要联系欧美出借人与发展中国家借款人（以企业为主）提供跨境小额贷款服务的非营利性P2P网络贷款平台。出借人根据地域、商业类型、风险水平等选择企业或企业家，每一个贴出贷款请求会详细提供各企业家的简历、贷款理由和用途、从其他出借人处借贷的总金额、贷款时限（一般为6～12个月），以及贷款的潜在风险。

Kiva采取“批量出借人＋小额借贷”的形式开展业务，一般每位出借人只要支付25美元，一旦一笔贷款的总金额募集完成，Kiva使用PayPal将贷款转账给Kiva的当地合伙人。当地合伙人一般是发展中国家当地的小额金融服务机构（MFI），它们负责寻找、跟组和管理企业，同时负责支付和收集小额贷款，最后将到期的贷款收集齐后返还给Kiva，Kiva再通过PayPal返还给出借人。

这种模式有三大特点：其一，Kiva不以营利为目的，其借款人为发展中国家的低收入企业，Kiva主要提供三种类型的贷款，即集体贷款、住房贷款和农业贷款。其二，Kiva利用国际贸易支付工具PayPal实现跨国资金的贷放——即时支付，即时到账，放贷过程快速、便捷。其三，Kiva不与借款人直接联系，而是通过各地的合伙人来间接放贷。

2. P2P网贷在国内的发展概况。

（1）产生背景。以往，大多数企业和个人主要通过商业银行贷款业务进行融资，这是商业银行重要的收入来源。2008年的金融危机，使得金融体系受到巨大的损伤，实体经济信贷需求萎缩，金融机构慎贷心理蔓延。与此同时，监管者加强了宏观审慎和微观审慎监管，各项监管指标随之提高。客观上导致了金融抑制的加强，金融服务可获得的难度属于高风险领域，其获得金融机构的支持开始减少。而民间借贷的融资成本过高，使得融资难成为小微企业发展中的重要问题。

与此同时，随着经济水平的提高、收入的增长，人们的物质需求也大大增加，具有稳定工作、较高收入水平和良好信用观念的群体出现。他们对品质生活有较高的追求，却没有充足的积蓄，他们是小额贷款的优质客户。然而商业银行信贷却忽视这一群体，使他们的资金需求得不到满足。

在上述背景下，一种依托于互联网的新型金融服务模式——P2P网络贷款出现了。一方面，P2P网络贷款因为尚未定性，处于监管真空，在我国严格的金融准入制度下，成为民间资本金融领域的最便捷入口；另一方面，P2P网络借贷对部分不能得到银行表内满足的信贷需求，包括符合信贷条件但需要出表的和本来就在银行服务之外的信贷需求，给予了一定的满足。因此，越来越多的人开始认可P2P网络贷款这种新兴的模式，P2P网络贷款逐渐成为民间借贷的重要方式，受到小额民间借贷者的追捧和社会的广泛关注，一定程度上成为商业银行贷款业务的竞争者。

（2）发展历程。第一阶段：2007～2010年，萌芽期。P2P网络贷款于2007年正式进入中国，拍拍贷是境内第一家注册成立的P2P网络借贷公司，同期还有宜信、红岭创投等平台相继出现。但总体来看，2007～2010年，我国社会融资的需求和导向还没有从资本市场中转移出来，大部分资金集团还寄希望于资本市场的再次转暖，尽管市场对于新形式的融资平台期望较高，但是从业者相对较少。

第二阶段：2011～2012年，膨胀发展期。进入2011年后，随着利率市场化、银行脱媒以及民间借贷的火爆，P2P呈现出爆发性的增长态势。2011年，我国P2P网络借贷平台的交易数量达到31亿元，2012年增长到216亿元。由于门槛低，缺少必要的监管和法律约束，各种劣质产品也大量涌向市场，公司资金链断裂，投资者血本无归，欺诈等事件频发。多家P2P网络借贷公司的负责人"跑路"，给我国正常的金融秩序带来不利影响。市场也因此重新审视P2P网络行业的发展，对行业的期待开始回归理性，各P2P网络借贷公司也开始组成行业联盟、资信平台，并积极向中国人民银行靠拢，寻求信用数据对接，市场开始呼唤法律法规的监管。

第三阶段：2013年，行业整合期。随着P2P网络借贷风险的大规模爆发，投资者开始具备一定风险意识，市场逐渐向理性回归，市场上的劣质企业将被淘汰，企业数量增速放缓，幸存下来的优质P2P贷款公司将具有更多话语权。我国个人及中小企业征信系统将因P2P网络借贷风险控制体质的不足而进一步完善，同时P2P贷款的本土化进程基本完成，整体市场形成三足鼎立局面：首先是更多国有金融机构以子公司或入股已有P2P网络借贷公司的方式参与P2P网络借贷市场竞争；其次是资历较深的正规P2P网络贷款公司，经过行业整合后实力将进一步加强；最后是地区性、局部性以及针对特定行业的小规模P2P网络借贷平台。

第四阶段：2014年至今，监管整顿期。从"四条红线"到"十条原则"，从银行监管机构设立普惠金融部门到国家释放各种信号鼓励互联网金融的发展，表明了国家对P2P网络借贷平台的合规性要求越来越详细，但又鼓励互联网金融创新，在政策上对P2P网络借贷平台给予了大力支持，未来将会有关于P2P网络借贷监管细则和法律法规出台，试点增多，P2P网络借贷行业将进入牌照经济时代。该时期为以规范监管为主的政策调整期。

（三）P2P网点模式

1. 纯线上模式。在纯平台模式中，P2P平台作为中介，为借贷双方提供一个信息交互的平台，平台本身不涉及具体的金融服务，是金融脱媒的一种表现形式，其基本法律关系是民间借贷＋中介。在该模式下，贷款的违约风险由借贷双方承担，平台并不承担违约责任。在纯线上模式下，平台对新客户的开发、信用审核、签订合同、贷款发放及偿还整个业务流程主要在线上完成。纯线上模式网络借贷平台对借贷者的信用审核是利用搜集到的信息通过搭建数据模型来完成的，通过数据模型对数据信息的分析得出借款者的信用等级和相对安全的信用额度。因此，纯线上模型是一种纯信用无担保的模式，在我国其代表性平台是拍拍贷。

拍拍贷成立于2007年6月，公司全称为"上海拍拍单金融信息服务有限公司"，总部位于上海，是我国第一家纯信用无担保的网络信用借贷平台，同时也是第一家由工商部门批准，获得"金融信息服务"资质的互联网金融平台。截至2016年2月，其平台年化利率约为22.1%，月成交量达到65 792.96万元。拍拍贷作为纯中介平台，既不吸收存款，也不发放贷款，主要提供信息匹配、工具支持和服务功能，通过与第三方支付平台合作，管理和处理所有与用户资金相关的操作。

虽然纯线上模式有着规范透明、交易成本低等优势，但由于数据获取较难，不提供资金担保极易出现逾期、提款困难的问题，并且很难让投资者接受。因此，目前我国这种模式平台越来越少。

2. 线上线下相结合模式。我国大多数 P2P 网络借贷平台采用线上和线下相结合的模式，即借款者和贷款者的借贷交易主要通过 P2P 网络借贷平台在线上进行，同时也通过线上推广理财产品，而借款者的信用认证机制，如借款信息来源、借贷审核、贷后管理等主要通过线下完成。在线上和线下相结合的运营模式下，为了更好地保障投资者权益和吸引投资者，P2P 网络借贷平台通常提供担保机制。并且，越来越多的平台将线下获得的债权进行拆分组合，打包成“固定收益类”理财产品，线上销售给理财投资者。因此，线上和线下相结合的模式通常采取担保和债权转让的方式进行运营，其代表平台为宜信。

2006 年，唐宁在北京创办宜信公司，以提供个人对个人的小额信用贷款中介服务为业务核心，广泛开展财富管理、信用风险评估与管理、信用数据整合服务、小额贷款行业投资。旗下有宜信、宜人贷、宜农贷、宜信财富等多个 P2P 网络借贷平台。宜信主要通过线上发布借贷信息，借款者和贷款者主要通过线上进行交易。其独特之处是创立了 P2P 理财模式，即线下的债权转让模式：借贷双方不直接签订债权债务合同，而是引入第三方个人作为专业放贷人，先行放贷给借款者，再由第三方个人将债权转让给投资者。在宜信平台上，有借款意向的人在向宜信公司申请贷款后，宜信的信用审核部门对借款人审核后，对符合条件且满足评级要求的借款申请人，先有宜信公司唐宁利用自有资金进行出借，与借款人订立借款合同。然后宜信公司根据潜在的投资人（出借人）的投资期限和预期收益率选择合适的借款人，之后由唐宁将其持有的借款合同依法进行转让。

在我国信用环境不完善的情况下，线上和线下相结合的模式已经成为绝大多数公司的选择，在该模式下可以最大限度地降低违约风险，吸引更多的投资者，但在该种模式下对 P2P 网络借贷公司所采取的债权转让方式在未来监管上是否进行限制是一个值得考虑的问题。

3. 担保模式。P2P 网络借贷公司去除自身担保后，目前的担保模式主要有四种：引入担保公司担保、引入保险公司担保、风险准备金担保、抵押担保。

第一，引入担保公司担保。引入担保公司的类型主要分为一般担保公司和融资性担保公司。在一般担保公司担保模式下，一旦借款人违约，由担保机构进行代偿或债权收购，投资人收到担保机构代偿或债券收购资金的金额等于投资人应收未收到的全部投资本息之和。一般担保公司担保的保障分为一般责任和连带责任，一般责任担保的保障力度非常小，连带责任担保可以起到保护责任，但市场上的连带责任担保不多。在融资性担保公司担保下，平台本身有金融机构背景，由金融机构旗下的担保公司进行担保，一旦借款人违约，担保公司则提供金额代偿，对于投资人来说，资金安全程度高。

第二，引入保险公司担保。在保险公司担保模式下，P2P 平台引入保险金融机构，投资人通过投保降低自身的风险损失；保险机构直接给客户提供财产保险保障模式使投资人通过购买保险将自身风险降到最低。P2P 网络借贷平台与保险公司合作的方式主要有四种：一是平台为投资者购买的一个基于个人账户安全的保障保险，保证资金安全；二是基于平台的道德等购买保险产品；三是为担保标的中的抵押物购买相关财产险；四是为信用标的购买信用保证保险。然而 P2P 贷款的风险较大，保险公司考虑自身的收益问题不愿受理此类保险，并且我国并非所有的 P2P 平台都能引入保险公司提供该项服务。

第三，风险准备金担保。风险准备金担保指的是 P2P 网络借贷平台建立了一个资金账户，当借贷出现逾期或者违约时，P2P 网络借贷平台会用资金账户里的资金来归还投资人的资金，以此来保护投资人的利益。风险准备金担保模式是目前行业内主流的一种模式，很多 P2P 网络贷款平台将其作为辅助安全保障模式的一种。但这种模式也存在一定的问题，如一些 P2P 网络借贷平台资金与风险准备金没有实现根本上的分离，风险准备金极有可能被挪用，且风险准备金的提取比例较低，不足以弥补 P2P 网络借贷投资人的亏损风险。

第四，抵押担保。抵押担保模式指的是借款人以房产、汽车等作为抵押物来贷款，如果发生逾期或者坏账时，P2P 网络借贷平台和投资者有权依法处理抵押物来收回资金。

4. “P2P +”模式。随着 P2P 网络借贷的不断发展，其与其他金融形态的结合也更加多样化，如 P2P + 供应链金融模式、P2P + 股票配置模式、P2P + 融资租赁模式等。

P2P + 供应链金融模式，本质上是使产业链上下游的中小微企业在核心企业的信用提升下，获得 P2P 网络借贷平台更多的金融服务。P2P 网络借贷平台围绕供应链核心企业，参与下游小微企业的资金流和物流，把单个企业的不可控风险转化为供应链企业整体的可控风险，通过获取各类信息和数据，将风险控制到最低。

2014 年下半年股市好转，P2P 网络借贷平台因为其市场的灵活性、创新性，与股票配资相结合。通过在线申请，借款人用少量的自有资本作为本金，向互联网理财平台按照一定的配资比例借入资金，这些资金全部注入指定的账户中。这种资金的比例一般从 1:1 到 1:5 不等，即如果投资者原有本金 10 万元，最大可以通过杠杆放大到 50 万元。2015 年 7 月，证监会发布了《关于清理整顿违反从事证券业活动的意见》，要求清理整顿开立虚拟证券账户、借用他人账户、出借本人证券账户、代客户买卖证券等场外配资行为。因此，多数平台已经停止股票配资业务。

我国融资租赁分为金融租赁、内租赁和外租赁。快速增长的金融租赁是由银行等金融机构做背景的，主要与 P2P 网络借贷公司合作的是内租赁，尤其是非厂商的第三方租赁公司，他们的资金陷入困境，与 P2P 公司的合作意识较强。以融资租赁中的直接租赁为例，如果企业 A 有设备需求，会找到融资租赁公司 B，B 涉及整个购买设备和出租设备的流程，B 租赁公司拥有设备的所有权和出租后的收租权。在 B 租赁公司需要筹集资金购买设备时，与 P2P 网络借贷平台进行合作，借助众多投资者的资金，从而将部分收租权转移给大众投资者。P2P 网络借贷平台与 B 合作监督投资者资金账户，并最终将资金转给承租企业。

拓展阅读

农机 360 网信农贷为购机农民“贷来”福音

2015 年 6 月 17 日，农机行业知名网络平台农机 360 网与中国人民财产保险股份有限公司、中国太平洋财产保险股份有限公司、上海浦东发展银行股份有限公司、深圳前海信用宝国际融资租赁有限公司分别签署“互联网 + 农机保险服务”“互联网 + 供应链融资服务”“互联网 + 农机用户购机贷款服务”的战略合作协议。农机 360 网信农贷将成为解决购机农民融资难题的利器、中国农机化发展的助推器。

农机360网信农贷克服了农村金融网点少的弊端，简化了贷款程序，手续简单、易操作，农民个人提供有效的身份证、户口本、结婚证，农民合作社提供营业执照、组织机构代码证、税务登记证就可以了，审核快捷、放款迅速，8小时内就能出具审核结果，最快当日就能放款，大大缩短了审批放贷周期，显著降低了农民为贷款付出的时间成本。而且，购机农民还可根据自身实际，选择每月等额还款、收获季节后还款和一次性还款等多种还款方式。信农贷确实是契合农民贷款需求，解决农民贷款难题，帮助农民实现致富梦的好帮手。

调查显示，68.7%的农户已经开始"触网"，其中65.5%通过手机上网。"80后""90后"日益成为社会主体，他们更多通过手机等各种移动终端获取信息、消费，这为农村互联网金融发展提供了广阔的市场空间。随着农村宽带网络和智能手机等智能终端产品的普及，广大农民群众对互联网的认识和利用程度逐步提高，农村互联网金融市场的巨大需求潜力将逐步释放出来。

传统金融机构手中有钱，但苦于找不到信誉好、还款能力强的优质客户。农机360网恰恰拥有这方面的优势。农机360网拥有专业化人员队伍、现代化科技服务手段，经过7年来的运营，它在个人用户、合作社、农机企业、农机产品、用户消费等方面积累了庞大的数据。利用农机360网积累的大数据，金融机构可以更好地掌握消费者的个人状况、经济状况、消费行为、信用状况，为客户信用评估、风险识别管控带来极大便利，有利于降低金融机构的经营费率和服务成本，使金融机构随时授信和购机农民低成本获贷成为现实。

资料来源：作者孙雨生，农机360网，http：//news.nongji360.com/html/2015/08/205431.shtml

二、众筹

（一）众筹概述

目前，各国对于众筹尚没有一致的定义，境内"众筹"是翻译自美国"crowd funding"一词，即大众筹资；欧盟委员会的表述是"一种向公众公开地为特定项目通过网络筹集资金的行为"；英国金融行为监管局的表述是"一种人们可以通过在线门户（众筹平台）为了他们的活动或企业进行融资的方式"；法国则将众筹命名为"参与性金融"。在国内外的历史中，一直以来就有不乏集合多人力量完成某一目标的事件。这些事件发生在文化、宗教或经济等不同领域，有的是参与者主动而为，有些则是被迫参与完成。这些事件构成了传统意义上的众筹活动。

最早的众筹可以追溯到1713年。英国诗人亚历山大·蒲柏欲将15 693行的古希腊诗歌翻译成英语，启动翻译计划之前，蒲柏即承诺在完成翻译后向每位订阅者提供一本六卷四开本的早期英文版的《伊利亚特》。这一创造性的承诺带来了575名用户的支持，总共筹集了4 000多几尼（旧时英国的黄金货币）去帮助他完成翻译工作，这些支持者（订阅者）的名字也被列在了早期翻译版的《伊利亚特》上。这部"世界前所未见的高贵的诗译作"的成功，离不开蒲柏创新性的运作方式——初露端倪的众筹。

此外，类似的众筹项目还有很多。其中，在1885年，诞生了一个最具影响力的众筹项目。为庆祝美国的百年诞辰，法国赠送给美国一座象征自由的罗马女神像，但是这座女神像没有基座，无法放置到纽约港口。约瑟夫·普利策，一名《纽约世界报》的出版商，为了筹集足够的资金建造这个基座就发起了一个众筹项目：只要捐助1美元，就会得到一个6英寸的自由女神雕像；捐助 5 美元，就可以得到一个 12 英寸的雕像。该项目最后得到了世界各地超过 12 万人次的支持，筹集的资金总额超过 10 万美元，为自由女神像的顺利竣工作出了巨大的贡献。

（二）互联网众筹

随着互联网时代的到来，这种合作得以在更大的全球范围内和完全陌生的众多互联网用户之间完成。2005 年美国《连线》（Wired）杂志编辑杰夫·豪（Jeff Howe）和马克·罗宾逊（Mark Robinson）在有关商业活动中如何使用互联网将工作外包给个人的讨论中创造了众包（Crowdsourcing）一词。杰夫·豪于 2006 年 6 月在《连线》杂志的专题博客文章中首次对众包进行了定义，“众包是一个公司或机构把过去由员工完成的工作任务，以公开征集的形式外包给非特定的大众网络的做法。众包任务可以由许多人同时来完成，也可以由个体单独完成。关键是公开征集的形式和大量网络潜在任务参与者的存在”。此后，众包在不同的行业出现了不同的定义，总的来说，众包是基于互联网的技术集合众多个体的各种资源完成某一任务的新的现代商业组织形式，参与合作的资源可以包括资金、知识、专业技能等各种类型。

互联网众筹，即我们现在意义上所说的众筹，是基于互联网概念发展而来的。这一概念源自众包，众筹是众包的一种应用。众包中集合众多个体参与者的资源类型是多种多样的，如果集合的资源仅指资金，那么就是我们通常所说的众筹。

（三）众筹的特点

第一，众筹活动本身具有开放性。众筹从一出现就带有明显的开放性特征。众筹的这种开放性表现为众筹项目的开放性和众筹参与人（包括项目发起人和支持者）的开放性。众筹项目的发起人并没有特别的年龄、性别、经济或经历等要求，项目发起人的信息只是作为支持者进行支持决定的参考。众筹项目的类别也没有要求，更多强调的是项目的创造性、可操作性等，以便吸引支持者，并能够保证项目的顺利完成。而支持者的个人化、目标的多元化和地理分布的分散化也体现了众筹的开放性。从理论上说，任何一个个人、企业或者机构都可以发起任何一个众筹项目，与此同时，任何一个个人都可以成为支持者，而支持者通常又是普通民众而非公司、企业或专业的风险投资人。这区别于以往的风险投资、机构投资等。这种开放性也激活了普通大众的创业热情和投资热情，使得众筹活动得到了更广泛的关注和支持。2012 年，风险资本家仅仅为美国 2 750 万家公司中的 3 800 家提供了资金。而随着众筹活动的开展，更多的中小企业或项目将有可能筹集到需要的资金，同时，更多的只有少量可用于投资资金的个人也可以对他们看好的企业或项目尝试着进行投资。

第二，众筹具有较强的互联网基因。众筹从一开始就是基于互联网而发展起来的，通过互联网，众多的互联网用户群体得以互联并进一步合作。互联网传播信息具有范围广、方便快捷、低成本的特点，且操作交互性强，是高效的信息交互平台。在传统融资环境下，金融中介作为控制交易成本与信息成本的专业化机构，起到了平衡借贷双方信息不对称的作用。而在基于互联网的众筹模式中，借款方与投资者借助互联网可以高效地进行信息交换，有效地建立信任机制，相比之下，融资成本更为低廉。众筹较多地表现为社交网络和社会集资的融合，并被称为 Web 3.0。在国外，众筹发起人可以将那些拥护者、Twitter 关注群转变为投资者和资金，而在国内，基于微信朋友圈这样的网络体系的众筹活动已经取得了很多成功的尝试。互联网使得众筹项目的发起人和参与方能够以很低的成本参与交易，利用互联网传播的特性，众筹项目也可以争取更多的关注和支持，进而获得所需要的资金援助。基于互联网技术的众筹平台为众筹项目发起人和支持人提供了更简便的操作和更多的对比与选择，而基于互联网的项目发起人和支持者在项目前期宣传预热和后期执行的过程中的充分沟通和交流，也为项目的筛选和执行提供了最有效的监督机制。

第三，众筹具有多方面的作用。众筹出现带来的最基本的也是最重要的作用是解决项目发起人的资金问题，通过众多参与者的投资，得以使项目成功进行。而随着众筹活动的开展，不同的众筹模式带来的作用远不止如此。众筹可以通过平台和支持者的筛选对某个项目进行评判；通过支持者的监督对项目进行保障；通过与项目发起人的支持者的沟通，众筹直接将消费者需求提取，并更便捷地植入生产过程；通过项目对产品或品牌进行口碑传播等。有些众筹项目发起人可以通过众筹进行市场调查，得到支持人（往往也是目标客户）的反馈信息和改进建议。如我国第一家众筹平台“点名时间”现在就将网站定位为中国最大的智能产品首发平台，而网站功能也演变为帮助众筹项目召集公测用户、整合产业资源和扩大品牌宣传。有些众筹项目具有“预购”的营销功能，如众筹网发布的“江西赣州脐橙”的众筹项目；有些众筹项目，项目本身其实已经完成，而通过众筹的方式进行产品的推广和宣传，如乐嘉的《本色》一书的众筹项目。当然，一些公益性质的众筹项目，搭建了慈善人士和需要帮助群体之间的爱的桥梁。当下，众筹依然成为小微企业创业的重要动力，继而带来社会经济的发展和相应的就业需求。

（四）众筹的分类

众筹根据项目的融资形式、项目支持者的支持形式、对项目支持者的回报形式、项目支持者的支持动机等因素，可以分为四种类型，分别是募捐式众筹、产品式众筹、借贷制众筹和股权式众筹。

第一，募捐式众筹。募捐式众筹，也被称为公益众筹，是指通过互联网方式发布公益筹款项目并募集资金的一种方式。项目主题一般以公益性为主，项目发起人以特定的公益目的为目标，诸如关爱贫困地区老人儿童、关爱流浪群体、关注小动物、保护环境、关注健康等社会、教育、环境、健康方面。项目发起人可以是公益热心人士、群体或者公益组织。一般而言，这种形式的众筹资金额较小，而且还可以以“参与式”的方式进行。项目支持者是热心公益的个人或组织，支持者支持项目并不是为了有任何物质或金钱回报，而是出于个人内在的慈善动机，得到的是精神上的“回报”。

随着“互联网＋”的快速发展，传统公益形式已经不能适应时代的需求，面临着转型的需要。相对于传统的公益融资方式，募捐式众筹更为开放，只要网友喜欢项目，都可以通过募捐式众筹方式获得项目资金，通过众筹可以宣传一定的公益主题或者公益理念，带动更多的公益行动，为更多公益机构提供了无限可能。此外，募捐式众筹平台成本高且盈利水平低，要维持下去难度非常大，所以，慈善机构与募捐式众筹平台相互合作、相互融合可以较好地解决二者的问题，从而实现双赢。

第二，产品式众筹。产品式众筹，也称为回报众筹，是指投资人将资金投给筹款人用以开发某种产品（或服务），等到该产品（或服务）开始对外销售或已经具备对外销售的条件时，筹款人按照约定将开发的产品（或服务）无偿或低于成本的方式提供给投资人的一种众筹方式。产品众筹具有如下三个特点：其一，产品具有预售性，即出资人先付款，筹资人经过一段时间的生产制造或进行服务前期的准备工作后，再给予出资人产品回报或服务回报；其二，产品具有排他性，即出于众筹期限内的产品仅在单一渠道发售，在其他渠道享受不到相同的产品回报和服务回报；其三，有目标金额，即众筹项目需要募集达到一定规模的资金才能成立，否则项目不能成功启动。

随着产品众筹的快速发展，其项目类别日益丰富，包括智能科技、文化娱乐、出版、公益、影视音乐、动漫游戏、人文艺术、农业等。根据产品众筹中的项目特点，可将众筹平台分为综合类和垂直类两种形式。综合类众筹平台上的项目类别比较丰富，接受项目范围较广，融资能力较强，代表性平台有京东众筹、众筹网、淘宝众筹等；垂直类众筹平台主要以一种或者两种类别的项目为主，对众筹领域进行细分，专一性较强，代表性平台有音乐众筹平台——乐童音乐，影视众筹平台——淘梦网等。

第三，借贷制众筹。借贷制众筹项目发起人通过众筹平台发布借款项目，并承诺对支持者进行还款付息，而项目支持者支持的动机仅仅是为了追求资金的利息报酬。此类众筹项目已经越来越少地出现在众筹平台上，而是转换为专门的 P2P 网贷模式，在本章前面已有详细介绍，此处不再赘述。

第四，股权式众筹。根据 2015 年 7 月中国人民银行等十部委发布的《关于促进互联网金融健康发展的指导意见》的定义，股权众筹融资主要是指通过互联网形式进行公开小额股权融资的活动。股权众筹融资必须通过股权众筹融资中介机构平台（互联网网站或其他类似的电子媒介）进行。融资中介机构可以在符合法律法规的前提下，对业务模式进行创新探索，发挥股权众筹融资作为多层次资本市场有机组成部分的作用，更好地服务于创新创业企业；融资方应为小微企业，应通过股权众筹融资中介机构向投资人如实披露企业的商业模式、经营管理、财务、资金使用等关键信息，不得误导或欺诈投资者；投资者应当充分了解股权众筹融资活动的风险，具备相应的风险承受能力，进行小额投资。股权众筹融资业务由证监会负责监管。

股权式众筹可细分为私募股权众筹和公募股权众筹、有担保股权众筹和无担保股权众筹、线上股权众筹和线下股权众筹、种子型股权众筹、天使型股权众筹和成长性股权众筹、综合性股权众筹和垂直型股权众筹、凭证式股权众筹和会籍式股权众筹等。

股权式众筹平台的出现，可以鼓励大量非专业投资人和机构参与到项目投资中，降低投资门槛，形成良好的投资氛围，有利于建立多层次的资本市场。同时，对于降低企业融资成本，特别是解决小微企业融资问题、维持经济平稳增长具有十分重要的意义。2015 年李克强总理在政府工作报告中提出“大众创业，万众创新”的口号，股权众筹的出现，使得创业者有一个平台向广大的投资者展现自己的想法，在解决资金问题的同时，一方面能够得到广大民众的反馈，寻找自身存在的许多不足，并进行宣传，节约大量的广告成本；另一方面也能够吸引更多有识之士加入到创新团队中来，让梦想逐渐壮大，最终成为现实。

三、互联网银行

在利率市场化的不断推动下，基于传统银行建立的网上银行业务，与拥有互联网企业背景的“互联网银行”相继诞生。传统银行的网上银行业务和互联网企业背景下的互联网银行未来将面对一个巨大的市场，拥有良好的发展背景。

（一）境外互联网银行的发展

美国互联网银行的发展存在两种不同的理念，相应形成了两种发展模式：一种是以印第安纳州第一网络银行（First Internet Bank of Indiana，FIBI）为代表的全方位发展模式；另一种是以康普银行（CompuBank），ING Direct USA 的直销银行、美国互联网银行（Bank of Intenet USA，BOFI）为代表的特色化发展模式。

1. 全方位发展模式。该模式下的互联网银行提供传统银行所提供的一切金融服务，此外还致力于开发新的电子金融服务，以满足客户的多样化需要，从而吸引更多个人客户和中小企业以期完成对传统银行的完全替代。

2. 特色化发展模式。相比于全方位发展模式，该模式下的互联网银行提供传统银行所能提供的部分服务，具有相对局限性。例如，因为缺乏分支机构，它们无法为小企业提供现金管理服务，也不能为客户提供安全保管箱等。

1995 年 10 月，全球首家以互联网银行冠名的金融组织“安全第一网络银行”（SFNB）在美国成立，该银行是一家全能型银行，且没有设立任何物理网点，它标志着一种新的银行模式的诞生，从此互联网银行的数目和发展范围就像雨后春笋般飞速增长。但经过多年的发展，传统银行实施了“网上、网下业务兼营”战略，生意兴隆，而不少互联网银行却面临着衰退的危险，陷入了利润下滑、亏损，甚至被兼并重组的困境。如 SFNB 在 1998 年就出现了发展停滞的迹象，并在同年被加拿大规模最大的皇家银行以 2 000 万美元收购。根据美国互联网银行的发展现状，两种发展模式的对比分析如表 11－1 所示。

表 11－1　　美国互联网银行发展模式对比

美国互联网银行发展模式	全方位发展模式（以美国 SFNB 为例）	特色化发展模式（以 ING Direct USA 为例）
目标客户群	所有人群	划分目标客户群，有精准的客户定位
产品服务类型	大量的差异化金融服务	细分领域简单，金融服务有限
服务提供方式	缺乏专业金融服务、技能	培训金融顾问，作为第三方提供存款保障

（二）境内互联网银行的发展

2014 年初，中央提出“发展普惠金融，鼓励金融创新，丰富金融市场层次和产品”的理念，提倡以小微、民营经济撬动改革大局，密集出台金融政策为民营银行开局破冰。同年 3 月，国务院批准 5 家民营银行试点方案。2015 年 5 月，浙江网商银行各项准备工作就绪，并获得浙江银监局正式批复开业，标志着我国首批试点的 5 家民营银行全部拿到“通行证”。其中备受关注的是由腾讯、阿里巴巴分别作为大股东的深圳前海微众银行和浙江网商银行。与另外 3 家民营银行不同的是，深圳前海微众银行和浙江网商银行将是不设立网点的纯互联网银行（见表 11－2）。在互联网企业纷纷加入互联网金融业务之际，2015 年 11 月，百度与中信集团达成战略合作，共同发起设立中国首家独立法人直销银行——百信银行。

表 11－2　　深圳前海微众银行和浙江网商银行的对比

互联网银行	深圳前海微众银行	浙江网商银行
目标客户	个人消费者和小微企业客户	草根消费者和小微企业
业务模式	个存个贷	小存小贷
经营业务	信用卡业务，小额消费信贷业务及嵌入腾讯客户线上行为的金融服务	主要为电子商务中的小微企业和个人消费者提供 20 万元以下的个人存款产品和 100 万元以下的贷款产品
大数据征信	主要为社交数据	主要为交易数据
平台背景	微信、财付通、QQ、腾讯征信公司	支付宝、阿里小贷、芝麻信用、淘宝及天猫
合作伙伴	华夏银行、东亚银行（中国）	暂无

下面以浙江网商银行为例，说明互联网银行的经营模式。浙江网商银行从股权结构看，完全属于由民间资本发起设立的民营银行，注册资本 40 亿元，持股 30% 并拥有控制权的第一大股东为浙江蚂蚁小微金融服务集团有限公司，因此，浙江网商银行将纳入阿里巴巴的金融体系，充分获取阿里巴巴商业生态系统的电子商务平台、用户、数据和技术等资源，其经营模式将围绕线上运作、挖掘大数据、定位小微企业和个人用户进行布局。

浙江网商银行完全网络化运营，不设立实体分支机构，业务往来完全依托互联网渠道展开，业务处理主要通过银行计算机系统自动完成，并将大数据等现代信息技术用于业务创新；延续阿里巴巴组织结构扁平化的特点，减少不必要的组织层级，信息直达服务前台，使后台工作人员和服务系统通过互联网直接连接客户终端，使服务更贴近客户。

浙江网商银行对接阿里巴巴电子商务平台，充分挖掘平台内小微企业和个人用户积累的大数据资源。平台内用户因频繁的电子商务活动沉淀的海量大数据来源于平台交易记录、物流公司信息反馈等实时性的数据源，与四流合一的商品流、物流、资金流和信息流联动。对动态大数据深入挖掘能多维度揭示数据所关联的实时性的有效信息，精确反映用户各对应层面的特征，据以判断其现状及未来趋势，可降低信息的搜集成本，消除信息的不对称和不完全性，提高信息使用效率和资源配置效率。相比传统银行仅掌握静态的征信记录、孤立的现金流水账等有限信息而难以真正挖掘大数据，对大数据挖掘的应用成为浙江网商银行的核心竞争力。浙江网商银行以大数据技术为依托，对阿里平台、物流企业等第三方机构的数据进行获取、集成、分析、解释。

依据长尾理论，深入挖掘需求曲线长尾部分的市场能获得不亚于需求曲线前部主流市场的效益，即向传统金融所忽视的数量庞大的小微企业和普通个人提供针对性金融服务能产生巨大的总体收益，颠覆“二八定律”，是普惠金融的有效实践。据阿里巴巴集团数据，B2B 平台阿里中国站企业会员达 800 万家，B2C 平台天猫店铺有 13 万家，C2C 平台淘宝商户有

900万家，可提供基础性客户和数据资源，阿里巴巴电子商务平台是潜力巨大的长尾市场。浙江网商银行定位为零售银行，目标客户为阿里平台的小微企业和个人消费者，向其提供20万元以下的存款产品和500万元以下的贷款服务，即小存小贷，避开传统商业银行垄断的批发银行业务，挖掘长尾市场。一方面，通过大数据应用分析平台内小微企业和个人需求，吸纳潜在客户，延展需求长尾；另一方面，依据小微企业和个人的差异需求，提供针对性金融服务，增加用户黏性，将重点解决长尾市场的资金需求问题，提供小微企业信贷业务、消费者金融服务，如小微企业短期小额信用贷款、供应链金融和消费者信用支付，分期网购等服务。

分析案例

宜人贷

宜人贷是宜信2012年推出的个人信用贷款与投资理财P2P网络借贷平台，宜人贷拥有信用维护意识的城市白领，提供个人信用借款咨询服务。2015年12月18日在美国纽约证券交易所上市，其2015年总成交量为950 063.51万元。

宜人贷实现P2P网络借贷从客户获取、风险控制、交易达成到客户服务全流程线上操作。个人借款人在网上发布借款请求，通过信用评估后，获得出借人的信用借款资金支持；而个人出借人获得经济收益。宜人贷专注于具有信用维护意识的城市白领人群，这一群体具有较好的受教育水平、信用意识以及稳定的还款能力。借款人需要满足三个条件：年龄22~55周岁之间，税后月薪在4 000元以上，信用良好。符合条件的借款人，可以申请最高50万元的借款。

宜人贷基于移动互联网及大数据技术进行风险控制创新，广泛采集多维度信息及用户授权数据进行交叉比对，通过自动化征信体系和反欺诈系统，实现智能决策，并以云技术数据处理中心提供强大数据支撑。极速模式是宜人贷推出的基于互联网大数据风险控制的个人信用借款咨询服务。与传统信用审核机制相比，极速模式采用大数据决策引擎来对用户的还款能力和信用资质进行判定，无须用户提交财产证明和信用报告，只需通过宜人贷几款App简单三步，对用户授权的互联网数据进行分析，即可在1分钟之内反馈预估额度，在10分钟内完成审核。

2015年6月，宜人贷联合广发银行达成P2P资金托管业务合作。宜人贷在广发银行开立了交易资金托管账户、风险备用金托管账户和服务费账户三类账户，由广发银行对用户在宜人贷平台上的每一笔交易进行全面托管，实现用户资金与平台资金的有效隔离。广发银行监控核对宜人贷平台从用户实名开户、合同签署备案，交易与合同匹配审核、交易资金的划转，风险备用金监控的全部流程。广发银行与宜人贷同步核对借款信息与合同的匹配度，并根据合同信息进行资金划转，保障交易的真实性和安全性。广发银行将会定期出具资金托管报告，用户可在宜人贷官方网站上查询资金托管情况。

资料来源：百度百科。

试分析：宜人贷如何进行风险控制？

【本章小结】

1. 互联网金融是传统金融机构与互联网企业（以下统称从业机构）利用互联网技术和信息通信技术实现资金融通、支付、投资和信息中介服务的新型金融业务模式。互联网金融是一种基于互联网、大数据、云计算、移动通信、社交平台及搜索引擎等信息技术，实现资金融通、支付、结算等金融相关服务的金融业态。互联网金融的内涵不是互联网与金融业的简单结合，而是以互联网时代的技术为基础，为适应新的需求而产生的新模式及新业务，是传统金融行业与互联网相结合的新兴领域。

2. 互联网金融与传统金融的区别除了金融业务所采用的媒介不同，更重要的是金融参与者深谙互联网开放、平等、协作、分享的精髓，互联网与金融深度融合是大势所趋，将对金融产品、业务、组织和服务等方面产生更加深刻的影响。促进互联网金融健康发展，有利于提升金融服务质量和效率，深化金融改革，促进金融创新发展，扩大金融业对内对外开放，构建多层次金融体系。

3. 互联网金融的发展已经改变了微型金融发展的前景，它使微型金融客户获取低成本的金融服务和独特的金融服务成为可能，在一定程度上拓展了微型金融市场，对于实现微型金融的可持续发展，为低收入人群提供更为充分的金融服务，具有重要的作用。

【思考题】

1. 结合实际，谈谈互联网金融的出现给我们的生活带来了什么影响。
2. P2P 网络借贷迅猛发展的根本原因是什么？
3. 境内外的众筹模式有何区别？对我们有什么样的启示？
4. 关注博鳌亚洲经济论坛发布的 2016 年版《互联网金融报告》，试分析在注重消费者体验的经济环境下，移动互联网金融在未来会如何发展？

【综合训练】

阿里金融小额信贷

2010 年 6 月 8 日，在阿里巴巴、银泰、万向、复星等股东的推动下，成立了浙江阿里巴巴小额贷款公司，注册资本 6 亿元，是国内第一家完全面向电子商务领域小微企业融资需求的小额贷款公司，并获得国内首张电子商务领域的小额贷款公司营业执照。次年，重庆市阿里巴巴小额贷款有限公司也宣告成立，注册资本 10 亿元。阿里巴巴集团旗下金融业务板块“阿里金融”正式诞生。

阿里金融亦称阿里巴巴金融，为阿里巴巴旗下独立的事业群体，主要面向小微企业、个人创业者提供小额信贷等业务。和传统的信贷模式不同，阿里金融通过互联网数据化运营模式，为阿里巴巴、淘宝网、天猫网等电子商务平台上的小微企业、个人创业者提供可持续性的、普惠制的电子商务金融服务。阿里金融利用阿里巴巴 B2B、淘宝、支付宝等电子商务平台上客户积累的信用数据及行为数据，引入网络数据模型和在线视频资信调查模式，通过交叉检验技术辅以第三方验证确认客户信息的真实性，将客户在电子商务网络平台上的行为数据映射为企业和个人的信用评价，向这些通常无法在传统金融渠道获得贷款的弱势群体批量发放“金额小、期限短、随借随还”的小额贷款。

阿里金融的业务流程对于阿里巴巴会员来说，在申请贷款时，申请人需要提供相关的数据，包括企业近一年的销售总额、净利润率、总资产、总负债等财务数据以及企业在阿里巴巴订单占销售额的比率等详细信息。这些数据越真实详细审批时间就越短。之后，为了再次核实申请人的各项信息，判断企业的财务状况及运营能力，工作人员将对申请人进行视频调查。对于部分商户还包括实地勘察环节，是由阿里金融委托第三方机构于线下执行。若一切审核通过，商户在一周左右即能收到贷款。相对于阿里巴巴会员申请贷款的复杂流程，淘宝、天猫卖家就简单很多了，只要卖家店铺的经营情况符合贷款标准，贷款申请的接口就会自动对这部分卖家开放。卖家只需提交申请就能立刻知道是否获批，申请成功的贷款将通过支付宝很快发放到卖家的账户中。

截至2012年6月，阿里金融依靠这套技术，已经累计为接近11万家的小微企业提供融资服务，累计发放贷款金额超过190亿元。2012年以后，阿里金融小额微贷平均每天完成贷款超过8 000笔；在2012年7月20日，阿里金融已经实现单日利息收入100万元；截至2012年6月末，阿里金融已累计为超过12.9万家中小企业提供融资服务，贷款总额超过260亿元，平均每家企业贷款4.7万元，平均年利率约为18%左右，并且在全部都是信用贷款的情况下，阿里小贷不良率仅为0.9%，远远低于银行抵押类贷款产品1.7%的坏账率。

资料来源：编者根据相关资料整理。

1. 登录阿里金融网站，了解其金融产品的介绍，分析其优缺点。

2. 分组讨论，互联网金融与微信金融的联合，体现在哪些方面？如何实现二者的共赢？形成分析报告。

参考文献

[1] 毛一萍．我国农村微型金融机构可持续发展研究［D］．中南大学，2013.

[2] 刘志友，孟德锋，杨爱军．金融发展、支农目标与微型金融机构的成本效率——以江苏省小额贷款公司为例［J］．财贸经济，2012（8）：56－63.

[3] 肖晗．商业银行商业模式创新：以微型金融为例［D］．复旦大学，2012.

[4] 汪林．我国微型金融扶贫与可持续发展的冲突与治理研究［D］．暨南大学，2012.

[5] 张正平，何广文，梁毅菲．微型金融机构社会绩效研究进展述评［J］．经济学动态，2012（1）：141－145.

[6] 张正平．微型金融机构双重目标的冲突与治理：研究进展述评［J］．经济评论，2011（5）：139－150.

[7] 王红领．社区银行：我国微型金融机构改革的方向［J］．发展研究，2011（5）：24－33.

[8] 陈银娥，师文明．微型金融对贫困减少的影响研究述评［J］．经济学动态，2011（4）：130－135.

[9] 邢增艺，王艳．网络借贷：微型金融发展新趋势［J］．前沿，2010（23）：109－111.

[10] 谢升峰．微型金融与低收入群体信贷——理论及对我国新型农村金融机构的解析［J］．宏观经济研究，2010（9）：49－53.

[11] 刘星．我国农村微型金融服务及风险防范研究［D］．西南财经大学，2010.

[12] 罗洋，王艳，许可．微型金融的新趋势：P2P在线贷款模式［J］．黑龙江金融，2009（9）：80－81.

[13] 黄承伟，陆汉文，刘金海．微型金融与农村扶贫开发——中国农村微型金融扶贫模式培训与研讨会综述［J］．中国农村经济，2009（9）：93－96.

[14] 邓舒仁．我国微型金融发展问题研究［D］．中共中央党校，2009.

[15] 曹瑞丽．我国微型金融机构的可持续发展研究［D］．天津财经大学，2009.

[16] 张润林．微型金融研究文献综述［J］．经济学动态，2009（4）：133－137.

[17] 刘雅祺．微型金融的可行性及我国业务模式研究［D］．天津财经大学，2009.

[18] 赵冬青，王康康．微型金融的历史与发展综述［J］．金融发展研究，2009（1）：77－79.

[19] 孙颖．微型金融在我国的运作模式研究［D］．天津财经大学，2008.

[20] 欧阳红兵，胡瑞丽．微型金融及其在我国的发展［J］．改革与战略，2007（10）：50－53.

[21] 焦瑾璞：微型金融学［M］．北京：中国金融出版社，2013.

[22] 何嗣江，严谷军，陈魁华．微型金融理论与实践［M］．杭州：浙江大学出版

社，2013.

［23］张伟. 微型金融理论研究［M］. 北京：中国金融出版社，2011.

［24］中国银行业协会等. 优秀微型金融机构案例选编［M］. 北京：中国金融出版社，2015.

［25］游春，陈允宏. 微型金融方法与案例［M］. 上海：中国出版集团东方出版中心，2016.

［26］沈颢. 小钱大用——微型金融方法与案例［M］. 南昌：二十一世纪出版社，2012.

［27］范鑫豪. 小额贷款［M］. 北京：法律出版社，2017.

［28］陈工孟，傅建源. 小额信贷理论与实务［M］. 北京：清华大学出版社，2017.